Dieter Maier

DIE NORDSEE

Dieter Maier

DIE NORDSEE
Inseln, Küsten, Land und Leute

Mit über 200 Abbildungen und Karten

Herbig

Inhalt

Land im Werden 7
Ebbe und Flut und kein Ende 8
Die Marsch – ein Geschenk des Meeres 16
Zweierlei Küsten 26

Lebendige Küste 32
Lebensvielfalt im Watt 32
Fischkinderstube 38
Vogelparadiese 39
Wurzel- und Wachsspezialisten 43

Sieben ungleiche Schwestern 47
Burcana, Bant und Borkum 50
Töwerland – Zauberland 51
Insel der Residenzen 54
Dornröschen der Nordsee 60
Beinahe eine Prominenteninsel 60
Nostalgie mit Tradition 63
Russischer Vorposten 64

Um Ostfriesland herum 67
Emden und die Krummhörn 68
Norden und das Halliger Land 73
Rund um die Burg am Meer 77

Fürstentum Ostfriesland und Herzogtum Oldenburg 84
Haupt- und Residenzstadt Aurich 87
Leer und das Rheiderland 92
Ammerländer Spezialitäten 96
Zwischen Jade, Hunte und Weser 97

Zwischen Weser und Elbe 103
Rund um den Roland 105
Wursten, Hadeln und Kehdingen 111
Tor zu Welt und Welthandel 116

An Schleswig-Holsteins grüner Küste 123
Marschen nördlich der Elbe 124
Bäuerlicher Wohlstand in Dithmarschen 127
Von Friedrichstadt auf die Halbinsel Eiderstedt 133
Nordfriesische Innenküste 137

In Deutschland ganz oben 142
Königin der Inseln 147
Insel am „Sandigen Rand" 152
Bäuerliche Märcheninsel 153
Marsch unter Meeresspiegel 161
Grüne Tupfer im Watt 161

Helgoland – Felsbastion in der Deutschen Bucht 163
Wie entstand die „Lange Anna" 163
Das Felswatt – Heimat der Tange 168
Jagd- und Kochkunststücke 171
Lummen- und Möwenkinderstube 175
Vogelherd und Vogelzug 178

Ortsregister 181
Bildnachweis 183

Vorsatz vorn: *Der Greetsieler Kutterhafen zählt zu den malerischsten an der ostfriesischen Küste. Alte Fischerhäuser ducken sich hinter der schützenden Hafenmauer mit ihrem Sieltor aus der Zeit Friedrichs d. Gr.*

Vorsatz hinten: *Die „Lange Anna" und die roten Klippen von Helgoland sind Jahr für Jahr das Traumziel für knapp eine Million Besucher. Hier entstand 1841 das Deutschlandlied – vielleicht gerade weil Helgoland damals noch englisch war.*

Mühlenromantik in Doppelausgabe: die Greetsieler Zwillingsmühlen.

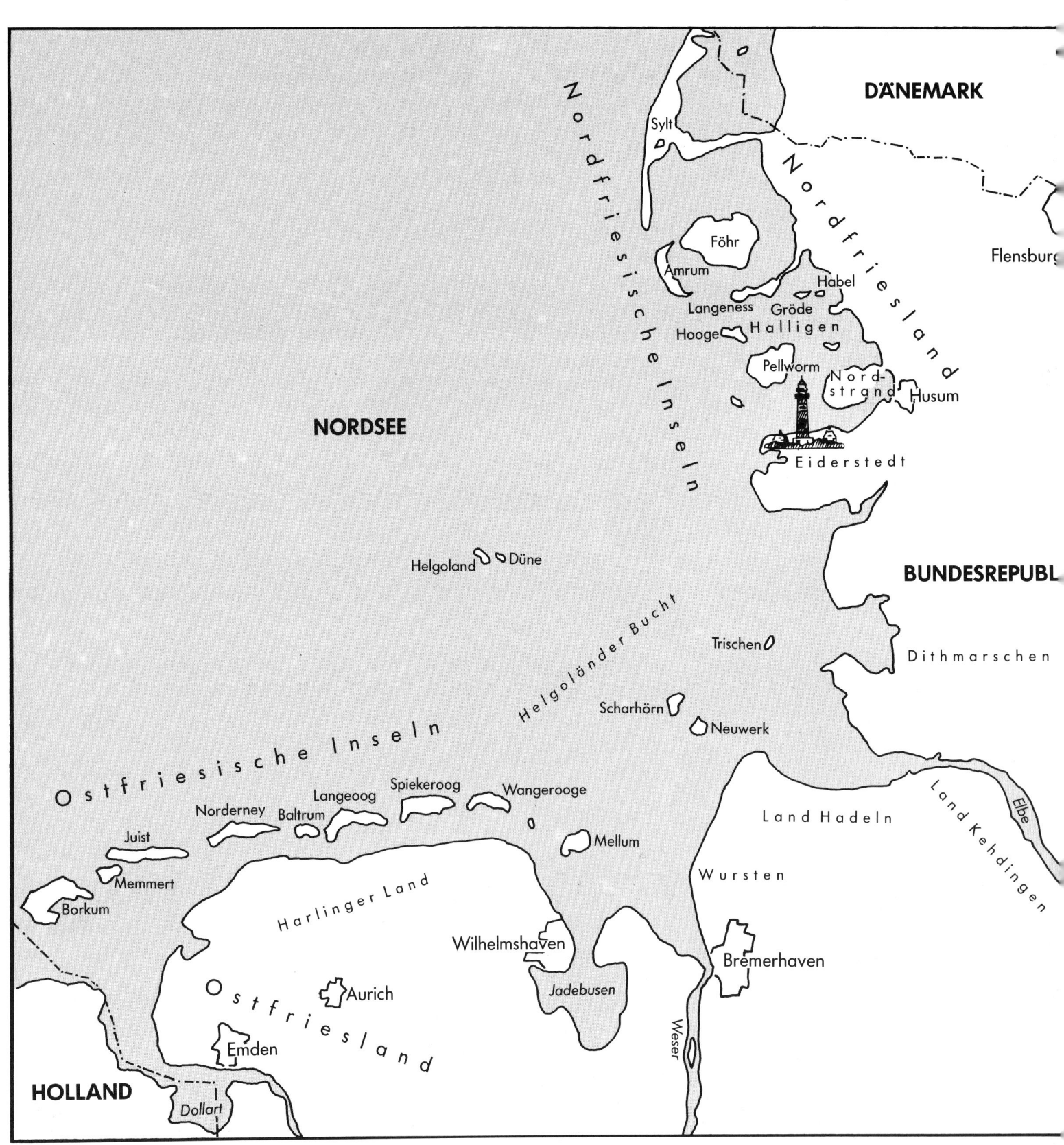

Land im Werden

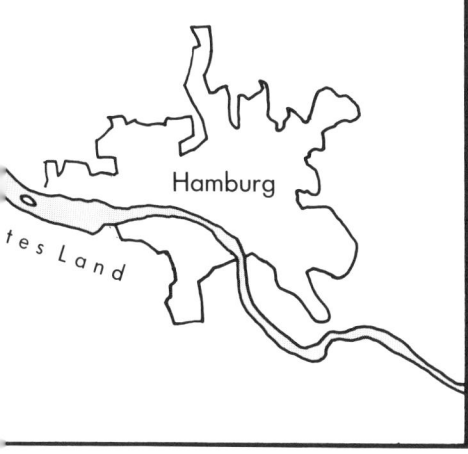

„Eine furchtbare Böe kam brüllend vom Meer herüber, und ihr entgegen stürmten Roß und Reiter den schmalen Akt zum Deich hinan. Als sie oben waren, stoppte Hauke mit Gewalt sein Pferd. Aber wo war das Meer? Wo Jeverssand? Wo blieb das Ufer drüben? – Nur Berge von Wasser sah er vor sich, die dräuend gegen den nächtlichen Himmel stiegen, die in der furchtbaren Dämmerung sich übereinander zu türmen suchten und übereinander gegen das feste Land schlugen. Mit weißen Kronen kamen sie daher, heulend, als sei in ihnen der Schrei alles furchtbaren Raubgetiers der Wildnis. Der Schimmel schlug mit den Vorderhufen und schnob mit seinen Nüstern in den Lärm hinaus; den Reiter aber wollte es überfallen, als sei hier alle Menschenmacht zu Ende; als müsse jetzt die Nacht, der Tod, das Nichts hereinbrechen."

Ähnlich wie der Deichgraf Hauke Haien in Theodor Storms „Schimmelreiter" mögen die Menschen von jeher ihre Ohnmacht der See gegenüber empfunden haben. Wie schierer Trotz mutet es denn auch an, wenn es wenige Zeilen weiter bereits heißt: „Sein Deich aber – und wie ein Stolz flog es ihm durch die Brust – der Hauke-Haien-Deich, wie ihn die Leute nannten, der mochte jetzt beweisen, wie man Deiche bauen müsse!" Dabei ist das, was hier wie Trotz anmutet, nichts anderes als das Jahrtausende alte Bemühen der Menschen an der Küste, einen klaren Trennungsstrich zwischen den fruchtbaren und den furchtbaren Wassern, den Wassern des Landes und den Wassern des Meeres zu ziehen.

Weil die Nordsee in der gesamten Deutschen Bucht an keiner einzigen Stelle eine so klare Küstenlinie aufwies, wie man sie etwa von den Felsenküsten Norwegens oder der Bretagne her kennt, war man von jeher darauf angewiesen, diesen Trennungsstrich selbst zu ziehen.

Dies war und ist vor allem deshalb so schwierig, weil zwischen offener See und festem Land ein breiter Streifen amphibisches Land mit vom Wasserstand abhängigen, fließenden Übergängen liegt. Wo bei normalem Verlauf von Ebbe und Flut das Watt endet, fließt bei Spring- oder Sturmflut die See seelenruhig landeinwärts – wenn man sie läßt.

Wo heute wie ein klarer Trennungsstrich zwischen Himmel und Erde der große Seedeich die Marsch dahinter und ihre Bewohner schützt, spielten sich über gut zwei Jahrtausende erschütternde Kämpfe zwischen den Siedlern und der See ab. In schöner Regelmäßigkeit holten sich Jahrhundertfluten mühsam gewonnenes Land zurück, schlugen Breschen in altes Siedlungsland, verschlangen Kirchspiele und ganze Städte. Jahrhunderte dauerte der Streit, wie ein optimaler Deich auszusehen habe. Noch zu Theodor Storms Zeiten war diese Frage akut, wenn es im „Schimmelreiter" heißt: „Hörst Du mich nicht? Ich sag, Du hättest versaufen können."

„Ja", sagte Hauke; „ich bin doch nicht versoffen!"

„Nein", erwiderte nach einer Weile der Alte und sah ihm wie abwesend ins Gesicht, – „diesmal noch nicht!"

„Aber", sagte Hauke wieder, „unsere Deiche sind nichts wert!"

„Was sind die Deiche?"

„Sie taugen nichts, Vater!" erwiderte Hauke. „Die Wasserseite ist zu steil, wenn

7

es einmal kommt, wie es mehr als einmal schon gekommen ist, so können wir auch hier hinterm Deich ersaufen!"

Daß der junge Hauke Haien mehr als recht hatte, bewiesen danach noch mehrere Sturmfluten, nicht zuletzt die vom Februar 1962 zur Genüge (allein in Hamburg starben damals 315 Menschen).

Was für den Binnenländer heute so einfach aussieht („Wiese mit Erdwall davor"), ist ein über ein Jahrtausend gewachsenes, ausgeklügeltes System zur Gewinnung und Sicherung von dem Meer abgerungenem Land, dessen Bedingungen nur versteht, wer die Hintergründe kennt.

Dazu muß man zwar nicht bei Adam und Eva, wohl aber beim Ende der letzten Eiszeit einhaken. Damals nämlich wurde die Landverbindung zwischen Deutschland und England durch die von der Polkappe abschmelzenden Wassermassen überflutet. Innerhalb von zwei Jahrtausenden (zwischen 7000 und 5000 v. Chr.) stieg der Meeresspiegel um nahezu 50 m. Weitere 5 m kamen bis zum Beginn des letzten Jahrtausends v. Chr. dazu.

Bei ihrem Vordringen überfluteten die Wassermassen ein von den Gletschern vorbereitetes Gelände. Wo das Eis dick und der Druck auf den Untergrund entsprechend hoch war, blieben glattgeschliffene große Ebenen. An den Rändern der großen Gletscherzungen dagegen bildeten sich Moränenablagerungen aus Urgesteinsbrocken und Schwemmsand. Sie verfestigten sich zu stabilen Höhenrücken, der Geest. Weil auf Granit, Quarzen und Sänden Humus sich nur sehr schwer bildet und die Böden deshalb kaum mit besonderer Fruchtbarkeit glänzen können, erhielten sie ihren Namen vom Niederdeutschen güst = unfruchtbar.

Der gesamte Zwischenbereich zwischen offenem Meer und den Geesträndern wurde nach und nach vom Meer selbst geschaffen. Ob Watt, ob Marsch, ob Moor, sie alle sind das Ergebnis des ewigen Gezeitenwechsels, des zweimaligen Sinkens und Steigens des Wasserspiegels innerhalb von 24 Stunden. Was immer an der Nordseeküste Vorteilhaftes oder Negatives geschieht, stets hängt es mit diesem Gezeitenwechsel zusammen.

Ebbe und Flut und kein Ende

Die Gezeiten oder Tiden (nach dem englischen tides) sind eine Folge der Massenanziehung zwischen Erde, Mond und Sonne. Überlagert ist sie von der Fliehkraft, die dadurch entsteht, daß Erde und Mond um einen gemeinsamen Schwerpunkt kreisen. Weil die Massenanziehung eines Körpers mit zunehmender Entfernung abnimmt, ist die Anziehungskraft des Mondes auf der ihm zugewandten Seite der Erde größer als auf der ihm abgewandten und auch größer als die Fliehkraft. Auf der Mond abgewandten Seite ist dagegen die Fliehkraft größer. Aus den Differenzen aus Fliehkräften und Anziehungskräften resultieren schließlich die Kräfte, die auf den Weltmeeren Flutberge entstehen lassen.

Zu den Kräften des Mondes kommen die der Sonne, auch wenn sie nur knapp halb so groß sind wie die des Mondes. Weil bei Neu- und Vollmond Sonne, Erde und Mond beinahe in einer Linie stehen, summieren sich die Kräfte und sorgen so für besonders hohe Flutstände. Diesen Springtiden entsprechen während des ersten und letzten Mondviertels die besonders schwachen Nipptiden, weil dann Sonne und Mond von der Erde aus gesehen nahzu einen rechten Winkel bilden. Überlagert wird das Ganze schließlich von der durch die Erdrotation entstehenden Corioliskraft.

Natürlich ist die Nordsee für sich alleine viel zu klein für das Entstehen eines eigenen Tidenhubes. Er wird vielmehr vom Atlantik frei Haus geliefert, kommt nördlich von Schottland in die Nordsee und erreicht nach rund 12stündigem Weg entlang der Ostküste Englands die deutsche Küste bei Borkum. Eine Stunde später ist die Flutwelle auf der Linie Wangerooge – Helgoland, eine weitere Stunde später sind Wilhelmshaven und Cuxhaven erreicht. Bis Husum und zur

Liebe zur See

Mit der See ist es wie mit einem anderen Menschen: Ganz kann man sie nur lieben, wenn man sie richtig kennengelernt hat – nicht nur an schönen Sonnentagen, an denen sie sich dem Auge ganz harmlos und unter makellos blauem Himmel, bis zum Horizont platt wie ein Brett, darbietet, sondern auch bei brüllendem Sturm, tiefschwarz verhangenem Wolkenhimmel und hohem, brechendem Wellengang. Doch die Liebe zur See wird reich belohnt. Wie viele Tausende verdanke ich meine Kraft und meine Gesundheit der See. Die Nordsee ist ein wildes Meer von oft rauhem, unbändigem Temperament. Der Mensch, der es sich auf Dauer untertan machen will, braucht dazu Stärke und Mut.

Felix Graf von Luckner

Geestabbruch am Goting Kliff
Das Goting Kliff an der Südküste von Föhr beweist mit seinem Geestabbruch, daß die Insel einst zum Festland gehörte. Die Granitfindlinge transportierten die Gletscher der Eiszeit von Skandinavien an die Nordseeküste.
(rechts)

Landgewinnung auf Norderoog
Wie aus einer von Wind und Wellen aufgehäuften Sandplate mit dem Ausbau von Lahnungsfeldern nach und nach ein Inselchen gewonnen wird, zeigt das Beispiel der Hallig Norderoog. Sie wurde dank striktem Schutz zum Vogelparadies.
(Folgende Doppelseite)

Südspitze von Sylt dauert es noch einmal eine Stunde, bis zur Nordspitze von Sylt vergehen weitere 30 Minuten.

Selbstverständlich wirkt sich der Tidenhub auch auf die großen Mündungstrichter aus. Bei „Marschgeschwindigkeiten" um 30 km/h dauert es von Borkum bis Leer gut 2 Stunden, von Bremerhaven bis Bremen knapp 2 Stunden und von Cuxhaven bis Hamburg sogar knapp 4 Stunden, bis die Flut die Binnenhäfen erreicht hat.

Das Maß für eine Tidendauer, der Zeitraum vom einen bis zum nächsten Niedrigwasser, entspricht mit 12 Stunden und 25 Minuten genau einem halben Mondtag. Zumindest für den Binnenländer scheint es selbstverständlich, daß sich diese Zeit zu gleichen Teilen auf das auflaufende und das ablaufende Wasser verteilt, der nächste Stand also exakt in der Mitte des halben Mondtages erreicht wird. Genau das aber ist keineswegs der Fall.

Statt nach 6 Stunden 12 Minuten und 30 Sekunden wird der Hochwasserstand in der Regel bereits nach 6 Stunden erreicht. Das Ablaufen bis zur nächsten Ebbe dauert dagegen dann 6 Stunden und 25 Minuten. Damit das Ganze noch ein wenig komplizierter wird, verschiebt sich dieses Verhältnis zum einen durch die Form des Meeresbodens, zum anderen in den Flußmündungen durch den Druck des Süßwassers. Als Beispiel dafür seien Cuxhaven (Flut 5 Stunden 40 Minuten; Ebbe 6 Stunden 45 Minuten) und Hamburg (Flut 5 Stunden 4 Minuten; Ebbe 7 Stunden 21 Minuten) genannt.

Eine Vielzahl von Einflüssen sorgt darüber hinaus dafür, daß der mittlere Tidenhub selbst innerhalb des kleinen deutschen Anteils an der Nordseeküste zwischen 1,70 m (Westerland) und 3,70 m (Bremen) schwankt. Bei Springflut werden diese Werte um knapp einen halben Meter überstiegen, bei Nipptiden um rund einen halben Meter unterschritten.

Weil die Tide mit dem Mond geht, der Mondtag aber um 50 Minuten länger als der Erdentag ist, verschiebt sie sich pro Tag um eben diese 50 Minuten. Dank der strengen Gesetzmäßigkeit jedoch läßt sich für jeden Ort an der Küste weit voraus genau berechnen, wann Ebbe und Flut eintreten. Es ist dies zwar eine recht aufwendige Rechnerei, doch wurde sie wegen ihrer Wichtigkeit schon früh geübt und nach und nach verfeinert. Bereits 1915 entstand in Wilhelmshaven für das dortige Marineobservatorium die erste, natürlich noch rein mechanische Gezeitenrechenmaschine Deutschlands. Sie ist heute im Deutschen Schiffahrtsmuseum in Bremerhaven zu bewundern.

Während sich die Zeiten von Ebbe und Flut recht genau vorausberechnen lassen, scheitert dies bei der Höhe der zu erwartenden Flut immer wieder. Sie nämlich ist nahezu ausschließlich vom Winddruck abhängig und der wiederum ist mindestens so launisch wie es das Wetter eben ist. Allgemein jedenfalls gilt, daß die Differenz zwischen dem vorausberechneten, von Mond- und Sonnenstand abhängigen, Tidenverlauf und dem tatsächlich eintretenden Wasserstand nahezu ausschließlich vom Winddruck verursacht ist. Je nach Richtung des Windes kann die Differenz nach unten oder nach oben gehen.

Abweichungen nach unten treten immer dann ein, wenn ablandige Winde das Wasser von der Küste wegdrücken. Bei extremen Ost- oder Südostwinden kann das dazu führen, daß der Wasserstand noch unter den einer normalen Ebbe sinkt. Umgekehrt führen starke Nordwest- und Nordnordwestwinde zu einem erheblichen Stau in der gesamten Deutschen Bucht. Im Extremfall führt es dazu, daß der Wind bei Ebbe das Ablaufen des Wassers verhindert und die nächste Flut buchstäblich auf die alte aufläuft. Bis zu 5 m über dem vorausberechneten Tidenhochwasser kommen dann ohne weiteres als Stau zusammen und lassen die Alarmglocken entlang der gesamten deutschen Küste in schrillen Tönen klingeln.

Wer die Küste nur vom sommerlichen Badeurlaub her kennt, wird sich fragen, warum er noch nie eine Sturmflut erlebt hat. Tatsächlich sind alle katastro-

Snack

*Schoar um den schön Dorst,
sä de Daglöhner,
dor drünk he dat Woter.*

Sandriffeln vor Amrum

Bei Ebbe offenbaren die Sandriffeln (hier vor Amrum) die nach unten wirkenden Reibungskräfte der Wellen. Manchmal sind diese Riffeln so hart, daß man mit dem Auto darüberfahren kann, ohne daß sie wesentlich beschädigt werden.
(rechts oben)

Schafe als Mähmaschinen

Was wären die Deiche ohne ihre Schafe? Sie ersetzen nicht nur mühselige Mäharbeit, sondern treten vor allem auch immer wieder von neuem den Rasen fest. Weil die Deichfüße in der Vergangenheit wesentlich verbreitert wurden, sind auch die Schafweiden erheblich gewachsen.
(rechts unten)

Marschgewinnung

Mit ins Watt hineingebauten Buhnen versucht der Mensch seit Jahrhunderten Lahnungsfelder zu schaffen und damit den vom Meer herantransportierten Schlick zur Neulandgewinnung festzuhalten. Jahr für Jahr wächst die zukünftige Marsch so Zentimeter um Zentimeter, bis die ersten Pionierpflanzen Fuß fassen können.
(Folgende Doppelseite links)

Vorlandarbeiten

Dünenschutz- und Vorlandarbeiten müssen Hand in Hand gehen, soll das dem Meer so mühsam Abgerungene erhalten bleiben.
(Folgende Doppelseite Mitte)

Moderner Deichbau

Wo Deichbau einst mühsame Bauernarbeit zum Schutz des eigenen Landes war, hilft heute moderne Technik, großzügige Lösungen zu verwirklichen und die Sicherheit zu verbessern.
(Folgende Doppelseite rechts)

13

phalen Sturmfluten der Vergangenheit ausschließlich im Winterhalbjahr aufgetreten. Der Grund dafür ist im Wettergeschehen über dem Nordatlantik zu suchen. Dort reiben sich schwere, polare Kaltluft und leichtere, subtropische Warmluft aneinander.

Gelingt es der Kaltluft, sich irgendwo unter die warme Luft zu schieben, rutscht auf der anderen Seite in der Höhe die warme Luft über die kalte am Boden und geboren wird das, was auf der Fernsehwetterkarte Tiefdruckgebiet heißt. Der Zyklon beginnt sich sofort gegen den Uhrzeigersinn um sich selbst zu drehen und auf Wanderschaft zu gehen. Das im Zyklon vorhandene Druckgefälle ist dann auf seiner gesamten Zugbahn verantwortlich für die auftretenden Windgeschwindigkeiten.

Natürliches Maß für die Stärke eines Tiefdruckgebietes ist die Temperaturdifferenz zwischen seinem warmen und seinem kalten Teil (Warmfront und Kaltfront). Solange nun im Sommer unsere Polarkalotte genügend erwärmt wird (Mitternachtssonne) ist das Temperaturgefälle zwischen der polaren Kaltluft und der subtropischen Warmluft über dem Atlantik bei weitem nicht so groß wie im Winter, wenn der minimalen Wärmeeinstrahlung in den kurzen Tagesstunden eine unverhältnismäßig hohe Wärmeabgabe in den langen Nächten gegenübersteht. Mit dem Temperaturgefälle erhöht sich aber ebenso schnell das Druckgefälle, damit die Kraft sich lösender Tiefdruckwirbel und folglich auch die Stärke des Sturms. Zieht ein solches Sturmtief nun von Nordnordwest so gegen die Deutsche Bucht, daß seine Starkwindzonen gegen Hamburg zielen, ist die nächste Sturmflut bereits vorprogrammiert.

Welche Verderbnis solche Sturmfluten über das deutsche Küstengebiet gebracht haben, verrät ein Blick in die Geschichte. Greift man nur die schlimmsten Sturmfluten heraus, liest sich das auch schon wie ein Horrorbericht:

17. 2. 1164: die Julianenflut fordert 20 000 Tote.
16. 1. 1219: die erste Marcellusflut fordert 36 000 Tote.
14. 12. 1278: die Luciaflut fordert 50 000 Tote.
16. 1. 1362: die zweite Marcellusflut fordert 100 000 Tote. Jadebusen und Dollart erreichen ihren größten Umfang; Rungholt, der alte Hauptort der Nordfriesen, geht unter.
11. 10. 1634: die alte Insel Strand bricht auseinander. Pellworm und Nordstrand bleiben als Reste, 10 000 Tote.
24. 12. 1717: die Weihnachtsflut fordert 11 000 Tote.

Ob unsere moderne Technik mit den nach der letzten großen Sturmflut im Februar 1962 noch einmal verstärkten und erhöhten Deichen einer wirklichen Jahrhundertsturmflut im vollen Umfang zu trotzen vermag, kann nur gehofft werden. Tatsache jedenfalls ist, daß bei keiner der Sturmfluten in unserem Jahrhundert alle möglichen, ungünstigen Umstände zusammentrafen. Erst wenn tatsächlich wieder einmal eine Springflut mit einem Orkantief auf der „optimalen" Zugbahn zusammentreffen, wird sich zeigen, ob unsere heutigen Deiche fest und hoch genug sind, um dem „Blanken Hans" den Zutritt zu den gesicherten Marschen tatsächlich zu verwehren.

Die Marsch – ein Geschenk des Meeres

Selbst das Attribut „Mordsee" kann nicht darüber hinwegtäuschen, daß die Nordsee weder ein besonders freies noch ein besonders tiefes Meer ist. Die vorgelagerten Ostfriesischen und Nordfriesischen Inseln deuten das ebenso an wie die weit voraus liegende Insel Helgoland. Nur dank dieser extremen Flachheit war es überhaupt möglich, daß sich im Übergangsbereich zwischen dem offenen Meer und der festen Geest herausbilden konnte, was heute der wertvollste Teil der Küstenregion ist: die Marsch.

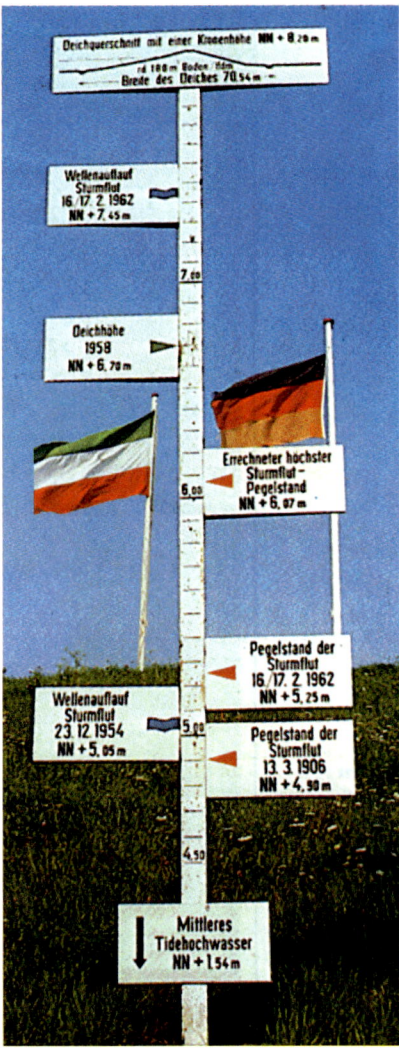

Pegelgeschichte

Packeis im Watt
In der Regel beschert der Golfstrom der Nordseeküste milde Winter. Weil aber Ausnahmen die Regel bestätigen, kann in manchen Jahren der Schneereichtum durchaus mit dem der Mittelgebirge konkurrieren. Treib- und Packeis machen dann allen Wattbewohnern schwer zu schaffen.
(rechts)

Hallig-Skyline
Die „Hallig-Skyline" kann man bei klarer Sicht vom südlichen Strand von Wyk aus erleben, bei etwas diffuserem Wetter könnte man die Halligen mit vor Anker liegenden Schiffen verwechseln.
(Folgende Doppelseite)

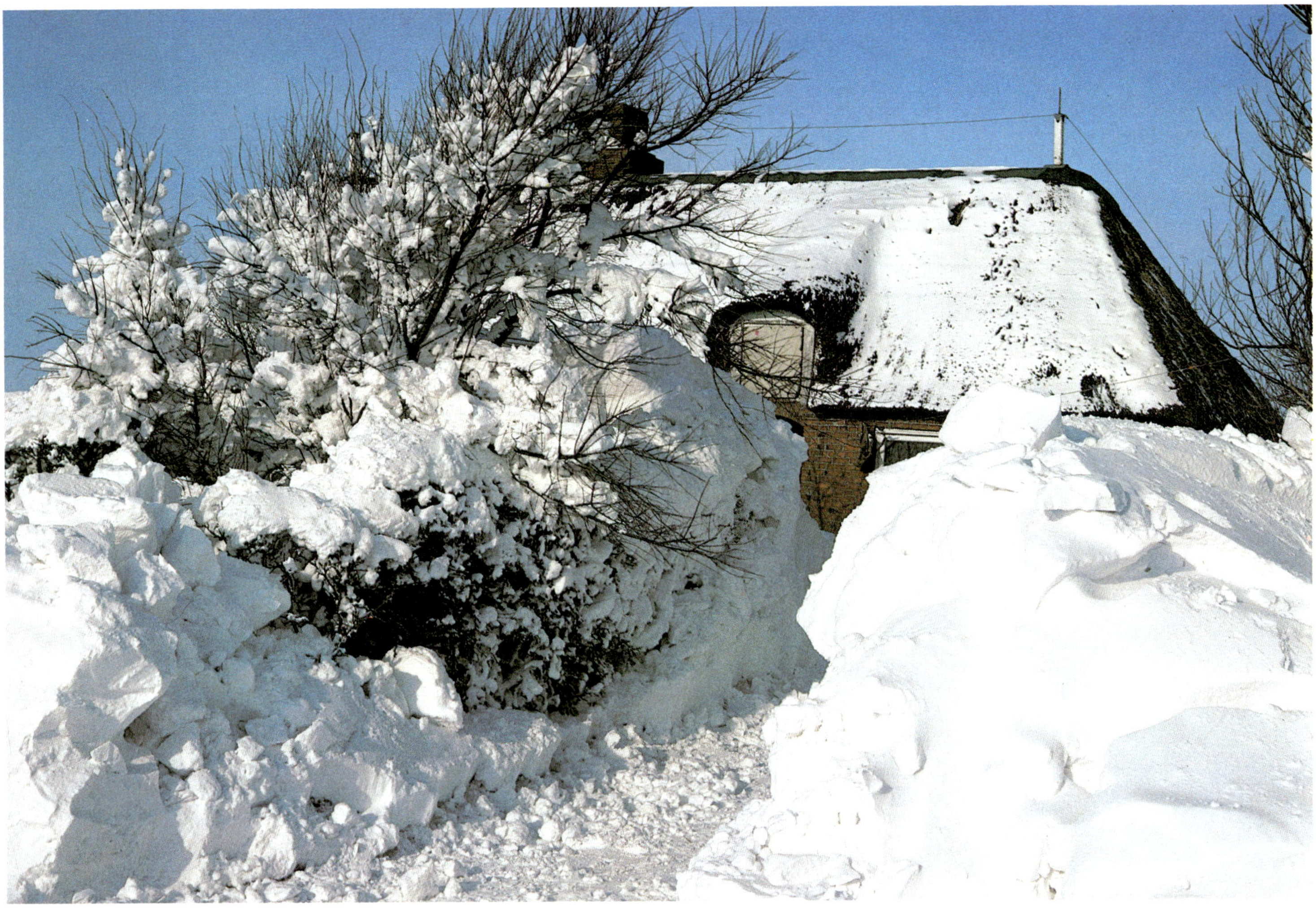

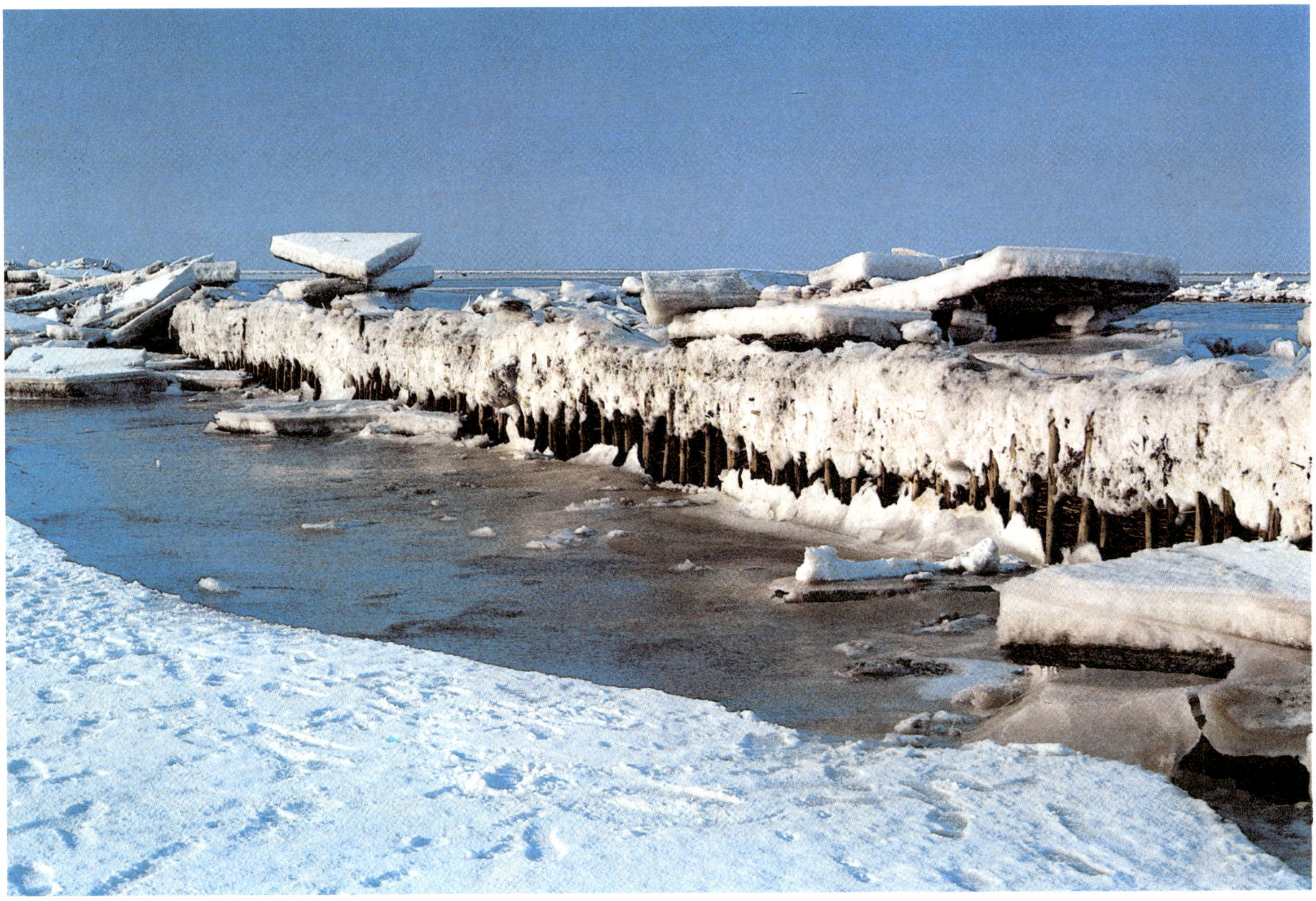

Ewiges Meer

Und Tag und Nacht und Nacht und Tag,
und immer rauscht der Wellenschlag.

Und immer wirft mit eigner Hand
das Meer die Wellen an den Strand.

Und Well' um Welle brandet, bricht –
Einst stand mein Haus am Strand noch nicht.

Einst wird es nicht am Strand mehr stehn.
Nur Wind und Wellen werden gehn.

Nicht Weib, nicht Kind, nicht Kindeskind,
nur Sand und See und See und Wind.

Nicht eine Spur von Menschenhand.
Nur Sand und See und See und Sand.

Nur Zeit und Zeit und wieder Zeit.
– und Wissen doch um Ewigkeit.

Hermann Claudius

Wellenspiel an der Buhne
Die Buhne im Spiel der Wellen ist geradezu ein Symbol des nie endenden Kampfes des Menschen mit der Naturgewalt der See. Trotz all seiner Technik ist noch längst nicht ausgemacht, ob der Mensch in diesem Kampf tatsächlich der Überlegene ist.

Was das niederdeutsche Wort für Niederung etwas ungenau bezeichnet, war nur ursprünglich eine zweimal täglich überflutete Niederung. Sie profitierte jedoch kontinuierlich von dieser regelmäßigen Überflutung, die eine Fülle organischer und anorganischer Sinkstoffe mitführte, bei Flut viel davon ablagerte und bei Ebbe wenig davon wieder mitnahm. Die Sinkstoffe aus zerriebenen Algen-, Tier- und Schalenresten gemischt mit feinkörnigen Tonen und Sänden sorgten dafür, daß der Meeresboden langsam aber sicher in die Höhe wuchs.

Irgendwann war dann auch der Zeitpunkt gekommen, wo dieser Neuanwuchs über die mittlere Hochwasserlinie hinausragte und damit nur noch bei höheren Wasserständen überflutet wurde. Wo aber keine regelmäßige Überflutung mehr stattfand, siedelten sich ganz von selbst salzwasserverträgliche Pionierpflanzen wie der Queller oder die Salzbinsen an. Sie wiederum sorgten bei der Überschwemmung durch eine Sturmflut dafür, daß noch mehr Sinkstoffe zurückgehalten wurden und damit der Boden weiter aufwachsen konnte.

Je weiter dieser sturmflutgeschichtete Klei aufwuchs, desto dichter wurde der Bewuchs aus Salzwiesenpflanzen und desto nachhaltiger wurde durch den häufigen Regen die Auswaschung der Salzrückstände im Boden.

Nachdem erst einmal die außergewöhnliche Fruchtbarkeit dieses vom Meer geschenkten Bodens erkannt war, dauerte es natürlich nicht mehr lange, bis der Auswaschung des Salzes durch das Ziehen von Entwässerungsgräben nachgeholfen wurde und das so neu gewonnene Land unter die Hufe weidender Schafe und Rinder kam. Die dafür notwendigen Siedlungen entstanden auf Wurten, also auf von ihren Bewohnern über Generationen hinweg aufgeworfenen Hügeln.

Diese heute noch vielfach im Marschland sichtbaren Wurten funktionierten damit nicht anders als es heute noch die Halligen tun: bei Sturmflut wurde die grüne Marsch überflutet, nur die Wurten ragten als bewohnte Inseln aus dem Wasser. Nachweisbar angefangen hat dieser Wurtenbau im 2. Jahrhundert n. Chr., wobei nicht nur einzelne Hauswurten sondern auch ganze Dorfwurten (das schönste Beispiel ist wohl Rysum) gebaut wurden.

Rund ein Jahrtausend hielt dieser Zustand an, wobei das meernahe Marschland mehr und mehr aufwuchs und sich das „Marschhochland" bildete. Die früheste, die sogenannte „alte Marsch" (Sietland) am Rande der Geest, wuchs dagegen nicht im selben Maße mit. Durch den langsam weiter steigenden Meeresspiegel gerieten diese Gebiete nach und nach wieder unter die Wasserlinie und wurden damit entweder moorig oder mußten entwässert werden. Wohl bestes Beispiel für solch altes Sietland ist das Rheiderland am Südwestrand des Dollart, wo rund ein Drittel des Landes unter dem Meeresspiegel liegt.

Ab dem 11. Jahrhundert etwa war es dann so weit, daß Entwässerungstechnik und Deichbau im Marschland einzogen. Weil die Holländer auf diesem Gebiet einen großen Erfahrungsvorsprung hatten, holte man sie zum Bau der notwendigen Anlagen ins Land. Sie waren die Väter der ersten Schöpfwerke, bauten die ersten Windmühlen zu ihrem Antrieb und lieferten die Pläne für die ersten Deiche. Stets ging es dabei aber um die Sicherung des zu einer Wurt gehörenden Landes. Überspitzt könnte man sagen, jeder Bauer mußte eben selbst sehen, wie er mit der Entwässerung seines Landes klar kam. Der Zusammenschluß mehrerer Wurten in einen Deichblock war noch äußerst selten.

Dies änderte sich erst im 14. Jahrhundert mit dem Beginn großzügiger Planung. Jetzt entstanden geometrisch vermessene, lange Deiche vor den Marschhufendörfern. Sie bestanden aus einer langen Reihe einzelner, unmittelbar hinter dem Deich gelegener Höfe, deren Acker- und Weideland sich bis zu 1000 m landeinwärts erstreckte. Die einzelnen Grundstücke waren jeweils durch einen breiten Entwässerungsgraben voneinander getrennt.

Den größten Rückschlag brachte 1362 die zweite Marcellusflut. Sie übertrumpfte alle bekannten Sturmfluten der letzten zwei Jahrtausende und riß die größten Löcher in das Marschland. Was sie für die See zurückgeholt hatte, mußte nun mühsam durch Neueindeichung zurückgewonnen werden. Nach und nach entstanden in Ostfriesland die Polder, in Nordfriesland die Köge. In Ostfriesland konnten so mit der Zeit die Landverluste am Jadebusen, am Dollart und an der Ley-Bucht wenigstens teilweise wieder ausgeglichen werden; in Nordfriesland entstand dadurch überhaupt erst aus einer von wandernden Prielen durchzogenen Insellandschaft eine Küste, die diesen Namen verdient.

Wichtigstes Hilfsmittel bei der Rückgewinnung, Sicherung und Ausdehnung der Marschgrenzen war zu allen Zeiten der Deich. Was noch der junge Hauke Haien bemängelte, war anfangs das lange Zeit nicht erkannte Hauptübel: die zu steilen Flanken bei obendrein relativ schmaler Krone. So hatte der 1599 fertiggestellte Deich um den Sieversflether Koog bei einer Gesamthöhe von 3 m eine Kronenbreite von nur knapp 2 m und eine Sohlenbreite von nur 12 m. Die Seeseite war zwar zusätzlich mit einem Staket aus Pfählen gesichert, doch war gerade diese „Sicherung" sehr trügerisch. Sie nämlich bot dem Wasser eine besonders harte Angriffsfläche, was zu häufigen Unterspülungen führte.

Aufgeschüttet waren die alten Deiche aus Sand und Klei (mit Kalk durchmischter Marschboden), belegt waren sie mit Grassoden, die dem Ganzen Halt geben sollten. Weil ein so einfach aufgeschütteter Erdwall nur begrenzte Sicherheit bot, versuchte man sich mit einer doppelten Deichlinie zu helfen. Vor dem Hauptdeich (Winterdeich) wurde in einigem Abstand ein etwas niedrigerer Sommerdeich angelegt, der während des Sommers das Weideland zwischen den Deichen schützte und im Winter bei höheren Fluten der See ihre Hauptmacht nahm.

Bei Sturmflut sorgte der dann entstehende flache See zwischen Sommer- und Winterdeich zusätzlich für eine weitere Abschwächung der Wellen. War schließlich vor dem Sommerdeich genügend neues Marschgelände angewachsen, wurde der Sommerdeich zum neuen Winterdeich erhöht und wieder ein neuer Sommerdeich errichtet. Noch heute läßt sich bei der gesamten deutschen Nordseeküste diese Entwicklung an den zahlreichen alten Deichen nachvollziehen.

Mit der stetigen Ausdehnung der eingedeichten Fläche wuchs die Stabilität der Deiche. So erhielt 1718 der Sophienkoog bereits einen 4,30 m hohen Deich mit 22 m breiter Sohle. Nur 50 Jahre später wurde der Desmerciereskoog 5,10 m hoch eingedeicht, die Sohlenbreite betrug schon 35 m. Der 1954 fertiggestellte Friedrich-Wilhelm-Lübke-Koog ist 7,20 m hoch eingedeicht bei einer Sohlenbreite von 70 m. Bei der Eindeichung der Meldorfer Bucht ist man inzwischen bei einer Deichhöhe von 8,80 m und einer Sohlenbreite von 90 m angelangt.

Selbst der beste Deich löst jedoch nur die Hälfte des Problems. Gut gebaut vermag er zwar gegen die See zu schützen, nicht aber gegen das Binnenwasser, dessen Abfluß ins Meer er ja hindert. Seit alters her behalf man sich hier mit Sieltoren. Bei Flut sind sie geschlossen, bei Ebbe erlauben sie den natürlichen Abfluß der Bäche. Allerdings hört sich das problemloser an, als es tatsächlich ist.

Je nach Höhe des Geländes steht nur ein mehr oder weniger kleiner Teil der Niedrigwasserzeit für eine Entwässerung zur Verfügung. In manchen Bereichen sind das pro Tide nur 2 bis 3 Stunden. Das bedeutet immerhin, daß innerhalb von 5 Stunden pro Tag das gesamte überschüssige Niederschlagswasser abfließen müßte, – und das bei einem mittleren jährlichen Niederschlag von immerhin 720 mm. Abzüglich der natürlichen Verdunstung würde das ohne Abfluß oder Abpumpen dazu führen, daß die Marsch am Ende eines Jahres knapp einen halben Meter tief unter Wasser stünde. Einzige Lösungsmöglichkeit für das Dilemma war der Bau von Schöpfwerken überall dort, wo die natürliche Entwässerung über Sieltore nicht ausreicht.

Snack

„Mudder, mok mi'n Botterbrot."
„Jung, ik heff keen Mest."
„Smer mi man mit'n Finger up, dat smeckt an'allerbest."

Leben im Wattboden

Kein Lebensraum auf der gesamten Erde ist im wahrsten Sinne des Wortes so lebendig wie der Wattboden. Obschon sehr zahlreich, machen seine sichtbaren Bewohner nur einen winzigen Bruchteil des tatsächlich darin enthaltenen Lebens aus. Bis zu 100 000 Tierchen leben in einem einzigen Kubikmeter Wattboden.
(rechts)

Taschenkrebs

Der Taschenkrebs mit seinem bis zu 30 cm breiten Rückenpanzer hat seinen Namen von dem nach vorn unter das Bruststück geklappten, verkümmerten Hinterleib.
(Folgende Doppelseite)
(links oben)

Sandklaffmuschel

Die Sandklaffmuschel gräbt sich bis zu 30 cm in den Schlick ein; geatmet und gefressen wird mit Hilfe des auf der linken Seite sichtbaren Siphons.
(links Mitte)

Strandkrabbe

Die Strandkrabbe kommt mit der Flut aufs Watt.
(links unten)

Einsiedlerkrebs

Der Einsiedlerkrebs hat im verlassenen Schneckenhaus ein für ihn ideales Heim gefunden.
(Mitte oben)

Wellhornschnecke

Die Wellhornschnecke lebt vom Abweiden der Algen.
(Mitte unten)

Schönheit der Quallen

Bei den Badegästen weniger beliebt sind die weitverbreiteten und keineswegs immer ganz harmlosen Quallen. Noch am zahmsten ist die Gemeine Qualle (unten). Sehr viel nachhaltiger wirken die Tentakeln der Nesselquallen (oben). An der Seenelke (Mitte) kann der Fotograf seine Künste ausprobieren.
(rechts)

Zweierlei Küsten

Wo immer man von einem der modernen Seedeiche aufs Meer hinausblickt, sieht man bei Ebbe auf das Wattenmeer, seine Restwasserflächen und seine Priele. Fast immer jedoch verschwimmt die je nach Sonnenstand graue oder gleißend helle Fläche nicht in der Unendlichkeit, sondern endet an einer zwar ganz flachen aber deshalb nicht weniger deutlichen Landlinie: den Ostfriesischen und Nordfriesischen Inseln, den Halligen oder den großen Sänden.

Spätestens beim zweiten Blick wird auch dem Binnenländer klar, daß die vom Deich gebildete, ruhige Uferlinie mit ihren mehr oder weniger breiten Anwachsflächen vor dem vom Menschen künstlich geschaffenen Schutzwall keineswegs allein „die" Küste bedeutet. So sehr hier bei Sturmflut die Hauptkampflinie zwischen der See und dem Land sein mag, so wenig ist sie es bei normalem Wasserstand, zumindest soweit vor dieser Hauptkampflinie noch Land vorgelagert ist. Andersherum gesagt: an der deutschen Nordseeküste gibt es nicht einfach eine Küste sondern eine Außenküste auf der Seeseite der Inseln und Sandbänke und die eigentliche Festlandsküste als Innenküste am Rand des Wattenmeeres.

Wer allerdings an diese Außenküste und damit an die Linie möchte, wo das Meer unmittelbar und noch weitgehend unbeeinflußt von Menschenhand auf das Land trifft, muß das Schiff zu Hilfe nehmen (nur auf Sylt geht es mit dem Zug). Würde einer behaupten, an der Nordsee braucht man das Schiff, um vom Land an die Küste zu kommen, hätte der eine auf der Welt einmalige Situation lediglich treffend umschrieben.

Die Fahrt zur Außenküste ist eine Fahrt in den Sand. Vor Ostfriesland besteht praktisch die gesamte Inselkette aus Sand, vor Nordfriesland sind zwar Marsch- und Geestteile dabei, an der eigentlichen Außenküste aber dominiert ebenfalls der Sand. Natürlich drängt sich da die Frage auf: wie kommt nur der ganze Sand an den Strand? Wer jetzt auf die Eiszeit als Verursacher tippt, hat zwar nicht unrecht, trifft den Nagel aber dennoch nur halb auf den Kopf. Richtig dabei ist nämlich, daß es ohne Eiszeit zwar keinen Sand gäbe, ohne die Arbeit der See aber auch nicht.

Wie das von den Eiszeitgletschern gelieferte Rohmaterial von der See zu Sand verarbeitet wird, läßt sich noch heute am Roten Kliff zwischen Wenningstedt und Kampen auf Sylt beobachten. Dieses Kliff nämlich ist nichts anderes als eine alte Gletscherrandmoräne, die etwa zur Hälfte aus hellem Quarzsand und zur anderen Hälfte aus dunkleren Schluffen und Tonen besteht. Bei Sturmfluten nun holt sich die See Scheibchen um Scheibchen von diesem Kliff, zerreibt die Brocken und löst sie in ihre Bestandteile auf.

Der weiß gewaschene, schwere Sand bleibt an Ort und Stelle in der Brandung, die „Verunreinigungen" bleiben dagegen als Trübstoffe im Wasser in der Schwebe, bis sie an ruhigen Stellen absinken können. Im Falle von Sylt geschieht dies auf der Wattseite der Insel. Bis auf wenige Ausnahmen sind alle von der Nordsee erreichbaren Moränenkliffe in der Vergangenheit bereits bis auf ihren Sockel, die Abrasionsplattform, auf diese Weise in Sandinseln und Wattgelände zerlegt worden.

Wie die riesigen Sandmengen im Laufe der Jahrhunderte von Wind und Wellen zu Inseln geformt und zur Wanderschaft gebracht wurden, ist im Kapitel über die Ostfriesischen Inseln nachzulesen. Wir aber wollen jetzt endlich an die eigentliche Küste, dorthin, wo es schließlich über 90 Prozent aller Badegäste hinzieht: an den Badestrand einer Nordseeinsel, im Rücken die Sandberge der Dünen und voraus nichts als die Unendlichkeit des Meeres.

Schon ein erster Spaziergang über den Strand zeigt, daß hier zwar alles aus Sand besteht, die Form der einzelnen Flächen aber alles andere als zufällig sein kann. Ebbe und Flut, Wind und Wellen wirken auf so viele Kilometer nach gleichen Gesetzmäßigkeiten auf den Sand und bilden so in ihrer Länge beinahe

Watt in Gefahr

Kaum irgendwo anders ist das Überleben der Vögel mehr in Gefahr geraten als im Lebensraum Meer. Wir reden nicht von der Ölpest, die immer wieder zu spektakulären Bildern von der Agonie der Seevögel in den Medien führt. Wir reden auch nicht von der fast vollendeten Ausrottung der größten Säugetiere der Erde, den Walen. Wir reden auch nicht vom Zusammenbruch einst riesiger Heringspopulationen durch rücksichtslose Überfischung. Wir lassen die drei Millionen Tonnen Phosphor, die allein der Rhein im Jahr ins Meer schwemmt, beiseite. Wir wollen uns auf ein überschaubares Teilgebiet beschränken, zu dessen Rettung jedermann beitragen kann. Wir meinen das Wattenmeer, das nach wie vor schwer gefährdet ist. Es wird hier nach Erdgas und Erdöl gebohrt; folgenschwere Unfälle werden nicht zu vermeiden sein. Das Watt ist ferner als Standort und Kühlmedium großer Atomkraftwerke vorgesehen. Im Zusammenhang mit diesen Kraftwerksvorhaben stehen neugeplante Ketten von giftausscheidenden Industrieanlagen an den Unterläufen von Elbe, Weser, Dollart und Jade, ferner riesige Hafenprojekte auf den Inseln Neuwerk und Scharhörn als Außenhafen von Hamburg, und ein neuer Hafen für Emden. Alles dies steht im eindeutigen Gegensatz zum Bundesnaturschutzgesetz...

Horst Stern

Säbelschnäbler

Der Säbelschnäbler scheint sich seiner Grazie durchaus bewußt zu sein. Seine eleganten Bewegungen jedenfalls würden einer Tänzerin alle Ehre machen.

unendlich anmutende Strände mit jeweils gleichem Aufbau zwischen der Niedrigstwasserlinie und den Dünen. Dieser im Schnitt zwischen 50 und 100 m breite Streifen ist der eigentliche Strand.

Als eigentliche Uferlinie gilt die Linie, bis zu der das Mitteltidehochwasser aufläuft. Sie teilt gleichzeitig den Strand in einen trockenen und in den nassen Bereich. Rein optisch ist die Uferlinie meist aus dem von Überbleibseln aus Tang, Muscheln und allem möglichen Treibgut gebildeten Flutsaum zu erkennen. Die Linie des Mitteltideniedrigwassers markiert die Grenze zwischen dem Strand und dem Vorstrand. Er läßt sich noch einmal unterteilen in die eigentliche Brandungszone und die davor gelagerte Bremszone. Äußere Begrenzung der Brandungszone ist die Linie, auf der sich die ersten Wellen außen brechen, sich also nach vorne überschlagen und dabei ein Luftpolster einfangen, das für die Bildung von Schaum und Gischt verantwortlich ist.

„Bodenberührung" bekommen die von der See anrollenden Wogen schon zuvor in der Bremszone. Die Wellen sind ja nichts anderes als vom Wind zur Schwingung gebrachte Wasserteilchen, die vertikal angelegte, walzenförmige Kreise beschreiben und sich langsam in Windrichtung fortbewegen. Stößt die einzelne Welle nun mit ihrem Unterwasserteil an den Grund, entsteht im oberen Teil ein relativer Bewegungsüberschuß, der sich um so stärker bemerkbar macht, je flacher das Wasser wird. Schließlich wird der Bremseffekt am Grund so stark, daß die Welle sich oben aufbäumt, überkippt und als Brecher zerstiebt.

Die Linie, an der dies geschieht, ist stets dieselbe, weil sich unter ihr am Boden das sogenannte äußere Strandriff, ein bis zu 3 m hoher Sandrücken abgelagert hat. Über ihn kommen die anrollenden Wogen buchstäblich ins Stolpern. Auch unterhalb der inneren Brecherlinie, also dort, wo sich die Wogen zum letzten Mal brechen, findet sich am Meeresboden ein ähnliches, wenn auch weniger stark ausgeprägtes Strandriff. Hinter ihm laufen die Wellen nur noch als Schwall den Strandwall hinauf.

Je stärker der Seegang ist, desto ausgeprägter rollen die einzelnen Wogen heran, desto höher brechen sie sich und desto schwungvoller rollt der Schwall eines Brechers zur Wasserlinie hinauf. Sie ist dann keine gerade Linie mehr, sondern eher eine Reihe von Girlanden, die an den Wellenschliff bei einem Messer erinnern. Ab etwa Windstärke sieben fangen die Flanken der einzelnen Schwälle an, sich gegenseitig den Platz beim Zurückströmen streitig zu machen. Wo es aber in einer Strömung eng wird, gibt es für die einzelnen Teilchen nur den Ausweg, eben schneller zu strömen.

Für die Grenzlinie zwischen zwei Schwällen heißt dies, daß dort ein sehr starker Rückstrom entsteht, der sogar geübte Schwimmer immer wieder zurück in die Brandung zu ziehen vermag. Es kommt also keineswegs von ungefähr, wenn die Bademeister ab einem gewissen Seegang das Baden verbieten. Wer das Verbot mißachtet, kann sich durchaus in unmittelbare Lebensgefahr bringen.

Bei entsprechend kräftigem Seegang sind die Soglinien durch senkrecht zu den Wellen verlaufende Schaumbänder gut zu erkennen. Dort ist nicht nur die größte Gefahr für den Schwimmer, dort sind auch die Angriffspunkte der See, wenn es darum geht, eine Düne oder ein Kliff anzunagen und losgeschlagenes Material zu transportieren. Von diesen Soglinien breiten sich nach beiden Seiten seewärts gerichtete Unterströmungen aus, die selbst schweres Material bis hin zu Betonklötzen transportieren können.

Natürlich treffen der Wind und damit die Wellen keineswegs immer senkrecht auf den Strand. Meist weht der Wind irgendwie schräg gegen die Küste und sorgt damit für ein ganz besonderes Phänomen. Ihm auf die Spur zu kommen, genügt es, bei entsprechendem Wind einen Korken am Strandwall ins Wasser zu werfen. Weht der Wind von Nordwesten, und versuchen wir unser Spiel am Weststrand von Sylt, dann zeigt sich sofort, daß der Korken vom Sog zwar fast genau nach Westen hinausgezogen wird, mit der nächsten Welle jedoch nicht wieder

Vogelscharen im Watt

In der Tümlauer Bucht am äußersten Zipfel der Halbinsel Eiderstedt gibt es nicht nur naturkundliche Führungen, hier wird auch wissenschaftlich gearbeitet. So weiß man, daß es in der Region etwa 7 000 Weißwangengänse, 5 000 Austernfischer, 10 000 Kiebitzregenpfeifer, 1 000 Pfuhlschnepfen, 10 000 Knutts und 15 000 Alpenstrandläufer gibt. Allerdings belegen diese Zahlen nur, wie ein einigermaßen ungestörtes Wattgebiet von den Vögeln genutzt wird. Daß ein Vogelschutzgebiet im Watt möglichst unbehelligt bleibt – dazu kann jeder einzelne Besucher allein schon damit viel beitragen, daß er sich an die Betretungsverbote hält. Vor allem Segler und Surfer dürfen keinesfalls „leer" erscheinende Inseln ansteuern. Das harmlos scheinende „Vergnügen" kann verheerende Folgen haben. So kann etwa die Seeschwalbe schon durch einmalige Belästigung so verstört werden, daß sie ihre Brut verläßt. Das aber wollen Sie doch sicher nicht!

Steinwälzer und Bekassine
Der Steinwälzer (links) verdankt seinen Namen seiner Gewohnheit, Nahrung unter Steinen und Tang zu suchen. Die Bekassine stochert mit ihrem langen Schnabel dagegen lieber im Wattboden herum.
(oben)

Austernfischer
Woher der taubengroße, allgegenwärtige Austernfischer seinen Namen hat, weiß niemand. Sicher jedenfalls ist, daß der Vogel weder Austern fischen noch knacken könnte – und das trotz seines vorlauten Schnabels.
(unten)

an die gleiche Stelle, sondern je nach Windstärke mehr oder weniger nach Süden versetzt zurück an den Strand kommt. Würde man das gleiche Spiel an einem ostfriesischen Strand machen, würde es den Korken bei gleicher Windrichtung nach Osten versetzen. Genau wie der Korken mit jeder Welle im Zickzackkurs versetzt wird, werden auch Sand und Schwebeteilchen von den Wellen transportiert.

So einfach im Prinzip die Ursache für diesen Strandversatz ist (das rückflutende Wasser folgt dem natürlichen Gefälle, die anrollende Welle kommt mit dem Wind), so gravierend können die Folgen sein. Bei einem mit 45 Grad einfallenden, entsprechend starken Wind kann der Strandversatz im Schnitt Fußgängertempo erreichen und von der Kraft her durchaus handfeste Dimensionen annehmen. Mit jeder Sturmflut werden auf diesem Weg vor jeder Nordseeinsel tausende Tonnen Sand bewegt. Von Sylt etwa ist bekannt, daß bei der Sturmflut von 1962 vor Westerland aus Beton gegossene und 6 Tonnen schwere Tetrapoden bis zu 50 m nach Süden verschoben wurden!

Wie der Strandversatz mit der Zeit eine ganze Insel formen kann, ist am besten auf Sylt zu sehen. Das mächtige Kliff in der Mitte der Insel liefert der See seit Jahrhunderten im Jahresschnitt eine gut 1 m dicke und bis zu 28 m hohe Scheibe Moränenmaterial. Die Wellen lösen es in seine Bestandteile Sand und leichtere Schwebstoffe auf. Die Schwebstoffe wandern um die Insel herum und füllen dort das Watt auf, der Sand wird vom Strandversatz je nach Windrichtung zum nördlichen oder südlichen Haken der Insel transportiert. Beide wachsen deshalb Jahr für Jahr ein kleines Stückchen weiter.

Ins Endlose allerdings geht auch der Strandversatz nicht. Bei den Ostfriesischen Inseln etwa sorgen die vertikal zur Küste verlaufenden Tidenströme, die zweimal am Tag das hinter den Inseln liegende Watt füllen und leeren, dafür, daß sich nicht zuviel von dem vom Küstenversatz herangeschafften Sand festsetzen kann. Aus dem gleichen Grund kann Sylt nie mit Rømø oder Amrum zusammenwachsen, weil die dazwischenliegenden Tiefs eine bestimmte Mindestgröße haben müssen. Wird sie unterschritten, sorgt die nächste größere Flut mit ihrem Spüleffekt ganz automatisch dafür, daß sich nicht zuviel ansetzt.

An den Badestränden jedoch gibt es kein natürliches Mittel, um den Strandversatz aufzuhalten. Hier kann nur die menschliche Technik helfen, etwa wie am Strand von Sylt, mit dem Bau von schweren, weit ins Meer hinausreichenden Buhnen.

Ein ganz anderes Phänomen läßt sich in den flachen Strandlagunen beobachten, die sich manchmal knapp unterhalb des Flutsaumes bilden. Ihr Boden besteht immer wieder aus etwa zentimetergroßen, an ein Waschbrett erinnernde Rippeln. Sie verlaufen als Strömungsrippeln quer zur Wasser- und Windströmungsrichtung. Ihre Luvseite ist flach geneigt, ihre Leeseite ist dagegen ziemlich steil.

Die im harten Sand teilweise fest geformten Waschbrettmuster entstehen nach demselben physikalischen Gesetz wie die Wellen auf See: durch die Reibung zweier verschieden dichter Medien aneinander. In der Strandlagune verstärkt das flache Wasser die Windkraft und überträgt dessen Reibung auf den Sand, der selbst hier im kleinsten Rahmen den Gesetzen des ewigen Zusammenspiels von Wind und Wellen folgt.

Mövenflug

*Möven sah um einen Felsen kreisen
ich in unermüdlich gleichen Gleisen,
auf gespannter Schwinge schwebend
  bleibend,
eine schimmernd weiße Bahn
  beschreibend,
und zugleich in grünem Meeresspiegel
sah ich um dieselben Felsenspitzen
eine helle Jagd gestreckter Flügel
unermüdlich durch die Tiefe blitzen.
Und der Spiegel hatte solche Klarheit,
daß sich anders nicht die Flügel hoben
tief im Meer als hoch in Lüften oben,
daß sich völlig glichen Trug und
  Wahrheit.*

*Allgemach beschlich es mich wie
  Grauen,
Schein und Wesen so verwandt zu
  schauen,
und ich fragte mich, am Strand
  verharrend,
ins gespenstische Geflatter starrend:
Und du selber? Bist du echt beflügelt?
Oder nur gemalt und abgespiegelt?
Gaukelst du im Kreis mit Fabel-
  dingen?
Oder hast du Blut in deinen
  Schwingen?*

Conrad Ferdinand Meyer

Großvögel im Watt
Zu den „vornehmen" Gästen im Watt gehören der Graureiher (oben links), der Gänsesäger (oben rechts) und der Singschwan (unten).

Lebendige Küste

„Ich höre des gärenden Schlammes geheimnisvollen Ton" dichtete Theodor Storm und meinte damit das millionenfache Ziepsen der Schlickkrebse, an deren auseinanderklaffenden Fühlern bei der Nahrungssuche immer wieder die Wasserhaut platzt und bei absoluter Windstille ein Geräusch entstehen läßt, das mit seiner leisen Eindringlichkeit ein einzigartiges Symbol für die ungeheure Produktivität des Lebens im Watt ist.

„Biomasse" heißt das Schlagwort der Fachleute, und davon wird im Watt pro Jahr und Hektar bis zu 2 000 kg produziert! Bei der Winzigkeit vieler Wattbewohner bedeutet das, daß an günstigen Stellen über 100 000 Tierchen auf und in jedem Quadratmeter Watt hausen. Etwa die Hälfte sind Schnecken, 40 Prozent sind Krebse, die restlichen 10 Prozent sind Muscheln und Würmer.

Um so erstaunlicher ist das Ganze, bedenkt man, unter welch extremen Bedingungen sich dieses Leben entfalten muß. Stundenlange Trockenheit bei sommerlicher Hitze oder winterlicher Eiseskälte wechseln mit meterhohem Wasser, Nipptiden müssen ebenso ausgehalten werden wie Sturmfluten mit ihren Brandungsbrechern. Allein die Unterschiede von Temperatur und Salzgehalt (etwa wenn es bei Ebbe stark regnet) verlangen von den Wattbewohnern äußerste Anpassungsfähigkeiten. Als ob das alles noch nicht reichen würde, kommen auch noch rein mechanische Bedrohungen dazu. Strömungen und Wellengang sorgen dafür, daß das Watt und damit die Heimat seiner Bewohner ständig in Bewegung bleibt.

Bei jeder Sturmflut werden Millionen von Tieren aus ihrem Lebensraum gerissen, in den Wogen zermalmt oder an den Strand geworfen. Wo auf der einen Seite Muscheln, die nur unterirdisch zu leben vermögen, von der Strömung freigelegt und damit zum Tod verurteilt werden, ersticken auf der anderen Seite ganze Miesmuschelbänke nur deshalb, weil Sand und Schlick über sie hinwegwandern. Besonders schlimm wird die Bedrohung schließlich in strengen Wintern, wenn sich eine Eisdecke wie ein Leichentuch über das Watt legt. Und dennoch kann all das die unendliche Bioproduktion im Watt nicht stoppen.

Lebensvielfalt im Watt

Einen ersten Einblick in die unendliche Vielfalt des Lebens im Watt vermittelt jeder Spaziergang an Strand und Wattufer kurz nach dem höchsten Flutstand. Dort, wo die Wellen ausgelaufen sind, sammelt sich alles, was die Wogen irgendwo losreißen konnten: Braun-, Rot- und Grünalgen, Reste von Meerestieren und mehr oder weniger große Überbleibsel ihrer Gehäuse. Vor allem die zahllosen Muschelschalen fallen dabei ins Auge. In allen Farben und Mustern sind Herz-, Pfeffer- und Plattmuscheln neben den zahlreichen Klaff- und Miesmuschelarten vertreten. Auch die langgestreckten Gehäuse der Bohrmuscheln finden sich streckenweise im Watt. Lediglich die von den Feinschmeckern so begehrte und aus den Delikatessengeschäften wohlbekannte, außen so rauhschichtige Schale der Auster wird man vergebens suchen. Sie hat in der deutschen Nordsee schon längst keine Lebensmöglichkeit mehr.

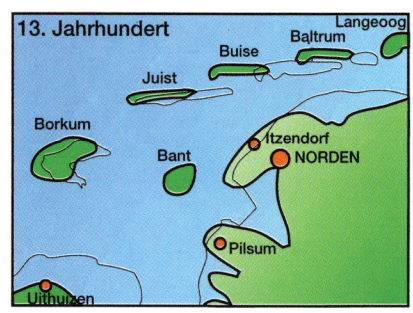
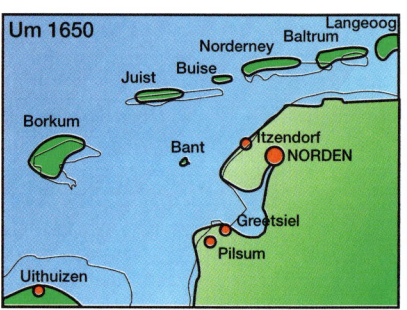
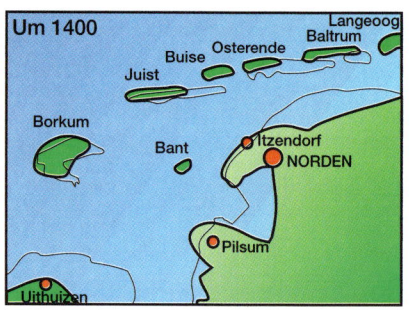
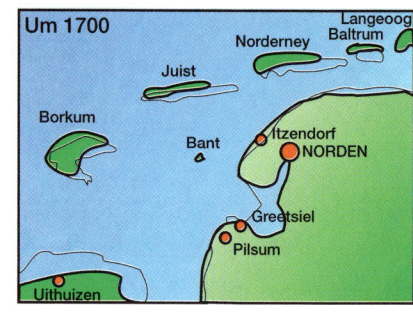

Die Entwicklung der Ostfriesischen Inseln von Borkum bis Langeoog vom 13. Jahrhundert bis heute

Fische im Watt
Auch wenn der sandige Boden des Wattenmeeres Fischen nicht gerade den besten Schlupfwinkel bietet, ist er doch mancherlei Arten eine begehrte Heimat. Die Scholle (oben) kann der aufmerksame Beobachter in seichten Prielen bei Ebbe finden, der Hornfisch (Mitte) und der Nagelrochen (unten) spielen die Rolle des Hechtes im Karpfenteich.
(Folgende Doppelseite links)

Flüsse im Watt
Bei Ebbe sind die Priele häufig nur noch winzige Rinnsale, denen der Binnenländer nur allzu leicht keinerlei Gefahr ansieht. Bei auflaufender Flut jedoch werden die Rinnsale nur allzu schnell zu reißenden Strömen, die dem Unkundigen zudem leicht den Rückweg zum Land abschneiden können.
(Folgende Doppelseite rechts)

Noch ungestört ausbreiten können sich dagegen die Wattschnecken. Ihre oft nur wenige Millimeter großen Gehäuse finden sich manchmal millionenfach im Flutsaum, von dem man auf den ersten Blick gemeint hat, er bestünde nur aus Sand. Seltener sind dagegen die größeren Schneckenarten bis hin zur Wellhornschnecke. Damit man sie, größere Taschenkrebse oder sogar einen Tintenfisch finden kann, muß es schon ordentlich gestürmt haben.

Mehr von der Jahreszeit abhängig sind dagegen die bei den Badegästen aus gutem Grund recht wenig beliebten Quallen. Sie treiben ab Frühsommer als glockenförmige Gebilde mit bis zu 40 cm Durchmesser frei in der Strömung. Während die Kompaß-, Ohren- und Blumenkohlquallen noch relativ harmlos sind, zeigen sich die blaue Nesselqualle und die gelbliche Haarqualle, die zudem einen Durchmesser bis zu 1 m erreichen kann, von einer höchst aggressiven Seite: ihre Tentakeln haben Nesselzellen, mit denen sie normalerweise ihre Nahrungstiere betäuben. Macht ein Schwimmer mit den feinen Fangfäden Bekanntschaft, bleibt ihm das meist in schmerzhafter Erinnerung.

Weniger im Flutsaum, wohl aber in der gesamten, täglich überfluteten Uferzone sind an den meisten festen Gegenständen wie etwa Buhnen oder Brückenpfählen weiße Kalkgehäuse zu finden, die auf den ersten Blick wie Muscheln aussehen, tatsächlich aber nicht einmal mit ihnen verwandt sind: die Seepocken. Sie gehören, auch wenn es unwahrscheinlich klingt, zu den Rankenfußkrebsen und lassen sich nur auf festen Unterlagen nieder. Ihre stumpf kegelförmigen, bis zu 1 1/2 cm großen Gehäuse aus zahlreichen mehr oder weniger stark gekerbten Platten sind während der Ebbe fest verschlossen; solange sie unter Wasser sind öffnen sie ihre „Schiebetüren" und versuchen mit ihren borstigen Fangarmen Nahrung einzufangen.

Folgt man dem zurückweichenden Wasser ins Watt, fallen zwar zahlreiche Tierspuren auf, die Tiere selbst aber sind nicht zu entdecken. Sie haben sich allesamt in den Boden verkrochen, zum einen, weil sie dort viel sicherer vor ihren Feinden sind, zum anderen, weil sie nur dort vor den Temperaturschwankungen und der Gefahr des Austrocknens sicher sind. Die auffälligste Spur eines solchen Lebewesens sind die zahllosen Kringelhäufchen des Sandpierwurmes. Kilometerweit bedecken seine Kothäufchen, die nichts anderes sind als der von ihm gefressene und wieder ausgestoßene Sand, den Wattboden.

Auffälligerweise ist neben einem Kotschlingenhaufen auch stets eine trichterförmige Vertiefung, der Freßtrichter des Wurmes zu sehen. Gräbt man die Behausung des gefräßigen Tierchens aus, findet man einen bis zu 25 cm tief in den Boden reichenden U-förmigen Gang. Die eine Hälfte des U ist der Freßgang, die andere der Kotgang. Der Wurm selbst liegt im waagerechten Teil der Röhre und frißt von unten her den von oben stets nachsickernden Sand. Etwa stündlich steigt der Wurm rückwärts durch den Kotgang nach oben bis an die Gangmündung und stößt den durchgekauten Sand nach außen.

Um einen möglichst nahrungsreichen Sand zu bekommen, hat sich der Sandpierwurm darüber hinaus ein ganz raffiniertes Patent einfallen lassen. Durch Pressen des geringelten Körpers dehnt er die Röhre im Sand so weit, daß zwischen Röhre und Körper Wasser strömen kann. Mit seinen Kiemenbüscheln pumpt der Wurm nun Atemwasser von hinten nach vorne am Körper entlang gegen seine Freßstelle. Die wirkt wie ein Auffangfilter für die im Atemwasser enthaltenen Nahrungspartikel. Andersherum gesagt: das Fett für seine Suppe beschafft sich der Wurm selbst.

Ein weitschichtiger Verwandter des Sandpierwurms ist der Wattringelwurm. Er verrät sich durch hirschgeweihartig verzweigte Oberflächenspuren. Diese Kriechspuren sind gleichzeitig seine Freßspuren, auf denen er nach Algen gesucht hat. Offensichtlich ist das Nahrungsangebot so reichhaltig, daß er mit seinem Hinterteil seinen Wurmgang nie zu verlassen braucht. Umgekehrt verkriecht er sich bei der geringsten Gefahr sofort in sein verzweigtes Gangsystem.

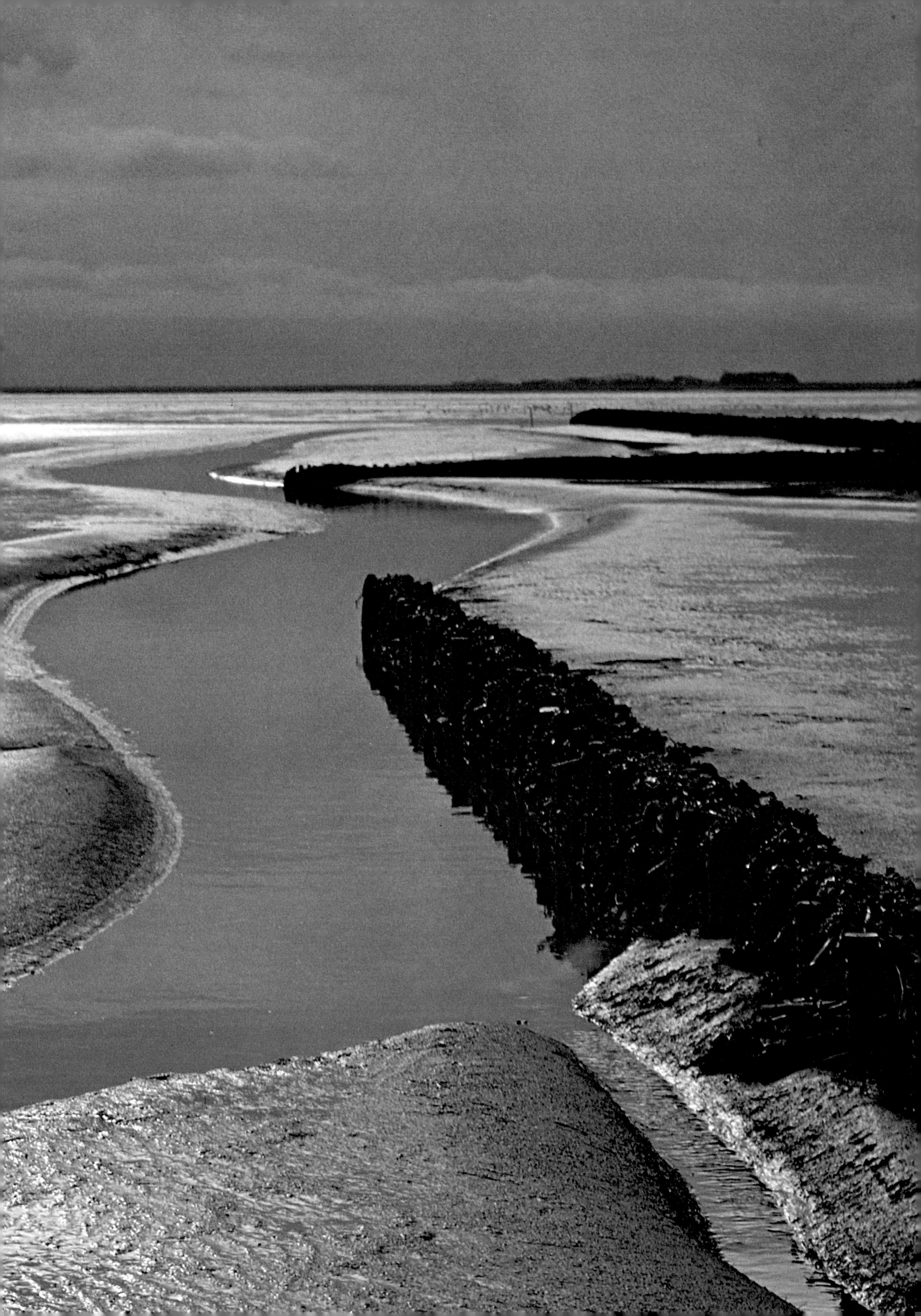

Ebenfalls in U-förmigen Gängen, wenige Zentimeter unter der Bodenoberfläche, lebt das Millionenheer der Schlickkrebse. Er verrät sich an der Wattoberfläche durch seine sternförmigen Kratzspuren mit einem Durchmesser von etwa 1 cm. Zur Nahrungsaufnahme greifen die Krebse mit ihren langen Fühlern aus ihren schleimverkitteten Wohngängen heraus, um Nahrung zu ihrer Gangöffnung zu fegen. Das millionenfache Platzen der Wassermembran auf ihren auseinanderklaffenden Fühlern wurde bei Storm zum „geheimnisvollen Ton des gärenden Schlammes".

Auch nahezu alle im Watt heimischen Muschelarten leben mehr oder weniger tief eingegraben im Boden. Lediglich die Austern und die Miesmuscheln bilden hier eine Ausnahme. Ganz knapp unter der Oberfläche lebt die Herzmuschel. Bis zu 15 cm tief graben sich die Platt- und Pfeffermuschel ein, bis zu 30 cm tief wandert die große weiße Klaffmuschel hinunter. Sie alle haben zwei lange, schlauchartige Röhren, die Siphone, die sie zur Oberfläche hinaufstrecken. Nur die Klaffmuschel ist vornehmer: Ein- und Ausströmsiphon sind bei ihr in einem fleischigen Schlauch vereint.

Mit dem einen Siphon tastet die Muschel den Boden nach Nahrungspartikeln ab und produziert dabei die so charakteristische, sternförmige Freßspur. Über den zweiten Siphon scheidet die Muschel den Abfall aus. Ihren Spitznamen „Pisser" verdankt die Klaffmuschel ihrer Schreckreaktion. Fühlt sie sich beunruhigt, zieht sie blitzschnell ihren Siphon ein und spritzt dabei einen kleinen Wasserstrahl aus dem Muschelmantelraum in die Luft.

Völlig anders lebt dagegen die wohl jedem bekannte blauschwarze Miesmuschel. Sie ist ein Freund der Geselligkeit und bildet deshalb dichte Bestände, wobei bis zu 1000 Muscheln auf einen Quadratmeter kommen können. Ihr Haltesystem, die Byssusfäden, produziert sie über eine eigene Drüse und heftet sich damit auf irgendeine, gerade erreichbare harte Unterlage, seien es Steine, andere Muscheln oder auch die eigenen Artgenossen.

Bei Ebbe hält ein starker Muskel die beiden Schalenklappen luftdicht verschlossen, bei Flut öffnen sie sich weit, damit die Muschel mit ihren Kiemen ihre Nahrung aus dem Meerwasser filtern kann. Bis zu 2 Liter Wasser pro Stunde wird von einer ausgewachsenen Miesmuschel auf diese Weise gefiltert. Nicht verwertbare Schwebstoffe verschleimt die Muschel in ihrem Mantelraum und scheidet sie schließlich als Kot aus. Daraus können durchaus beachtliche Schlickhügel aufwachsen.

Der Arbeitseifer der Miesmuscheln und ihre einladende Oberfläche zieht wiederum ganze Scharen anderer, Schlupfwinkel oder Halt suchender Wattentiere an. Pantoffel- und Käferschnecken wachsen ebenso an wie Seepocken; Strandkrabben und Seesterne haben hier ihre Kinderstube. Korallen, Schwämme und ausgewachsene Seesterne werden von den unter der Niedrigwasserlinie liegenden Muschelbänken angezogen. Vor allem die Seesterne finden hier ihren gedeckten Tisch. Sie nämlich umklammern die Muschel bis sie sich öffnet und sie den Leckerbissen genießen können.

Das wohl schönste Paradebeispiel hervorragender Anpassungsfähigkeit an die besonderen Lebensbedingungen im Watt ist zweifellos der bei Einheimischen wie Gästen gleichermaßen beliebte Seehund. Obwohl mit den Raubtieren des Festlandes verwandt, und als Säugetier auf seine Lunge angewiesen, bewegt sich der bis zu 2 m lange und manchmal über 100 kg schwere Seehund wie ein Zauberkünstler im amphibischen Raum. Die Eleganz seiner Schwimmkünste ist sprichwörtlich, sie erlauben es ihm, auch gegen den stärksten Wattenstrom anzuschwimmen. Das Atemproblem hat er durchaus auf seine eigene, unnachahmliche Weise gelöst: schwebend schläft er im Wasser und zum Luftholen taucht er auf, ohne aufzuwachen. Bei Gefahr hält er es bis zu 40 Minuten unter Wasser aus, ohne auftauchen zu müssen.

Sein Jagdrevier ist das Wasser, wo er Fischen und Krebsen nachstellt. Zwar

Weißwangengänse

Die Weißwangengänse gehören zu den schönsten Tieren dieser Landschaft. Das weiße Gesicht bildet zu dem glänzenden Schwarz von Scheitel, Hals und Brust einen reizvollen Kontrast. Die grau-blaue Oberseite, durch schwarze, fein weiß gesäumte Querbänder schön gezeichnet, setzt sich – ebenso wie die schwarze Brust und der kurze schwarze Schwanz – scharf gegen das Grauweiß der Unterseite ab. Die Weißwangengänse haben, wenn sie im Herbst erscheinen, eine weite Reise hinter sich. Ihre Nester hatten sie auf der großen russischen Eismeerinsel Novaja Semlja. Bei uns sind es die an wenigen Stellen der Nordseeküste noch vorhandenen, ungestörten Salzwiesen vor dem Deich, die sie jedes Jahr wiederkommen lassen. Wenn sich die Weißwangengänse im ohrenbetäubenden Lärm ihrer bellenden Rufe wie eine Wand aus dem Nichts erheben, wenn sie zu Tausenden ihre Kreise ziehen und dann wieder im gaukelnden, rauschenden Hinabschwenken der Landung gegen das Dunkel des Horizontes verschwinden, dann stellt sich unwillkürlich die Illusion einer noch restlos heilen Welt ein ...

Heinrich Hoerschelmann

Gänse im Watt
Bei aller Vogelvielfalt, was wäre das Watt ohne seine Gänse? Die Ringelgans (links oben) belebt es mit seinem weißen Hinterteil, die Weißwangengänse (unten) liefern mit ihrem Schwarz an Hals- und Brustansatz den Kontrast dazu, und die Brandgans (rechts oben) setzt die notwendigen Farbakzente.

37

braucht er pro Tag etwa 5 kg davon, doch scheint ihn das nicht allzu sehr zu beschäftigen. Wie sonst wäre es zu erklären, daß er am liebsten rudelweise an den Kanten von Sandbänken, am Rand von tieferen Prielen in der Sonne liegt und sich den Pelz wärmen läßt?

Nur in wenigen Punkten ist die Anpassung an die amphibische Lebensweise noch nicht ganz gelungen: zur Paarung, zur Geburt der Jungen und zum Säugen müssen die Seehunde an Land. Schon beim Zeitpunkt der Geburt jedoch funktioniert die Anpassung wieder. Die Seehundmama nämlich ist in der Lage, den Geburtszeitpunkt so genau zu steuern, daß das Junge genau zu Beginn einer Niedrigwasserzeit zur Welt kommt. Damit wird erreicht, daß das Junge bis zur nächsten Flut von der Mama gefahrlos ins steigende Wasser geschubst werden kann. Von der ersten Sekunde an ein perfekter Schwimmer, folgt das Junge seiner Mama, bis die sich einmal am Tag herabläßt, ihr Baby auf trockenem Liegeplatz mit ihrer etwa 40 Prozent Fett enthaltenden Milch zu säugen.

Weil weder Mutter noch Kind auf der Sandbank lange Ruhe beschieden ist, und die Mama ja auch zum Jagen muß, bleibt dem Baby nichts anderes übrig, als hinterher zu schwimmen. Der Kontakt wird dabei durch ein langgezogenes Heulen aufrecht erhalten. Reißt der Kontakt zwischen Mutter und Kind, kann die Mama ihr Baby durch das Heulen wiederfinden. Ein einsam heulendes Seehundebaby muß also noch keineswegs von seiner Mama verlassen sein. Geschieht dies dennoch einmal, besteht immer noch die Chance, daß das Baby ein sicheres Plätzchen in einer der inzwischen gut funktionierenden Aufzuchtstationen findet.

Fischkinderstube

Auch für mancherlei Fische ist das Wattenmeer begehrte Heimat. Zwar bietet der sandige Meeresboden nicht gerade die besten Schlupfwinkel, bereiten schwankende Temperaturen, wechselnder Salzgehalt und starke Strömungen zusätzliche Probleme, doch hindert das einige Arten überhaupt nicht daran, sich im Watt äußerst wohl zu fühlen. Für zahlreiche andere Arten ist das im Sommer warme und so überaus nahrungsreiche Flachwasser die ideale „Sommerfrische" und die noch bessere Kinderstube.

Schollen, Flundern und Seezungen können mit etwas Glück sogar vom Wattwanderer im sandigen oder schlammigen Grund flacher Priele beobachtet werden. Allerdings muß man dafür schon genau hinschauen: zu sehen nämlich sind zunächst nur zwei dicht nebeneinander stehende Augenknöpfchen. Erst auf den zweiten Blick erkennt man dann, daß sich der Boden hinter den beiden Knöpfchen wellenförmig bewegt. Kommt man den nach verschiedenen Richtungen spähenden Augen zu nahe, schießt die Scholle, eine dicke Sandwolkenspur hinter sich ziehend, eilig davon.

Um ihre frei im Wasser schwimmenden Eier kümmert sich die Scholle nicht mehr. Wenn ihr etwa 1 cm großer Nachwuchs schlüpft, ist der zunächst nicht von den anderen Fischlein zu unterscheiden. Erst nach und nach wandert das linke Auge nach oben und das Maul verbiegt sich nach rechts. Knapp 6 Wochen dauert es, bis aus der linken Körperseite der jungen Scholle die helle Unterseite und aus der rechten die dunklere, tarnfarbige Oberseite geworden ist. Danach allerdings versteht es die Scholle meisterhaft, sich mit ihrer Oberseite perfekt an die Farbe ihres jeweiligen Untergrundes anzupassen.

Sehr viel seltener zu entdecken ist der bullige, kaum 15 cm lange Steinpicker. Mit seiner bräunlichen, wie ein Panzer wirkenden Oberseite hebt er sich überhaupt nicht vom Untergrund ab, an dem er zeit seines Lebens bleibt. Seine Nahrung sucht er ebenfalls am Boden mit Hilfe zahlreicher Tastfäden. Entdecken sie eine Beute, steht der ganze Fisch fast blitzartig nahezu senkrecht auf dem Kopf und wühlt sich mit Hilfe der großen, wie Segelohren wirkenden Brustflossen in

Pionierpflanzen im Watt

Das Salzkraut (oben), das Englische Schlickgras (Mitte) und der Queller (unten) sind die Pionierpflanzen am Rande des Watts. Sie können im Salzwasser überleben, weil ihr eigener Salzgehalt höher ist als der des Wassers. *(Folgende Doppelseite links)*

den Schlick, bis er seine Beute gepackt hat. Seine Eier versteckt der Steinpicker im Wurzelgeflecht des Tangs. Dort dauert es beinahe ein Jahr, bis die Jungen schlüpfen. Sobald sie etwa 2 cm groß geworden sind, verschwinden auch sie hinunter zum Grund.

Am wenigsten sorgfältig mit ihrem Nachwuchs geht die etwas plump wirkende Aalmutter um. Sie bringt die Jungen gleich lebend zur Welt, manchmal mehr als 200 auf einen Schlag. Kaum sind die Jungen in ihrem neuen Element, schwimmen sie so schnell sie können in alle Richtungen davon – und das aus gutem Grund: wer nicht schnell genug wegschwimmt, wird von der eigenen Mama sofort gefressen.

Was sich im Wattenmeer so alles an größerem Getier tummelt, das kann man am besten kennenlernen, wenn man mit einem der zahlreichen Fischkutter hinausfährt. Mit zwei an beiden Seiten des Kutters ausgelegten, je etwa 12 m langen und an der Öffnung rund 5 m breiten Schleppnetzen, fischt der Kutter rund eine Stunde in langsamer Fahrt. Danach werden nacheinander die beiden Netze eingeholt und der Knoten am „Steert" geöffnet.

In kunterbunter Mischung landet nun auf Deck, was sich sonst am Grund des Wattenmeeres tummelt. In der Regel besteht der Fang zum größten Teil aus den begehrten Garnelen, auch Granat oder (fälschlicherweise) Krabben genannt. Die kleinen grauen, fast durchschimmernden Krebschen mit ihren gestreckten Körpern werden über Schüttelsiebe sortiert und wandern anschließend sofort in den großen Kochtopf. Ihn verlassen sie als zartrosa Delikatesse, für die nicht wenige jeden Hummer stehen lassen.

Vogelparadiese

Im Wattenmeer ist für jeden der Tisch überreichlich gedeckt. Dank einer verschwenderischen Überproduktion, ist das seichte Wasser wie eine nahrhafte Suppe, der trocken gefallene Wattboden ein überaus reichlich gedeckter Tisch für alles, was picken kann. Und davon gibt es ganze Heerscharen. Sie alle verstehen es jeweils auf ihre Art meisterhaft, das Watt als Freßparadies zu genießen.

Mit ganz wenigen Ausnahmen ist der Tisch für die Vogelvielfalt allerdings nur bei Ebbe gedeckt. Die besten Jagdchancen für die fettesten Bissen sind immer dort zu finden, wo das Wasser gerade auf- oder abläuft. Im Rhythmus von Ebbe und Flut folgen die riesigen Vogelscharen deshalb stets dem Wassersaum, sind bei voller Ebbe weit draußen im Watt, kommen bei Flut bis in die Lahnungsgebiete und ins Vorland heraus.

Die augenfälligste und wohl deshalb auch bekannteste Vogelart an der Nordseeküste ist die Silbermöwe. Bei jeder Schiffsreise kann man sie beobachten, wie sie geschickt Luv und Lee der Aufbauten im Fahrtwind nutzen, wie sie die Passagiere mit ihren Flugkünsten beeindrucken und wie sie sich um die erbettelten Brocken balgen. Im Watt spielen sie als Aas- und Allesfresser einerseits Gesundheitspolizei, andererseits sind sie für die Gelege anderer Vogelarten eine nicht zu unterschätzende Gefahr, weil Vogeleier zu ihren Leckerbissen gehören.

So rücksichtslos die Silbermöwen beim Plündern der Nester fremder Arten sind, so fleißig und sorgfältig betreiben sie ihr eigenes Brutgeschäft. Da sie völlig „monogam" sind, bleiben die Pärchen zeit ihres Lebens zusammen und ziehen Jahr um Jahr gemeinsam den Nachwuchs auf. Sie wechseln sich beim Brüten und Futtersuchen genauso ab wie beim Verteidigen des eigenen Brutplatzes. Gilt es Störenfriede zu vertreiben, werden Männchen wie Weibchen äußerst aggressiv und stürzen sich todesmutig auf den Störenfried herunter.

Dank ihres robusten Verhaltens hat die Silbermöwe keinerlei Nachwuchsprobleme. Auf den Düneninseln am Rand des Wattenmeeres brüten sie zu Tausenden und Abertausenden, so daß sie ohne lenkenden Eingriff des Menschen sehr schnell zur tödlichen Bedrohung für viele andere, weniger robuste Vogel-

---

Lungenenzian
Ein ganz exquisiter Bewohner feuchter Heidesenken ist der blau bis violett leuchtende Lungenenzian. Er könnte der Romantik durchaus Vorbild für ihre „Blaue Blume" gewesen sein.
(Folgende Doppelseite Mitte)

Sandspezialisten
Sandspezialisten sind die Dünenrose (oben), die Stranddistel (Mitte) und die Krähenbeere (unten). Alle drei verstehen es meisterhaft, von den Nährstoffen des frisch angewehten Sandes zu leben.
(Folgende Doppelseite rechts)

40

41

arten im Wattenmeer würden. Damit ihr Bestand in Grenzen bleibt, werden ihre Eier in vielen Gebieten bis zum 10. Juni abgesammelt. Was danach noch gelegt, ausgebrütet und aufgezogen wird, reicht, den Bestand gut zu erhalten.

Nur etwa halb so groß wie die Silbermöwe, sonst ihr aber sehr ähnlich, ist die Sturmmöwe. Im Zweifel ist sie leicht an ihren gelblich-grünen Beinen zu unterscheiden. Ganz besonders nahe mit der Sibermöwe verwandt ist die Heringsmöwe. Ihr Erkennungsmerkmal ist eine dunkelgraue bis schwarze Flügeldecke; zu finden ist sie an der gesamten deutschen Nordseeküste. Die Heringsmöwe scheut sich nicht, mit der Silbermöwe eine Mischehe einzugehen, wobei das allerdings nicht ganz problemlos ist. Die Heringsmöwe nämlich zieht als einzige heimische Möwe im Winter bis zur westafrikanischen Küste. Dazu aber sieht die Silbermöwe keinerlei Veranlassung. Ob sich die Pärchen im Frühjahr dennoch wieder zusammenfinden, darf wohl bezweifelt werden.

Die dritte, weit verbreitete Möwenart ist schließlich die Lachmöwe. Sie kommt ursprünglich aus dem Binnenland und hat nun in den verschiedenen Speicherbecken der neu eingedeichten Köge vor allem in Nordfriesland in großer Zahl eine neue Heimat gefunden. Durch ihre dunkelbraune Kopfmaske im sommerlichen Brutkleid ist sie leicht zu erkennen. Im Winter dagegen hat sie nur einen dunklen Fleck an den Augen.

Etwas weitschichtiger mit den Möwen verwandt sind die verschiedenen Seeschwalbenarten. Ihren eigentlich irreführenden Namen verdanken sie wohl nur ihrem gegabelten Schwanz. Mit Ausnahme der Lachseeschwalbe leben sie alle ausschließlich von Fischen, die sie mit Sturztauchen aus dem Wasser holen. Alle zusammen sind sie nur im Sommerhalbjahr bei uns, im Winter packt vor allem die Brandseeschwalbe eine ungeheure Reiselust, die sie bis an den Rand der Antarktis führt. Sie ist damit der Zugvogel, der Jahr für Jahr weltweit die größte Flugstrecke zurücklegt.

Vor allem die Brandseeschwalbe ist ein ausgesprochener Koloniebrüter. Dabei scheint es ein wenig zuzugehen wie bei den Stachelschweinen. Einerseits können die Vögel nicht nahe genug beieinander brüten (die Gelege sind manchmal nur 20 cm auseinander), andererseits hört das Gezänk und Geschrei wegen dieser Nähe während des gesamten Brutgeschäftes nicht auf. Auf einen einzigen Warnruf hin wirbeln alle Vögel mit einem Schlag auf und kommen ebenso gemeinsam wieder zurück. Daß sie dabei unfehlbar ihr eigenes Gelege wiederfinden, ist ebenso erstaunlich wie die Tatsache, daß die Eltern bei all dem Durcheinander niemals einen fremden Jungvogel füttern.

Wesentlich verzweigter als die Familie der Möwen ist die der Watvögel. Ihren Namen verdanken sie ihrer Gewohnheit, zur Nahrungssuche im flachen Wasser zu waten. Allein 7 Hauptfamilien gibt es von diesen Uferbewohnern. Ihr zweifellos bekanntester Vertreter ist der allgegenwärtige Austernfischer. Woher der etwa taubengroße Vogel mit seinem schwarzweißen Gefieder, den hellroten Beinen und dem robusten, orangeroten Schnabel seinen Namen hat, ist unbekannt.

Sicher ist dagegen, daß der Vogel weder Austern fischen noch knacken könnte – und das trotz seines vorlauten Schnabels, für den es nur die Alternative zu geben scheint: fressen oder schreien. Vom Schwimmen hält der Austernfischer dagegen wenig. Da zieht er es schon vor, eifrig übers Watt zu stolzieren und mit seinem stabilen Schnabel Pierwürmer und andere Leckerbissen auszugraben.

Für sein Gelege ist der Austernfischer alles andere als anspruchsvoll. Für seine einfache Nestmulde reicht jeder ungestörte, trockene Platz. Um so sorgfältiger geht es dann zu, wenn die nestflüchtenden Jungen erst einmal geschlüpft sind. Dank intensiver Führung und Fütterung durch die alten Vögel, laufen die Jungen nie so selbständig herum wie bei anderen Watvögeln, sondern folgen immer brav den Alten. Sie wiederum scheinen ebenfalls monogam und sich ein Leben lang treu zu sein.

Nordfriesland vor der Sturmflut von 1362 (
vor der Sturmflut von 1634 (
und heute (3)

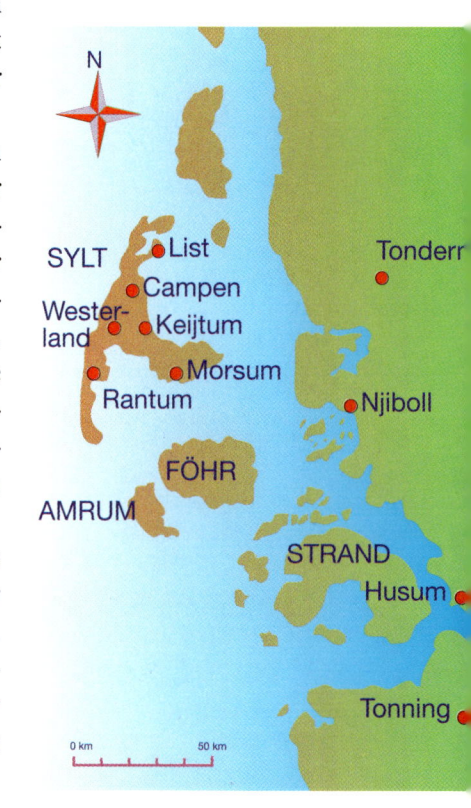

Nahe Verwandte der Watvögel sind auch die verschiedenen kleineren Strandläufer, wie der Alpenstrandläufer, der Meerstrandläufer oder der Sichelstrandläufer. Nur Gast auf Zeit ist der Knutt, der auf seinem Weg von der arktischen Tundra nach Südafrika oder Australien bei uns Station macht.

Ganz auf das Wasser spezialisiert sind die Gänse und Enten. Vor allem die Brandgänse liefern mit ihrem farbenprächtigen Gefieder dem Grau des Watts den leuchtenden Akzent. Auch wenn sich die Wissenschaft noch nicht so ganz einig ist, ob es sich nun eigentlich um eine Gans oder doch eher um eine Ente handelt – die Brandgänse geniert das nicht. Nur für das Brutgeschäft werden die sonst gar nicht besonders scheuen Vögel zurückhaltender. Wohl wegen ihres auffälligen Gefieders suchen sie sich für ihr Gelege eine Höhle oder ein verstecktes Plätzchen unter einem Holzstapel. Das Versteck wird dann für die bis zu 12 weißen Eier weich mit Daunen ausgepolstert, damit die Jungen es anschließend auch schön warm haben.

Zweifellos eine Ente ist dann die Eiderente. Sie wird magisch von den Miesmuschelbänken angezogen, denn nichts mag sie lieber als diese Muscheln, die sie sogar samt der Schale vertilgt. Damen und Herren sind bei den Eiderenten leicht auseinander zu halten: die Enten sind stets dunkelbraun, die Erpel schwarzweiß. Nach der vierwöchigen Brutzeit marschieren die Jungen samt ihrer Mama sofort ins Wattenmeer, wo sie aufgeregt von den übrigen Eiderenten begrüßt und gemeinsam (mit wechselndem Erfolg) gegen die Silbermöwen verteidigt werden.

Was aber wäre das Wattenmeer ohne seine Gäste auf Zeit, ohne die Zugvögelschwärme in Frühjahr und Herbst? Neben den vielen nordischen Watvogelarten sind es vor allem die Wildgänse und Wildenten, die einen besonders auffälligen Akzent setzen. Allen voraus ist hier die Weißwangengans zu nennen. Ihr gelblich-weißes Gesicht kontrastiert auf das schönste mit dem glänzenden Schwarz von Scheitel, Hals und Brust. Die graublau gezeichnete Oberseite mit weißgesäumten, schwarzen Querbändern wird ebenso wie der schwarze Schwanz durch das saubere Weiß der Körperseite betont. Wenn die Weißwangengänse im Herbst im Watt ihren Rastplatz beziehen, haben sie schon eine lange Reise hinter sich. Gebrütet nämlich haben sie auf der russischen Eismeerinsel Novaja Semlja, für den Weiterflug stärken sie sich mit dem Salzgras, etwa der Groden auf der Hamburger Hallig.

Ebenfalls aus nordischen Gefilden kommt die dunkelgraue Ringelgans, kommen ganze Scharen von Pfeif-, Spieß- und Krickenten. Sie alle stärken sich vor dem Weiterflug in die Winterquartiere und kommen im Frühjahr zum selben Zweck wieder, bevor sie zu ihren Brutgebieten im Norden weiterfliegen. Für all diese Vögelschwärme ist das Wattenmeer lebensnotwendig. Aus einem riesigen Einzugsgebiet, das vom nördlichsten Kanada über Grönland und Island, über ganz Skandinavien und bis hinüber in das nordwestliche Sibirien reicht, kommen sie im Herbst und dann wieder im Frühjahr zur Rast und Stärkung. Würde ihnen diese „Relaisstation" genommen, würde das automatisch das Ende ihrer Existenz bedeuten.

Wurzel- und Wachsspezialisten

Sand, Salz und Wind sind eigentlich nicht unbedingt Freunde der Pflanzen. Wer unter ihren Bedingungen gedeihen will, muß Spezialist sein im Umgang mit rieselndem Sand, salziger Gischt und mastbrechenden Stürmen. Vor allem mit dem Salz zu leben, mußten die Pflanzen mühsam lernen.

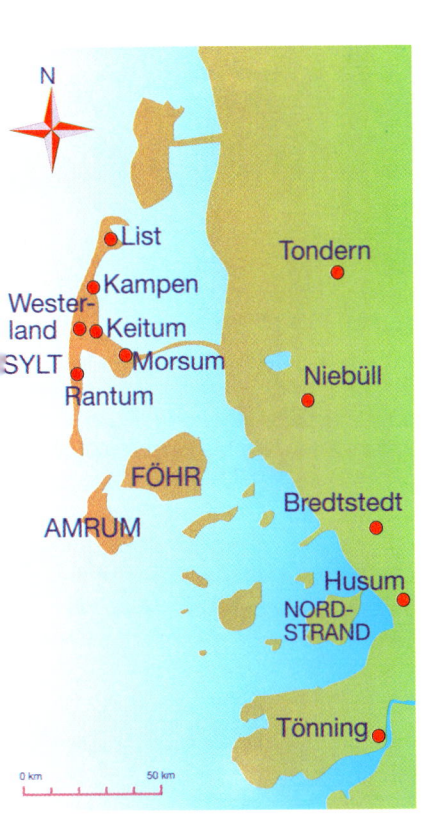

Wer in der Physik aufgepaßt hat, wird sich daran erinnern, daß eine stärkere Lösung stets die schwächere aufsaugt. Für mit dem Salz konfrontierte Pflanzen bedeutet das, daß ihr eigener Saft einen höheren Salzgehalt haben muß als das Bodenwasser. Nur dann nämlich ist die Pflanze überhaupt in der Lage, Wasser aufzunehmen. Wäre ihr eigener Salzgehalt geringer als der des Bodenwassers, würde die Pflanze unweigerlich vertrocknen, weil das Bodenwasser die schwächere Lösung aus der Pflanze herausziehen würde.

Je weiter sich die Pflanzen an der Salzfront vorwagen, desto deutlicher ist ihnen die starke Salzaufnahme anzusehen. Ihre Blätter und Stengel sind dann rundlich und fleischig und erinnern eher an Kakteen als an „normale" Wasserpflanzen. Manche haben sogar Drüsen entwickelt, um überschüssiges Salz „ausschwitzen" zu können. Allen gemeinsam ist, daß sie überdurchschnittliche Saugkräfte entfalten, um unterschiedliche Lösungskonzentrationen ausgleichen zu können. Weit verbreitet ist auch die Reduzierung der Blattflächen, um die Wasserverdunstung und damit die Gefahr der Austrocknung gering zu halten. Dem gleichen Ziel dienen pelzartiger Blattbewuchs oder das Einrollen der Blätter.

Ganz hinaus aufs Watt wagt sich nur eine einzige, vom Land kommende Blütenpflanzenart: das Gemeine Seegras. Algen und ihre Großform, die Tange, sind ihm keine Konkurrenz, denn die Algen sind schließlich ohnehin im Meer zu Hause. Um so erstaunlicher ist es, daß das Seegras sogar bis unter die Niedrigwassergrenze hinaus wächst und weite Unterwasserwiesen als wichtige Nahrungsgrundlage für Gänse und Seetiere bildet.

Bis ganz knapp unter die Hochwassergrenze kommt dort, wo gerade noch das schlickige und von der Brandung nicht beunruhigte Wattufer zweimal täglich überflutet wird, der Queller. Mit seinen handhohen, grünfleischigen Büscheln ist er überhaupt *die* Pionierpflanze im Watt und die größte Hilfe bei der Neulandbildung. Seine blattlosen und äußerst gelenkigen Triebe an den mit Salzwasser prall gefüllten Stengeln halten bei ablaufendem Wasser Schwebeteilchen wie in einem Sieb zurück und schaffen sich damit nach und nach ihren immer fester werdenden Standort selbst. Selbst das 1927 aus England eingeführte Schlickgras kann ihm dabei auch nicht annähernd folgen.

Bis unmittelbar zur Hochwasserlinie wagen sich dann schon mehrere Arten, allen voran das Andelgras, das Rückgrat der Salzwiese. Es bildet mit seinen kräftigen Wurzeln und harten Stengeln die ersten und festen Grassoden und verfestigt damit Sand und Schlick. Ihm Gesellschaft leisten auch bereits die ersten richtig blühenden Salzpflanzen wie die Strandaster mit ihren lila Strahlenblüten, die Salz-Schuppenmiere mit ihren weißvioletten Blütensternen oder die Salzmiere mit ihren sternförmig angeordneten, fleischigen Blättern und weißen Blüten. Das rot blühende Tausendgüldenkraut bringt Farbe unter die langblättrigen Büschel des Strandwegerichs, der silbern schimmernde Strandbeifuß wetteifert mit der Strandmelde überall dort, wo der Sand überwiegt.

Fängt im Juli die ganze Salzwiese lila an zu leuchten, hat der als Trockenblume wohlbekannte Strandflieder seine gebogenen Blütenschirme aufgespannt. Er macht sich nichts daraus, seine breiten Blätter voll gegen die Sonne zu strecken, denn die Verdunstung kann ihm nicht gefährlich werden, scheidet er doch überflüssiges Salz durch spezielle Salzdrüsen an seinen Blättern aus.

Völlig anders sieht dagegen die Pflanzenpopulation aus, wenn der Sand überhand nimmt und eine erste Dünenbildung beginnt. Allen voran ist hier die Binsenquecke zu nennen, die zum einen mit ihren kräftigen Wurzeln das Grundwasser erreichen kann, zum anderen den Sand mit unendlich lang erscheinenden Ausläufern durchspinnt und von jedem Auge aus neue Wurzeln und Blätter sprießen lassen kann. Auch die Salzmiere fühlt sich hier wohl, macht es ihr doch nichts aus, vom Sand ganz verschüttet zu werden. Sie treibt dann eben einfach neu aus.

In den ersten flachen Anfangsdünen fängt auch eine dem Binnenländer wohlbekannte Pflanze an, den Kampf mit dem Sand aufzunehmen: die Duftlose Kamille. Von ihr weiß man inzwischen, daß sie nicht vom Binnenland an die Küste sondern von der Düne ins Binnenland gewandert ist. Gesellschaft leisten ihr der Strandroggen und der Strandhafer. Beide schicken lange Wurzelausläufer durch den Sand und fangen mit ihren kräftigen Stengeln und langen Blättern

Besuch bei den Seehunden

Es war warm und fast windstill. Als die hohen Wattflächen ringsum freifielen, die Sände aber noch weitgehend von Wasser bedeckt waren, ging ich los. Auf der windabgelegenen Seite, kaum zwanzig Meter vom Liegeplatz der Seehunde, legte ich mich in den nassen, noch eben überfluteten Sand. Schon kurz darauf tauchte im breiten Priel ein großer, runder Kopf auf. Er verschwand wieder und kam ein gutes Stück näher wieder zum Vorschein. Die hohe Sandkante verdeckte den Landeplatz, und so war ich doch überrascht, als plötzlich über der Kante erst der Kopf und dann der ganze spindelförmig runde Körper erschien. Außer im Zoo hatte ich noch nie so nah einen Seehund sich auf dem Trockenen fortbewegen gesehen: Die kurzen Vorderflossen erreichten kaum den Sand. Die Hinterflossen waren senkrecht gestellt nach hinten gestreckt. Der Rücken hob sich zu einem runden Buckel. Dann streckte sich der ganze Körper wieder nach vorne. So kam er wie eine große, dicke Spannerraupe über den Sand gerutscht. Kaum zehn Meter vor mir entfernt blieb er liegen und schaute mich mit großen Augen prüfend an. Da er an mir, der sich die größte Mühe gab, so seehundähnlich wie irgend möglich dazuliegen, nichts Beunruhigendes entdeckte, schloß er die Augen und döste in der Sonne vor sich hin.

Heinrich Hoerschelmann

Seehund
Zauberkünstler im amphibischen Raum ist der bis zu 100 Kilo schwere und 2 Meter lange Seehund. Er kann, obwohl er als Säugetier auf seine Lungen angewiesen ist, bis zu 40 Minuten ohne aufzutauchen unter Wasser bleiben, schwebend im Wasser schlafen und dazwischen, ohne aufzuwachen, zum Luftholen auftauchen.

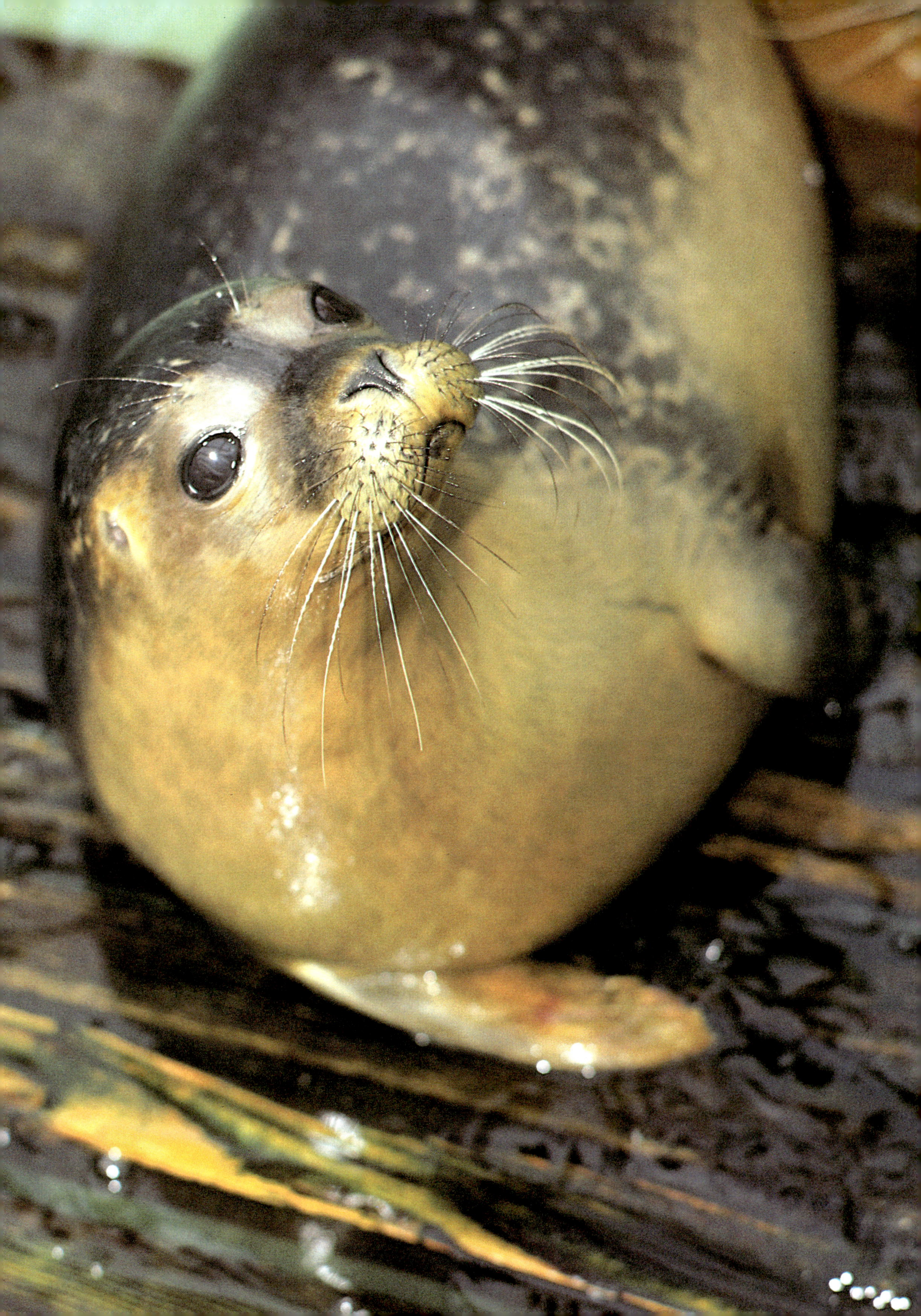

Treibsand dauerhaft ein. Vor allem der Strandhafer legt es darauf an, die mit dem neu eingefangenen Sand ankommenden Nährstoffe mit neuen Wurzeln zu nützen, wächst also mit der Düne in die Höhe.

Bewundernswerter Spezialist im Durchwachsen von Sand ist die silbergraue Stranddistel. Dank ihrer über 2 m langen, kräftigen Wurzel weiß sie sich hervorragend zu behaupten. Selbst wenn ihr mehrere Meter Sand auf den Kopf gestülpt werden, findet sie mühelos den Weg ans Licht und hat eben anschließend eine entsprechend längere Wurzel. Allergisch dagegen ist die prächtige Pflanze gegen unvernünftige Touristenhände.

Was für die Stranddistel gilt, gilt inzwischen für sämtliche Blütenpflanzen in Salzwiese und Düne. Sie alle sind extrem gefährdet, sei es durch die Unvernunft pflückender Hände, sei es durch Umwelteinflüsse. Sie zu schützen, wo immer es geht, muß deshalb Anliegen jedes Freundes der Küstenregion sein. Unvernunft und Gedankenlosigkeit dürfen keine Chance haben: Wer die Küste liebt, läßt ihr ihre Blumen!

Natürlich gilt dieser Appell auch für das dritte Pflanzenreich im Küstengebiet: die Heide. Während die eigentlichen Dünenbewohner vom zwar salzhaltigen, aber nicht minder nährstoffreichen, vom Wind herangewehten frischen Sand leben, geht das auf der Leeseite der Dünenlandschaft nicht mehr. Der dort dunklere Sand verrät keineswegs einen nährstoffreicheren Boden sondern nur, daß der Sand hier viele abgestorbene, längst ausgelaugte Pflanzenreste enthält. In dieser Übergangszone können nur Fasten- und Hungerkünstler überleben. Heidenelken, Hungerblümchen und Steinbrech verraten mit aller Deutlichkeit die Beschaffenheit des Bodens.

Ist der Sand dann endgültig zur Ruhe gekommen, schlägt die Stunde des Heidekrautes. Die genügsame Strandheide gibt einer vielfältigen Pflanzenpopulation Schutz- und Heimatrecht, Pflanzen, die überall dort längst ausgestorben sind, wo menschlicher Einfluß die Nutzung des neuen Landes übernommen hat.

In den trockenen Teilen der Heide erfreut manchmal sogar noch in überwältigender Fülle die rosa blühende Grasnelke den Besucher. Wer besonderes Glück hat, findet hie und da auch noch die weiße Dünenrose.

Besonders exquisit geht es in den feuchten Heidesenken zu. Hier versteckt sich so manche Rarität zwischen dem im Frühjahr so würzig duftenden Gagelstrauch. Wo es rosarot leuchtet, blüht die Glockenheide, an ganz verschwiegenen Plätzchen leuchtet der Lungenenzian, dessen prächtige blaue Blütenglocken der Romantik durchaus Vorbild für ihre „Blaue Blume" gewesen sein könnte. Aber auch für sie gilt, was die Dichter seit Jahrtausenden wissen: wer die Blaue Blume finden will, der darf sie niemals pflücken.

Diesem Gedanken sind auch die drei Schutzzonen im deutschen Wattenmeer verpflichtet. Bereits 1985 wurde der 2850 km² umfassende Nationalpark Holsteinisches Wattenmeer gegründet. Ihm folgte ein Jahr später der 2400 km² abdeckende Nationalpark Niedersächsisches Wattenmeer. Den guten Schluß machte der 1990 gegründete und 117 km² große Nationalpark Hamburgisches Wattenmeer. Alle drei zusammen decken das gesamte deutsche Wattenmeer mit Ausnahme der Fahrrinnen nach Wilhelmshaven, nach Bremerhaven und nach Hamburg ab.

In allen drei Nationalparks gelten unterschiedliche Schutzzonen, die vom absoluten Betretungsverbot bis zum erlaubten Kur- & Badebetrieb reichen. Informationen dazu bieten:
- Nationalpark Niedersächsisches Wattenmeer
  Virchowstr. 1, 26382 Wilhelmshaven
- Nationalpark Hamburgisches Wattenmeer
  Hammer Steindamm 22, 22089 Hamburg
- Nationalpark Schleswig-Holsteinisches Wattenmeer
  Schloßgarten 1, 25832 Tönning

Sieben ungleiche Schwestern

Wangeroog hett'n hooge Toorn,
Spiekeroog hett sien Naam verloorn,
Langeoog, dat is noch wat,
Baltrum is'n Sandfatt,
Up Nördernee dor gift'n Sleef (Kelle) vull Bree,
Up Juist sünd alle Koijen (Kühe) güst (trocken),
Un kamen wi na Börken,
Dor steken's uns mit Förken.

Was die Matrosen früher beim „Gangspill", beim Hieven des Ankers also, sangen, könnte ebenso wie der etwas derbe Spruch „Welcher Seemann Liegt Bei Nanni Im Bett?" als Merkvers für die Reihenfolge der sieben Ostfriesischen Inseln gelten. Gibt der Spruch nur die Anfangsbuchstaben der Inseln in der Reihenfolge von Ost nach West an, so verrät das Liedchen immerhin noch die ganzen Namen der bei aller Ungleichheit einander doch so ähnlichen sieben Schwestern vor der deutschen Nordseeküste.

Wer das Glück hat, bei klarem Wetter die wie Perlen an einer Schnur aufgereihten Inseln in passender Höhe überfliegen zu können, erlebt vor allem bei Ebbe und tiefstehender Sonne nicht nur ein faszinierendes Spiel von Licht und Schatten, von amphibischen Übergängen zwischen Wasser, Watt und Land, sondern bekommt auch fast zwangsläufig den Eindruck, die Inseln müßten letztes Bollwerk einer einst geschlossenen Küstenlinie sein, zerfressen nur von den ewig hungrigen und nagenden Nordseewogen.

Richtig ist an dieser Vorstellung freilich nur die Tatsache, daß überall dort, wo heute Watt und Inseln sind, noch vor gut 10 000 Jahren festes Land war – Land allerdings, das aus Geest und nicht aus Sand bestand. Die Küste selbst verlief damals sehr viel weiter nördlich, wie ein renommierter Küstenforscher feststellt: „Die äußerste Grenze umschloß noch die Doggerbank und die Jütlandbank und verlief in ziemlich gerader Richtung von Whitby in England bis zur Spitze von Jütland, dem Kap Skagen. Im Westen wurde dieses Gebiet vom Rhein, der vor seiner Mündung Themse und Humber als Nebenflüsse aufnahm, durchflossen. Im Osten vereinigten sich Elbe und Weser zu einem breiten Strom, der nach Durchquerung eines großen Haffs zwischen Dogger- und Jütlandbank den Austritt ins offene Meer fand" (Bodo Wildvang). Noch heute ist die Nordsee bei der Doggerbank östlich von Nordengland stellenweise nur 13 m tief. Die dort von den Schleppnetzen der Fischer losgekratzten Überreste der ehemaligen Tier- und Pflanzenwelt entstanden unmittelbar nach der letzten Eiszeit.

Der Vorstoß der See nach Süden war dann keineswegs das Werk von Wind und Wellen, sondern vielmehr die Folge eines ganz anderen Vorgangs. Am Ende der Eiszeit nämlich schmolzen in Skandinavien riesige Eismassen. Dadurch verringerte sich dort der Druck auf das Urgestein, womit ein Hebevorgang eingeleitet wurde. Im Gegenzug senkte sich das Gebiet zwischen Doggerbank und dem heutigen ostfriesischen Festland so weit, daß der südliche Teil der Nordsee in der jetzigen Form entstehen konnte. Abgeschlossen ist dieser Vorgang übrigens bis heute nicht: pro Jahrhundert sinkt das Land um weitere 30 Zentimeter.

Natürlich vollzog sich dieser Vorgang nicht ruckartig, sondern in langen Zeiträumen und auch keineswegs nur durch einfache Überflutung. Mit der See kamen zwangsweise die Gezeiten und die Ausbildung der in der Nordsee gegen den Uhrzeigersinn kreisenden Gezeitenwelle. Der von ihr verursachte stete Wechsel von Hoch- und Niedrigwasser sorgte für starke Strömungen in der Folge des nach Osten auflaufenden Flutstromes und des nach Westen gerichteten Ebbstromes. Beide Ströme zusammen aber waren und sind die verantwortlichen „Frachtführer" für die am Südrand der Nordsee vorhandenen riesigen Sandmengen.

Nicht gewaltige Sturmfluten zerrissen also einen ursprünglich vorhandenen Landgürtel, sondern Gezeitenströme häuften nach und nach in der Flachwasserregion riesige Sandbänke auf – eben unsere sieben großen Ostfriesischen Inseln und die unbewohnten kleineren. Nach und nach wurden die Sandbänke so hoch, daß sie vom normalen Hochwasser nicht mehr überflutet wurden und der Wind sein formendes Spiel beginnen konnte. Mit seiner nie endenden Puste sorgte er dafür, daß die Inseln stetig von West nach Ost umgesetzt wurden. Blickt man etwa auf eine 500 Jahre alte Karte, sieht man, daß sämtliche Inseln ein ganzes Stück weiter westlich begannen und entsprechend früher im Osten endeten.

Ganz besonders gut ist das an der Wanderung der östlichsten Insel, an Wangerooge abzulesen. Auf ihr wurde gegen Ende des 16. Jahrhunderts an der Stelle des heutigen „Westturmes" ein Turm errichtet und die alte Nikolaikirche dorthin verlegt. Nur stand der Turm damals im Zentrum der Insel und die aufgegebene Kirche dort, wo heute die Ostspitze von Spiekeroog liegt. Die alte Kirche versank 1595 in der See und das damalige Ortszentrum wanderte bis heute zum damaligen Ostdorf. Der gesamte Ostteil der Insel wuchs erst in den letzten 300 Jahren neu an. Erst die modernen Küstenschutzmaßnahmen haben diese Wanderlust gebremst. Wie weit sie damit wirklich aufgehalten werden kann, muß sich dagegen erst noch zeigen.

Neben dem Wind und dem von West nach Ost arbeitenden Tidenstrom sei auch die dritte, das Land formende Kraft nicht unterschlagen. Nicht von ungefähr nämlich blieben die Durchflüsse zwischen den Inseln trotz deren Wanderlust in ihrer Breite nahezu unverändert. Diese „Gats" (so nennen die Niederländer ein Tor) wanderten einfach mit und bewiesen damit nachhaltig ihre Notwendigkeit. Nur durch sie nämlich können die bei Flut in das zwischen Inseln und Festland gelegene Watt eingedrungenen Wassermassen bei Ebbe überhaupt wieder ausfließen.

Eher hemmend auf den Wandertrieb der Inseln wirken zwei andere Kräfte. Die eine hat ihre Ursache im Bewuchs. Strandhafer etwa festigt den Sand nicht nur durch seine Wurzeln, sondern fängt im Wind treibenden Sand ein, fördert seine Ablagerung und führt damit zur Bildung höherer Dünen. Die andere Kraft wirkt ganz still und leise auf der Wattseite im Schutz der Dünenwälle. Hier lagert sich ständig von der Flut herantransportierter Schlick und Sand ab, aus dem nach und nach Wiesen und Weiden gewonnen werden können. Binnengroden nennen es die Insulaner, wenn dieses Grünland bereits eingedeicht werden konnte, Außengroden heißt der noch nicht eingedeichte Übergang ins Watt.

Daß es die Ostfriesischen Inseln schon zu den Zeiten der Römer gab, das bezeugen die römischen Geographen Strabo (64 v. Chr. bis 20 n. Chr.) und Plinius (23 – 27 n. Chr.). Für uns real greifbar werden sie allerdings erst 1398, als in einer Urkunde erstmals die Namen Borkyn, Just, Burse, Oesterende, Balteringe, Langoch, Spiekeroch und Wangeroch genannt sind. Norderney gab es damals also noch nicht, dafür die heute verschwundenen Inseln Burse und Oesterende. Aus den folgenden Jahrhunderten gibt es dann bereits relativ genaue Karten und zahlreiche Urkunden, die vor allem die unterschiedlichen Besitzansprüche ostfriesischer Häuptlinge zeigen.

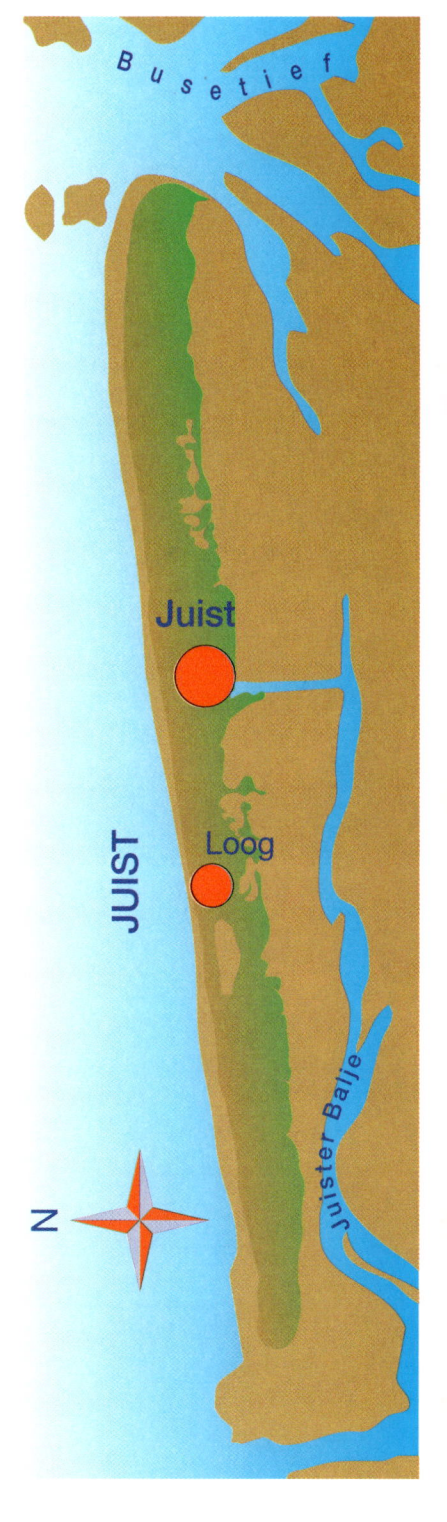

<u>Juist aus der Vogelschau</u>
„Wie ein schlankes Schiff liegt Juist in den Fluten der Nordsee", heißt es nicht ganz zu Unrecht im Inselprospekt. Bei einer Länge von gut 17 km ist die Insel kaum breiter als 500 m. Ihr etwa in der Mitte gelegener Hammersee ist das einzige Süßwasserbiotop auf einer Nordseeinsel.

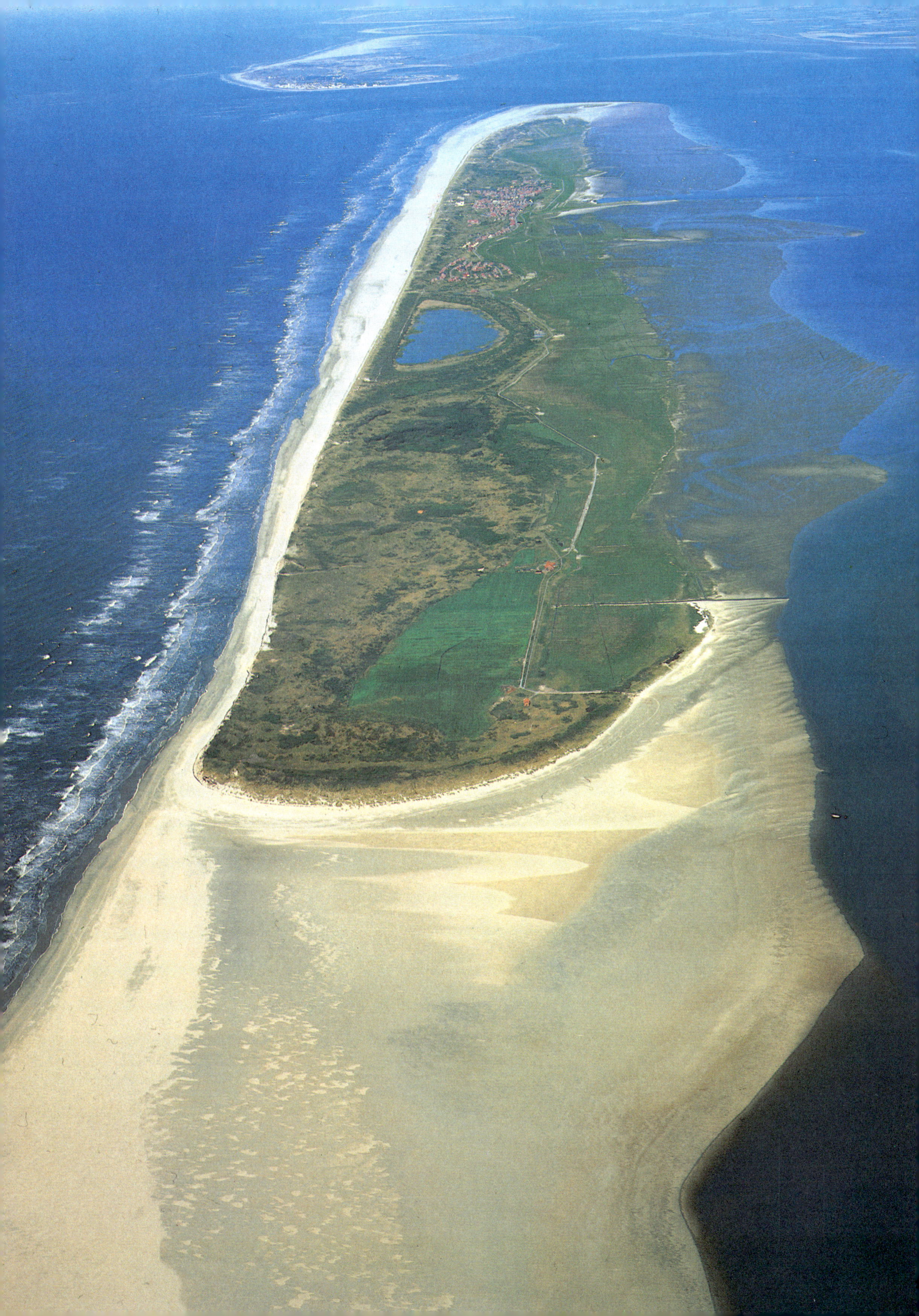

Bis ins ausgehende 18. Jahrhundert sollte es schließlich dauern, bis die Inseln erstmals in anderem Zusammenhang erwähnt wurden. 1783 nämlich schrieb der Juister Inselpastor Janus an Friedrich d. Gr. einen Bericht über die Heilkräfte des Meeres, die er auf seiner ostfriesischen Insel erfahren habe. Gleichzeitig versuchte er „die landesväterliche Sorgfalt, welche Ew. Majestät für die Erhaltung der Gesundheit der Unterthanen beweisen" auf die Inselwelt zu lenken. Doch weil bekanntlich eine Schwalbe noch keinen Sommer macht, blieb der Brief unbeantwortet, obwohl es in England bereits seit etwa 1750 Seebäder und auch Ärzte gab, die die Erfolge von Meerwasserkuren belegten. Wie rückständig man in Deutschland war, belegte noch 1793 Lichtenberg mit der Frage, warum es hierzulande immer noch keine Seebäder gäbe.

Wie kompliziert Baden damals war, deutet die Klage eines Badearztes an, der zum einen zwar durchaus sachlich feststellte, Natur, Luft und Meer würden völlig ausreichen, zum anderen aber gleichzeitig resignierend festhalten mußte, daß „die verfeinerte Cultur noch andere Bedürfnisse verlange". So entstanden die ersten Badehäuser, wo man „den äußeren Einfluß des Windes auf den entblößten Körper mäßigen und sich ungesehen baden" konnte. Vor ähnlichem, kaum weniger kompliziertem Hintergrund mußte man sich zu einem Bad in offener See durchkämpfen. Vehikel der „verfeinerten Cultur" wurde der Badekarren, in dem man sich entkleidete. Auf ein Klingelzeichen durfte der Wärter den Karren ins Wasser schieben, auf daß der Mutige, den Blicken Unbefugter entzogen, in die See steigen konnte ...

Wo heute Kurverwaltungen perfekten Service bieten, arbeitete vor 150 Jahren ein Bademeister, der „zugleich Wundarzt und Geburtshelfer war, der sehr wohl mit der Bereitung der Bäder umzugehen gelernt hat und dafür Sorge tragen muß, daß nach der Anmeldung unpartheiische Reihenfolge beobachtet werde". Daß die einheimischen Bauern und Fischer von der neuen Gesundheitswelle völlig überrascht wurden, ist nur allzuleicht vorstellbar. Wie gut sie aber dennoch ihrer neuen Rolle gerecht wurden, mag ein letztes Zitat aus der Anfangszeit des Badebetriebes auf den Ostfriesischen Inseln belegen:

„In den Häusern findet man die Familie der Bewohner zu aller ihnen zu Gebote stehenden Beihülfe bereit, sobald man nun durch eine Freundlichkeit und Zutrauen ihre so sehr leicht zu erhaltene Anhänglichkeit erworben hat. Sie sind Seeleute, und ihr ganzes Leben bezieht sich auf die Gegenstände des Seelebens. Sie kennen daher keine Komplimente und Etikette, drücken ihrem Ankömmling vertraulich die Hand, setzen den Hut auf und nun hat alles Genieren sein Ende, der Gast sey oder geberde sich so erhaben über sie wie er wolle. Dies ist Seemannsart."

Burcana, Bant und Borkum

Die westlichste und auch heute noch größte Frieseninsel ist Borkum, auch wenn seine heutigen 30 km² nur noch einen Bruchteil alter Größe darstellen. Als sich die Römer an die Eroberung von Britannien machten, gehörte das heutige Borkum zur damals noch viel größeren Insel Bant, die die Römer Burcana nannten. Mitte des 1. Jahrhunderts n. Chr. kam Plinius mit den römischen Soldaten auf die Insel in der Emsmündung, die ihn wohl alles andere als gastlich empfing. Jedenfalls schrieb er daraufhin: „dort bewohnt ein beklagenswert armes Volk hohe Erdhügel, die man so hoch aufgeworfen hat, wie erfahrungsgemäß die höchste Flut steigt. In den darauf errichteten Hütten gleichen sie Seefahrern, wenn das Meer das Land ringsum überflutet, und Schiffbrüchigen, wenn das Wasser zurückgeflutet ist. Um die Hütten herum fangen sie die Fische, die mit dem Meer zurückfließen. Diese Menschen können kein Vieh halten und sich nicht wie ihre Nachbarn von Milch ernähren. Aus Schilf und Binsen flechten sie Stricke für ihre Netze. Und mit ihren Händen formen sie den Schlamm und

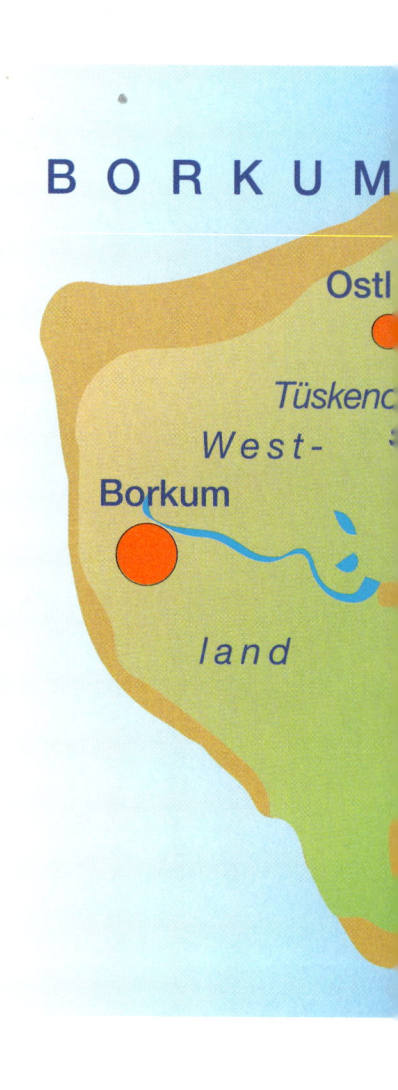

Ostfriesische Inseln

Aus der Vogelperspektive reihen sich die Ostfriesischen Inseln wie Perlen an einer Schnur und verraten ihre typischen Eigenschaften. In der oberen Reihe sind von links Borkum, Norderney und Baltrum zu sehen, in der unteren Reihe Langeoog, Spiekeroog und Wangerooge. Allen gemeinsam ist, daß sie eigentlich nur riesige, von den Gezeitenströmen und vom Wind nach und

lassen ihn an der Sonne trocknen. Darauf kochen sie ihre Speisen und wärmen daran ihre vom Nordwind erstarrten Glieder. Zum Trinken haben sie nur Regenwasser, das sie in Gruben am Vorplatz ihrer Häuser aufbewahren. Wenn diese Menschen nun aber vom römischen Volk besiegt werden, dann reden sie von Sklaverei."

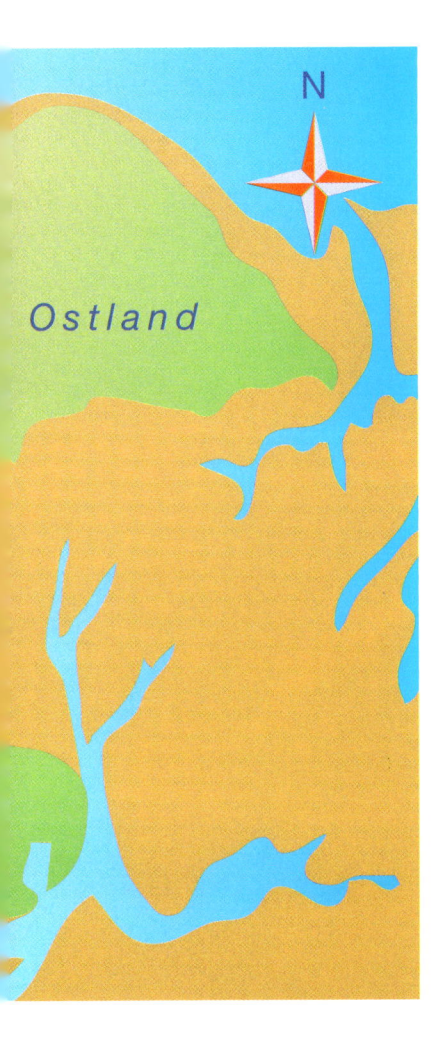

Wer die Borkumer kennt, wird wohl auch unterstellen, daß sie sich schlecht zu römischen Sklaven eigneten – und das ganz unabhängig vom damaligen „Lebensstandard". Daß das Leben auf der Insel zu allen Zeiten rauh und vor allem von der See bedroht war, belegen zahlreiche Quellen. 1170 verschlang eine gewaltige Sturmflut große Teile von Bant und ließ nur den Westteil, eben das heutige Borkum übrig. Mit schöner Regelmäßigkeit tauchen dann besorgte Berichte über den Zustand der Restinsel auf, von der die See auf der Westseite im Jahresschnitt immerhin etwa 4 m wegfraß. Noch 1863 berichtete ein besorgter Chronist, daß die Insel nur noch „ein trauriges Bild zerfallener Größe" böte.

Daß sich die Borkumer dennoch nicht unterkriegen ließen, davon zeugen zum einen der alte, 1576 vollendete Leuchtturm und die noch bei so manchem Häuschen vorhandenen Zäune aus Walkinnladen und Walrippen. Sie erinnern an Borkums große Vorbadezeit, als im 18. Jahrhundert die Borkumer Fischer als weithin bekannte und berühmte Walfänger den Herausforderungen der See vor Grönland und Spitzbergen trotzten.

Heute ist der Nordwestkopf der Insel längst gesichert, haben gewaltige Unterwasserbuhnen dafür gesorgt, daß in den letzten Jahrzehnten direkt vor der Inselstadt ein prachtvoller weiter Sandstrand entstand. Nichts erinnert auch mehr daran, daß der Übergang vom Westland zum Ostland erst seit gut hundert Jahren mit zwei künstlich angelegten Dünenzügen wieder geschlossen werden konnte. Die weiten Dünen der knapp 10 km langen Insel bieten in den Landschaftsschutzgebieten „Greune Stee" und „Waterdell" ein Paradies für die hier brütenden Lachmöwen, die Austernfischer und die Brandgänse. Wie Borkum wurde, was es heute ist, ist auf eindrucksvolle Weise im Heimatmuseum „Dykhus" dokumentiert.

Töwerland – Zauberland

„Wie ein schlankes Schiff liegt Juist in den Fluten der Nordsee" meint der Autor des Inselprospektes und hat damit so Unrecht nicht. Bei einer Breite von kaum mehr als 500 m ist Juist immerhin 17 km lang und auch nicht einmal am Westende so „verdickt" wie die übrigen Ostfriesinseln. Verwunderlich ist das allerdings nicht, bedenkt man, daß Juist nichts anderes als der Ostzipfel der alten Insel Bant ist.

Wie auf Borkum wurde auch auf Juist jahrhundertelang um den Bestand des fragilen Eilandes gezittert, mußte man doch in den letzten Jahrhunderten befürchten, daß Juist endgültig in der Mitte auseinanderbrechen würde. Immerhin hatte 1651 die „Petriflut" die Insel durchbrochen und das Hauptdorf samt Kirche und Turm vernichtet. Lange gab es zwischen Juist-West und Juist-Ost nur einen bei Ebbe gangbaren Wattweg. Seine Tücken mußten 28 Bewohner von Juist-Ost bei der „Weihnachtsflut" 1717 mit dem Leben bezahlen, als die Flut sie bei der Rückkehr vom Weihnachtsgottesdienst auf Juist-West allzu schnell einholte.

Erst gegen Ende des vorigen Jahrhunderts gelang es den Juistern mit mühsam „gezüchteten" Dünen, Bill (den Westteil) und Loog (den Ostteil) über einen schmalen, die Flutlinie knapp überragenden Sandsteg miteinander zu vereinigen. Auf der Wattseite entstand aus dem alten großen Durchbruch eine flache Bucht, die nun langsam verlanden mußte. Niemand wußte, wie lange die anfälligen Dünen den Angriffen der See standhalten würden und so raffte man sich gut 50 Jahre später dazu auf, die Dünen durch einen Deich zu schützen.

Ostland

nach in der Flachwasserregion aufgehäufte Sandbänke sind. Sie wurden vom Wind mit seiner nie endenden Puste stetig von West nach Ost umgesetzt. Gut zu sehen ist das am Westende von Wangerooge, dessen „Westturm" Ende des 16. Jahrhunderts noch im Zentrum der Insel stand. Ihr gesamter Ostteil wuchs erst in den letzten 300 Jahren neu an.
(Folgende Doppelseite)

52

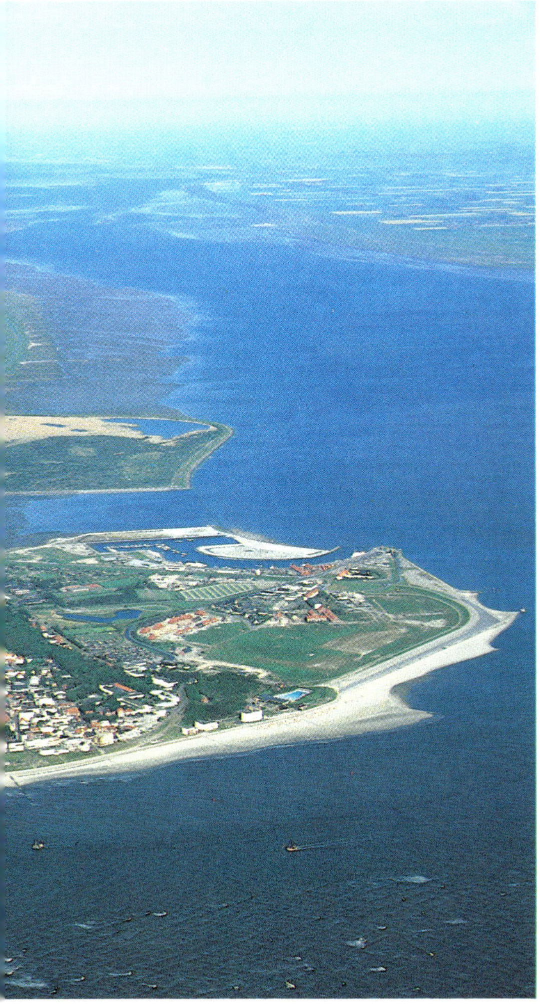

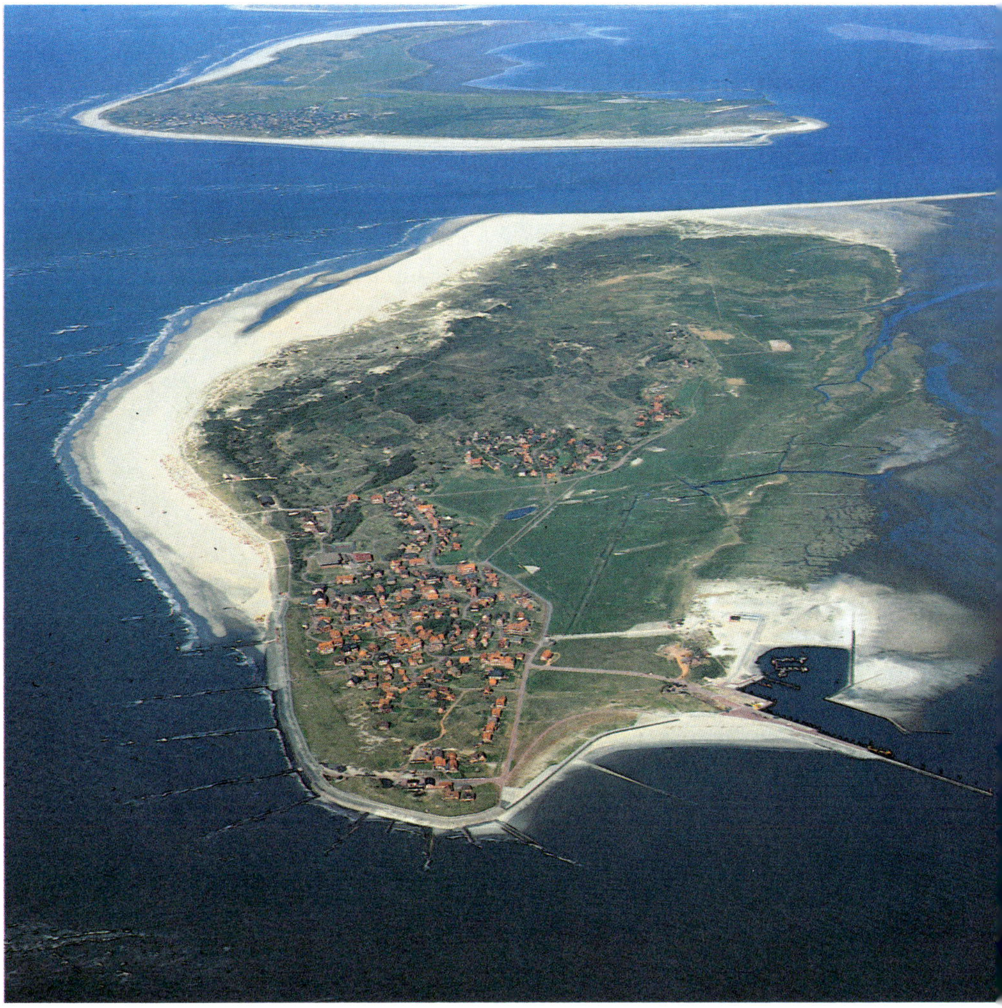

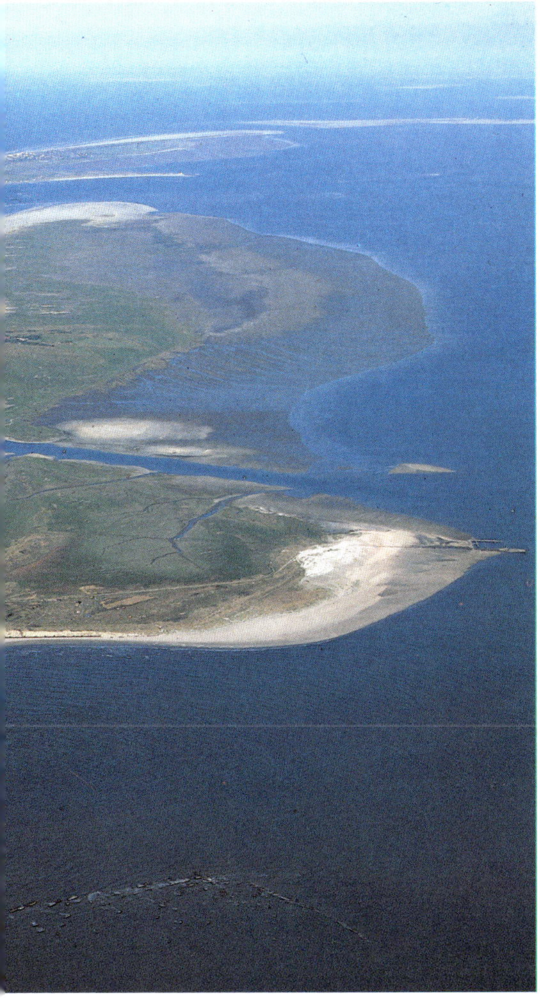

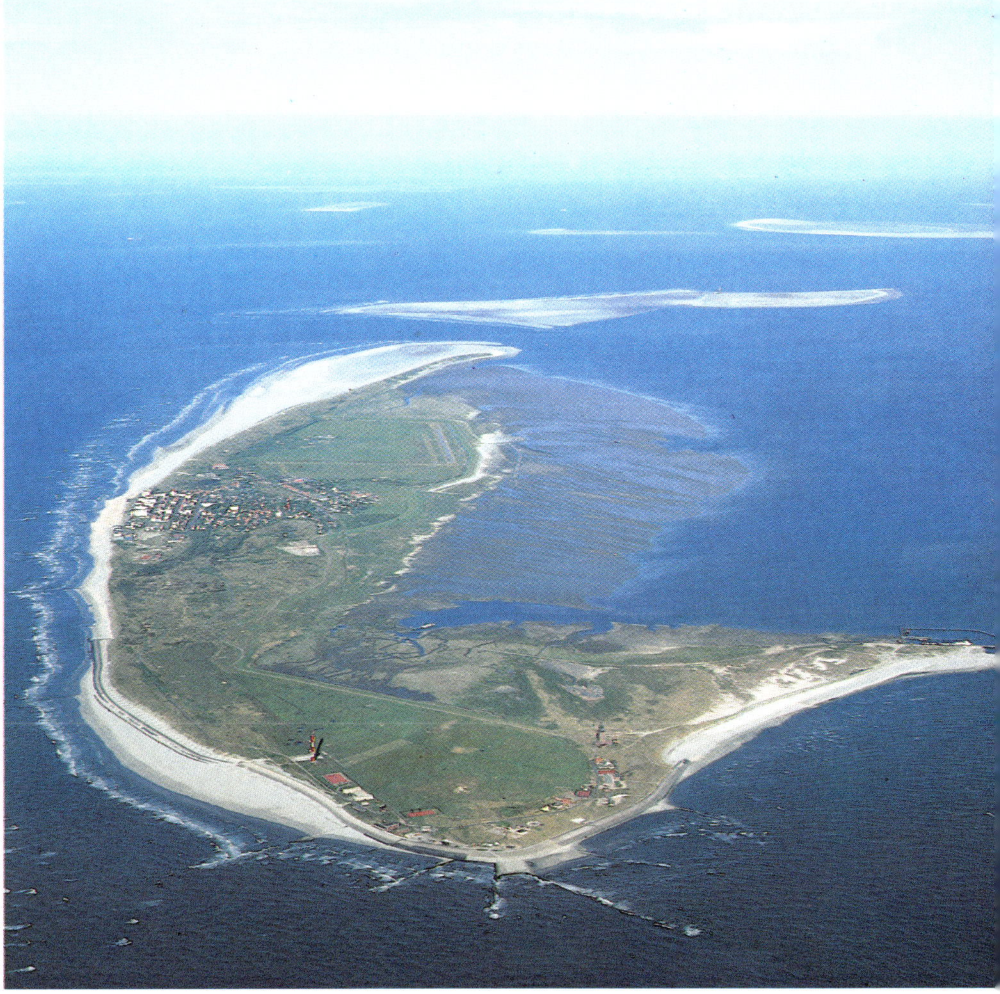

Erreicht wurde damit gleich zweierlei. Zum einen wurde dieser Hammerdeich schnell Bestandteil der weißen Stranddünen, zum anderen füllte sich das zwischen den ersten Dünen und dem Deich gelegene Becken mit Regen- und Grundwasser zu einem erstaunlich großen Süßwassersee. Dieser Hammersee ist ohne Beispiel auf den gesamten Frieseninseln, bildet er doch in der Unendlichkeit des Salzwassers die Möglichkeit für ein eigenständiges Süßwasserbiotop. Leider ist aber auch es stark bedroht, zwar nicht mehr durch die See, wohl aber durch den stetig hereingeblasenen Dünensand und durch das Absterben der Wasserpflanzen und die damit verbundene Vermoorung. Seine stetige Verlandung wird deshalb kaum aufzuhalten sein.

Im Westen schließt sich an den Hammersee das Naturschutzgebiet „Bill" an. Kleine Waldstückchen und eine abwechslungsreiche Dünenlandschaft geben hier Austernfischern, Lachmöwen, Seeschwalben und Brandgänsen ein ideales Brutrevier.

Weil auf Juist manches anders ist als auf den anderen Inseln, gibt es hier weder am Nordstrand noch am Westende Befestigungen. Am Westende waren sie bis heute nicht notwendig. Wo man auf anderen Inseln alle Hände voll zu tun hat, um das Westende vor seinen Angreifern zu schützen, ist auf Juist am Westende sogar neue Landbildung zu beobachten. Daß der kilometerlange Nordstrand dagegen keinerlei Befestigung habe, ist eine reine Täuschung. Unter den nördlich vom Dorf rund 15 m hohen Dünen verbirgt sich vielmehr eine knapp 1500 m lange Strandmauer, die ab 1911 gegen die damals vordringende See errichtet wurde. Ursprünglich sollte sie sogar 2,5 km lang werden, doch war der Weiterbau nicht mehr notwendig, weil die See plötzlich wieder mehr Sand anlandete. Er deckte die bereits fertige Mauer ebenso zu wie die 1910 aus großen Steinquadern errichteten Buhnen. Von beidem war bereits Anfang der dreißiger Jahre der letzte Rest im Sand verschwunden.

Weil die Juister nach wie vor etwas gegen die Störung ihrer stoischen Ruhe haben, gibt es bis heute auf der Insel trotz ihrer Länge keine Autos sondern nur natürliche Pferdestärken – und selbst die dürfen im Ort nur im Schritt klappern. Was ursprünglich auf sämtlichen Nachbarinseln Grund für größtes Gespött war, erwies sich im nachhinein als weitsichtige Zukunftsplanung: eine Lärmschutzverordnung, obschon es doch eigentlich gar keine Lärmverursacher gab.

Ähnlich hielt man es mit dem Hafen. Wo sonst überall tidenunabhängige Häfen gebaut wurden, nahmen die Juister die Tidenabhängigkeit als Vorteil. Damit nämlich sind Tagesgäste praktisch ausgesperrt, weil Hin- und Rückfahrt an einem Tag von der Tide nur zu allen heiligen Zeiten einmal ermöglicht wird. Dafür dulden die Juister sogar einen Flugplatz auf ihrer Insel. Doch keine Angst: nicht dem Überlisten der Tidenbarriere dient er, sondern ausschließlich dem Vergnügen der Insulaner und ihren Gästen. Auch er nämlich ist motorfrei und wird ausschließlich von denjenigen genutzt, die Meer, Watt und Insel aus der Möwenperspektive genießen wollen. Neugierige Gäste werden von den Piloten der silbrigweißen Segelflugzeuge jederzeit gerne mitgenommen – ein Erlebnis, das sich kein Besucher entgehen lassen sollte.

Insel der Residenzen

Wer das älteste deutsche Bad an der Nordsee erleben möchte, muß nach Norderney fahren. Dort nämlich wurde schon im Jahre 1797 von den ostfriesischen Landständen offiziell der Badebetrieb aufgenommen. Zum entscheidenden Durchbruch verhalfen die Könige von Hannover, die Norderney regelmäßig besuchten. Vor allem der blinde König Georg V. trug zum Ruf der Insel bei, als er im Jahre 1836 hier seine Sommerresidenz aufschlug.

Verwunderlich also ist es nicht, wenn das Heilbad auch heute noch auf seine

Juister im Himmel

Für alle Insulaner waren in früheren Zeiten gestrandete Schiffe eine wahre Gottesgabe. Angetriebenes gehörte zwar grundsätzlich dem Finder, doch galt dies keineswegs für gestrandete Schiffe in Not. Daß es hier fließende Grenzen gab, bestätigt mehr als eine Geschichte. Besonders schlimm mit der Strandräuberei sollen es die Juister getrieben haben. Entsprechend schlecht angesehen waren sie im Himmel, den sie deshalb nie von innen zu sehen bekamen. Nur zwei Juistern gelang es jemals, sich am eingenickten Petrus vorbei in die himmlischen Gefilde einzuschleichen. Die schreiende Ungerechtigkeit ärgerte wiederum Paulus sehr, doch wußte er sich zu helfen. Er schlenderte in der Nähe der beiden Juister an ein Himmelsfenster und schrie dann laut: „Schip an Strand"! Wie aus einem Munde schrien die Juister: „Wo ist dat Schip?" und rannten aus dem Himmel hinaus, die Beute zu suchen.

Inselseligkeit
Inselseligkeit äußert sich in vielfachen Varianten. Die Strandburg auf Borkum (oben links), der Badekarren auf Norderney (oben rechts), der alte Badepavillon auf Borkum (links unten) oder das Türmchen auf Langeoog (unten rechts) sind dafür einige Beispiele.
(rechts)

Strandkörbe
Strandkorb ist keineswegs gleich Strandkorb. Jede Insel ist eine Welt für sich, jede hat ihr Stammpublikum, das davon überzeugt ist, daß „seine" Insel die schönste sei, und jede hat ihre eigenen Strandkörbe. Die von Borkum gehören zumindest optisch zu den schönsten.
(Folgende Doppelseite)

55

H. Meeuw 24
H. Meeuw 14
E. Sleeboom
Schiplock
H. Meeuw49
H. Meeuw 8
Schwitters 11
D. Schwitters36
Staghouwer
D.Leising 69
HEYEN 81

57

Tradition pocht. So gibt es noch das kleine Fischerhäuschen aus der Gründerzeit; in den engen Klinkergassen des Zentrums wäre es kein Stilbruch, käme im nächsten Moment eine biedermeierlich ausstaffierte Pferdekutsche um die Ecke. Ein Hauch von Klassizismus erinnert an die Welfen, nüchterne Bauten an den Gründerboom nach Entstehung des Reiches. Zwar wanderte im Ersten Weltkrieg der alte Kaiser Wilhelm von seinem Sockel, den heute nur noch eine Taube ziert, in den Schmelztiegel einer Kanonenfabrik, der Obelisk dahinter jedoch steht noch. Er sollte einst von der Einheit des Reiches künden, über 60 deutsche Städte schickten für ihn 1898 behauene Steinquader mit ihrem eingemeißelten Namen und im Gesamtgewicht von weit über 200 Tonnen.

Die traditionsreichste Frieseninsel ist gleichzeitig die jüngste, zumindest was ihre Entstehung angeht. Erst im 14. Jahrhundert tauchte sie als „Norder neye Oog" in den Urkunden auf. Damit liegt die Vermutung nahe, daß sie sich erst um diese Zeit aus den östlichen Resten der Insel Bant neu formierte. Heute ist sie nur knapp 2 km kürzer als Juist, dafür aber doppelt so „dick" und durch umfangreiche Aufspülungen und Anlandungen auch sehr viel kompakter. Noch zur Zeit der Welfenkönige konnte man die Insel mit der Postkutsche durch das Watt erreichen. Die Kutschfahrt durch das Watt ist heute zwar nicht mehr möglich, dafür aber gibt es einen Pendelverkehr mit modernen Autofähren, so daß die nur gut 3 km vor dem Festland gelegene Insel auch für Tagesgäste jederzeit schnell erreichbar ist.

Wer heute auf die Insel kommt und seinen Heinrich Heine gelesen hat, wird die von ihm beschriebenen Norderneyer vergeblich suchen. Sie hocken schon lange nicht mehr am flackernden Herd und sie trinken auch keinen Tee mehr, der „sich von gekochtem Seewasser nur durch den Namen unterscheidet". Natürlich schwatzen sie auch keine Sprache mehr, „wovon kaum begreiflich scheint, wie es ihnen selber möglich ist, sie zu verstehen". Disco-, Sport- und Badebetrieb beherrschen das Bild und die „alte Gemütlichkeit" ist allenfalls noch im Heimatmuseum am „Argonner Wäldchen" zu erleben.

Auch das Wäldchen selbst ist eine Rarität auf den Frieseninseln. Ursprünglich war es ein reiner Ulmenhain, dem jedoch die schwere Sturmflut von 1962 erheblich zugesetzt hatte. Außer einigen bis zu 150 Jahre alten Ulmen findet man deshalb heute dort einen bunten Mischwald aus den verschiedensten Laubbäumen. Ahorn, Buche und Eiche sind ebenso vertreten wie Erle, Kastanie und Linde. Lärchen sorgen dafür, daß auch die Nadelbäume nicht zu kurz kommen.

Vom „Argonner Wäldchen" aus zieht sich ein regelrechter „Waldgürtel" am Südrand der Stadt Norderney vorbei bis hinüber zur Napoleon-Schanze und zum Schwanenteich. In seiner Nähe steht denn auch die zweite Besonderheit von Norderney, deren schlichter Name „Waldkirche" eigentlich schon fast eine Irreführung ist, handelt es sich doch keineswegs um eine Kirche im Wald, sondern um eine „Kirche aus Wald". Nicht umsonst heißt es denn auch im Inselführer von dieser in ihrer Art einmaligen Kirche: „Lebende Bäume sind ihre Pfeiler und Säulen, Laubkronen ihr Dach. Aufgeworfene Wälle umhegen den Bezirk. Holzbalken sind in die Erde getrieben und bilden eine Kanzel. Ein Leiterchen muß aufgestellt werden, wenn der Pastor den erhöhten Platz vor der Gemeinde einnehmen will. Bei gutem Wetter wird hier von Pfingsten bis zum Erntedankfest jeden Sonntag Gottesdienst im Freien gehalten. Bereits seit 1912 besteht diese Waldkirche."

Die größte Waldfläche mit insgesamt über 70 ha findet sich jedoch erst östlich von „Kap" und Wasserturm. Wüßte man nicht ganz genau, daß man auf einer ostfriesischen Insel ist, könnte man sich in diesem weitläufigen Kiefernwald durchaus auch in Südfrankreich wähnen. Nachhaltig in die Wirklichkeit zurückgerufen wird man dann erst wieder, wenn man weiter nach Osten wandert und in die weiten Vogelschutzzonen des Ostteiles kommt. Vor allem der Südstrandpolder mit seiner Vogelwarte ist ein Paradies für die Brut- als auch für die Zugvögel.

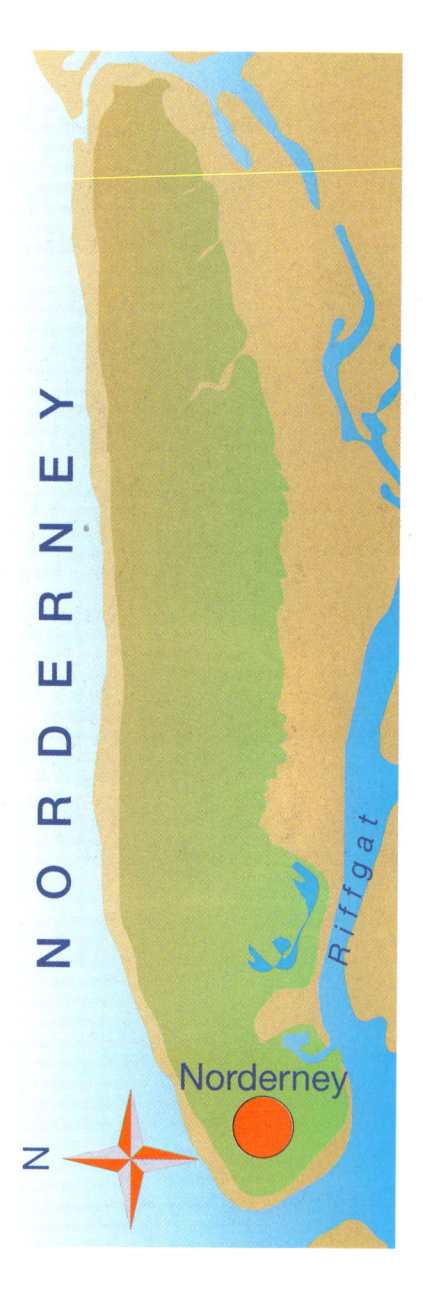

Altes Rettungsboot

Das alte Rettungsboot in einem Ausstellungsraum auf Borkum erinnert an die Anfänge der Deutschen Gesellschaft zur Rettung Schiffbrüchiger. Die DGzRS ist heute mit modernsten, unsinkbaren Rettungskreuzern ausgerüstet, die selbst dem stärksten Sturm trotzen können. Jahr für Jahr verdanken Hunderte ihr Leben ausschließlich den Bemühungen dieser Organisation. *(oben)*

Bojenvielfalt

Ohne Fahrwassermarkierung geht in den für die Schiffahrt äußerst schwierigen Gewässern der deutschen Nordseeküste schon lange nichts mehr. Die für den Laien verwirrende Vielfalt unterschiedlichster Bojen (im Bild der Bojenhof auf Norderney) gehört zu einem ausgeklügelten System, das auch bei schwerstem Wetter keine Mißverständnisse zuläßt. *(unten)*

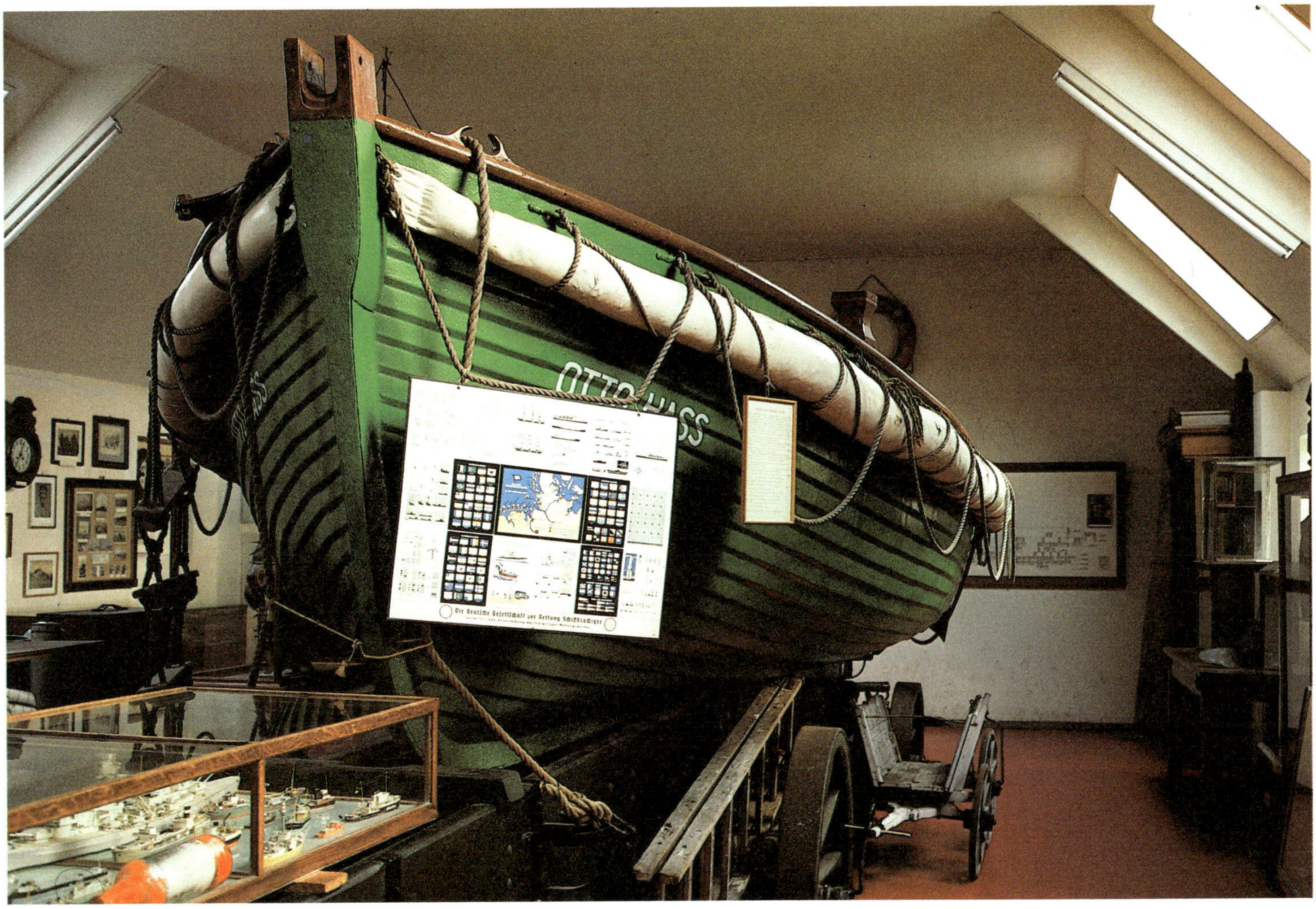

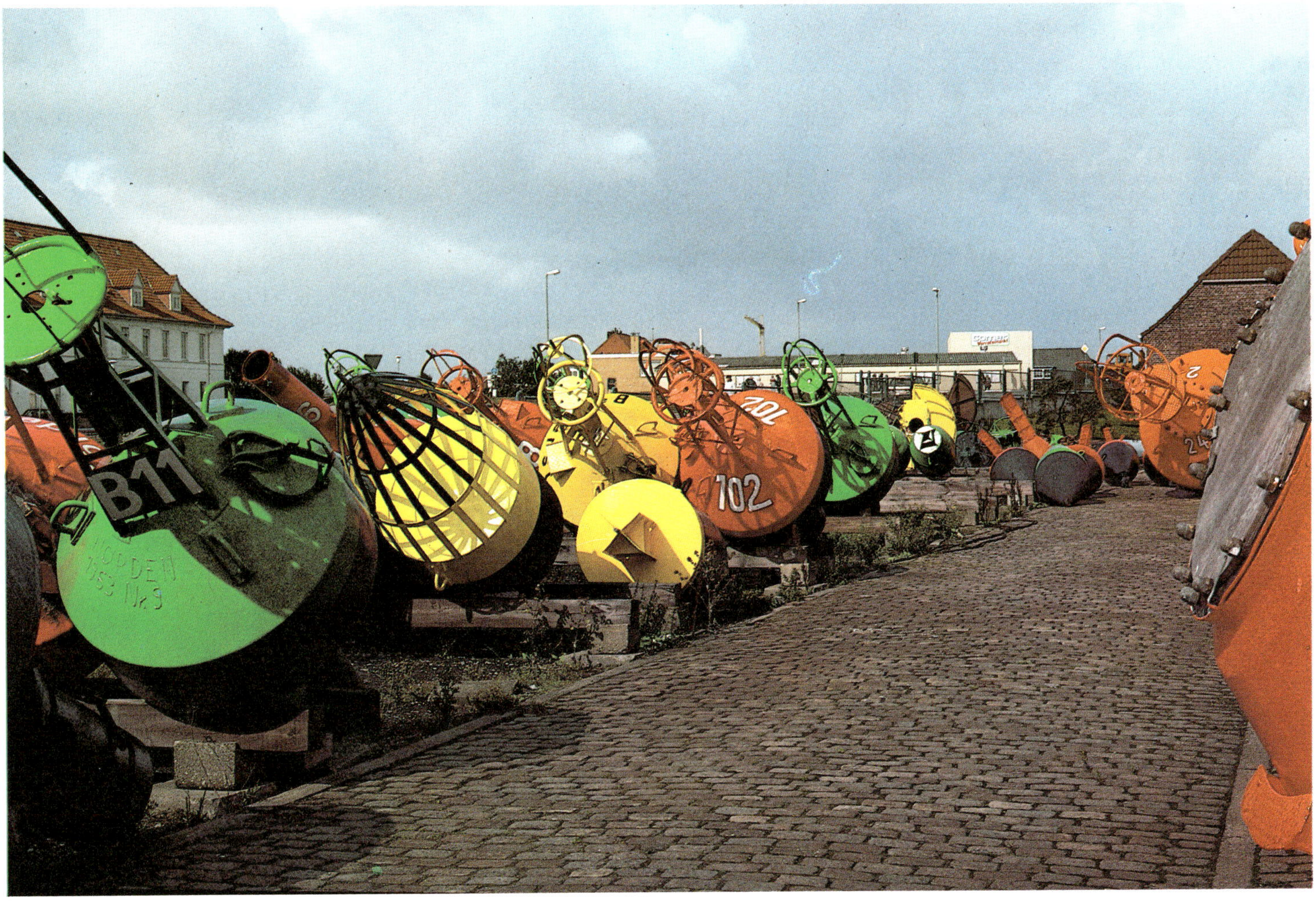
B11
102

Dornröschen der Nordsee

Baltrum, gerade 4,9 km lang, 1,8 km breit und ganze 6,5 km² groß, ist die kleinste der sieben ungleichen Schwestern und gleichzeitig die mit dem größten Flächenverlust und der stärksten Wanderung in den vergangenen Jahrhunderten. Allein in den letzten 300 Jahren verlor die Insel auf der Westseite etwa 4,5 km, während auf der Ostseite nur knapp 2 km wieder anwuchsen. Entsprechend massiv sind heute die Deckwerke an der Westspitze. Gut 1,5 km lang ist die ab 1922 erbaute Strandmauer. Sie wurde teils mit dem „Norderneyer Profil", teils mit dem „Juister Profil" gebaut. Beim einen soll sich die Brandung an der S-Form totlaufen, beim anderen soll sie sich ganz im Gegenteil steil aufbäumen und in der Luft zerbrechen. Ganz im Süden sind sogar noch Reste der alten, aus Baumstämmen errichteten Palisadenwand aus dem vorigen Jahrhundert zu sehen.

Wie stark die Insel einst gewandert ist, kann man am besten daran abschätzen, daß vor rund 500 Jahren ihr Westende deckungsgleich war mit den letzten drei Kilometern des heutigen Ostzipfels von Norderney. So ist das heutige Westdorf das frühere Mitteldorf. Das ursprüngliche Westdorf ging 1825 in einer schweren Sturmflut endgültig unter. Da zugleich auch der alte Friedhof zerstört wurde, konnten Strandläufer anschließend noch lange angeschwemmte Knochen sammeln.

Lange hat es gedauert, bis die Baltrumer ihr Dornröschen aus seinem Schlaf weckten. Erst 1876 kamen die ersten Kurgäste, einzige und größte „Sehenswürdigkeit" ist eine von der Flut als Strandgut angespülte niederländische Schiffsglocke. Warum das so ist? Ganz einfach: Die Baltrumer hatten einfach keine Zeit, Sehenswürdigkeiten für künftige Touristen aufzubauen. Sie mußten Fischfang betreiben und sich gegen die Nordsee wehren und nicht zuletzt wollten sie ihre Ruhe behalten. Nicht umsonst heißt es deshalb auch heute noch im Inselprospekt: „Fahrräder sind nicht erwünscht. Die Entfernungen auf der Insel sind so gering, daß alle Ziele bequem zu Fuß erreicht werden können. Die Straßen und Wege innerhalb des Ortes sind den Fußgängern vorbehalten." Wer also seine absolute Ruhe haben möchte, dem sei Baltrum empfohlen.

Beinahe eine Prominenteninsel

Prominenz war und ist bis heute jedem Ferienort willkommen, bringt sie doch stets einen ganzen Rattenschwanz von Mitläufern. Das war wohl auch auf Langeoog nicht anders, als im letzten Jahrhundert der Fürst von Schaumburg-Lippe plötzlich auf der langen Insel auftauchte. Er hatte zuvor stets immer wie die anderen vornehmen Herrschaften die Sommerfrische auf Norderney verbracht, sich dabei aber mit dem König von Hannover zerstritten. Um ihm nicht mehr begegnen zu müssen, packte er Sack und Pack und reiste auf Langeoog. Streitmöglichkeiten gab es dort dann zwar nicht mehr, offensichtlich aber auch nicht die nötige, feine Gesellschaft. Jedenfalls kehrte der Fürst bald darauf reumütig in den Dunstkreis von seinesgleichen zurück. Den Langeoogern überließ er das Problem, ob sie darüber nun ärgerlich oder froh sein sollten. Vermutlich jedoch überwog die Erleichterung, denn bis heute hat dort niemand etwas mit Schickeria im Sinn.

Verständlich wird das vielleicht, denkt man daran, wie schwer es zu allen Zeiten war, auf der Insel sein Auskommen zu finden, ja überhaupt auf der Insel zu überleben. So gab es 1717 noch ganze vier Familien auf Langeoog, 1721 wird nur noch von zwei Personen berichtet. Noch 1711 heißt es in einem amtlichen Bericht, die Insel sei „eine große Deutsche Meile lang, aber sehr schmal, wohl nirgends eine viertel Meile breit". Die große Weihnachtsflut von 1717 brach

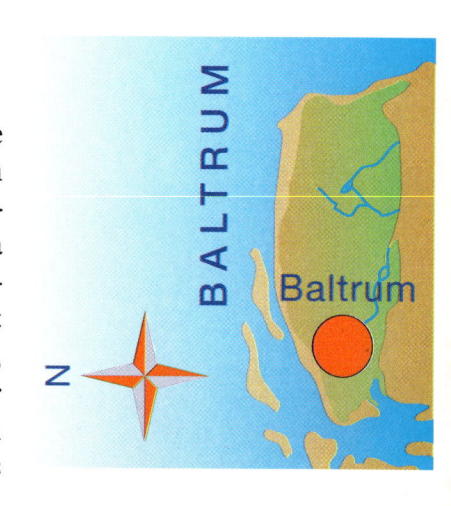

Wattwandern

Für viele ist Wattwandern der schönste Sport an der Küste. Der Unkundige allerdings sollte sich nicht nur möglichen Gefahren wegen einer Führung anschließen, er erfährt dabei auch wesentlich mehr, als wenn er sich alleine in den amphibischen Raum hineinwagt.

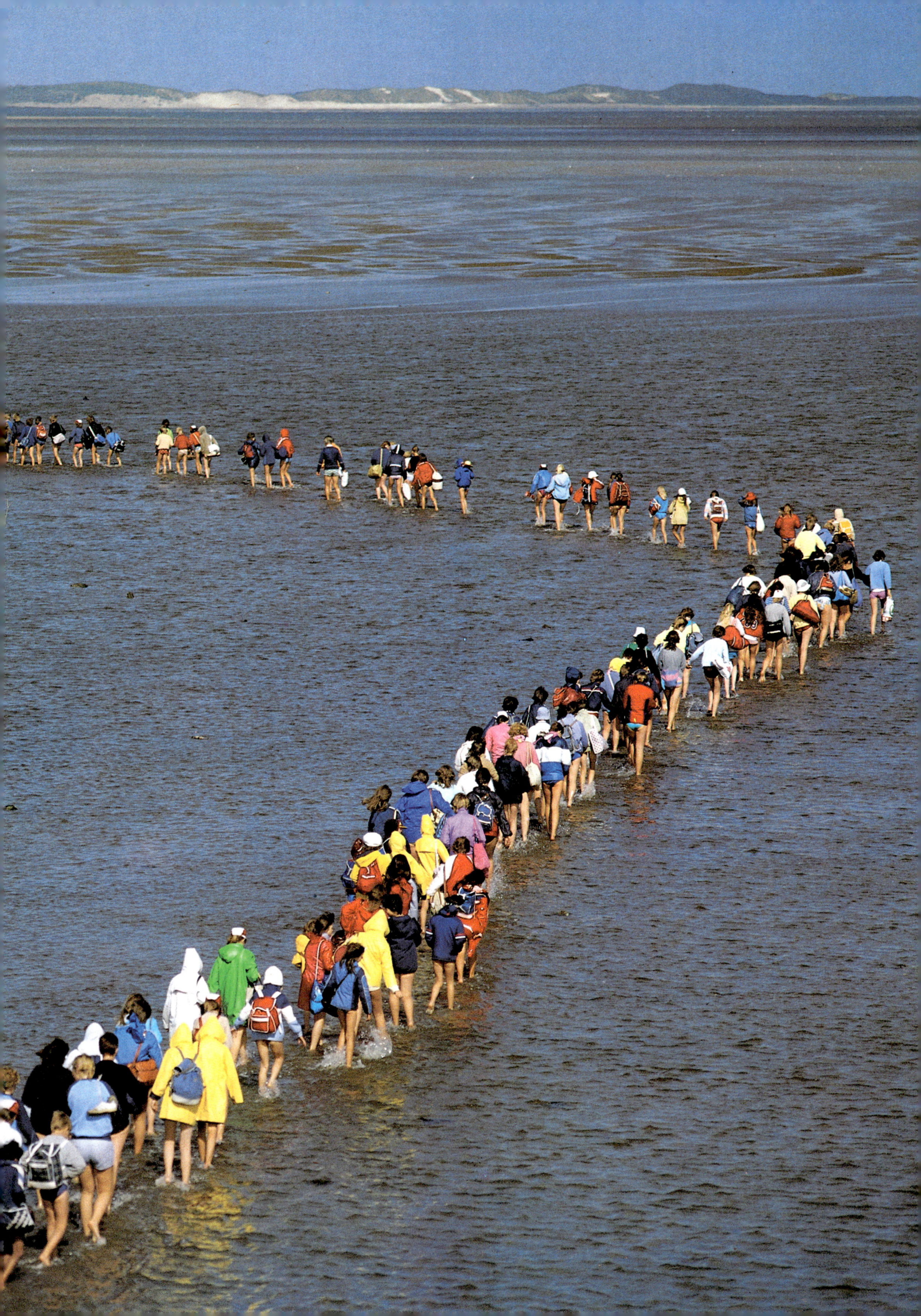

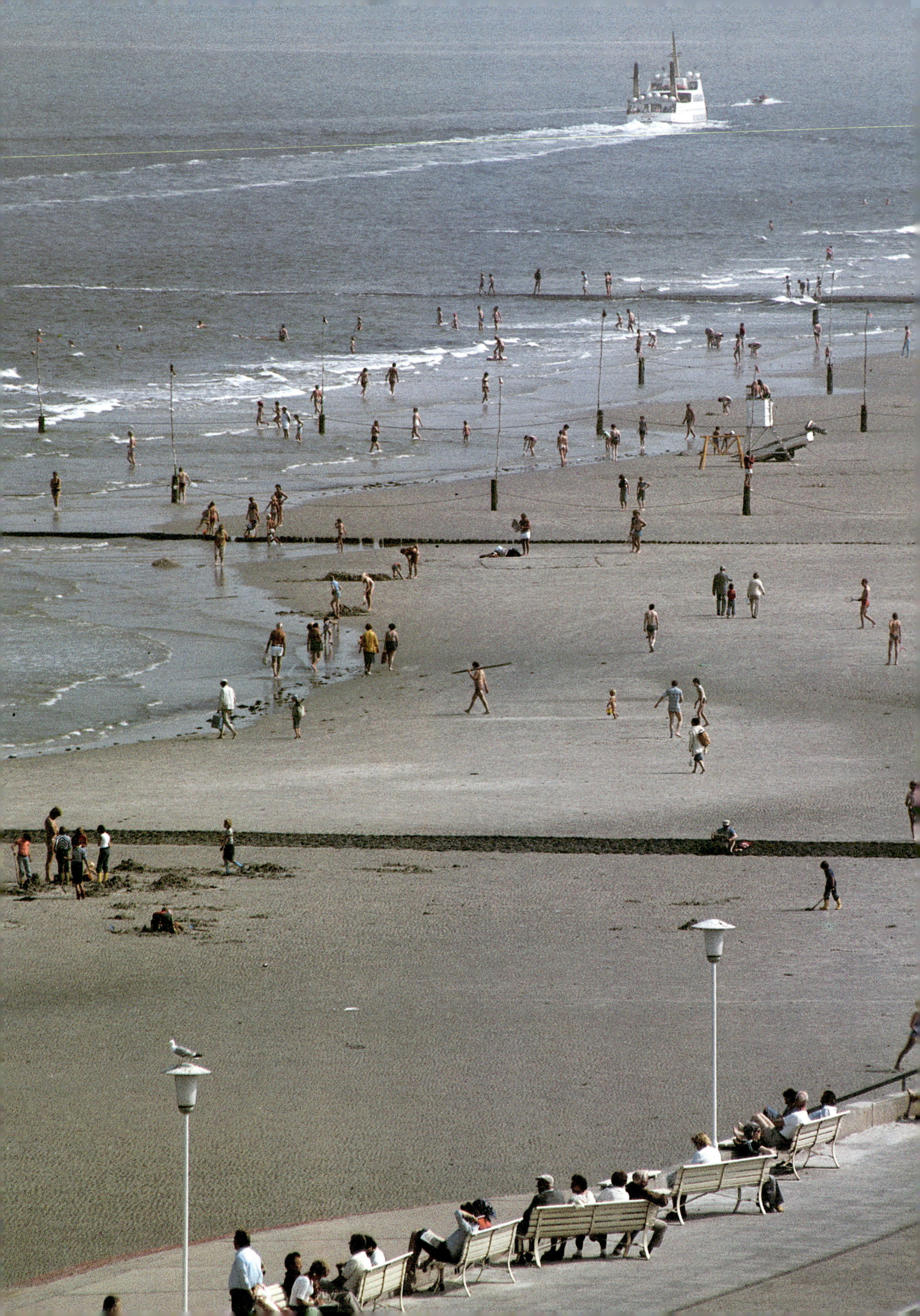

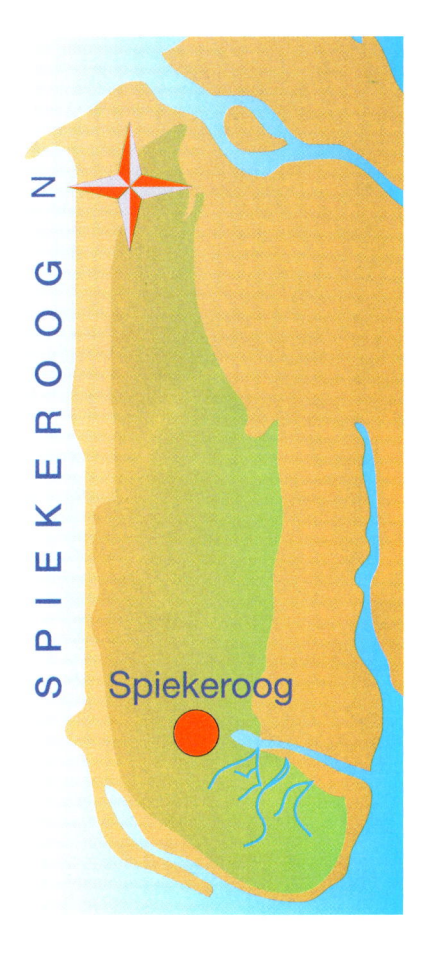

denn auch westlich der Melkhorndünen eine große Bresche in die Insel und schuf das Grote Sloop.

Gut hundert Jahre später, 1825 gab es östlich der Düne einen weiteren Durchbruch, so daß die Insel zeitweise sogar dreigeteilt war. Während sich das Lütje Sloop von selbst wieder schloß, mußte beim Groten Sloop Anfang dieses Jahrhunderts mit Deich und künstlicher Sandaufspülung nachgeholfen werden. Um so erstaunlicher ist es dann, erfährt man, daß ausgerechnet Langeoog an seiner Seeseite nie eine Strandmauer oder Buhnen als Wellenbrecher und Dünenschutz benötigte. Lediglich an der Westküste wurde mit dem Flinthörndeich der Dünenwall nach Süden verlängert und damit die Grundlage für das Naturschutzgebiet Flinthörn geschaffen.

Auch die im Südwesten zwischen 1935 und 1944 für einen Militärflugplatz aufgespülte Fläche kommt jetzt nach und nach durch Aufforstung dem Naturschutz zugute. Das größte Naturschutzgebiet jedoch findet sich auf der Osthälfte der Insel, wo ab dem ehemaligen Lütjen Sloop eine Brutstätte für tausende von Seevögeln geschaffen wurde. Bis zu 8000 Silbermöwenpaare brüten hier, Austernfischer, Kiebitze, große Brachvögel und Uferschnepfen machen es ihnen nach. Die riesige Möwenkolonie fühlt sich sogar so wohl, daß einem Überhandnehmen des Bestandes nur durch gezieltes Absammeln der Eier gegengesteuert werden kann.

Nostalgie mit Tradition

Nostalgie – die Rückbesinnung auf Bleibendes, Beständiges und Bewährtes kann eine junge Erscheinung sein, sie kann aber auch bereits Tradition haben. Wenn Nostalgie irgendwo bereits Tradition hat, dann auf Spiekeroog. Viele halten sie deshalb für die schönste der Ostfriesischen Inseln, weil hier der typische Charakter eines Inseldorfes mehr als anderswo bewahrt blieb.

Was Fortschritt sei, darüber hatten die Spiekerooger ohnehin stets ihre eigenen Ansichten. So ersetzten sie 1949 ihre Pferdebahn zwischen Schiffsanleger und dem Dorf durch eine Bahn mit Dieselantrieb. 1981 machte sie ihre letzte Fahrt, um ihrerseits wieder der Pferdebahn Platz zu machen. Wenn da kein fortschrittliches Denken dahintersteckt …

Schon immer aber war Spiekeroog die Insel der Seeleute und Fischer. Schellfisch- und Seehundfang waren ihr Metier und dann und wann werden wohl auch die Seeräuber hier freundschaftlich verkehrt haben. Störtebekers Vitalienbrüder sollen hier ihre „Speicherinsel" gehabt haben und Napoleons Rheinbundtruppen werden nicht ganz ohne Grund ausgerechnet diese kleine Insel zur Festung ausgebaut haben. Sogar als direkter Kriegsschauplatz mußte das Inselchen im Spanisch-Niederländischen Krieg herhalten.

Natürlich hatte man auch stets Tuchfühlung mit dem „Blanken Hans". So sehr zu Zeiten das Strandgut willkommen war, so bedrückend wurde es, wenn wieder einmal ein Schiff unmittelbar vor der Insel strandete. Ob es im November 1854 war, als das Auswandererschiff „Johanna" im Sturm vor Spiekeroog strandete und 80 Menschen in den Fluten versanken, oder ob es die englische „Verona" war, die am 13. Februar 1883 auf der Fahrt nach Bremerhaven nicht um die Insel herumkam. Noch heute ragt das Wrack aus dem Sand, bei Niedrigwasser können es gute Läufer zu Fuß besuchen.

Selbst die spanische Armada blieb 1588 nicht von den Tücken der See vor Spiekeroog verschont. Aus einem ihrer dort untergegangenen Schiffe sollen die zwölf Kirchenholzbilder und ein Schiffspredigerstuhl in der Inselkirche stammen. Sie hat außerdem noch eine schöne Renaissancekanzel aufzuweisen und gilt als die älteste ostfriesische Inselkirche. Fertiggestellt wurde sie 1696.

Während auf den Nachbarinseln bereits ein fröhliches und einträgliches Badeleben florierte, hielten es die Spiekerooger zunächst noch ganz mit der Tradi-

---

Stille Genießer
Beschaulichkeit und viel Platz für den einzelnen gibt es am Strand von Norderney ebenso wie auf allen anderen Nordseeinseln nur in der Vor- und Nachsaison, der Zeit der stillen Genießer.

tion. Noch Ende des vorigen Jahrhunderts wurden jährlich weniger als tausend Kurgäste gezählt – und die kamen ja wohl auch eher gegen den Willen der Inselbewohner. „Herrschaftliche Bade- und Kureinrichtungen" richtete erstmals ein pensionierter Kapitän ein, doch so richtig aufwärts mit dem Badebetrieb ging es erst in unserem Jahrhundert. Wo es heute an keinem Komfort für den Gast fehlt, blieb der dörfliche Charakter Spiekeroogs dennoch nahezu unverändert erhalten.

Da die gesamte Osthälfte der Insel auf fast 5 km Länge ausschließlich aus flachen Sandplaten besteht, wurde sie seit 1970 völlig unter Naturschutz gestellt. Weil es hier noch immer einmal „Land unter" gibt, läßt sich die Entstehung einer Insel hier am besten studieren. Von der Wattseite her dringt der Salzwasserbewuchs vor, von der Seeseite wachsen die noch niedrigen jungen Dünen. Daß das Ganze ein Paradies für Wasservögel aller Art ist, versteht sich schon beinahe von selbst.

Russischer Vorposten

Was hat die Insel Wangerooge mit „Wilhelm Tell" und den Russen gemeinsam? Nun, 1804 wurde „Wilhelm Tell" uraufgeführt, auf der Insel begann offiziell das Badeleben, weil „unsere durchlauchtigste Fürstin eine Badekutsche und ein Zelt den Badegästen zum Gebrauch geschenkt haben". Und die Russen? Sie waren zu der Zeit bereits elf Jahre die Herren auf Wangerooge. Damals allerdings hatte der Ort selber schon eine lange Geschichte hinter sich, denn schon 1327 hatte man hier das Stadtrecht erhalten. 1793 übernahm das russische Zarenreich die Herrschaft, 1807 lösten die Niederländer die Russen ab. 1810 wurde man französisch, 1813 wieder russisch. 1818 schließlich kam die Insel an das Großherzogtum Oldenburg und war damit immer noch keine richtige ostfriesische Insel – auch wenn ihre Bewohner ihren Tee mit genauso viel Leidenschaft tranken wie ihre Nachbarn im Westen.

Auch Wangerooge blieb in den letzten Jahrhunderten nicht vom Inselwandertrieb verschont. In nur drei Jahrhunderten wanderte die Insel fast um die eigene Länge nach Osten und wurde dabei auch wesentlich schmäler. Ein nur dünner Dünengürtel schützt heute weite Grode- und Hellerflächen. Der Inselwanderung fiel 1862 das gesamte Westdorf zum Opfer. Das heutige Wangerooge im Zentrum der Insel entstand erst nach und nach im Laufe der letzten hundert Jahre.

Auf keiner anderen Frieseninsel gibt es so viele Türme wie hier. Besonders attraktiv ist der 1854 erbaute alte Leuchtturm. Er diente bis 1969 der Schiffahrt als Warnzeichen. Als er durch einen neuen Turm am Westende der Insel ersetzt wurde, konnte sein Abbruch durch vorausschauende Privatinitiative verhindert werden. Erhalten blieb so eine 30 m hoch gelegene Aussichtskanzel, von der aus die Insel fast noch besser betrachtet werden kann als aus dem Flugzeug.

Wahrzeichen Wangerooges ist der 1933 als Ersatz für den 1914 aus militärischen Gründen gesprengten alten Westturm erbaute neue Westturm. Das etwas klobig geratene Bauwerk am Westrand des Seevogelschutzgebietes beherbergt heute die Jugendherberge. Blickt man von der Laterne im mittleren Dachspitz nach Osten über die Insel und ihre weitläufigen Watt- und Hellerflächen, glaubt man am ehesten, daß über die Hälfte der gesamten Insel heute unter Naturschutz steht. Wer hier auf Entdeckungsreise geht, wird buchstäblich auf Schritt und Tritt Interessantes finden und dann auch Verständnis dafür haben, daß die eigentlichen Vogelschutzgebiete nur unter Führung des Vogelwartes betreten werden dürfen.

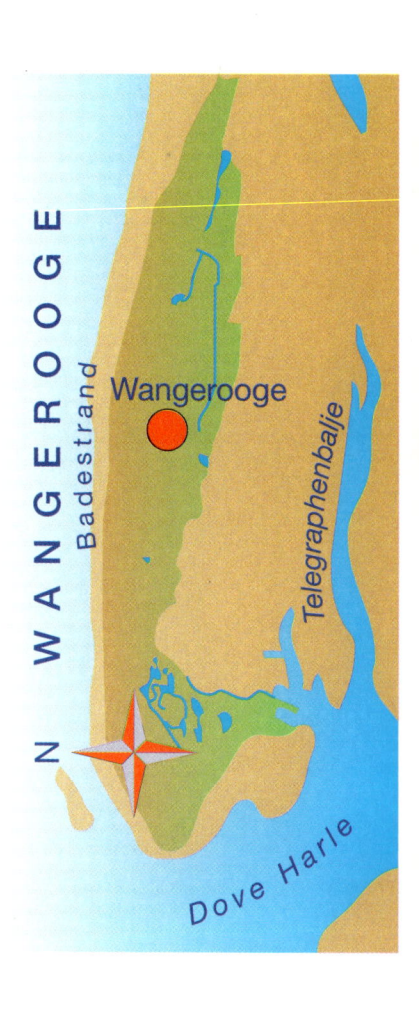

Bad auf Norderney
Das älteste deutsche Bad an der Nordsee steht auf Norderney. Dort wurde schon im Jahre 1797 von den ostfriesischen Landständen offiziell der Badebetrieb aufgenommen. Zum entscheidenden Durchbruch verhalfen die Könige von Hannover, die Norderney regelmäßig besuchten. Vor allem der blinde König Georg V. trug zum Ruf der Insel bei, als er im Jahre 1836 hier seine Sommerresidenz aufschlug.

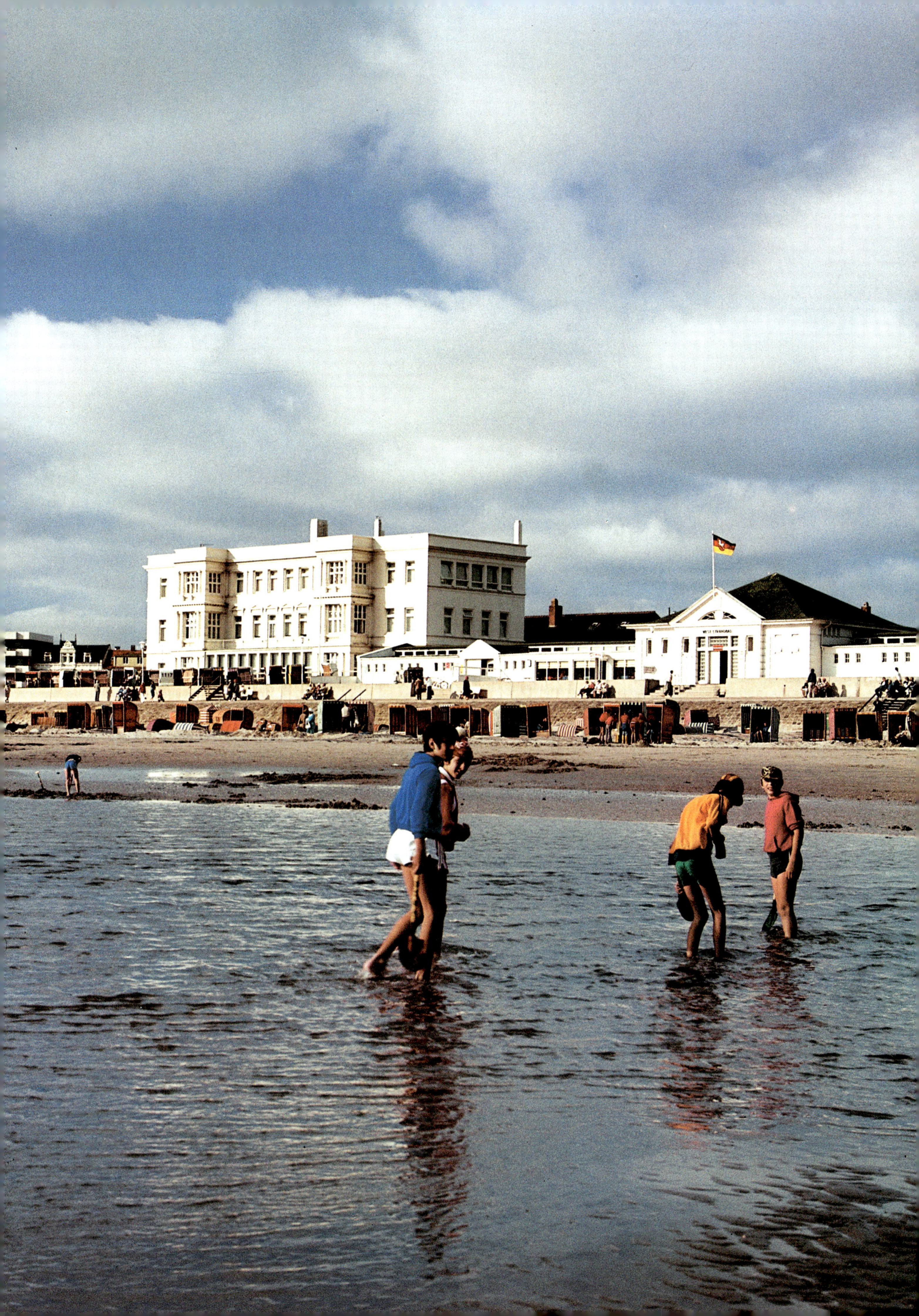

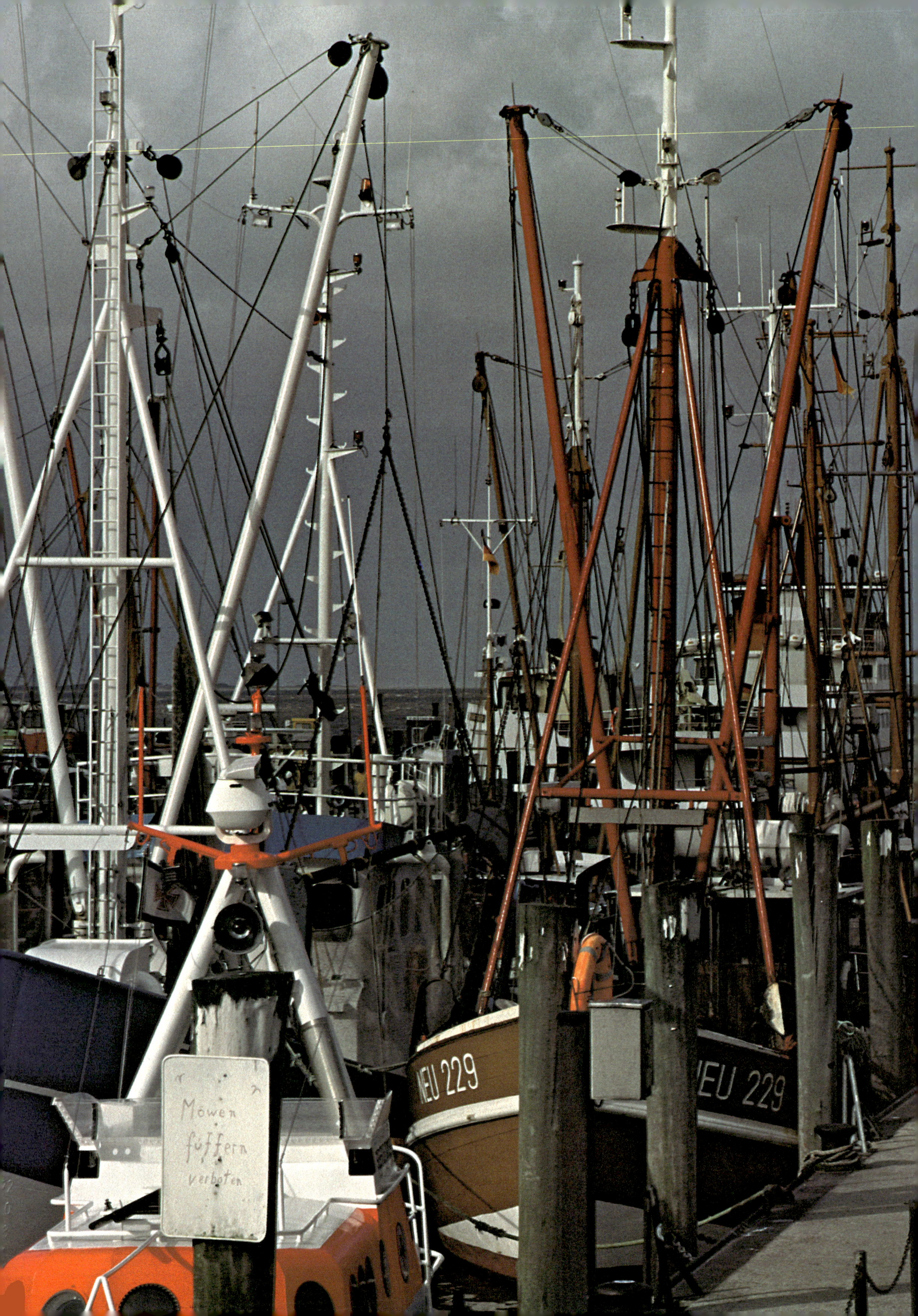
Möwen
füttern
verboten
NEU 229
NEU 229

Um Ostfriesland herum

In Ostfreesland mag ik wesen, anners nargens lever wesen, over Freesland geiht d'r nix.

"Ostfreesland is as on Pannkoek, der Rand is't Best". Den eingängigen Spruch bezogen die Friesen ursprünglich auf den besonders fruchtbaren, der Geest vorgelagerten Marschgürtel. Nimmt man den zweiten Friesenspruch – „Gott schuf das Meer, der Friese die Küste" – dazu und bedenkt man, daß schon die Römer bei ihrer Ankunft in Ostfriesland den zweiten Spruch vorfanden (er ist lateinisch überliefert), dann hat man den ersten Schritt zum Verständnis dessen gemacht, was bei den Ostfriesen Tradition und Selbstbewußtsein bedeutet.

Immerhin fingen die Friesen rund ein halbes Jahrtausend vor der Ankunft der Römer damit an, ihre Höfe von den kargeren Geestböden aus in die Marsch auszudehnen und die ersten Wurten anzulegen. Bis zum Ende des ersten Jahrtausends nach Christus waren sie dann soweit, den Kampf mit den Fluten gemeinsam aufzunehmen. Das heutige Schlagwort: „We nich will dieken, mutt wieken", stammt immerhin aus einem um 1150 auf der Thingstätte der Friesen am Upstalsboom bei Aurich verabschiedeten Deichgesetz. Damals wurde begonnen, was heute mit einer weitgehend gradlinigen Eindeichung Ostfrieslands abgeschlossen wurde.

Die bisher letzte große Anstrengung machte dabei hier wie in der gesamten Deutschen Bucht die letzte große Sturmflut von 1962 notwendig. Sie sorgte dafür, daß nahezu entlang der gesamten Deichlinie die Deichkronen noch einmal erhöht wurden.

Natürlich erfolgte die Landgewinnung und Eindeichung in unterschiedlich langen Zeiträumen und häufig genug ging es nach dem Motto „zwei Schritte vor und einen zurück". Immer wieder zeigte sich die See als der stärkere Gegner, dem es auch gelang, größere Marschflächen zurückzuholen. Beste Beispiele dafür sind der Dollart, die Ley-Bucht und der Jadebusen.

Beim Dollart, dieser riesigen Bucht im Mündungstrichter der Ems zwischen Holland und Ostfriesland, schlug die Stunde der Wahrheit zu Beginn des 16. Jahrhunderts. Damals zeigte sich, daß die Deiche auf beiden Seiten zu schwach waren. Bis 1509 gelang es der See deshalb, sich ein Gebiet zurückzuholen, das gut dreimal so groß war wie der heutige Dollart. Das überflutete Gebiet reichte damals soweit nach Süden, daß in Bunde bei Weener sogar ein Seehafen angelegt wurde.

Bis 1877 sollte es dauern, bis der Dollart Polder um Polder wieder auf seine heutige Größe zurückgedrängt werden konnte. Neuerliche Veränderungen werden sich dann ergeben, wenn die per Vertrag zwischen Holland und Deutschland schon verabschiedeten Pläne zu einer Verlegung der Fahrrinne im Dollart und zum Bau eines neuen Tiefseehafens tatsächlich zur Ausführung kommen sollten.

Nicht minder gravierende Rückschläge mußten die Deichbauer an der Ley-Bucht hinnehmen. Eine erste Bucht hatte die See vor rund tausend Jahren geschlagen, im 13. und 14. Jahrhundert hatten verschiedene Sturmfluten für den Verlust von weit über 200 km² Marschland gesorgt. Die See reichte damals weit nach Osten ins Land hinein, bis an den Geestrand bei Marienhafe. Auch im Nordosten konnte erst die Nordener Geestinsel die gefräßigen Wellen stoppen.

<u>Kutterhafen Neuharlingersiel</u>
Die Krummhörn, der fast halbinselartige Westzipfel Ostfrieslands, wird von den Ostfriesen selbst nicht ungern als der „ostfriesischste" Teil Ostfrieslands angesehen. Der Mastenwirrwarr im Kutterhafen Neuharlingersiel scheint diese Einschätzung durchaus unterstreichen zu wollen.

Die Rückeroberung begann 1484 mit der Eindeichung des ersten von insgesamt 24 Einzelpoldern, mit deren Hilfe bis heute fünf Sechstel der Ley-Bucht dem Meer wieder abgerungen werden konnten. Allein zwischen 1947 und 1950 waren es rund tausend dem Land zurückgewonnene Hektare. Da die Landgewinnung in der restlichen Bucht gute Fortschritte macht, ist es gar nicht mehr so unwahrscheinlich, daß unsere Enkel über einen, die ganze Bucht in gerader Linie sichernden Deich vom Hauener Hooge zum Utlandshörn wandern können.

Noch einmal anders verlief die Entwicklung beim Jadebusen. Das kleine, kaum 20 km lange Flüßchen diente der See in der Mitte des 12. Jahrhunderts als ausreichend großes Nadelöhr zum Anknabbern der Marsch. Schon die Marcellusflut von 1362 bis an die Geestränder vor, und 1511 gingen während der Antoniflut noch einmal „fünf Kirchspiele" im Wasser unter. Während seiner größten Ausdehnung war der Jadebusen mit ebenfalls 200 km² etwa gleich groß wie der Dollart während seiner „besten" Zeit.

Anders als bei Dollart und Ley-Bucht waren Landrückgewinnung und Eindeichung im Jadebusen jedoch Grenzen gesetzt. Wohl gelang es im Süden, im Bereich der Jademündung und im Westen, Gebiete zurückzugewinnen, doch sorgten tiefe Priele für natürliche Grenzen. Mit heutiger Technik wären zwar weitere Eindeichungen möglich, doch stehen jetzt die Bedürfnisse von Wilhelmshaven als Hochseehafen entgegen. Nur weil bei jeder Tide eine knappe halbe Milliarde Kubikmeter Wasser durch die Enge zwischen Wilhelmshaven und dem Butjadinger Horn fließen, bleibt durch den Spüleffekt die für große Hochseeschiffe notwendige Tiefe im Jadefahrwasser erhalten.

Emden und die Krummhörn

„Emden hat mehr als Meer" sagen die Emdener und meinen damit nicht nur das Volkswagenwerk. Sie meinen auch ihre 1200jährige, höchst wechselvolle Geschichte mit ihren Höhen und Tiefen, ihren Erfolgen und Gefährdungen. Nicht zu Unrecht meinen sie aber auch die Struktur des alten Stadtkerns, an der man trotz aller Zerstörungen im letzten Krieg durchaus noch das mittelalterliche Emden ablesen kann.

Wo heute in Emden zu Füßen des wiedererstandenen Rathauses die Boote zur Hafenrundfahrt ablegen, hatten die Friesen schon um 800 begonnen, einen Hafen anzulegen. Etwas phantasielos nannten sie ihn Amuthon, wobei das A für Wasserlauf und muthon für Mündung steht. Mit der Zeit wurde daraus Emethen und schließlich eben Emden. Mitte des 11. Jahrhunderts jedenfalls war die Siedlung schon so autark, daß sie ihren Namen stolz auf den selbstgeprägten Silberdenaren verewigen konnte.

Zimperlichkeit war ohnehin nie eine Stärke der Emdener. Sie setzten auf ihr eigenes Recht, errichteten 1224 eine Zollstätte und scheinen sich auch wenig für geordnete Handelsbeziehungen interessiert zu haben. Eine Mitgliedschaft in der Hanse lockte sie deshalb auch weniger, statt dessen boten sie Klaus Störtebeker und Godeke Michel 1396 Unterschlupf und neue Aktionsbasis, als denen damals an der Ostsee der Boden zu heiß geworden war. Um den Warenverkehr auf der Ems besser kontrollieren und die Zölle leichter kassieren zu können, führten sie schließlich 1412 den Warenstapelzwang ein, eine Vorschrift, die praktisch jeden an Emden vorbeifahrenden Schiffer zwang, die „Hilfe" des Hafens in Anspruch zu nehmen.

In etwas geordnetere Bahnen kam die Entwicklung erst ab 1464, als die aus Greetsiel stammende Häuptlingsfamilie Cirksena als Grafen von Ostfriesland Emden zu ihrer Residenzstadt machten und damit begannen, den Hafen systematisch auszubauen. Beim späteren Kaiser Maximilian I. erreichten sie immer-

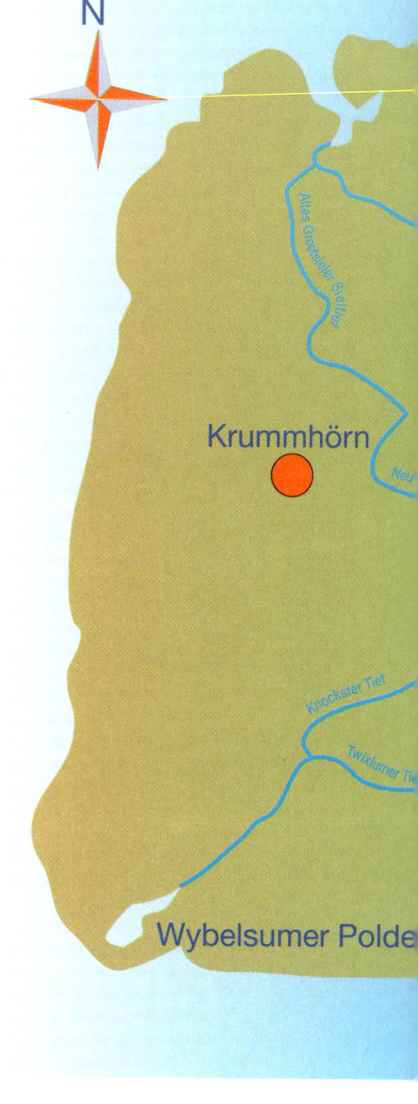

Emden und die Krummhörn

Hafen in Emden
Emdens große Zeit lag im 16. Jahrhundert mit seinem Aufstieg zum Hafen mit europäischem Rang. Damals gelang es vor allem, die niederländische Konkurrenz beim Salz- und Getreidehandel zu überflügeln und zu einem der wichtigsten Seehäfen Nordeuropas aufzusteigen. Seit die Werften auch nicht mehr sind, was sie schon einmal waren, sucht man sich mit Reparaturarbeiten über Wasser zu halten.
(Folgende Doppelseite links)

Alter Hafen in Emden
Wo heute das Feuerschiff „Deutsche Bucht" seinen Altersruheplatz bezogen hat und die Boote zur Hafenrundfahrt ablegen, da hatten die Friesen schon

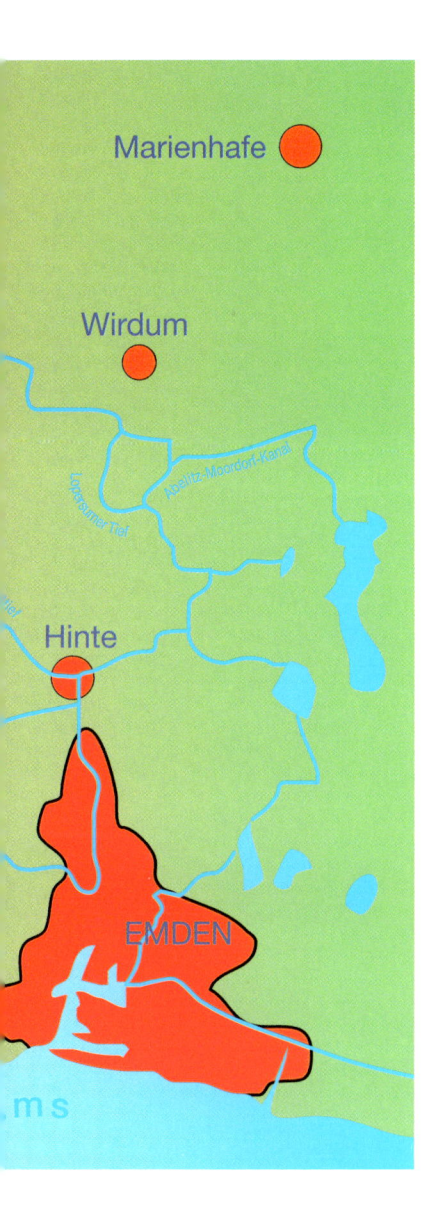

um 800 begonnen, einen ersten Hafen anzulegen. Mitte des 11. Jahrhunderts war die Siedlung schon so autark, daß sie ihren Namen Emethen bereits stolz auf den selbstgeprägten Silberdenaren verewigen konnte. Der Torbogen von 1635 markiert noch heute den alten Hafenzugang.
(Folgende Doppelseite rechts oben)

Rathaus in Emden
Das Emdener Rathaus entstand bis 1576 als Zeichen des erwachenden Bürgerstolzes ganz nach Antwerpener Vorbild. Leider sank das Original am 6.9.1944 in Schutt und Asche, doch versuchte man beim Wiederaufbau, dem alten Vorbild möglichst nahezukommen.
(Folgende Doppelseite rechts unten)

hin, daß aus dem alten Stapelzwang 1495 ein privilegiengeschütztes Stapelrecht wurde. Das gleichzeitig verliehene Wappen mit dem Jungfrauenadler, das „Engelke up de Muer" ziert noch den Hausgiebel, dort wo die Burgstraße auf den Rats-Delft trifft.

Am westlichen Ende der Burgstraße entstand zur gleichen Zeit die spätgotische Große Kirche anstelle des kleinen, romanischen Vorgängerbaues aus dem 12. Jahrhundert. Die mächtige Ruine ihres Chores erinnert noch heute an die Bemühungen der Emdener Grafen, ihre Residenz „standesgemäß" auszubauen. Der Kirchhügel selbst ist übrigens nichts anderes als eine alte Wurt, ursprünglich unmittelbar am Ufer der Ems gelegen, die noch im 15. Jahrhundert zu Füßen der Kirche vorbeifloß.

Emdens große Zeit kam im 16. Jahrhundert mit seinem Aufstieg zum Hafen mit europäischem Rang. Damals gelang es vor allem, die niederländische Konkurrenz beim Salz- und Getreidehandel zu überflügeln und zu einem der wichtigsten Seehäfen Nordeuropas aufzusteigen. Einziges Monument dieser wirtschaftlichen Blütezeit Emdens ist das Renaissance-Doppelhaus an der Pelzerstraße mit seinem flämischen Giebel von 1585. Es dient heute als Kulturzentrum. Dafür wurde es liebevoll mit Möbeln und Gemälden aus Emdens großer Zeit neu ausgestattet.

Vor demselben Hintergrund entstand bis 1576 unter der Leitung des niederländischen Baumeisters Laurenz van Steenwinckel nach Antwerpener Vorbild das Rathaus. Das Zeichen erwachenden Bürgerstolzes sank jedoch am 6. 9. 1944 ebenso in Schutt und Asche wie der gesamte Rest der Stadt. Daß das Rathaus 1962 wenigstens in der Grobgliederung des alten wieder errichtet wurde, soll als Symbol für den Lebenswillen der Stadt verstanden werden.

Das für die Entwicklung Emdens einschneidendste Ereignis geschah im Frühjahr 1595, als mitten in der gräflichen Idylle die Revolution ausbrach. Dabei ging es allerdings keineswegs um vorweggenommene Sozialisierungsbestrebungen, sondern vielmehr um den Versuch der Handelsherren, die landesherrliche Obrigkeit der Grafen abzuschütteln und für die Stadt die Reichsunmittelbarkeit zu erreichen. Als das nicht gelang, mußten die Herren aus der Not eine Tugend machen und den Schutz der Stadt in eigener Regie übernehmen. 1606 erhielt so der Festungsbaumeister Geert Evert Piloot den Auftrag, nach allen Regeln der Kunst eine Wallanlage mit ursprünglich zehn Zwingern anzulegen. Die in zehnjähriger Bauzeit entstandene Wallanlage ist noch heute praktisch unverändert erhalten.

Parallel zur Befestigung der Stadt wurden 23 Bürgerkompanien aufgestellt und großzügig mit Harnischen, Hellebarden und Musketen ausgestattet. Nahezu die gesamte Ausrüstung blieb erhalten und ist heute in der Rüstkammer des Emdener Rathauses zu besichtigen. Sie gilt als die vollständigste stadtgeschichtliche Waffensammlung Deutschlands.

Dank der starken Verteidigungsanlagen blieb Emden von allen Angriffen im Dreißigjährigen Krieg verschont und konnte sogar den Ausbau der Stadt noch weiter vorantreiben. Noch heute sichtbare Zeichen aus dieser Zeit sind zum einen das alte Hafentor von 1635, zum anderen die 1643, also 5 Jahre vor Kriegsende, begonnene Neue Kirche. Das Hafentor entstand noch ganz im flämischen Renaissancestil und hat einen prächtigen „gebrochenen" Dreiecksgiebel. Die lateinische Inschrift besagt „Gott ist Emdens Brücke, Hafen und Segelwind".

Auch die Neue Kirche blieb glücklicherweise erhalten, weil sie ganz im Ostteil der Altstadt steht. Sie ist in Ostfriesland das erste Beispiel zugleich für eine reine, calvinistische Predigerkirche und für den aufkommenden Barockstil. Baumeister war wie beim alten Hafentor der Emdener Maler und Stadtbaumeister Martin Faber. Als Vorbild für den Bau diente die Norderkerk in Amsterdam. In Emden wurde daraus ein Saalbau in Form eines griechischen Kreuzes, wobei der südliche Arm weggelassen wurde. Vor der geraden Südwand steht die Kanzel, das

69

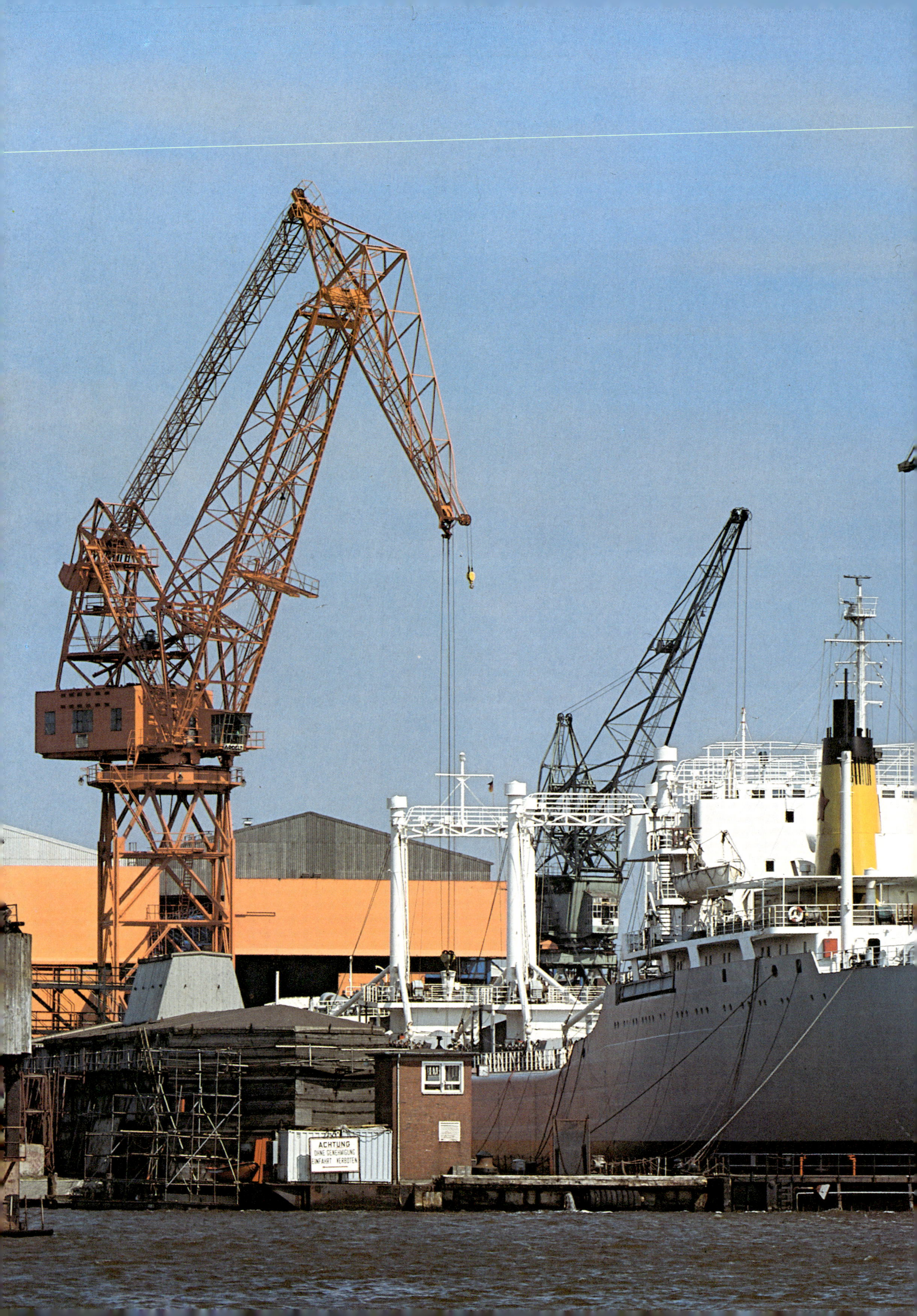
ACHTUNG
OHNE GENEHMIGUNG
EINFAHRT VERBOTEN

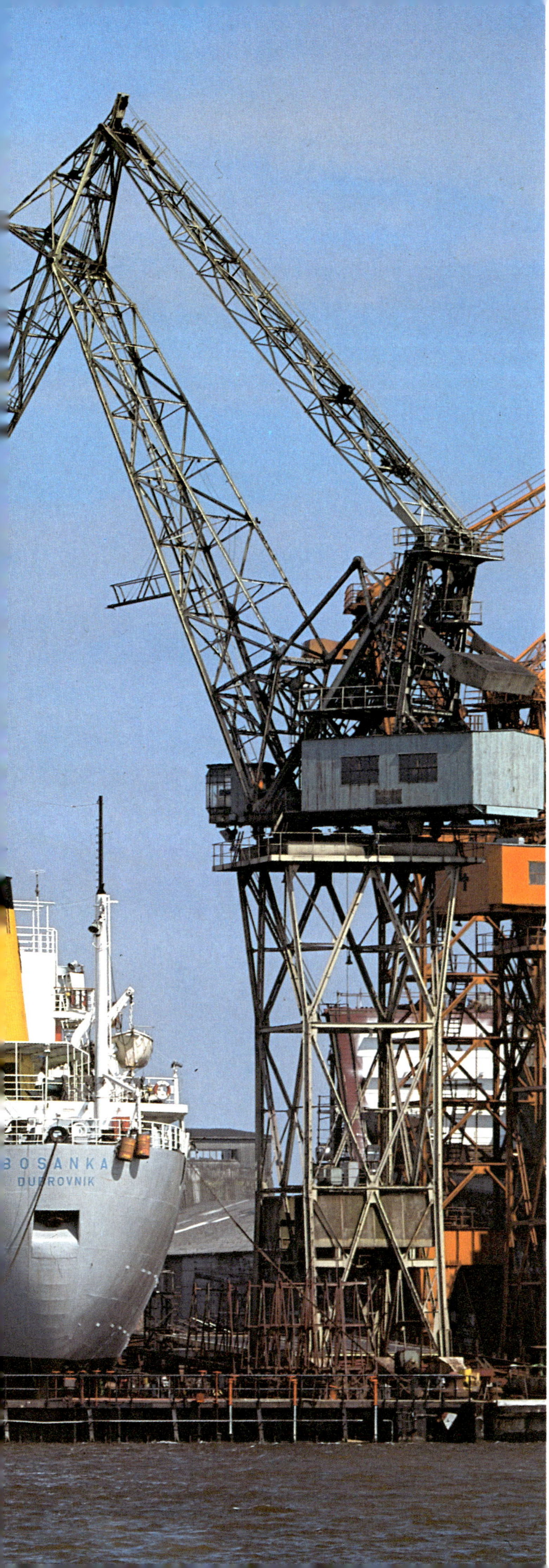
BOSANKA
DUBROVNIK

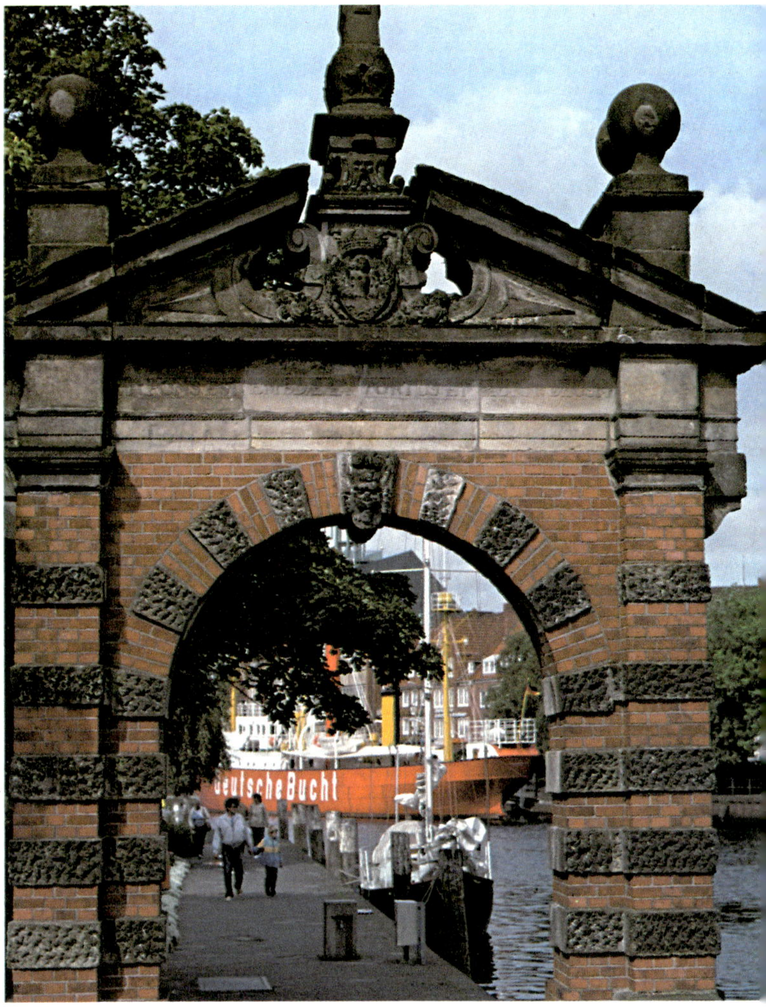
Deutsche Bucht

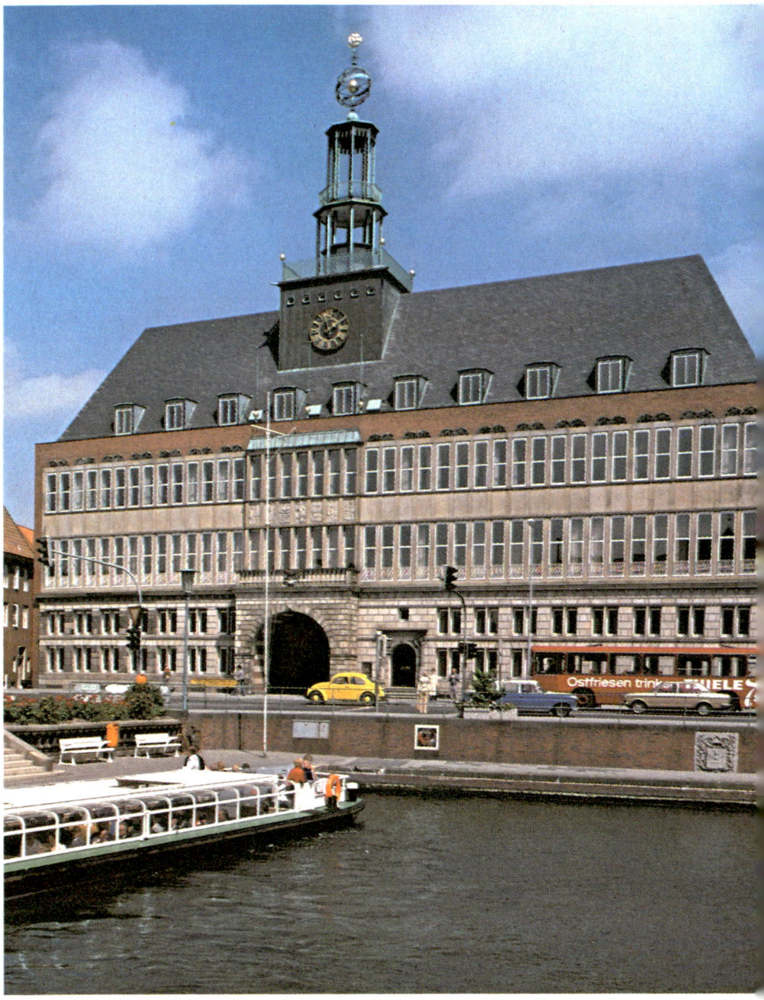

Gestühl ist so angeordnet, daß der Prediger von allen Seiten gesehen werden kann.

Daß auf dem Turm der Neuen Kirche ausgerechnet eine Nachbildung einer Kaiserkrone prangt, kann als Hinweis auf die damals noch erhoffte Reichsunmittelbarkeit verstanden werden, später wird es wohl eher als Symbol der eigenen Unabhängigkeit gedeutet worden sein. Sie sollte immerhin noch bis 1744 dauern, bis Emden zusammen mit Ostfriesland unter Preußens Fittiche kam.

Seine Fühler allerdings hatte Preußen schon viel eher ausgestreckt. Kurfürst Friedrich Wilhelm von Brandenburg nämlich hatte schon 1682 in Emden die brandenburgische Admiralität gegründet und gleich auch noch eine afrikanische Handelskompanie eingerichtet. Heute stehen sich die beiden Symbolfiguren, der große Kurfürst und sein Urenkel, der Preußenkönig Friedrich II., in Erz gegossen schräg gegenüber und bewachen eine Einrichtung modernster Technik: das Schöpfwerk Knock.

Durchaus symbolisch zu verstehen ist es, daß der eine landeinwärts, der andere auf die Emsmündung schaut. Gefahr für das Land nämlich kam sowohl von außen als auch von innen. Weil große Bereiche Ostfrieslands unter Meeresniveau liegen, war es stets notwendig, das Land zu entwässern. Der Regierung der Preußen war es zu verdanken, daß diese Aufgabe mit dem planmäßigen Bau von Sielanlagen und Schöpfmühlen gleichermaßen energisch und systematisch angepackt wurde.

Heute ist das Siel- und Schöpfwerk Knock das größte an der deutschen Nordseeküste. Es reguliert den gesamten Binnenwasserstand zwischen Emden, Aurich und Norden. Über zwei jeweils knapp 12 m breite Sieltore können hier pro Sekunde etwa 75 cbm Wasser ausströmen oder wenn nötig, mit vier gewaltigen Pumpen pro Sekunde etwa 50 cbm hochgepumpt werden.

Alles was nördlich von Emden und dem Schöpfwerk Knock bis hinauf zur Ley-Bucht liegt, gehört zum schon fast halbinselartigen Westzipfel Ostfrieslands, der Krummhörn. Sie wird von den Ostfriesen selbst nicht umsonst gerne als der „ostfriesischste" Teil Ostfrieslands angesehen – und daran ist zweifellos viel Wahres. Schmale Landstraßen erschließen eine Marschlandschaft wie aus dem Bilderbuch. Die endlose Weite wird in den passenden Abständen von kleinen Wurtendörfern mit malerischen alten Kirchen unterbrochen, zahlreiche Höfe sorgen außerdem dafür, daß sich das Auge an Fixpunkten ausruhen kann.

Wer die Krummhörn so ganz richtig kennenlernen möchte, müßte eigentlich jedes der 19 Dörfer einzeln studieren, denn jedes hat seine eigene Geschichte, seinen eigenen Reiz und seine eigenen verborgenen Schönheiten. Die Vielfalt anzudeuten, müssen hier einige Beispiele genügen. Das erste findet sich in Rysum, einem prächtigen Wurtendorf, dessen kreisförmige Anlage mit radialen Wegen und der Kirche in der Mitte ein hervorragendes Beispiel dafür ist, wie ursprünglich alle Dörfer in Ostfriesland angelegt waren.

Die sehenswerte Kirche aus dem 15. Jahrhundert beherrscht das Dorf von weitem durch den wuchtigen Ostturm und birgt die älteste, im Grundbestand erhaltene und noch heute spielbare Orgel Deutschlands. Seit über 500 Jahren erklingt dieses Instrument und zeugt damit von der Kunst der Orgelbauer im ausgehenden 15. und frühen 16. Jahrhundert.

Ein kleiner Spaziergang nur ist es hinüber nach Campen. Sein 60 m hoher Leuchtturm bietet bei klarer Sicht einen Überblick über die gesamte Krummhörn. Die um 1285 fertiggestellte Backsteinkirche zeigt schon von außen, daß sie etwas Besonderes ist. Errichtet an der Nahtstelle von Romanik und Gotik, verraten die Außenwände viel Gotisches. Fenster und Blendfenster haben bereits Spitzbogen, die Blendfenster an Nord- und Südseite sind mit Netzmuster geschmückt. Die drei Gewölbe im Inneren sind dagegen noch ganz romanisch in der Art des Klostergewölbes, also nahezu halbkugelförmig, gestaltet. Seinen

Kirche von Marienhafe
Die Backsteinkirche von Marienhafe zählt zu den bedeutendsten ostfriesischen Sakralbauten des Mittelalters. Ihre Fassade krönte einst ein einmaliger Bilderfries aus Sandstein mit insgesamt 127 Einzeldarstellungen. Der Pelikan ist einer der ganz wenigen Reste davon (oben). Die Bentheimer Taufe aus dem 13. Jahrhundert (unten) steht ebenfalls in Marienhafe. Ihre obere, stilisierte Weinranke ist oben und unten mit einem stilisierten Seil, oben mit einem Doppelseil mit gegenläufiger Windung, eingefaßt. Diese Seile belegen den Zu-

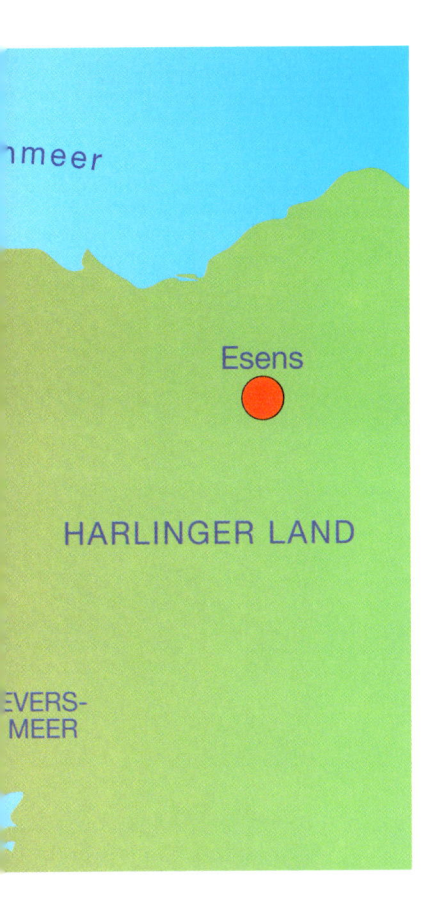

besonderen Reiz erhält das Gewölbe durch die noch ganz erhaltene Gewölbemalerei. Nicht ohne Kontrast dazu ist die aus dem ausgehenden 18. Jahrhundert stammende, mit fein verästeltem Rankenwerk über und über verzierte, geschnitzte Kanzel.

Eine andere ostfriesische „Spezialität" findet sich im benachbarten Groothusen. Die Osterburg, eine Wasserburg aus dem 15. Jahrhundert, birgt eine kostbare Portraitgalerie, die die Familiengeschichte über nahezu fünf Jahrhunderte wiedergibt. Eine ähnliche Wasserburg steht noch in Pewsum. Sie geht auf eine alte Häuptlingsburg zurück, die beiden älteren Flügel der heutigen Burg wurden 1458 fertiggestellt, der neuere Nordflügel wurde im 16. Jahrhundert nach niederländischem Vorbild erneuert. In der Burg soll demnächst ein Museum zur Geschichte der Häuptlingsfamilien Ostfrieslands eingerichtet werden.

Ebenfalls an der Nahtstelle zwischen Romanik und Gotik entstanden die Kirchen in Pilsum und Eilsum. Die Pilsumer fällt durch ihren hoch aufragenden Vierungsturm und im Inneren durch Gewölbe mit hängenden Schlußsteinen aus dem Rahmen. Die Eilsumer besticht durch einen mächtigen, über der Chorapsis errichteten Ostturm. Die Apsis ist mit monumentalen Fresken aus der Bauzeit der Kirche (um 1240) geschmückt. Sie zeigen den thronenden Christus mit Aposteln und Propheten. An den rundbogigen Eingängen verabschiedet sich die Romanik bereits, die hochgezogene Kreuzrippenkonstruktion der Gewölbe bejaht unverkennbar die Gotik.

Greetsiel schließlich, die Heimat der Häuptlingsfamilie Cirksena, könnte man das Juwel der Krummhörn nennen. Der malerische Ort mit dem Sieltor aus der Zeit Friedrichs d. Gr. besitzt das einzige Zwillingsmühlenpaar in Ostfriesland und einen der romantischsten Kutterhäfen der gesamten Nordseeküste.

Norden und das Harlinger Land

Fährt man von der Krummhörn auf der Störtebeker Straße ostwärts, taucht schon bald ein gewaltiger Klotz am Horizont auf. Beim Näherkommen entpuppt er sich als der Rest des ehemals sechsgeschossigen Westturmes der ehemals ebenfalls riesigen Backsteinkirche von Marienhafe. Die Betonung muß leider auf ehemals liegen, weil von der einst prächtigen Basilika nur ein zwar immer noch eindrucksvoller, aber dennoch im Verhältnis nur schäbiger Rest übrig ist. In ihrer Glanzzeit war die ab etwa 1250 errichtete Kirche mit ihren 72 m Länge die größte Kirche Ostfrieslands und kaum kleiner als zum Beispiel der Osnabrücker Dom (nach dessen Vorbild sie gebaut worden war). Ausgelegt war die Kirche als kreuzförmige, dreischiffige Gewölbebasilika, Mittelschiff und Querschiff hatten je drei quadratische Jochfelder.

Der großzügigen Anlage entsprach eine nicht weniger großzügige Ausstattung. So waren die Fassaden mit einem in ganz Norddeutschland einmaligen Bilderfries aus Sandstein geschmückt. In 128 Einzeldarstellungen hatte man Tiersymbole und satirische Fabelwesen im Stein verewigt. Die Querschiffgiebel waren mit nicht weniger als 40 einzelnen Sandsteinstatuen geschmückt. Reste dieser Statuen und des Frieses sind heute im ersten Geschoß des Turmes ausgestellt. Der Turm selbst, der einst Klaus Störtebeker und seinen Mannen Unterschlupf bot, kann bestiegen werden und bietet eine gute Aussicht über die fetten Marschen des Brockmerlandes. Wer will da schon glauben, daß Marienhafe einst Hafenstadt war?

Die eigentliche Überraschung aber steht in Norden bevor. Aus der Marsch ragt noch einmal eine Geestinsel hervor, auf der es wohl schon zu Zeiten Karls d. Gr. eine Handelssiedlung Nordwidu (Nordwald) gegeben hatte. Aus ihr wuchs im 13. Jahrhundert ein stattlicher Markt, dessen Bedeutung sich wohl am besten an dem damals angelegten, immerhin rund 7 ha großen Marktplatz ab-

---

sammenhang zum hölzernen Daubenfaß, das vor der Einführung der Taufsteine als Taufbecken diente. Das bronzene Taufbecken (Mitte) stammt aus dem ausgehenden Mittelalter und steht in Eilsum.
(Folgende Doppelseite links)

Kirche in Bunde
Die Mitte des 13. Jahrhunderts aus Backstein errichtete St. Martinskirche in Bunde ist die größte Kirche Ostfrieslands.
(Folgende Doppelseite rechts)

74

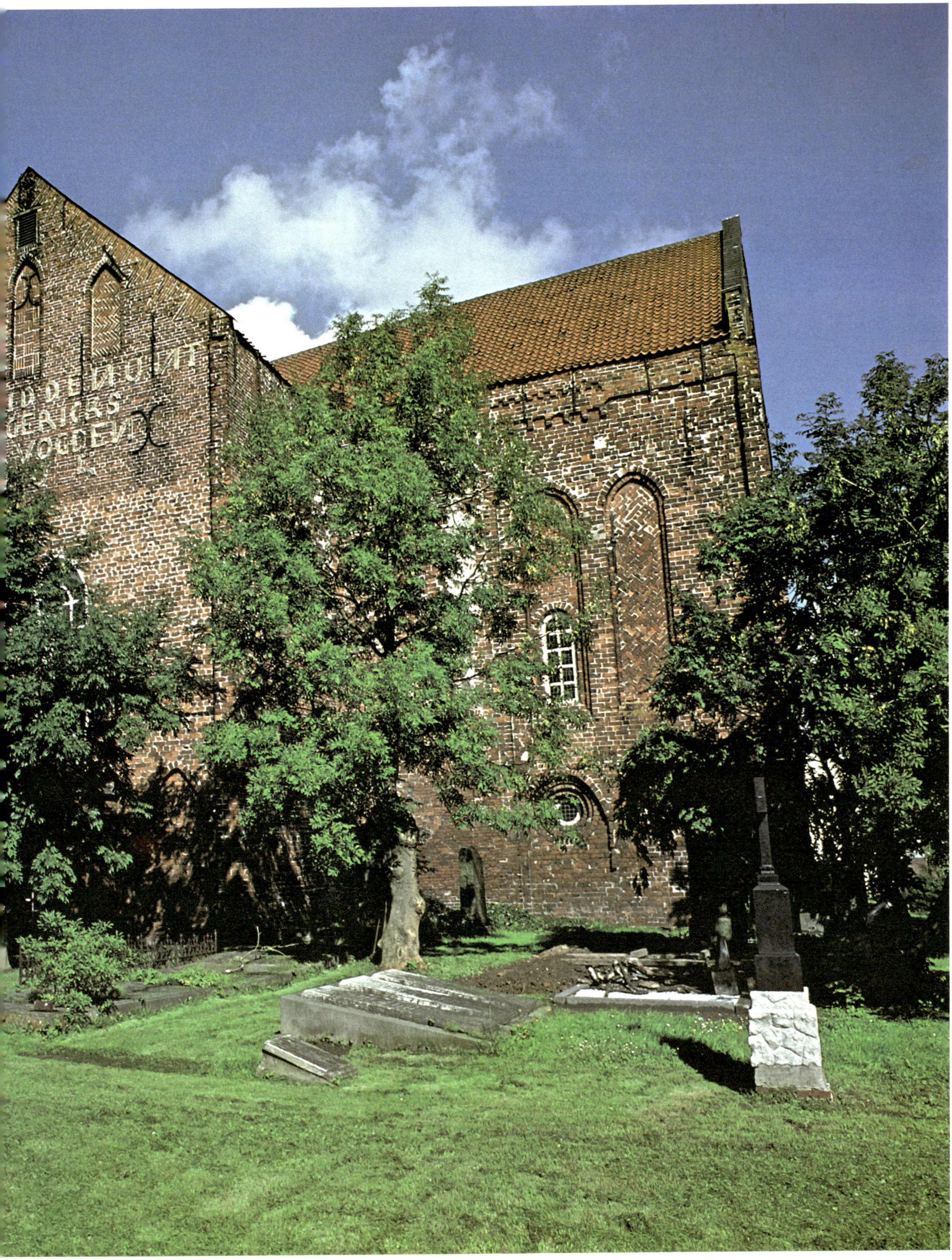

lesen läßt. An seinem Westrand stehen noch heute zwei Gebäude aus dieser Zeit: das spätmittelalterliche Rathaus und die Ludgerikirche.

Während das alte Rathaus heute hauptsächlich durch die in ihm untergebrachte Sammlung des Heimatmuseums und den historischen Versammlungsraum der bis ins Mittelalter zurückreichenden Agrargenossenschaft „Theelacht" besticht, ist in der Ludgerikirche der Baubestand aus dem 13. Jahrhundert noch weitgehend erhalten. Ältester Teil ist das ursprünglich als ostfriesischer Apsissaal angelegte Schiff. In beeindruckender Staffelung schließt sich das höher angesetzte Querschiff an, als Übergang zu dem noch einmal höher gelegenen polygonalen, 1445 fertiggestellten, imposanten Hochchor. Sein Mittelschiff ist bei 32 m Länge nicht weniger als 24 m hoch!

Die Ausstattung im Inneren entspricht durchaus der Großzügigkeit der Gesamtanlage. Im Schiff sind es vor allem die 1712 fertiggestellte prächtige Barockkanzel von Redolph Garrelts und die eindrucksvolle Arp-Schnitger-Orgel von 1688. Den langen Chor ziert ein spätgotisches Chorgestühl.

Sehr viel bürgerlicher ist dann natürlich die Erscheinungsform des Hauses Schöningh in der Osterstraße. Das Zeugnis bürgerlichen Wohlstandes entstand 1576 in den Formen der flämischen Renaissance. Seine fünfstöckige Fassade ist nahezu ganz in Fenster aufgelöst, die mit Muschelornamenten gekrönt sind. Der reich gegliederte Giebel ist mit kannelierten Pilastern und antikisierendem Gebälk gestaltet.

Ein geschichtsträchtiger Ort ganz eigener Art liegt wenig östlich von Norden. Das Wasserschloß Lütetsburg, heute vor allem bekannt durch seinen prächtigen Rhododendronpark, war einst Stammsitz des Friesenhäuptlings Lütet Manninga. Einer seiner Urenkel, Lütet III., lebte hier mit einer Schwester Ulrich Cirksenas, dem Grafen von Emden. 1581 kam das Schloß durch Heirat in die Familie der Friesenhäuptlinge Inn- und Knyphausen. Die Reichsfreiherren (seit 1600) gehörten lange zu den führenden Köpfen der ostfriesischen Ritterschaft. Vom alten Schloßbestand ist allerdings nur ein Teil der Vorburg mit dem barock-bekrönten Torhaus aus dem ausgehenden 16. Jahrhundert erhalten. Der gesamte Rest war in den fünfziger Jahren dieses Jahrhunderts abgebrannt und wurde bis 1957 neu errichtet.

Zumindest weitgehend im alten Bestand erhalten ist dagegen die Kirche in Arle. Sie war nicht wie viele andere ostfriesische Kirchen aus gespaltenen Granitfindlingen sondern aus dem wesentlich poröseren und sehr viel weniger haltbaren, vom Mittelrhein her importierten Tuffstein errichtet worden. Von außen hat denn auch der Zahn der Zeit schon arg an dem Bauwerk genagt, doch zeigt die Ostapsis noch unbeschädigte Lisenen mit romanischen Rundbogenfriesen.

Interessant vor allem ist aber das Innere der Kirche von Arle. Bis hierher nämlich scheint der 1543 von der ostfriesischen Gräfin Anna erlassene Befehl nicht vorgedrungen zu sein, die Altäre, Bilder und den gesamten plastischen Schmuck „by Nachttyden und ohne Geschrey" aus den Kirchen zu schaffen. Erhalten blieb so einer der schönsten Taufsteine Ostfrieslands, ein hervorragend gearbeiteter Schnitzaltar und ein wunderschönes spätgotisches Sakramentshäuschen aus Kalksandstein. Nachdem die Bilderstürmer ihre Schubkraft verloren hatten, kam schließlich noch 1675 aus der Werkstatt des Meisters Cröpelin aus Esens eine prächtige Barockkanzel mit gedrechselten Säulen, hell abgesetzten Figuren und einem reich verzierten Schalldeckel dazu.

Der Taufstein der Arler Kirche mag als Prototyp der insgesamt 32 in Ostfriesland noch erhaltenen Taufsteine dieses Typs gelten. Gearbeitet wurden sie alle in den Steinbrüchen bei Bentheim, in die ostfriesischen Kirchen kamen sie dann per Schiff. Das Aufbauschema ist allen gemeinsam: auf quadratischer Basis ruht der zylindrische oder leicht konisch gearbeitete eigentliche Taufstein. Getragen wird er von vier Löwen in Kauerstellung, die den Stein gegenüber anschwirrenden Dämonen mit gebleckten Zähnen verteidigen.

Windmühlen

Windmühlen dienten jahrhundertelang zum Mahlen von Getreide und zum Pumpen von Wasser. Weil ihre Windräder groß sein und hoch stehen mußten, um ausreichend Kraft einzufangen, wurden sie meist am Kopf kleiner Türme montiert. Deshalb hießen sie auch Turmmühlen.
Die ersten gab es um 1180 in der Normandie und 1185 in Yorkshire in England. Die erste deutsche Windmühle bauten Zisterzienser 1253 im Herzogtum Geldern. Im 15. und 16. Jahrhundert entstanden dann Tausende von Windmühlen, Windmüller wurde zum wichtigen und entsprechend angesehenen Beruf. Noch 1925 waren allein in Schleswig-Holstein nahezu tausend Windmühlen in Betrieb.

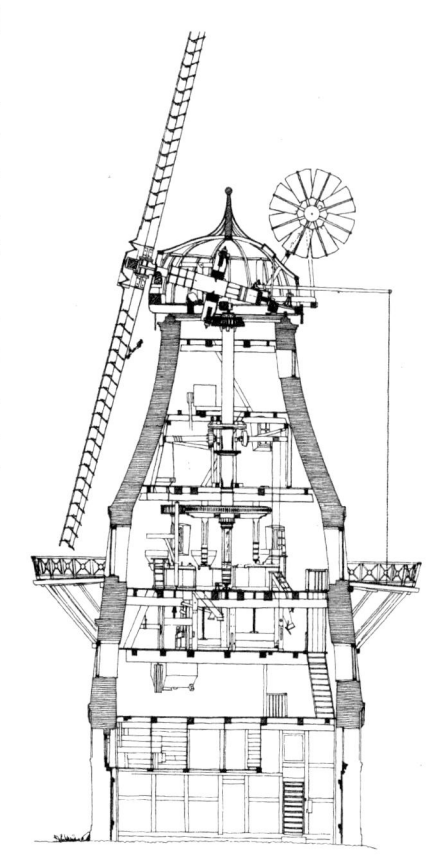

Greetsieler Mühle von innen

Die Außenwand der Kuppa ist in der Mitte mit der in der Romanik üblichen Weinranke verziert, den unteren Rand schmückt ein Palmettenfries. Die Weinranke ist oben und unten mit einem stilisierten Doppelseil mit gegenläufiger Windung eingefaßt. Sie belegen den Zusammenhang zum hölzernen Daubenfaß, das vor der Einführung der Taufsteine als Taufbecken diente. Wie ein solches Tauffaß ausgesehen hat, belegt etwa eine Fuldaer Miniatur aus dem 10. Jahrhundert, auf der der hl. Kilian den Herzog Gozbert zur Taufe in ein Holzfaß steckt.

Auch das spätgotische Sakramentshäuschen ruht bezeichnenderweise auf vier Löwen als Sockelfiguren. Seine Fialen sind reich mit Krabben besetzt, sein filigranartiger Aufbau kontrastiert aufs schönste mit der Schwere des Taufsteines.

Geschichtsträchtiger Häuptlingssitz ist dann wieder Dornum. In seiner Kirche haben sich seine Herren gleich mehrfach verewigt. So ist der prächtige, 1643 von Meister Cröpelin gelieferte Altar mit der Kreuzigung im Mittelpunkt, eine Stiftung von Häuptling Haro Joachim von Closter. Auch die 1678 fertiggestellte Kanzel mit ihrem figurengeschmückten Aufgang ist eine Stiftung der Familie Closter. Wer damals hier das Sagen hatte, belegt überdeutlich das im erhöhten Chorraum in den Boden eingelassene, aus schwarzem Kalkstein gefertigte Grabmal für den 1594 gestorbenen Gerhard II. von Closter.

Das Dornumer Schloß steht auf dem Boden der alten Norderburg aus dem 14. Jahrhundert. Seine heutige Gestalt erhielt das Schloß in der Barockzeit. Interessant sind das 1707 fertiggestellte Torgebäude mit seinem so verspielt wirkenden Türmchen und das Tympanon über dem Hauptportal des Wasserschlosses. Zu sehen ist hier die antike Göttin Pallas Athene, eingerahmt von Putten und reichen Verzierungen.

Wer einen der schönsten, spätgotischen Flügelaltäre Ostfrieslands erleben möchte, darf nicht an der kleinen Florianskirche in Funnix, nördlich von Wittmund, vorbeifahren. Der im ausgehenden 15. Jahrhundert gefertigte Schnitzaltar ist im Gegensatz zu vielen anderen Arbeiten aus dieser Zeit noch farbig gefaßt und daher besonders eindrucksvoll. Sein Mittelstück besteht aus einer überproportional großen Kreuzigungsszene, flankiert von der Gefangennahme, der Geißelung, der Auferstehung und der Höllenfahrt.

Die Flügel enthalten jeweils sechs Szenen aus dem Leben Christi, wobei die einzelnen Szenen durch eine zwischen Säulchen gestellte Einzelfigur getrennt werden. Nicht weniger als sieben weitere, einzelne Holzplastiken aus verschiedenen Jahrhunderten ergänzen den kostbaren Bestand. Prachtstücke sind eine um 1250 entstandene Heilige mit Buch, eine Anna selbdritt von 1280 und eine Heilige mit dem Kirchenmodell von 1510. Die gute Cröpelin-Kanzel von 1668 ist bei solchen Schätzen fast nur noch eine angenehme Abrundung.

Wem nach so viel alter Kunst der Sinn nach Abwechslung steht, der wird sie im Kutterhafen Neuharlingersiel finden. Auch wer nicht gerade das Glück hat, gerade zur traditionellen Kutterregatta anzukommen, kann immerhin das einzige Buddelschiffmuseum der Welt besuchen. Die überraschende Vielfalt der ausgestellten Schiffstypen – alle in mehr oder weniger große Flaschen oder Glasballone gezaubert – vermittelt schon nahezu eine kleine Geschichte der Seeschiffahrt.

Rund um die Burg am Meer

Zwillingsmühlen in Greetsiel
Das einzige Zwillingsmühlenpaar Ostfrieslands steht in Greetsiel. Hier stand einst auch die mittelalterliche Burg der ostfriesischen Häuptlingsfamilie Cirksena, die 1464 in den Reichsgrafenstand erhoben wurde und daraufhin ihren Sitz nach Emden verlegte.
(Folgende Doppelseite)

Wo Ostfriesland mit Jever- und Wangerland an den Jadebusen grenzt, gibt es nicht weniger altersgraue Friesenkirchen und alte Häuptlingsburgen als in den westlichen Teilen Ostfrieslands. Dennoch hat die größte Burg am Meer mit all dem nichts zu tun. Sie nämlich entstand erst in unserem Jahrhundert im damals oldenburgischen Rüstringen als mächtiges Backsteinrathaus nach den Plänen des Hamburger Architekten Fritz Höger. Der mächtige Ziegelbau mit seinem markanten, 49 m hohen Wasser- und Aussichtsturm ruht auf über tausend in den

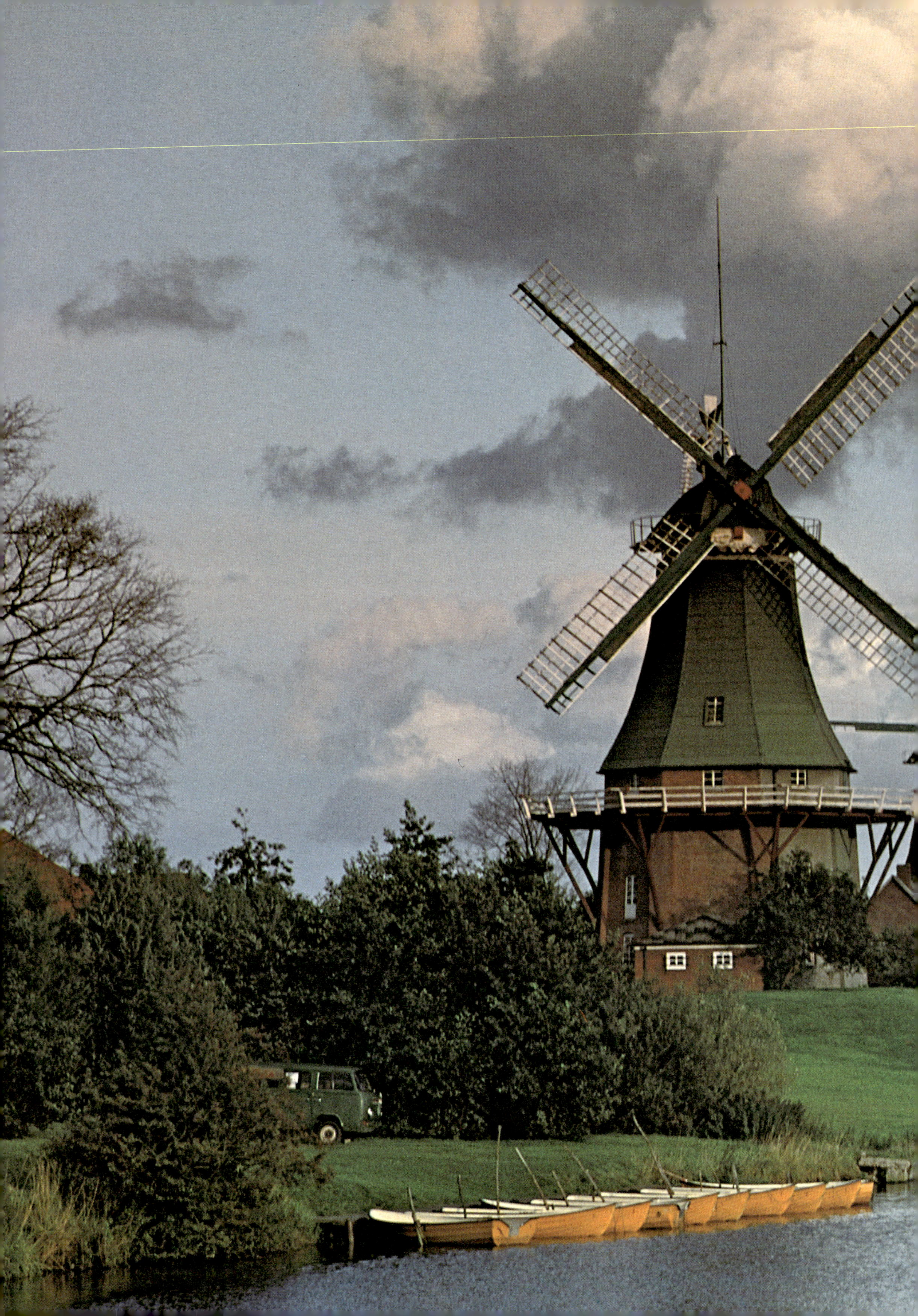

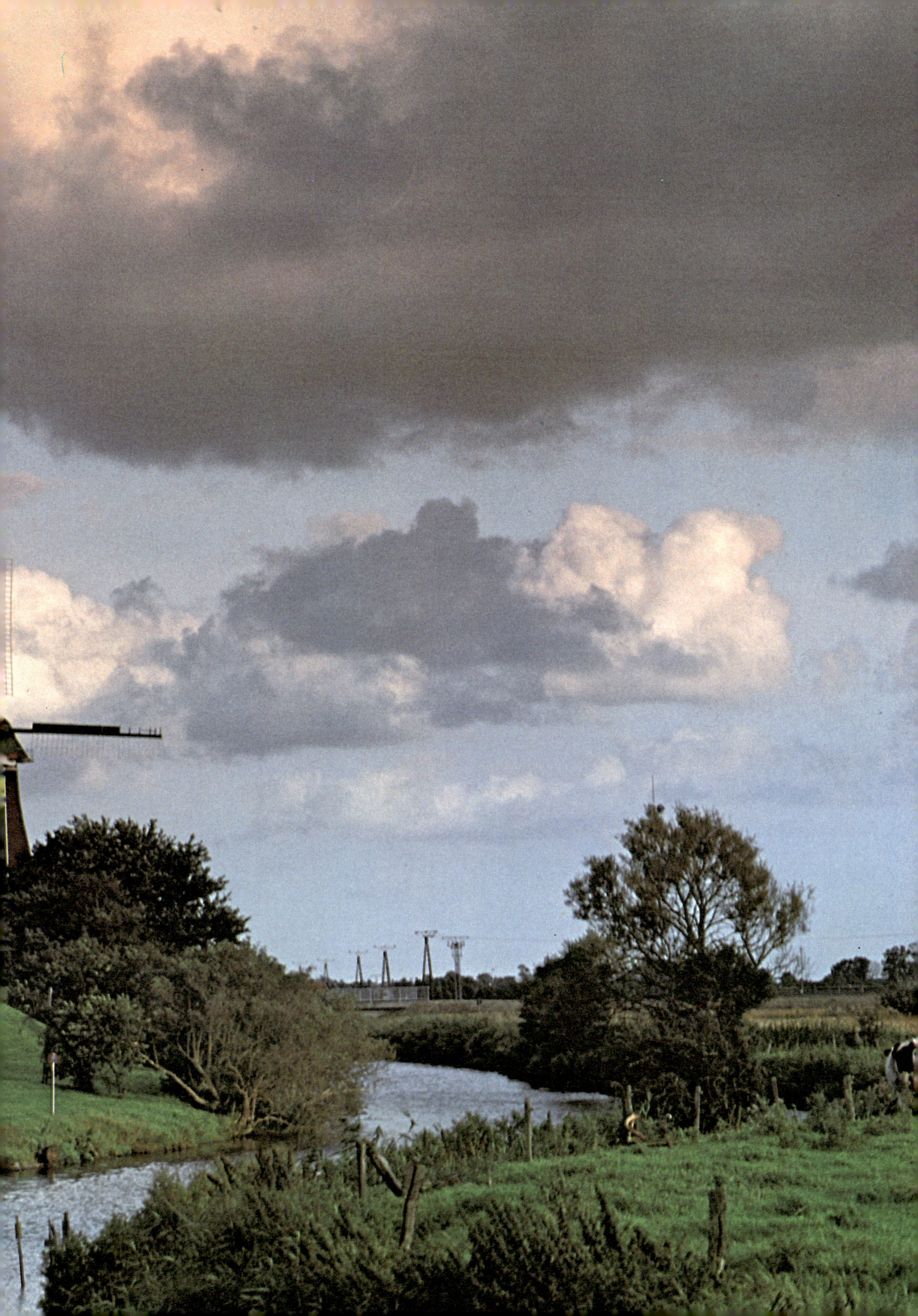

80

Ein besonderes Buddelschiff
Auch heute noch werden Buddelschiffe gebaut, meist von Leuten mit einer ganz besonderen Beziehung zur Seefahrt. Zu solch einem Buddelschiffbauer kam eines Tages ein Kunde mit einem Sonderwunsch:
„Stimmt es, daß Sie auch Buddelschiffe nach besonderen Wünschen anfertigen?"
Der Meister dachte wohl an ein besonders altes oder besonders schönes Segelschiff, doch würde ihn das bei seiner großen Sammlung alter Schiffspläne nicht in Verlegenheit bringen. Also bejahte er die Frage:
„Was soll es denn Schönes werden?"
„Nun", druckste der Kunde etwas herum. „Ich habe demnächst ein Treffen mit meinem alten Kommandanten, und dem möchte ich eine Freude machen. Wissen Sie, wir sind alte Unterseebootfahrer und deshalb möchte ich ihm ein getauchtes U-Boot schenken. Ob Sie mir das wohl machen könnten ..."

Buddelschiffmuseum
In Neuharlingersiel gibt es das einzige Buddelschiffmuseum Ostfrieslands zu entdecken. In Flaschen aller Formate ist hier versammelt, was in der Geschichte der christlichen Seefahrt einst Rang und Namen hatte.
(links)

Kachelkamin
Der prächtige Kachelkamin steht heute im Heimatmuseum in Norden.
(rechts)

weichen Boden gerammten Pfählen, wurde 1929 fertiggestellt und hat längst Architekturgeschichte gemacht. Wie Backsteine zum Kunstwerk gestaltet werden können, zeigen am besten die beiden Portallöwen am Eingang des Rathauses.

Wie die Wilhelmshavener allerdings zu ihrem Rathaus aus Rüstringen gekommen sind, ist eine Geschichte für sich. Um sie zu verstehen, muß man wissen, was es eigentlich mit Wilhelmshaven, jenem alten Marinestützpunkt an der Wespentaille des Jadebusens auf sich hat. Fragt man etwas genauer, stellt sich sehr schnell heraus, daß alles, was heute Wilhelmshaven heißt, noch recht jung und eigentlich nur den Preußen zu verdanken ist.

In den fünfziger Jahren des vorigen Jahrhunderts erst begannen den Militärstrategen in Berlin die natürlichen Vorzüge des Jadebusens in die Augen zu stechen. Preußen „bat" daraufhin das Großherzogtum Oldenburg um Verkauf des zur Anlage eines Marinehafens an der Jade notwendigen Geländes. Dem schwachen Oldenburg blieb gar nichts anderes, als dem starken Bruder das Gelände „freiwillig" gegen eine Entschädigung von einer halben Million Taler zu überlassen. Bis 1869 stampfte daraufhin Preußen eine Marinegarnison mit Werft und Hafen aus dem Boden und begründete damit den Ruf des grauen und düsteren Wilhelmshaven, das sich seinen Namen vom preußischen König Wilhelm I. geholt hatte.

Noch 1937 verlief die Grenze zwischen dem preußischen Wilhelmshaven und dem oldenburgischen Rüstringen mitten durch das heutige Wilhelmshaven. Den schwarz-weißen Grenzpfählen der Preußen standen die blau-roten der Oldenburger gegenüber. Mit der Zusammenlegung beider Städte kamen die Wilhelmshavener schließlich zu ihrem vornehmen Rathaus.

Inzwischen hat sich Wilhelmshaven dank seines Tiefwasserhafens, der auch für die riesigen Supertanker den direkten Zugang ermöglicht, zum größten Ölimporthafen Deutschlands und zur „Energiedrehscheibe" gemausert. Auch die Marine ist wieder vertreten, wenn auch nicht mehr so dominant wie ehedem.

Sehr viel herrschaftlicher geht es wenig westlich, im schönen Jever zu. Bis ins 12. Jahrhundert hinein herrschten hier die Herzöge von Sachsen, danach stritten sich Oldenburg und Ostfriesland um den Besitz. 1360 machte der Friesenhäuptling Edo Wiemken dem Gerangel dadurch ein Ende, daß er den schon im Gudrunlied als „Gievers uf dem sant" genannten Marktflecken befestigte und den Grundstein zum heutigen Schloß Jever legte.

Bis 1575 herrschte die Familie Wiemken, danach kam Jever für hundert Jahre an die Grafschaft Oldenburg. Erst nach russischem Zwischenspiel kam das Städtchen 1818 endgültig wieder an Oldenburg.

Ihre beiden größten Sehenswürdigkeiten verdankt die Stadt der letzten Regentin aus dem Hause Wiemken, dem Fräulein Maria. In der Stadtkirche ließ sie ihrem Vater Edo Wiemken d. J. von Cornelis Floris aus Antwerpen ein Grabmal errichten, das zu den kunsthistorisch wertvollsten Denkmälern der ganzen Gegend zählt und den zur Grabkapelle umfunktionierten Chor völlig beherrscht. Der Sarkophag des toten Häuptlings steht hier inmitten eines großen, achteckigen und zweigeschossigen Baldachins aus Holz, am Kopf und an den Füßen bewacht von je einer weiblichen Schildwache. Getragen wird das Ganze von zahlreichen Karyatiden.

Auch im Schloß von Jever ist der Kunstsinn seiner Herrin zu spüren. Das Gebäude selbst war zwar samt seinem Turm bereits um 1505 fertiggestellt, sein Prachtzimmer jedoch, der große Audienzsaal, entstand erst im Auftrag von Fräulein Maria. Seine schwere, in allen Einzelheiten hervorragend gearbeitete Kassettendecke aus Eichenholz entstand von 1560 – 1564 in der Werkstatt von Cornelis Floris. Zum barocken Türmchen umgebaut wurde der alte Schloßturm schließlich 1730 von Fürst Johann August von Anhalt-Zerbst. Heute birgt das Schloß ein sehenswertes Heimatmuseum.

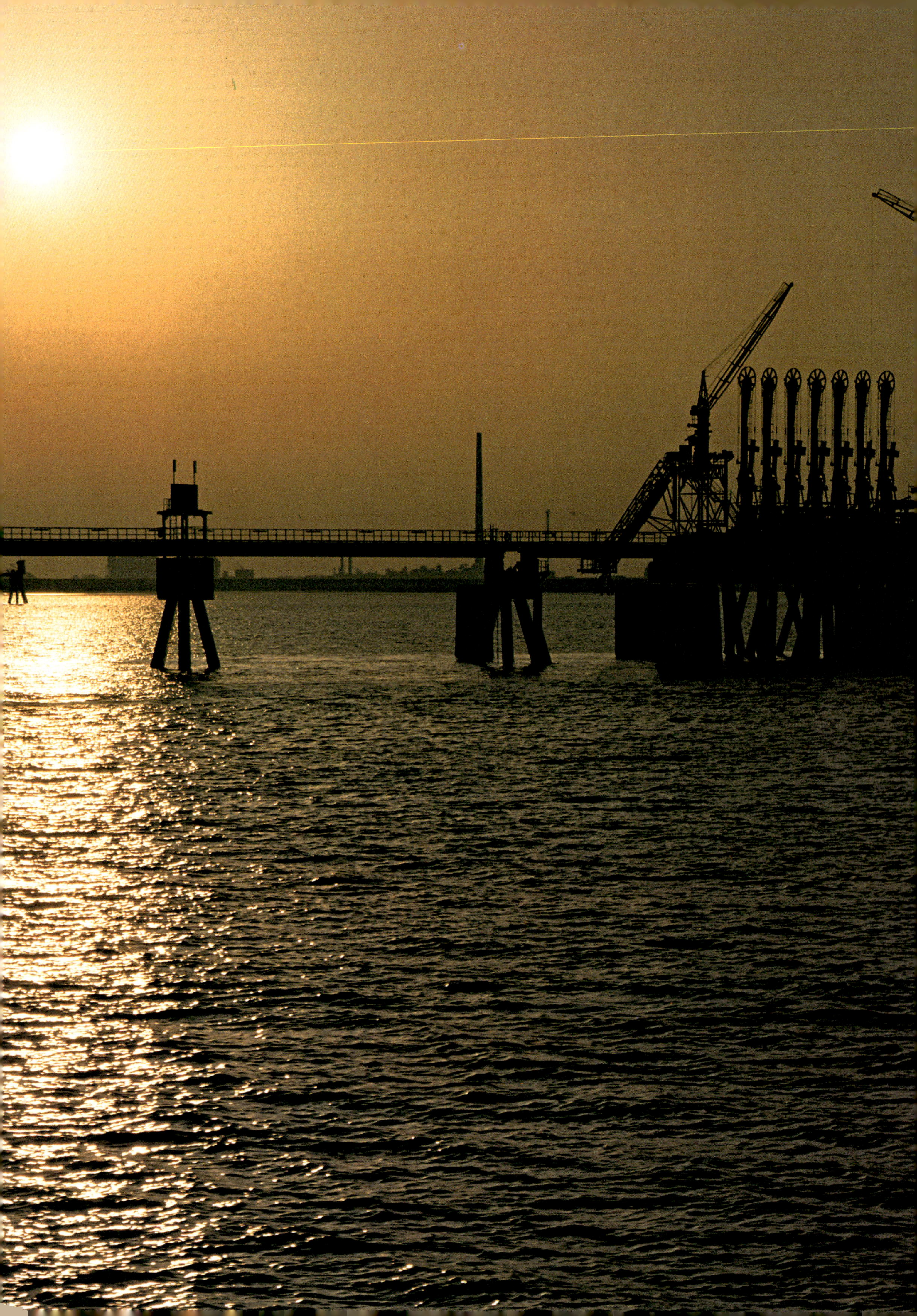

Abend an der See

Ich sah einen goldenen Vogel
Entfliehn über Hügel und Höhn.
Warum ist nur die Sonne
Im Untergehen so schön?

Es kommt ein Schein, der von unten
Die Erde erhellt,
Und der mit seinem bunten
Lichte streift aus der Welt.

Er geht über das weite Wasser,
Das Welle um Welle verrollt.
Der Fischer am Ufer fischt sich
Mit Netzen das flüssige Gold.

Friedrich Georg Jünger

Die bürgerliche Seite ist in Jever mit einer besonders schönen Rathausfassade von 1609 vertreten. Während der Giebel mit seinen großen, kleinsprossigen Fenstern noch ganz gotisch ist, prunkt das Portal mit einer reichen Renaissanceumrahmung. Die Eingangstreppe bewachen zwei Löwenskulpturen auf hohen Sockeln. Auch der „Ratspütt" gegenüber vom Rathaus entstand schon 1621.

Was aber wäre das Jeverland ohne seine zahlreichen alten, stets auf Wurten gelegenen Kirchen? Aus der Fülle seien wenigstens drei herausgegriffen, die jeweils besonders Eindrucksvolles zu bieten haben.

In Sillenstede, zwischen Jever und Wilhelmshaven, steht die mit 42 m Länge größte und bedeutendste friesische Granitquaderkirche. Sie entstand in der ersten Hälfte des 12. Jahrhunderts, urkundlich belegt ist sie bereits 1168, weil sie damals bei den Kämpfen des Sachsenherzogs Heinrich d. Löwen mit den Östringern beschädigt wurde.

Im Inneren überrascht ein Backsteinlettner mit Nischen für Heiligenfiguren. Besonders schön ist der romanische Taufstein aus dem 13. Jahrhundert. Er ist aus Baumberger Sandstein gefertigt, hat eine zylindrische Form und ist außer mit Ornamenten und einem Spruchband mit einer nahezu vollplastischen Darstellung Marias und der Heiligen Drei Könige verziert.

Die Kirche in Hohenkirchen darf wegen ihres ganz besonderen Altars von 1620 nicht ausgelassen werden. Er nämlich ist das älteste Beispiel eines Münstermann-Altares mit illusionistischem Bühnenraum. In außergewöhnlicher Räumlichkeit zeigt der Altar Christus beim letzten Abendmahl mit seinen Jüngern. Die Runde erinnert fast an eine Gemeinderatssitzung, so heftig gestikulieren die Jünger. Nur Judas hält still seinen Geldbeutel fest und drückt geradezu das personifizierte schlechte Gewissen aus.

Auf anderer Ebene nehmen die Texttafeln in den Seitenteilen und die Reliefs in den Postamenten zu beiden Seiten der Predella das Thema Abendmahl noch einmal auf. So sind die Worte, mit denen Christus das Abendmahl einsetzte, wörtlich wiedergegeben – ein klarer Hinweis auf die Bedeutung der Heiligen Schrift im Protestantismus. Im gleichen Sinne ist die Teilnahme der Gemeinde am Sakrament in den Reliefs dargestellt. Eine Frau erhält vom Pastor das Brot, ein Mann den Wein des Abendmahls. Überhöht ist der gesamte Altaraufbau von einer symbolisch überdachten Kreuzigungsgruppe.

Das dritte Beispiel findet sich ganz oben im Norden, knapp hinter den grünen Wänden des Norderaltendeiches. Die Minsener St. Severin-Kirche birgt im Gewölbe der Apsis ein Fresko aus dem ausgehenden 15. Jahrhundert, das in seiner Komposition seinesgleichen sucht. Christus sitzt hier im Weltraum auf einem Regenbogen, seine Füße ruhen auf der Erde wie auf einem Fußschemel. Sein weiter Mantel ist so drapiert, daß die blutenden Kreuzigungsmale recht zur Geltung kommen. Aus seinem Mund ragen nach der einen Seite das Richtschwert, nach der anderen Seite die Lilie der Reinheit. Apostel und Heilige knien und schweben um ihn herum, die Engel sind in voller Aktion. Teils tragen sie die Werkzeuge des Martyriums, teils Ruten des Zorns, teils blasen sie die Posaunen für das Jüngste Gericht. Die theologische Vorgabe, Christus als den zwar Gerechten aber unerbittlichen Richter darzustellen, könnte in dem die gesamte Apsis füllenden Fresko nicht gelungener dargestellt sein.

Ölhafen in Wilhelmshaven

Der Ölhafen am Jadebusen bei Wilhelmshaven ist der bedeutendste Tankerlöschplatz in der Bundesrepublik. Vier Riesentanker können hier gleichzeitig gelöscht werden.

Fürstentum Ostfriesland und Herzogtum Oldenburg

Scheußliches Klima mit ewigem Nebel, häufige und lange anhaltende Überflutungen und allgemeine Unsicherheit durch ständige Unruhen – das waren die Gründe für den Bremer Erzbischof Johann, sich 1326 vom Papst in Rom von den Visitationsreisen zu seinen Gemeinden in Ostfriesland entbinden zu lassen. Dabei gab es bereits damals zwischen Ems und Jade über 70 zum ostfriesischen Teil der Bremer Diözese gehörende Kirchen. Bis zur Reformation wuchs die Zahl auf 200 an – eigentlich nicht unbedingt ein Indiz dafür, daß die Zeiten tatsächlich so schlimm waren, wie sie der bequeme Bischof nach Rom meldete.

Denkbar wäre ja auch, daß dem Bischof ganz anderes unbequem war. Weil im Kampf gegen die Naturgewalten der See auf Dauer nur bestehen konnte, wer Verantwortung für sich und andere übernahm, bildeten sich zur Zeit der „friesischen Freiheit" die Bauerngeschlechter heraus, deren Oberhäupter es im wahrsten Sinne des Wortes „verdient" hatten, für ihre Umgebung Häuptlingsfunktion zu übernehmen. Daß es unter ihnen Rivalitäten und entsprechende Machtkämpfe gab, liegt schon beinahe in der Natur der Sache; daß während der Höhepunkte dieser Kämpfe im 14. Jahrhundert Ostfriesland eine unruhige Gegend war, mag also durchaus stimmen; daß es darüber hinaus für überregionale Machtansprüche eines Bischofs erst recht keinen Platz gab, mag die vielleicht plausibelste Erklärung für das seltsame Verhalten des Bremer Oberhirten sein.

Die ostfriesische Häuptlingszeit und ihre Fehden endeten erst, als es 1464 dem Greetsieler Häuptling Ulrich Cirksena gelang, Ostfriesland unter seiner Herrschaft zu vereinen, das Land zum Reichslehen zu machen und sich selbst von Kaiser Friedrich III. den Reichsgrafentitel zu kaufen. Weil er jedoch nur zwei Jahre später starb, blieb seinem Sohn Edzard die Bewährungsprobe, das Gekaufte in reale Macht umzusetzen. Dank skrupelloser Wendigkeit, unstillbarem Machthunger und politischem Fingerspitzengefühl schaffte er es rasch, die in sich zerstrittene Schar der Häuptlinge hinter sich zu bringen und vor allem die Bauern zu treuen Gefolgsleuten zu machen. Mit der Anerkennung habsburgischer Oberhoheit gelang es ihm 1516 zum einen, daß die über ihn verhängte Reichsacht aufgehoben wurde, und zum anderen, daß Ostfrieslands Grenzen bestätigt wurden. Daß sie bis heute dieselben sind, bestätigt im nachhinein seine Weitsicht.

Als Ostfriesland schließlich 1654 zum Fürstentum avancierte, wurde eine Einrichtung endgültig übernommen, die es schon unter Graf Edzard I. gegeben hatte: die „Ostfriesische Landschaft". In einer Chronik aus dem Jahre 1494 heißt es bereits, daß bei einer Huldigung für den Grafen „die ganze Landschaft" vertreten gewesen sei. Gemeint war damit der niederländische Begriff „landscap" und damit im politischen Sinne die ständische Vertretung des Volkes. 1678 erhielt sie als einzige Vertretung ihrer Art sogar ein kaiserliches Wappen, mogelte sich durch die Jahrhunderte und existiert heute noch in einem eigenen repräsentativen Gebäude in Aurich als Kulturparlament der Ostfriesen.

Sehr viel ruhiger als in Ostfriesland verlief die Entwicklung im benachbarten Oldenburg. Von einer „Olde Borch" ist 1108 in einer Urkunde erstmals die Rede und bereits 1345 erhielt Oldenburg durch Graf Konrad I. das Stadtrecht. Von

Wind- und Wassermühle in Hüven
Nur vom Wind oder nur vom Wasser getriebene Mühlen gab und gibt es in Ostfriesland viele. Wahlweise auf das eine oder andere Element schaltbare Mühlen jedoch sind nicht oft zu finden. Dieses seltene Exemplar steht in Hüven.

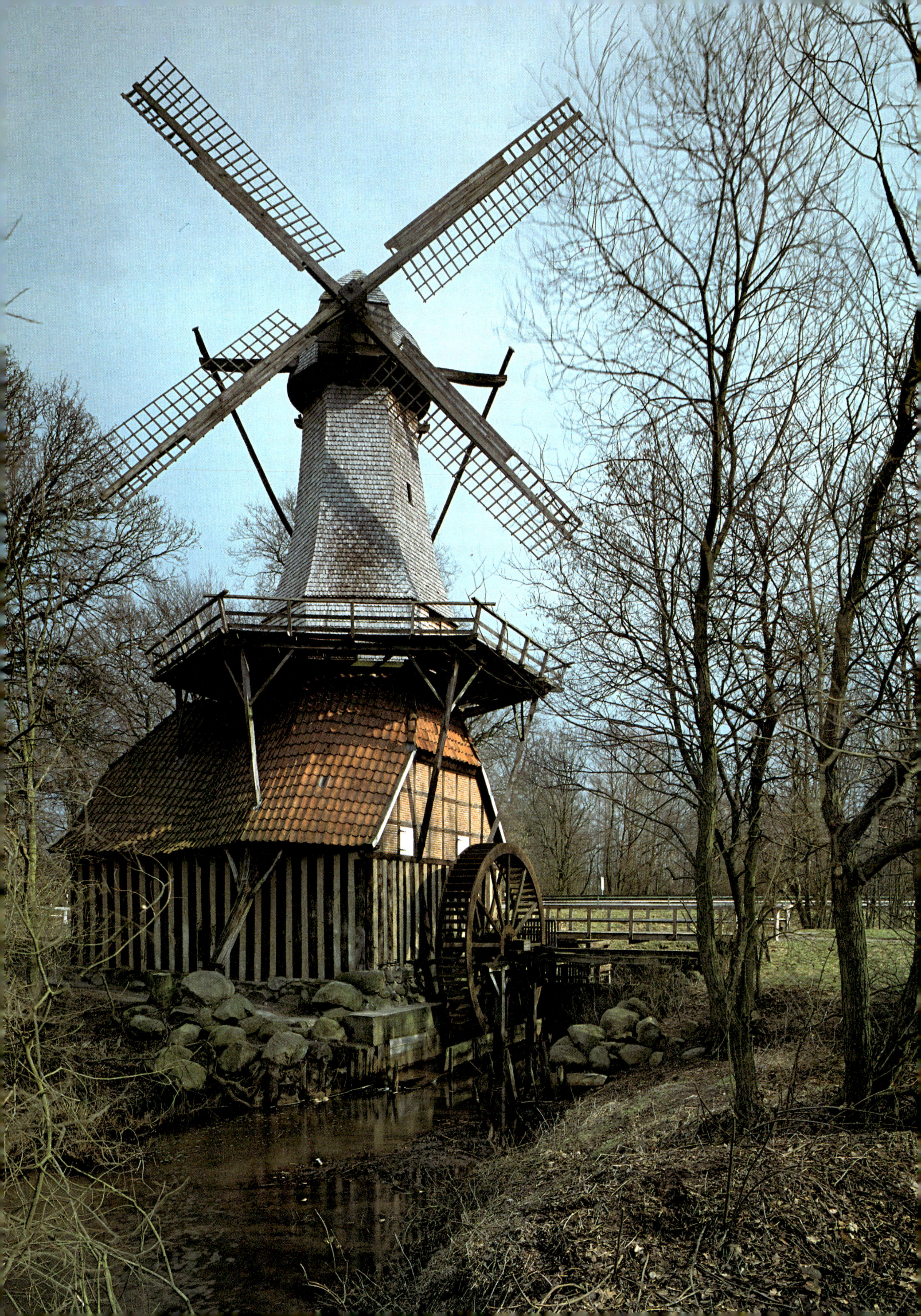

SAMSON A.D.1643

Gegr. 1800

Weingrosshandlung J.W. Wolff

milder gräflicher Hand geführt, entwickelte sich ein ruhiges Handelsstädtchen, das dank der klugen Neutralitätspolitik seines Grafen sogar vom Dreißigjährigen Krieg verschont blieb. Schlimmere Zeiten zogen erst auf, als der letzte Oldenburger Graf, Anton Günther, seine Grafschaft testamentarisch dem dänischen Königshaus vermachte. Schnell bauten die Dänen eine riesige Festung, die jedoch nicht dem Feind, sondern 1676 dem Feuer zum Opfer fiel.

Die rund 150jährige Dänenherrschaft sollte im Endeffekt für Oldenburg Episode bleiben. 1773 waren die Dänen ihren Besitz leid und übertrugen ihn per Staatsvertrag an das Haus Holstein-Gottorp. Oldenburg wurde damit Herzogtum und erhielt 1785 sogar die von Eutin nach hier verlegte Residenz. Nach dem Abzug der Franzosen im Jahre 1813 durfte sich die Stadt „Haupt- und Residenzstadt" des Großherzogtums Oldenburg nennen und eine ruhige Entwicklung zur wohl ausgestatteten Residenzstadt genießen.

Haupt- und Residenzstadt Aurich

Die Hafenstadt Emden diente nur dem zweiten Ostfriesengrafen, Edzard I., als Residenz. Sein Sohn, Graf Edzard II., zog es vor, mehr ins Land hinein zu ziehen, um seinen Hof leichter vor den Einflüssen revolutionsfreudiger Nachbarn in den Niederlanden verschließen zu können. Mit seiner Gemahlin, der Königstochter Katharina von Schweden, hielt er deshalb 1561 Einzug in das Auricher Schloß. Für nahezu 200 Jahre, bis zum Aussterben der Cirksena im Jahre 1744, blieb es Residenz und Aurich Hauptstadt der Ostfriesen.

Bedeutsam allerdings wurde Aurich nicht durch den Zuzug von Graf Edzard. Umgekehrt wird schon viel eher ein Schuh daraus: der Graf kam eben nur, weil Aurich schon bedeutsam war. Und das aus gutem Grund. Zum einen kreuzten sich hier seit jeher mehrere Überlandwege, zum anderen hatte der Graf von Oldenburg in der zweiten Hälfte des 12. Jahrhunderts hier eine dem hl. Lambert geweihte Kirchsiedlung gegründet. In ihrem Schutze entwickelte sich zügig eine Marktsiedlung mit überregionalem Vieh- und vor allem Pferdemarkt. Wieweit das Einzugsgebiet reichte, belegt eine 1427 ausgesprochene Befreiung vom Viehzoll für Anbieter aus Groningen.

Neben der Anziehungskraft von Kirche und Markt (Aurich hieß damals noch „Lamberts-Hof") war es vor allem die Nähe zum Upstalsboom, der Thingstätte der friesischen „Sieben Seelande", die vom 12. bis 14. Jahrhundert die Abgesandten der Friesen mindestens zweimal im Jahr nach Aurich brachte. Auch als mit wachsender Bedeutung der Häuptlinge die Thingstätte an Wichtigkeit verlor, übertrug sich das nicht auf die Anziehungskraft von Aurich. Hier machten sich vielmehr die Häuptlinge aus der Familie Brok breit und bauten eine erste Burg. Sie eroberte wenig später Focko Ukena, der sie mit der Zeit jedoch an die Cirksena abtreten mußte. Ulrich Cirksena legte schließlich 1447/1448, also gut 110 Jahre vor der Nutzung Aurichs als Residenz, die Burg in der heutigen Vierkantform an.

Mit dem Aufstieg zur Residenz begann Aurichs Tradition als „Regierungsstadt". Auch als Ostfriesland an das Königreich Preußen überging, blieb Aurich Verwaltungssitz der preußischen Provinz, blieb es auch während der holländischen Besatzungszeit von 1806 bis 1810 und von 1810 bis 1813 unter Napoleon. Selbst die Eingliederung in das Königreich Hannover von 1815 bis 1866 konnte daran ebenso wenig ändern wie die neuerliche Preußenherrschaft nach dem Abzug der Hannoveraner Beamten. Was immer hier geschah, es war geprägt vom Geiste der Beamten und nicht von wirtschaftlicher Macht. Daran änderte selbst der Bau des Ems-Jade-Kanals (1880–1885) wenig, da sein Verkehr an Aurich nur vorbeifuhr.

Auch das moderne Aurich ist noch ganz geprägt vom Geist der kleinen Residenz und ihren braven Beamten. Die zu einem geräumigen Geviert geordneten

---

Haus Samson in Leer

Das mit Abstand schönste Bürgerhaus in Leer ist zweifellos das Haus Samson in der Rathausstraße. Es entstand 1643 im Stil des niederländischen Frühbarock und beherbergt heute die wohl schönste Weinhandlung Ostfrieslands. Wegen des prächtigen alten Hausrats im Ladenlokal lohnt sich ein Besuch selbst für den, der geschworen haben sollte, in Ostfriesland nur Tee zu trinken.
(links)

Waage und Rathaus in Leer

Leer, das liebenswerte Städtchen an der Mündung der Leda in die Ems, hatte es zu allen Zeiten trotz seiner eigentlich hervorragenden Lage an der schiffbaren Ems schwer. In seinem alten Zentrum dominieren das Rathaus und die „Waage" (das Haus mit dem kleinen Uhrturm). Die „Waage" entstand 1714 als Ersatz eines älteren Baues, der seit 1540 zusammen mit dem Wiegerecht im Besitz der Reformierten Kirche war. Das auf den ersten Blick eher älter aussehende Rathaus entstand dagegen erst 1894 im niederländischen Renaissancestil.
(Folgende Doppelseite)

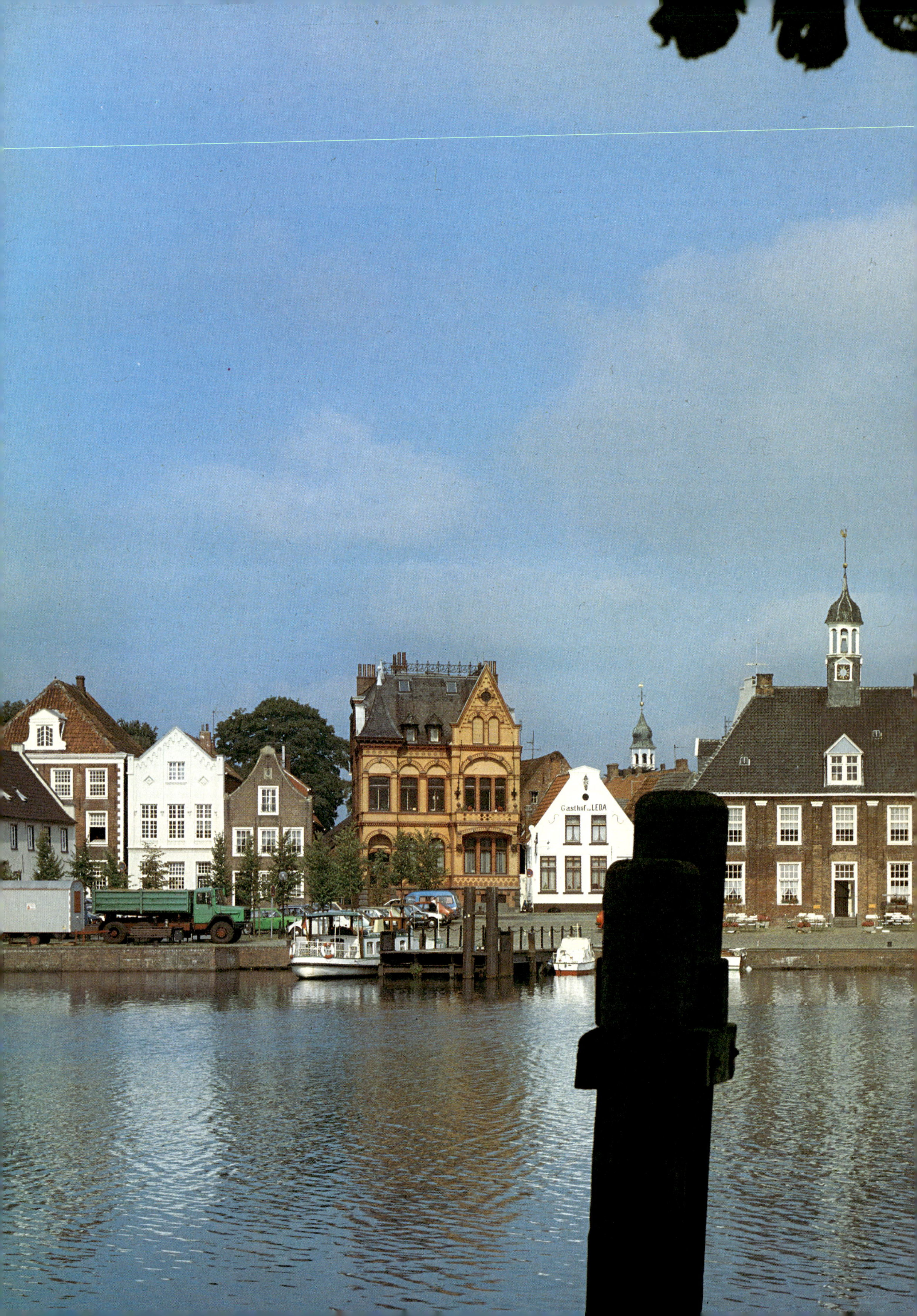
LEDA

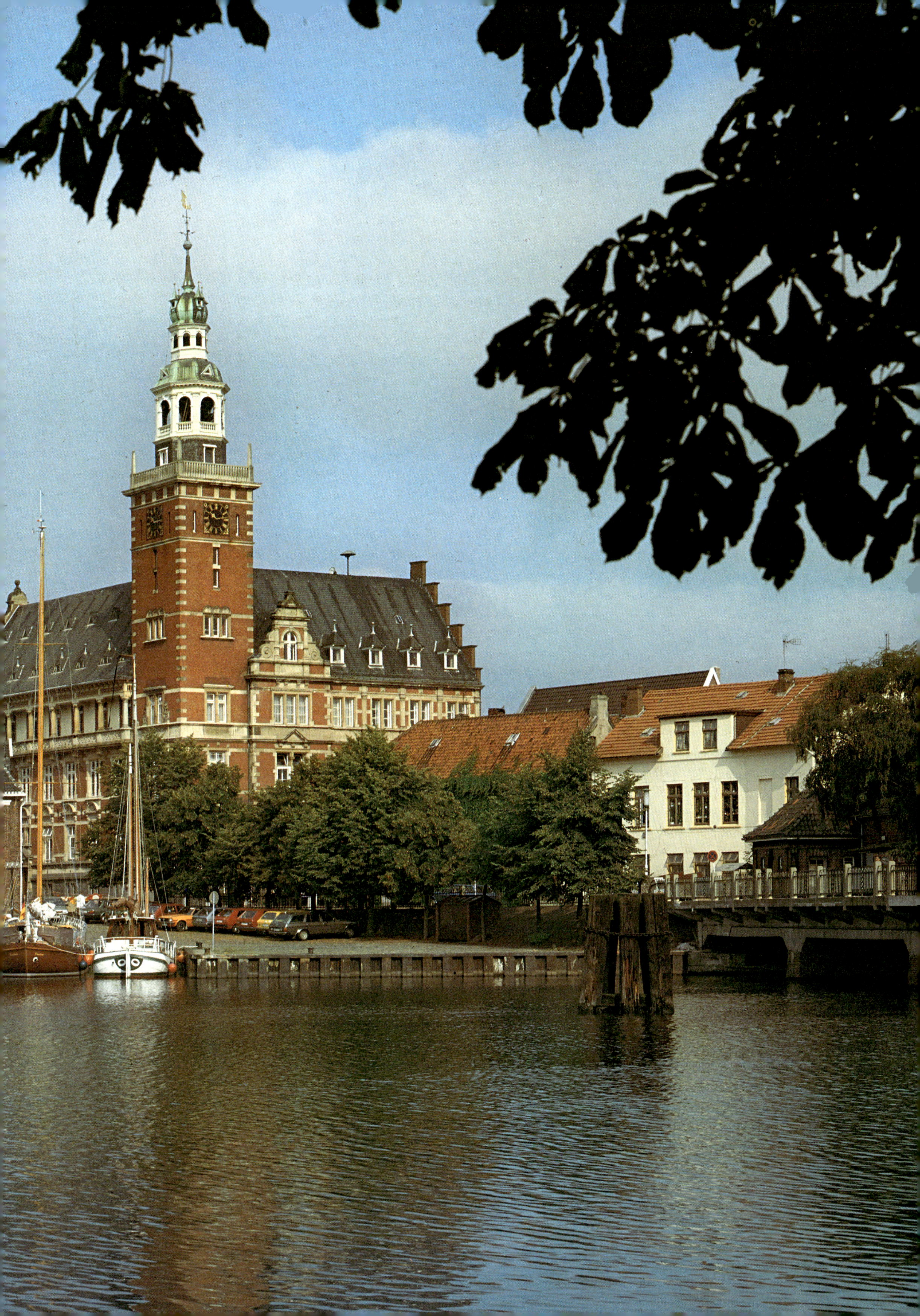

Backsteinhäuser des alten Regierungssitzes entsprechen noch weitgehend der einstigen Schloßanlage der Grafen von Cirksena. Nur das eigentliche „Schloß" mit seinem hohen Durchgangsturm wurde 1852 unter König Georg V. von Hannover neu errichtet, allerdings auf den Fundamenten der mittelalterlichen Burg. Von gegenüber träumt die 1731 errichtete „Neue Kanzlei" mit ihren einst sicher eleganten Arkaden und dem barocken Brüstungsgitter ebenso von besseren Zeiten wie das Tympanon im Ziergiebel mit seinem Wappenrelief.

Alte Kirchen wird der Besucher in Aurich dagegen vergeblich suchen. Einzig die Lamberti-Kirche geht auf einen alten Bau zurück, der allerdings 1823 wegen Baufälligkeit geschlossen werden mußte. Weil sich die Stadtväter nicht zu einer Restaurierung entschließen konnten, erhielt Conrad Bernhard Meyer den Auftrag für einen großen, von der Vorgängerkirche völlig unabhängigen Neubau in klassizistischem Stil. Ihren Reiz bekommt diese Kirche fast ausschließlich durch kostbare Ausstattungsstücke. Zu nennen ist die Spätrenaissance-Kanzel von 1692 mit ihrem reichen Figurenschmuck und der um 1515 entstandene spätgotische Schnitzaltar aus dem ehemaligen Kloster Ihlow.

Ebenfalls von Conrad Bernhard Meyer stammt die kurz zuvor errichtete Reformierte Kirche, zu deren Baukosten sogar Kaiser Napoleon beitrug. Ihr Inneres strahlt klassizistische Reinkultur aus. Den streng zentral ausgerichteten Raum dominiert eine auf acht kannelierten korinthischen Säulen ruhende und mit acht Rippen gegliederte Kuppel mit rundem Oberlicht.

Aus den Jahren 1898 bis 1901 stammt das im Stil der Neurenaissance errichtete vielgieblige Haus der Ostfriesischen Landschaft. In ihr war die Gesamtheit der drei klassischen Stände seit dem 16. Jahrhundert maßgebend vertreten. Heute residiert hier das Kulturparlament der Ostfriesen. Wer Ostfriesland einst tatsächlich regierte, ist im Fürstensaal an den Gemälden der ehemaligen Landesherren ablesbar. Die Galerie reicht vom 1466 gestorbenen Grafen Ulrich Cirksena bis zum Preußenkönig Wilhelm II.

Wer im Land der Windmühlen schon immer einmal eine Kornwindmühle in voller Aktion erleben wollte, in der Stiftsmühle in Aurich hat er die Gelegenheit dazu. Wo heute die als Schaumühle betriebene Holländermühle von 1858 steht, wurde seit 1731 Getreide gemahlen. Mit 28,7 m Höhe und einer Flügellänge von 24 m ist sie die größte Kornwindmühle Ostfrieslands. Ihre in knapp 17 m Höhe umlaufende Galerie bietet eine gute Aussichtsplattform. Im Inneren kann man auf fünf Stockwerken studieren, welch vielfältige Möglichkeiten eine solche Mühle bot und mit welch technischer Perfektion sie vor 130 Jahren gebaut worden war.

Auch in der Umgebung von Aurich gibt es zwar die eine oder andere ältere Kirche, doch können sie mit denen am „Rand des Pfannkuchens" nicht konkurrieren. Drei besonders schöne Ausstattungsstücke jedoch dürfen in den Kirchen von Bagband, Victorbur und Middels nicht übergangen werden.

In der Kirche von Bagband ist es eine seltene Madonna im Strahlenkranz aus dem ausgehenden 15. Jahrhundert. Getreu einer Bibelstelle aus der Offenbarung des Johannes: „Und es erschien ein großes Zeichen am Himmel: ein Weib, mit der Sonne bekleidet, und der Mond unter ihren Füßen und auf ihrem Haupt eine Krone von zwölf Sternen" steht die Gewandfigur auf dem Bogen der Mondsichel. Mit dem linken Fuß hält sie eine Schlange im Zaum, im linken Arm trägt sie den Jesusknaben mit der Erdkugel in der Hand, die rechte Hand ist segnend erhoben.

Die zweite Kostbarkeit ist eine Holzkanzel in der Kirche von Victorbur. Sie zeigt bereits die voll entwickelte Formensprache des ländlichen Barock und entstand 1697 als Werk von Meister Cröpelin aus Esens. Er schmückte den Kanzelkorb mit kräftig modellierten Apostelfiguren, die bei aller Derbheit im Detail doch so lebendig gestaltet sind, daß sie jederzeit selbst das Predigen übernehmen könnten.

Bohntjesopp

Die ostfriesische Bohnensuppe hat, wie schon die Zutaten verraten, mit der Bohnensuppe der restlichen Mitteleuropäer rein gar nichts gemeinsam. Benötigt werden:

100 g Kandiszucker,
3 Stück kandierter Ingwer,
180 g Sultaninen,
Schalen von 2 Zitronen,
1 l klarer Schnaps

Der Kandiszucker wird mit etwas Wasser und einer Zitronenschale aufgekocht. Nach dem Abkühlen kommen die übrigen Zutaten dazu, dann läßt man das Ganze mindestens drei Tage ziehen, damit sich die Sultaninen schön vollsaugen können. Ingwer und Zitronenschale kommen nun heraus und dafür die zweite Zitronenschale hinein. Nach weiteren zwei Tagen hat auch die ausgedient, die süffige Sopp ist servierbereit. Klassisch ist dafür entweder ein Zinnlöffel oder das „Branntwienskoppje", eine Teetasse ohne Henkel, aus der die Sopp geschlürft oder gelöffelt wird.

Neue Kanzlei in Aurich
Aurich, die „Hauptstadt" der Ostfriesen, war früh Häuptlingssitz. 1561 bis 1744 residierten hier die Grafen und Fürsten von Ostfriesland, und bis heute gefällt es hier einem Regierungspräsidenten. Auf Schritt und Tritt verrät sich noch die alte Residenz, wie etwa mit der Neuen Kanzlei, mit ihren eleganten Arkaden und dem Brüstungsgitter aus der Barockzeit. Das Giebelfeld in der Mitte zieren Darstellungen des Fürstenhutes und stilisierte Trophäen.

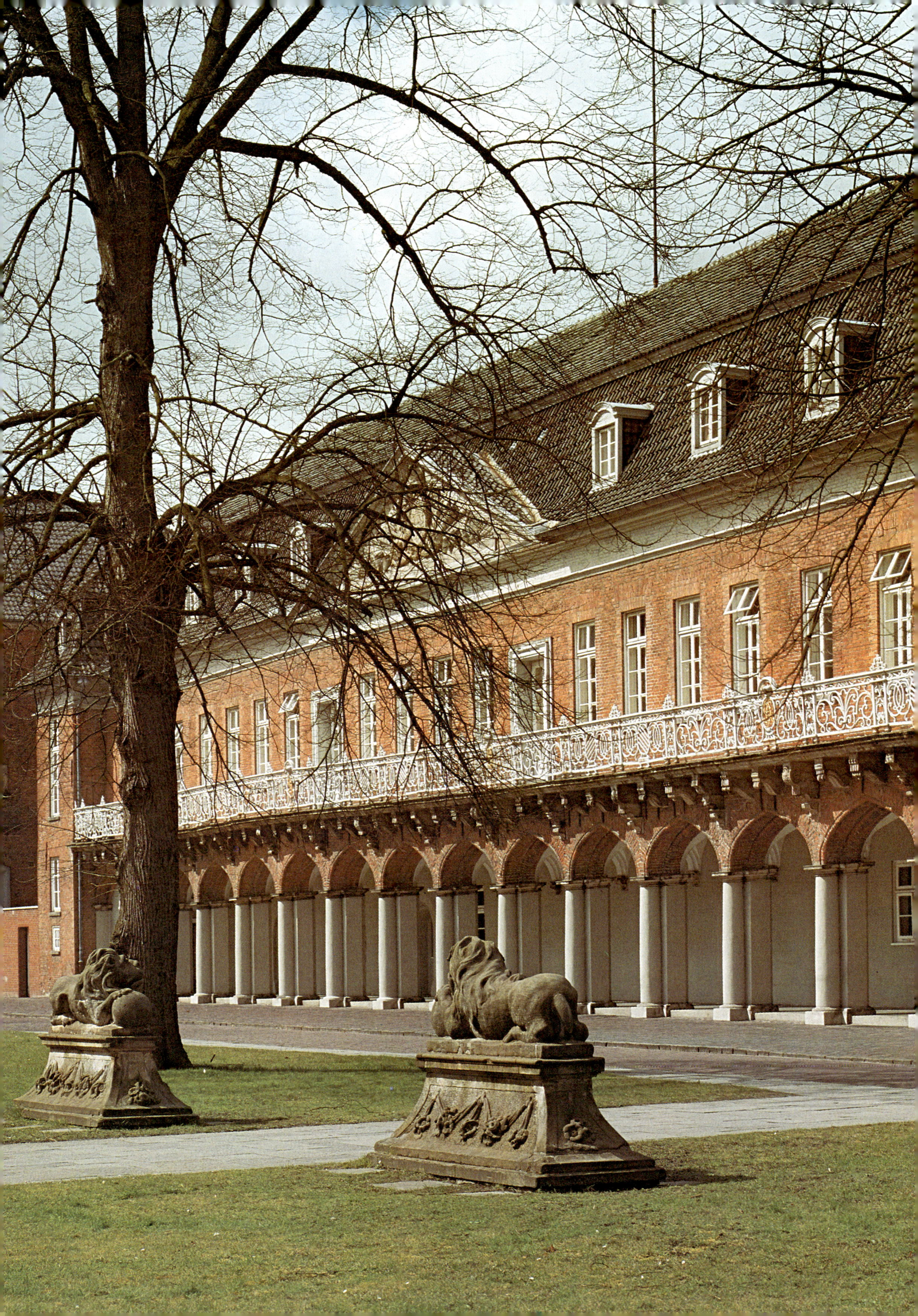

Das dritte Prachtstück verbirgt sich in der Kirche von Middels und ist ein in dieser Form in Ostfriesland seltener Taufstein. Der Ende des 13. Jahrhunderts gearbeitete, zylindrische Stein ist nämlich keineswegs nur mit Ornamenten und Ranken verziert, sondern zeigt darüber hinaus vier qualitätsvolle Reliefszenen. Dargestellt sind die Taufe, die Kreuztragung, die Höllenfahrt und die Auferstehung Christi.

Leer und das Rheiderland

Leer, das liebenswerte Städtchen an der Mündung der Leda in die Ems, hatte es zu allen Zeiten trotz seiner eigentlich hervorragenden Lage an der schiffbaren Ems schwer. Mit seiner günstigen Lage hätte es eigentlich Hamburg oder Bremen Konkurrenz machen müssen, doch ein Hamburg oder Bremen wurde aus Leer nie. Größter Störenfried seiner Entwicklung war stets das ellenbogenstarke Emden. Zwar versuchte man dem Stapelzwang der Emdener mit einem Wiegezwang zu begegnen, doch führte das lediglich dazu, daß die Emdener Leer überfielen, die Waage zerstörten und die Gewichte einschmolzen. Nichts änderte sich vor allem daran, daß weiterhin immer in Emden gestapelt wurde, was in Leer hätte gewogen werden können, sollen oder müssen.

Sogar die Bitte um Hilfe an die preußische Regierung fruchtete 1892 nichts, denn aus Berlin kam nur die geschnörkelte Absage, daß man „den auf Verbesserung der dortigen Hafenverhältnisse gerichteten Wünschen staatsseitig näherzutreten leider nicht in der Lage" sei. Unter solchen Umständen war es schon ein großer Lichtblick, daß 1894 ein wohlhabender Bürger seiner Heimatstadt wenigstens ein neues Rathaus schenkte – ein wenig zu groß zwar, aber dafür ein neues Wahrzeichen.

Den großen Aufschwung also gab es nie in Leer, dafür eine gemächliche, bürgerfreundliche Entwicklung zu einem blitzsauberen Städtchen, geprägt vom Traum der Bürger nach einer besseren Welt. Die Fassaden historischer Bürgerhäuser zeugen davon ebenso wie einige Häuptlingsburgen und die Kirchen.

Häuptlingsburgen gibt es in Leer gleich viermal. Der Altstadt am nächsten liegt die 1621 anstelle eines abgerissenen Vorläufers errichtete Haneburg. Ihr ältester Teil ist der mit einem polygonalen Treppenturm und mit Renaissanceverzierungen am Giebel geschmückte Westteil. Der Ostteil dagegen stammt erst aus dem 19. Jahrhundert. Noch auf 1573 geht die vom gleichnamigen Drosten errichtete Harderwykenburg am nördlichen Rand der Altstadt zurück. Ihre Giebel sind dennoch bereits stark barock angehaucht.

Im Vorort Loga finden sich die beiden jüngsten Häuptlingsburgen, die 1645 errichtete Evenburg und die um 1730 entstandene Philippsburg. Bei der Evenburg entspricht die 1653 fertiggestellte Vorburg noch dem ursprünglichen Bauzustand, während das im schönsten Renaissancestil errichtete Haupthaus 1860 auf neugotisch umgemodelt wurde. Wohl wurden die schlimmsten Auswüchse in unserer Zeit wieder rückgängig gemacht, ein richtiges Renaissancehaus jedoch wurde leider nicht wieder daraus. Sehr viel stilreiner ist da schon die Philippsburg mit ihrer späten Renaissancearchitektur. An ihr ist hervorragend abzulesen, wie späte Renaissanceformen und Frühklassizismus nahtlos verschmelzen konnten, wenn der Baumeister nicht gerade ein Freund des Barock war.

Das alte Zentrum Leers dominieren das Rathaus und die „Waage". Das ältere und historisch zweifellos interessantere Gebäude ist die direkt an der Mündung der Leda in die Ems gelegene Waage. Sie entstand 1714 als Ersatz eines älteren Baus, der ebenfalls schon dem gleichen Zweck gedient hatte. Die Hintergründe für das Wiegen verrät eine Inschrift über der Sonnenuhr an der Südfassade des Hauses. Danach war die Reformierte Kirche seit 1540 im Besitz des Wiegerechtes und Nutznießer der fälligen Abgaben. Das Gebäude selbst verrät mit den

Pulsstockspringen

Daß die Ostfriesen nicht nur bedächtige, sondern auch maßvolle Leute sind, beweist nichts so gut wie ihr erstes Verkehrsmittel. Das war der Puls- oder Padstock, nichts anderes als ein langer Gehstock, mit dessen Hilfe man über wasserführende Gräben springen konnte. Die von der Grabenbreite erzwungene Bescheidenheit mündete in die ostfriesische Grundeinsicht: „Wie düssen de Pulsstock bloot so wiet setten, dat wi't oog offspringen könt." Frei übersetzt heißt das etwa: Man darf den Stock nur so weit setzen, wie man springen kann.

Kirche in Zwischenahn

Ihre Kirche bauten sich die Zwischenahner schon im frühen 12. Jahrhundert. Der mittelalterlichen Rasteder Chronik zufolge wurde der Bau 1124 begonnen und 1134 eingeweiht. Die Granitfindlinge für die Mauer wurden mit Schlitten über den gefrorenen See von der Nordseite herübergeholt. *(oben)*

Inneres der Kirche in Zwischenahn

Das Innere der Bad Zwischenahner St. Johanniskirche ist vor allem geprägt von dem überaus figurenreichen Schnitzaltar. Ihn schuf eine Werkstatt aus der Schule des Osnabrücker Kreises um 1525. Sein Schrein zeigt in der Mitte ein großes Kreuzigungsrelief, eingerahmt von vier kleinen Passionsszenen. Acht weitere Szenen auf den Innenseiten der Seitenflügel umfassen die Zeit vom letzten Abendmahl bis zum Jüngsten Gericht. Das unter dem Torbogen gerade noch teilweise sichtbare Fresko entstand 1512 und zeigt das Jüngste Gericht. *(unten)*

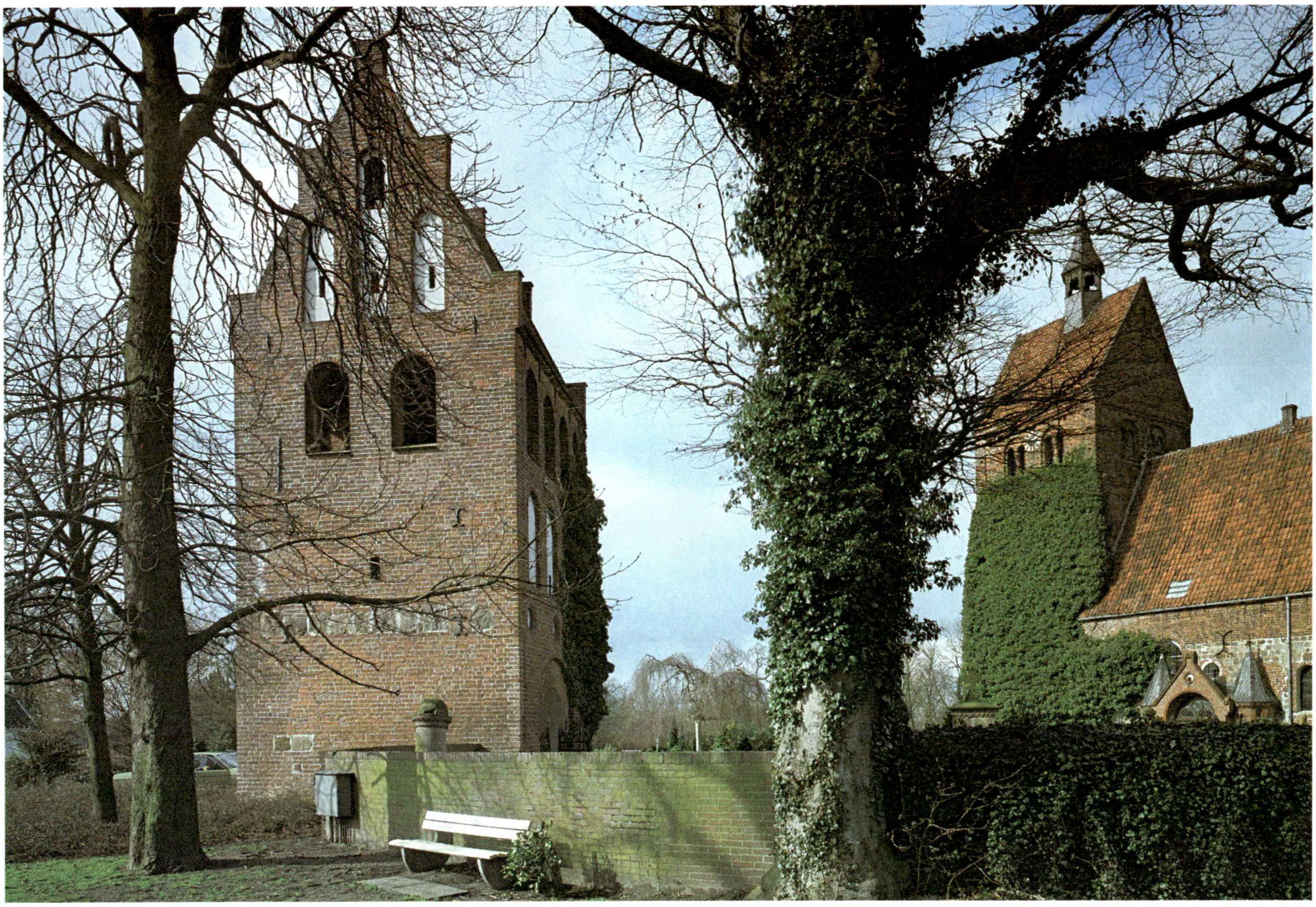

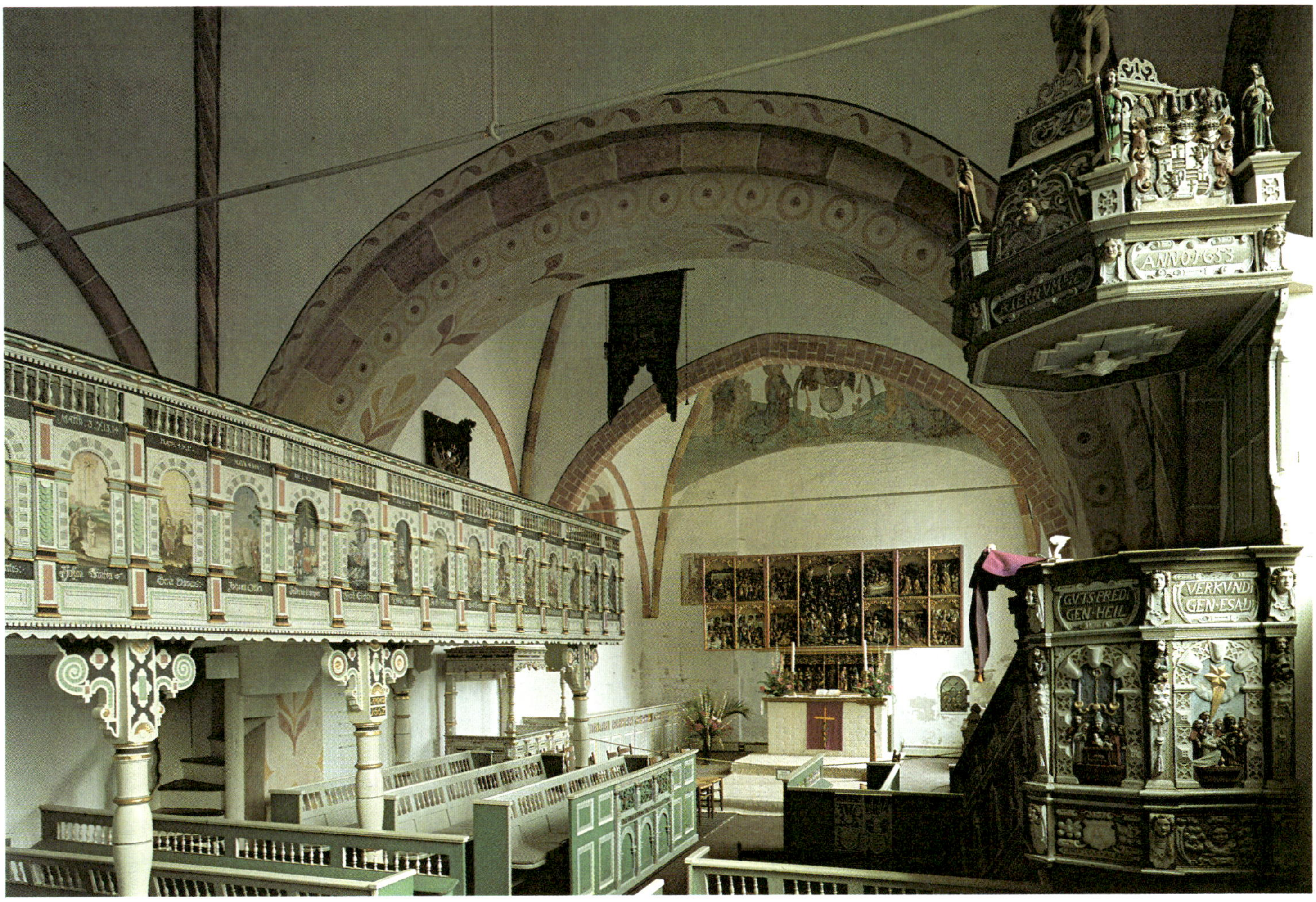
ANNO 1658
GVTS PREDI
GEN HEIL
VERKVNDI
GEN ESAI

Gerd Giefcken   Brün Stahmer

ANNO

LASET DIE KINDLIN SV MIR KOMEN

GVTS·PREDI
GEN·HEIL

VERKVNDI
GEN·ESAU

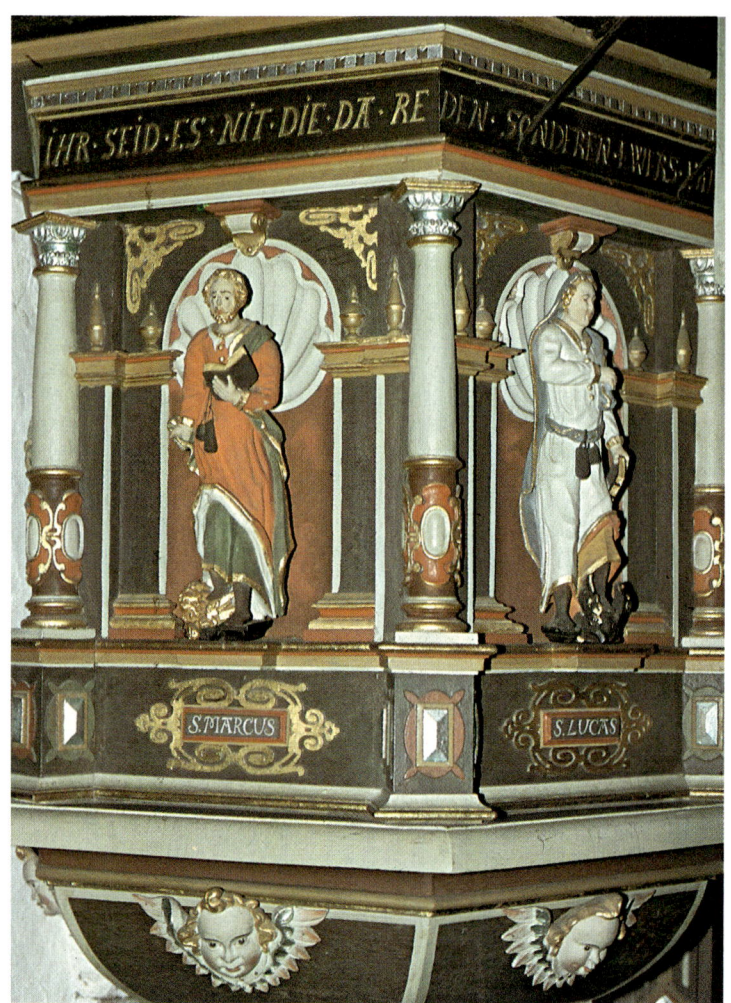

IHR·SEID·ES·NIT·DIE·DA·REDEN·SONDEREN·␣WRS·␣␣

S·MARCUS   S·LUCAS

Speckendicken

Zur Herstellung dieser herrlich nahrhaften Waffeln benötigt man ein Waffeleisen, ein Hausgerät, das früher in friesischen Herden einen festen Platz hatte. Benötigt werden:

500 g Weizenmehl, 200 g Roggenschrot, 100 g Hafergrütze, 3/4 l Milch, 150 g Rübensirup, 250 g Schweineschmalz, 2 Eier, Anis, Zimt und Salz sowie trockene Mettwurst.

Die Hafergrütze wird in der Milch 10 Minuten gekocht. Nach etwas Abkühlen werden Sirup und Schmalz eingerührt. Danach folgen Eier, Mehl und Gewürze. Der glatte, dickflüssige Teig bleibt über Nacht im kühlen Keller. Beim Ausbacken im Waffeleisen werden jeweils vor dem Zuklappen des Eisens auf den Teig drei Mettwurstscheiben gelegt und mitgebacken. Daß zur richtigen Verdauung unbedingt ein ostfriesischer Landwein (ein Klarer) gehört, versteht sich von selbst.

Die Nordempore in der Bad Zwischenahner St. Johanniskirche wurde 1662 eingebaut, die Bemalung mit biblischen Szenen erfolgte 1745 (links oben). Die Kanzel in der Bad Zwischenahner Kirche ist ein Werk eines Schülers von Ludwig Münstermann. Sie wurde 1653 in Leer gefertigt (links unten). Dargestellt ist im rechten Feld die Anbetung der Heiligen Drei Könige. Die bemalte Holztaufe steht in Westerstede (rechts oben), die geschnitzte Kanzel (rechts unten) in Wiefelstede. Gefertigt wurde sie 1644 von Meister Gert Borkemann, dargestellt sind die Evangelisten.

beiden weiß abgesetzten, horizontalen Fensterreihen und den vertikalen Pilastern die Nähe zum niederländischen Barock. Das Walmdach schmückt ein zierlicher, polygonaler Dachreiter mit offenem Schallraum. Das auf den ersten Blick eher älter aussehende Rathaus entstand dagegen erst 1894 unter der Leitung von Professor Henrici, der es ganz im niederländischen Renaissancestil gestaltete.

Das mit Abstand schönste Bürgerhaus ist zweifellos das Haus Samson in der Rathausstraße. Es entstand 1643 im Stil des niederländischen Frühbarock und beherbergt heute die wohl schönste Weinhandlung Ostfrieslands. Wegen des prächtigen alten Hausrats im Ladenlokal lohnt sich ein Besuch selbst für den, der geschworen haben sollte, in Ostfriesland nur Tee zu trinken.

Eine romanische oder gotische Kirche gibt es in Leer nicht mehr. Das einzige Zeugnis von der im 12. Jahrhundert auf der Kirchenwarft erbauten Kirche ist ihre Krypta aus der Zeit um 1200. Sie ist der letzte Rest der 1785 abgerissenen St. Ludgeri-Kirche. Die zweischiffige Krypta dient heute als Gefallenen-Gedenkstätte. Alle übrigen Kirchen in Leer stammen aus dem 18., 19. und 20. Jahrhundert.

Das beste Beispiel, wie die Kirchen in Leer einst ausgesehen haben mögen, steht in Rhaude. Das einschiffige Kirchlein stammt aus dem frühen 14. Jahrhundert und zeichnet sich durch das originale, hölzerne Tonnengewölbe und eine Lettnerwand zwischen Chor und Langhaus aus. Der Chor birgt einen gemalten Flügelaltar mit dem Abendmahl in der Mitte und der Verkündigung, der Geburt, der Anbetung und der Beschneidung auf den Flügeln. In den Nischen der Lettnerwand konnten Fresken mit Apostoldarstellungen freigelegt werden. Die spätbarocke Kanzel von 1736 zeichnet sich durch vier in Gold gefaßte Evangelisten aus.

Nicht weit von Leer ist es bis zum „Endje van de Welt", wie der Nordzipfel des Rheiderlandes auch gerne genannt wird. Um auf die knapp 300 km² Land westlich der Ems, nördlich des Bourtanger Moores und südlich des Dollart zu gelangen, gibt es nur den Weg über die Emsbrücke bei Leer-Ort. Von ihr kann man theoretisch das gesamte Rheiderland überblicken, denn dort gibt es keinen höheren Punkt, wohl aber gut 100 km², die bis zu 1 m unter dem Meeresspiegel liegen. Entsprechend ungleich verteilt sind die Chancen der Bauern im Rheiderland. Wer auf fettem Marschboden über Normal-Null liegt, hat das große Los gezogen, zählt zu den Polderfürsten und schaut entsprechend auf die anderen herunter. Die dürfen sich in den sauren, unterm Meeresspiegel liegenden Sumpfwiesen abquälen und sehen, wo sie bleiben. Alle zusammen jedoch dürfen sich überhaupt glücklich schätzen, „festen" Boden unter den Füßen zu haben, denn allzulange ist es auch noch nicht her, daß Bunde unmittelbar an der Küste lag und einen eigenen Hochseehafen hatte.

Ältester Ort westlich der Ems ist das gut tausendjährige Weener. Vom ganz alten Bestand ist hier zwar nichts mehr erhalten, wohl aber aus der Zeit ab dem 17. Jahrhundert. Besonders die Fassaden der Bürgerhäuser in der Norderstraße sind hier zu erwähnen. Das wohl älteste ist die Nummer 19 aus dem Jahre 1660. Es zeichnet sich durch einen gelungenen Renaissancegiebel mit horizontalen, die drei niedrigen Geschosse deutlich trennenden Achsen aus. Das schönste Barockportal hat die um 1700 fertiggestellte Nummer 61. Den schönsten barocken Ziergiebel schmückt das 1791 erstellte „Armen Gasthuis". In dem ehemaligen Armenhaus ist heute das Heimatmuseum des Rheiderlandes untergebracht. Internationalen Ruhm genießt Weeners Georgskirche aus dem 15. Jahrhundert dank ihrer besonders hervorragend gearbeiteten Arp-Schnitger-Orgel von 1710.

Die interessanteste Kirche Weeners ist im südlich gelegenen Stadtteil Stapelmoor zu entdecken. Die dem hl. Martin geweihte Kirche entstand um die Mitte des 13. Jahrhunderts, hat einen ungleichmäßigen Grundriß und ist wuchtiger und wehrhafter gebaut als alle übrigen Kirchen des Rheiderlandes. Statt als Quadrat ist ihre Vierung als ein zur Längsachse des Schiffes quergestelltes Rechteck ausgebildet. Besonders interessant sind die umfangreichen Reste der dekorativen Gewölbeausmalung. Die Fresken aus der Entstehungszeit der Kirche konnten 1964 freigelegt werden.

Auf das Ende des 12. Jahrhunderts geht das Langhaus der St. Martinskirche in Bunde zurück. Sein Querschiff erhielt der zu den größten Kirchen Ostfrieslands zählende Bau um 1250. Den besten Eindruck vom ursprünglichen Zustand des Backsteinmauerwerks gibt heute das Giebelfeld des nördlichen Querarmes mit dem Rautenmuster aus diagonal geführten Backsteinreihen. Im Inneren sind an den Gurtbogen und Gewölbevorlagen noch Reste der Originalbemalung zu erkennen.

Ammerländer Spezialitäten

Das schönste Feriengebiet zwischen Ems und Weser ist zweifellos die Gegend um das Zwischenahner Meer. Weil der Name falsche Vorstellungen wecken könnte, muß es gleich vorweg gesagt werden: das Meer ist ein See, heißt aber Meer, weil das wirkliche Meer in der Küstenregion See heißt. Soll einer sagen, die Ostfriesen und Ammerländer hätten keine Logik!

Wie so vieles an der Nordseeküste ist auch das Zwischenahner Meer ein Überbleibsel von der letzten Eiszeit. Der rund 525 ha große Flachmoorsee ist Zentrum alten Bauernlandes und Lieferant des Rohstoffes für die Zwischenahner Moorkur.

Wie die alte Bauernkultur im Ammerland ausgesehen hat, davon vermittelt das Ammerländer Freilichtmuseum unmittelbar am südlichen Seeufer die beste Vorstellung. Sechzehn verschiedene bäuerliche Bauten und eine Windmühle lassen beinahe schon altes Dorfleben erwachen. Beim offenen, mit weißem Sand gegen die bösen Geister umrahmten Feuer werden die alten Zeiten dann vollends lebendig.

Ihre Kirche bauten sich die Zwischenahner schon im frühen 12. Jahrhundert. Der mittelalterlichen Rasteder Chronik zufolge, ist sie „anno 1124 vom Grafen Egilmaro I., Erbgrafen zu Oldenburg, einem Schwester Sohne des bekannten Grafen Huno, als eine Tochter der alten Kirche zu Wiefelstede erbauet und von dem vierten Abte zu Rastede, Siwordo, der anfangs Bischof zu Upsal in Schweden gewesen, anno 1134 in honorem St. Johannis Baptistae eingeweihet." Dieser Bau wurde im 13. Jahrhundert durch den heutigen Westturm und den Westteil des Langhauses ersetzt. Die Granitfindlinge für die Mauer wurden mit Schlitten über den gefrorenen See von der Nordseite herübergeholt.

Interessant ist die Zwischenahner St. Johanniskirche vor allem wegen ihres so überaus figurenreichen Schnitzaltars. Ihn schuf eine Werkstatt aus der Schule des Osnabrücker Kreises um 1525. Sein Schrein zeigt in der Mitte ein großes Kreuzigungsrelief, eingerahmt von vier kleinen Passionsszenen. Acht weitere Szenen auf den Innenseiten der Seitenflügel umfassen die Zeit vom Letzten Abendmahl bis zum Jüngsten Gericht. Die Predella enthält Statuetten der Apostel. Ursprünglich war der Altar mit Leimfarbe und aufgeriebenem Blattgold farbig gestaltet, die heutige Farbfassung stammt von 1780. Die aus Eichenbohlen geschnitzten Reliefs beeindrucken durch ihren Einfallsreichtum im Detail und durch die Handhabung der Perspektive, mit deren Hilfe immer wieder einzelne kleine Separaträume geschaffen wurden. Insgesamt erhielten die Einzelszenen so eine außerordentliche Lebendigkeit und Ausdrucksstärke.

Die Rückseiten der Flügel bieten gemalte Darstellungen der Anbetung der Könige und des Gastmahls des Herodes. Sie sind, von einigen beschädigten Bruchstücken abgesehen, die einzigen erhaltenen Beispiele gotischer Tafelmalerei im gesamten Oldenburger Land. Besonders interessant dabei ist, daß die Hauptfiguren bei der Anbetung genau der Anordnung in Dürers Holzschnitt aus dem Marienleben entsprechen.

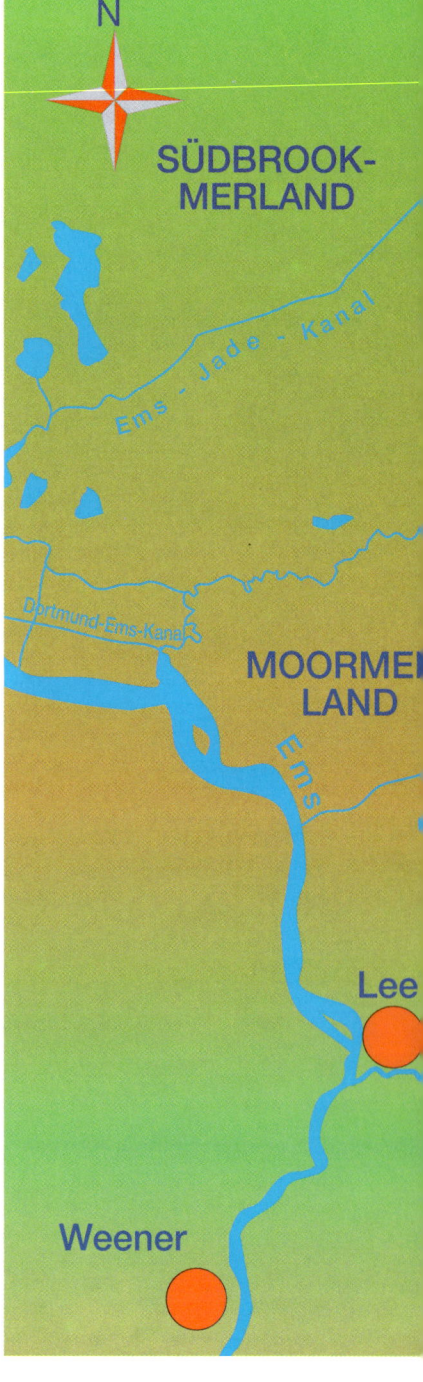

Zwischen Leer und Aurich

Kapelle von Kloster Hude
Die ehemalige Torhauskapelle des Klosters Hude enthält noch Fresken aus gotischer Zeit. Christus in der Mandorla (oben) ziert den oberen Chorraum, links daneben bringt Abel sein Opfer dar (unten).
(Folgende Doppelseite links)

Noch ein gutes Jahrzehnt älter als der Schnitzaltar ist das Fresko in der östlichen Kappe des östlichen Chorgewölbes, das 1512 entstand und 1904 freigelegt werden konnte. Dargestellt ist in ähnlicher Anordnung wie in Minsen das Jüngste Gericht. Wieder sitzt Christus auf dem Regenbogen, seine Füße ruhen auf der Erdkugel wie auf einem Schemel. Schwert und Lilie neben dem Kopf symbolisieren die Gerechtigkeit und Barmherzigkeit. Vier Engel blasen die Posaune in die vier Himmelsrichtungen, während unten die Toten aus den Gräbern steigen. Der Hölleneingang ist der Rachen eines Ungeheuers, in den ein Teufel mit Raubvogelfratze Menschen (darunter auch einen Bischof und einen Mönch) mit einem Tau hineinzieht. Am gegenüberliegenden Bildrand bewacht Petrus mit dem Schlüssel den Himmelseingang.

Das eigentliche Zentrum des Ammerlandes ist das um 800 gegründete Westerstede. Seine Hauptattraktion ist neben dem Vogelpark mit etwa 150 verschiedenen Vogelarten, der knapp 65 ha große Rhododendronpark. Während der Blütezeit von April bis Ende Juni bietet er die wohl schönste Übersicht über alle nur denkbaren Rhododendronarten.

Zu den eindrucksvollsten Baudenkmälern im oldenburgisch-ostfriesischen Raum gehört mit ihrem wuchtigen Turm die St. Petrikirche. 1123 stifteten die Herren von Fikensolt den Grund und Boden für ihren Bau, dessen hauptsächliche Teile noch in romanischer Zeit fertiggestellt wurden. Lediglich die Gewölbe mußten in gotischer Zeit neu errichtet werden. Auch der Turm teilte das Schicksal der romanischen Gewölbe, denn auch er stürzte in gotischer Zeit ein. Seine heutige Form erhielt er im 14. Jahrhundert. Wie bei nahezu allen Kirchen im Ammerland gibt es auch bei der Westersteder St. Petrikirche einen eigenen Glockenturm. Er wurde schon bald nach 1200 errichtet und hält noch heute klaglos die Schwingungen der großen Glocken aus.

Die älteste Kirche des Ammerlandes steht nordöstlich des Zwischenahner Meeres in Wiefelstede. Ihre heutige Bausubstanz geht immerhin auf das beginnende 13. Jahrhundert zurück. Entsprechend massiv sind ihre Mauern, die beim Schiff gut 1,50 m, beim Turm über 2 m dick sind. Nicht einmal ein Chor wurde später angefügt, so daß auch noch die ursprüngliche Apsis zu bewundern ist. Die massiven, das Kirchenschiff überspannenden Zugbalken zeigen noch heute, wie man versuchte, den Druck des Gewölbes auf die Außenmauern zu kompensieren.

Der geschnitzte Flügelaltar muß kurz nach 1512 entstanden sein, denn erst danach war Dürers Kupferstichpassion allgemein verbreitet. Sie wiederum diente dem Schnitzer als Vorlage für die einzelnen Felder mit Ausnahme des großen Mittelfeldes. Dafür wurde ein Dürerstich von 1508 als Vorlage verwendet. Das kostbarste Stück in der Kirche jedoch steht über dem Altar: ein von weitem unscheinbares Vortragekreuz aus dem 14. Jahrhundert. An einem Kruzifix mit Kleeblattformen an den Balkenenden hängt ein Christus, dessen hagere Gestalt mit den in die Unendlichkeit blickenden Augen einen unvergeßlichen Eindruck von personifiziertem Leid vermittelt. Geschnitzt wurde der Christus um 1350.

Zwischen Jade, Hunte und Weser

Am westlichen Rand des Urstromtals der Weser biegt die von Süden kommende Hunte nach Osten zur Weser ab. In das Hunteknie mündet von Westen die Haaren, und zwar genau dort, wo sich die Ausläufer der oldenburgisch-ostfriesischen Geest mit einem schmalen Geestrücken südlich der Hunte treffen. Diese für eine Siedlung ungemein günstige Lage entdeckten die Strategen natürlich schnell, schufen mit einem Graben ein etwa gleichseitiges Dreieck aus Hunte und Haaren und bauten auf dieser Werder (Insel) eine Burg. Diese Wehranlage wählte ein sächsisches Grafengeschlecht, das im Gebiet des heutigen Ammerlandes eine „Grenzmark Sachsen-Friesland" regierte, im 12. Jahrhundert zu

<u>Kirche von Kloster Hude</u>
Nach wie vor das Ziel romantischer Maler und Dichter ist die Ruine der Klosterkirche von Hude. Die ursprünglich dreischiffige, gewölbte Basilika der einstigen Zisterzienserabtei wurde im frühen 13. Jahrhundert errichtet. Die erhaltene Südwand zeigt noch gut die Gliederung des Langhauses mit Spitzbogenarkaden, darüber gelagerten, vorgeblendeten Spitzbögen und den darüber ansetzenden großen Fenstern.
(Folgende Doppelseite rechts)

ABEL

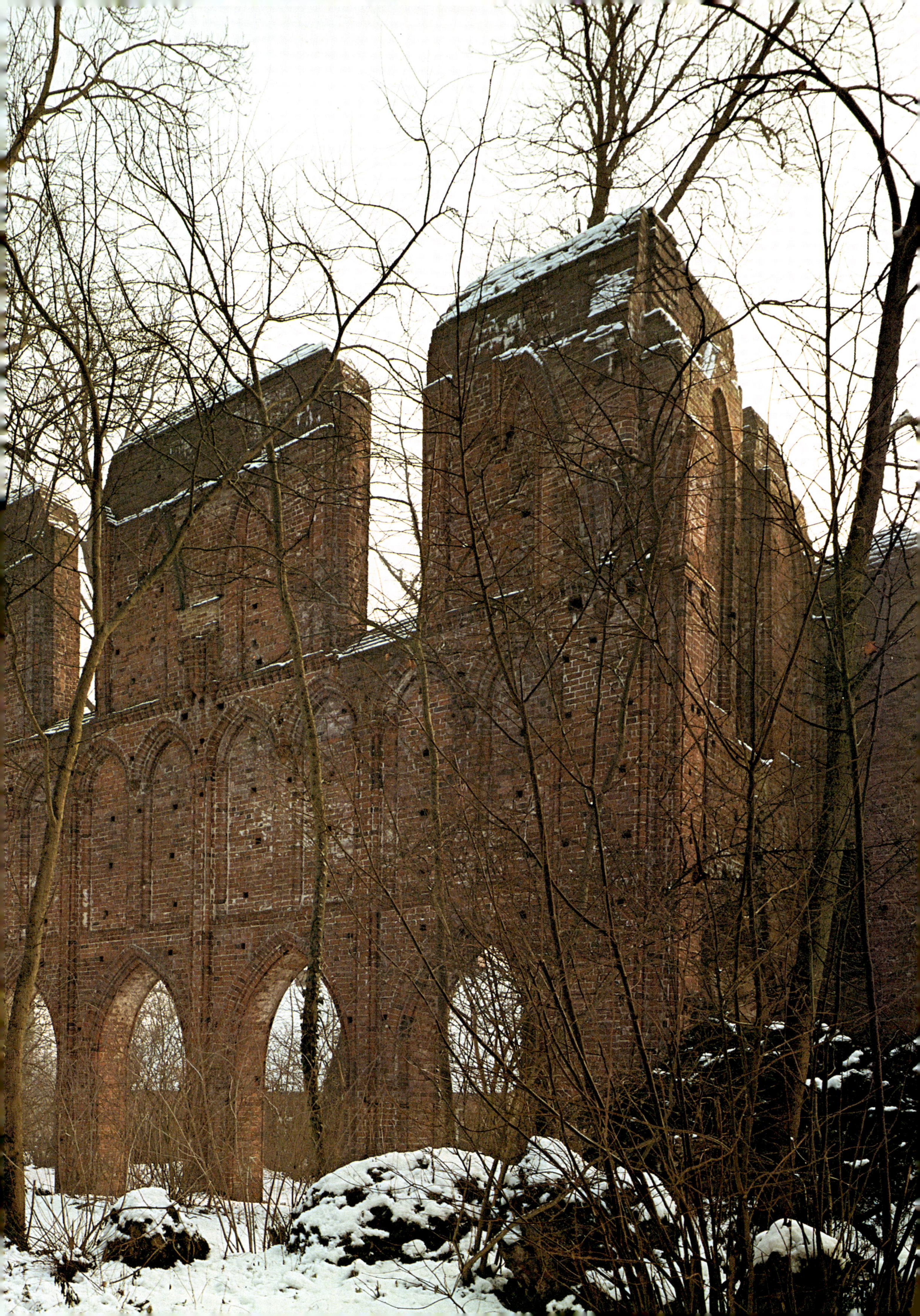

seiner Residenz. Nach der in einer Urkunde von 1108 belegten „Aldenburg" nannten sie sich Grafen von Oldenburg.

Das 1345 am Dreikönigstag verliehene Stadtrecht war der Anlaß für den Bau des ersten Rathauses am Marktplatz, einem gotischen Backsteinbau. Die damalige mittelalterliche Stadt war geprägt durch das sogenannte „Ackerbürgerhaus", ein spitzgiebliges, giebelständiges Fachwerkhaus mit schmalen Bauwichen. Das um 1502 errichtete Degodehaus ist das letzte bedeutende Zeugnis aus dieser Zeit. Selbstverständlich wurde die Stadt auch durch Befestigungsanlagen geschützt: zunächst durch Mauern, ab 1502 durch Wall, Wassergraben und befestigte Bastionen. Eines der letzten Zeugnisse dieser Festungszeit ist der „Pulverturm" am Schloßwall.

Ausgerechnet während des fast ganz Deutschland verheerenden Dreißigjährigen Krieges erlebte Oldenburg unter seinem Grafen Anton Günther eine außergewöhnliche Blütezeit. Durch geschickte Diplomatie gelang es dem Fürsten, sein kleines Land mit einem sehr wirksamen Mittel aus den Wirren des Krieges herauszuhalten: er verschenkte jeweils im richtigen Augenblick an einflußreiche Persönlichkeiten einige der schönsten Oldenburger Pferde, deren Zucht er begonnen hatte. Ein Pferd vom Grafen Anton Günther war damals ein Statussymbol, mindestens so begehrt wie heute ein Mercedes 600 – und von Bestechung sprach man noch nicht.

Während der Krieg Vernunft zeigte und das schöne Oldenburg verschonte, zeigte ein Blitz am 27. 7. 1676 weniger Verständnis. Aus der kleinen Ursache wurde ein Stadtbrand, dem über 700 Wohnhäuser und 230 Nebengebäude zum Opfer fielen. Von den größeren Gebäuden blieben nur das Schloß, die Lambertikirche und das Rathaus verschont. Der im Jahre 1468 errichtete Turm der Heiligengeist-Kapelle, der heutige „Lappan", mußte nach dem Brand ebenfalls repariert und mit einer neuen Haube versehen werden.

Da zu dieser Zeit (1667 bis 1773) auch noch die Dänen in Oldenburg regierten, ging es nur sehr, sehr zögerlich wieder aufwärts. Dies änderte sich erst, als Oldenburg 1773 wieder selbständiger Staat wurde und die Herzöge von Holstein-Gottorp hier ihre Residenz errichteten. Sie begannen zielstrebig die alten Befestigungsanlagen zu einer Promenade auszubauen, das Schloß zu erweitern, einen englischen Park anzulegen und Repräsentationsbauten im klassizistischen Stil zu errichten. Der damals gefundene Oldenburger Klassizismus ist die bis heute prägende, historische Architekturrichtung in der Stadt.

Zentrum des heutigen Oldenburgs ist sein Marktplatz mit dem alten Rathaus und der Lambertikirche. Sie ist eine der wenigen Rundkirchen Deutschlands, auch wenn man ihr das äußerlich nicht ansieht. Dem Anschein nach ist sie eine neugotische Kirche, tatsächlich aber ein gotischer Bau aus dem 13. Jahrhundert, der jedoch im Laufe der Jahrhunderte bis zur Unkenntlichkeit umgestaltet wurde. Ursprünglich war sie eine Hallenkirche, die später mit einem Kranz kleiner Kapellen umgeben wurde. Als 1791 ein Gewölbe einstürzte, nützte der junge Herzog Peter Friedrich Ludwig die Gelegenheit und ersetzte den seiner Ansicht nach häßlichen alten Bau durch eine klassizistische Kirche nach dem Vorbild des Pantheon in Rom. Als die Oldenburger das klassizistische Äußere leid waren, umgaben sie den Bau mit einem neugotischen Mantel, der nun das klassizistische Innere umgibt.

Das alte Rathaus ist bereits das dritte an derselben Stelle. Es entstand als Backsteinbau nach einem Entwurf der Berliner Architekten von Holst und Zaar von 1886 bis 1888 in gründerzeitlichem Stil unter Verwendung von Stilelementen der niederländischen Renaissance.

Westlich vom dreieckigen Rathaus steht der älteste Profanbau der Stadt: das Degodehaus von 1502. Sein reich verziertes Fachwerk ist noch ganz mittelalterlich, seine „Grootdör" ist nichts anderes als das Scheunentor des ehemaligen Bauernhauses.

Wer hat die Hosen an?

Heiko Maat feierte Hochzeit. Als es nach der Feier zum erstenmal ins Schlafzimmer geht, zieht Heiko energisch seine Hose aus, baut sich vor seiner jungen Frau auf, hält ihr die Hose hin und sagt gerade mal: „Da!" Die junge Frau schaut nur ratlos auf die Hose, weiß nicht was sie soll. Darauf Heiko noch einmal und energischer: „Da!" Als seine Frau immer noch nicht versteht, sagt er zufrieden aufatmend: „Tweemaal heb ik di de Büxen anboden. Du wullt net. Nu is't vörbi."

Idyllisches Dötlingen

Zu den mit Abstand schönsten Dörfern im Nordwesten zählt Dötlingen. Das idyllische Bauerndorf im Huntetal hat nicht nur eine Kirche von 1260 mit erst kürzlich freigelegter Architekturausmalung, sondern auch noch zahlreiche reetgedeckte Bauernhäuser, die zwischen Weser und Dollart ihresgleichen suchen.

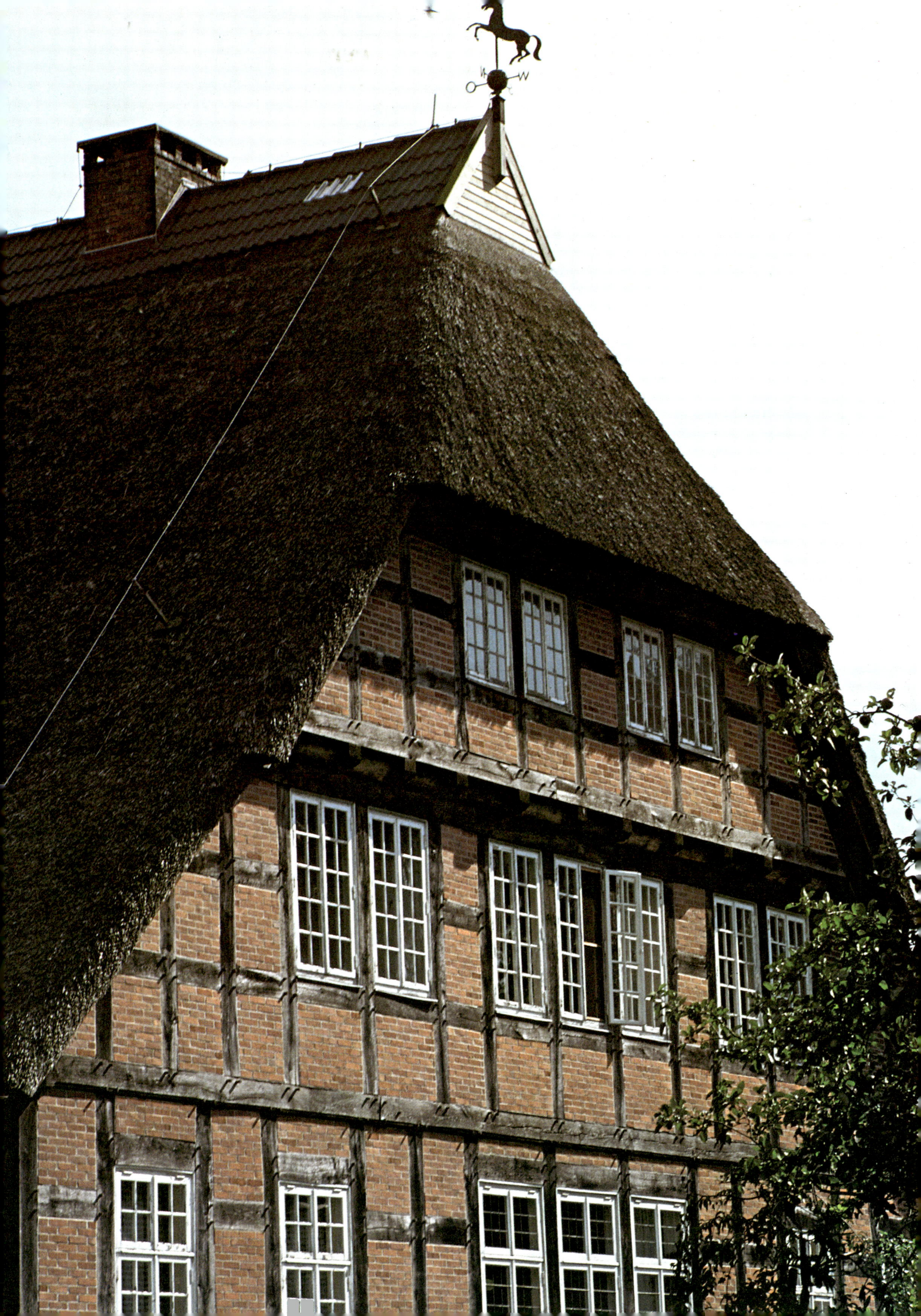

Das heutige Schloß an der Ostseite des Schoßplatzes liegt an der Stelle der alten Burg. Bis heute sind Reste des alten Burggrabens erhalten. Den Ausbau der Burg zum Schloß begann Graf Anton Günther mit dem Auftrag an die Architekten Jürgen Reinhard (1607) und Andrea Spezia (1608). Fertiggestellt wurde das Schloß jedoch erst gegen Ende des 19. Jahrhunderts.

Als Herren von Rang hatten die Großherzöge von Oldenburg natürlich auch eine Sommerresidenz. Sie wurde 1645 in Rastede, knapp 10 km nördlich von Oldenburg, errichtet. Nicht sie aber ist dort das Interessante, sondern die Pfarrkirche St. Ulrich mit ihrer um 1100 entstandenen Krypta. Sie ist immerhin die einzige des gesamten Ammerlandes. Sehenswert in der Rasteder Kirche ist auch der Taufstein aus dem 13. Jahrhundert, der am oberen Rand mit einer „belebten Ranke" eingefaßt und mit acht, nahezu vollplastischen Figuren verziert ist. Besonders gelungen ist der hl. Petrus, der seinen riesigen Himmelsschlüssel wohl am liebsten als Hellebarde verwenden möchte.

Das Land zwischen Jade, Hunte und Weser war zu allen Zeiten geprägt von der Bedrohung durch Kriege und Sturmfluten. Gab es zur Abwechslung ruhigere Abschnitte, mußten sie zur überfälligen Ausbesserung der landwirtschaftlichen Siedlungen genutzt werden. Als ruhende Pole konnten sich da einmal mehr nur die romanischen und gotischen Kirchenbauten behaupten. Wer also das Land nördlich von Oldenburg wirklich kennenlernen möchte, der muß in die zahlreichen kleinen Dorfkirchen gehen und daraus seine ureigene Entdeckungsreise gestalten.

Ein möglicher Einstieg dafür könnte ein Besuch der größten Kirche des Landes in Berne sein. Sie ließ der Bremer Erzbischof Gerhard II. nach 1234 als Zeichen seines Triumphes über die von ihm geschlagenen Stedinger Bauern errichten. Den Auftrag dazu erhielt die Lippische Bauhütte, die den vorhandenen Turm von 1160 übernahm und die neue Halle mit ihren drei gleich hohen Schiffen an den älteren Chor anpaßte.

Im Inneren sind im romanischen Chor noch Teile der Originalbemalung der Gewölberippen und den Flächen dazwischen erhalten. Prächtigstes Stück der Ausstattung ist natürlich der 1637 fertiggestellte Altaraufsatz aus der Werkstatt von Ludwig Münstermann. Zwar konnte der Hergottschnitzer von der Waterkant den Altar wegen seines frühen Todes nicht mehr ganz selbst fertigstellen, doch zeigt jedes Detail seine Meisterhand. Von herausragender Bedeutung ist, daß die Abendmahlszene wie auf einer Guckkastenbühne gestaltet ist und die Tiefenwirkung nicht mehr mit illusionistischen Mitteln sondern durch tatsächliche Staffelung der Figuren erreicht ist.

Das absolute Meisterstück Münstermanns steht in der Rodenkirchener St. Matthäus-Kirche und ist die 1631 fertiggestellte Kanzel mit ihrem außergewöhnlich umfangreichen figürlichen Programm. Den Kanzelkorb zieren Christus, die vier Evangelisten und die vier Propheten. Den Schalldeckel schmücken die Leidenswerkzeuge tragende Putti, in der Laterne thront Gottvater mit seinem Sohn. Kulturhistorisch besonders interessant ist, daß der Kanzelkorb auf einem nur zur Hälfte belaubten Baum ruht. Die unbelaubte Seite und Moses mit den Gesetzestafeln symbolisieren dabei den Alten Bund, die belaubte Seite und Johannes d. Täufer den Neuen Bund. Adam sitzt als Symbol der Menschheit unter dem Baum. Die Szene ist so eindeutig, daß die Wahrscheinlichkeit groß ist, daß Münstermann als Vorlage für seine Schnitzerei ein Gemälde von Lucas Cranach aus dem Jahre 1529 verwendete. Ein weiteres Unikat ist das Geländer an der Kanzeltreppe. Es ist mit weiblichen Halbfiguren geschmückt, die die fünf Sinne darstellen.

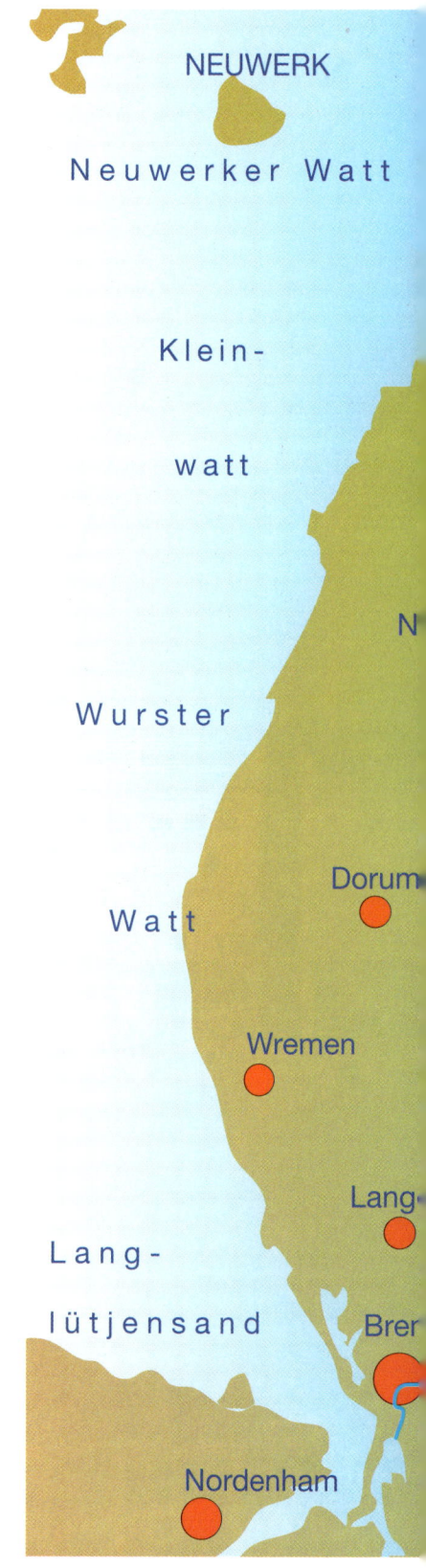

Zwischen Weser und Elbe

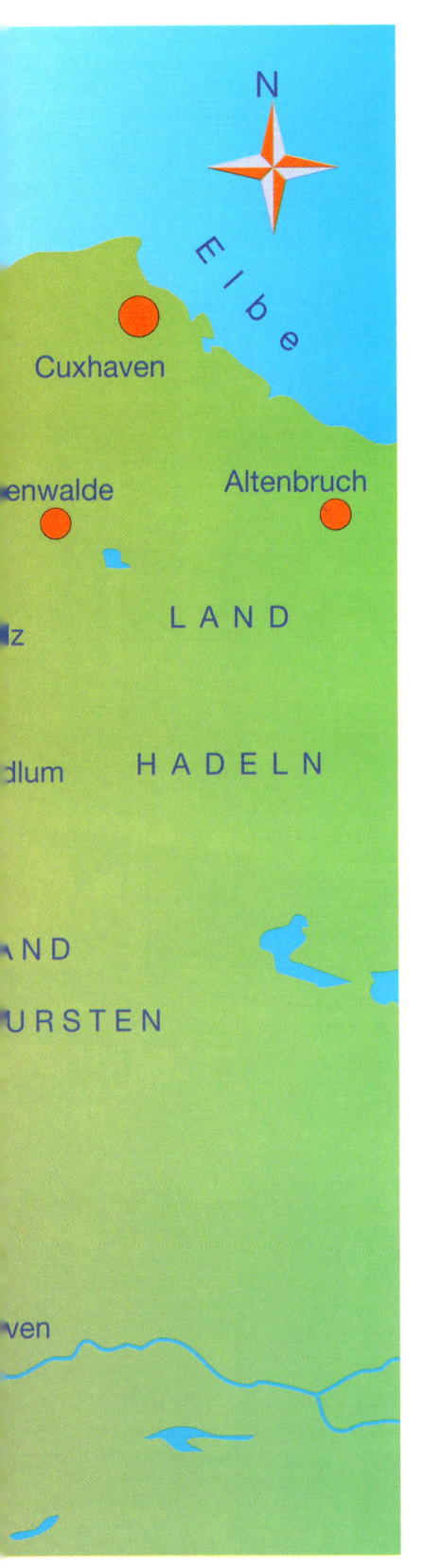

Die Zeiten, als Ems, Weser, Elbe und Eider noch gemeinsam in die Nordsee flossen, sind seit 10 000 Jahren vorbei. Damals mündete die Weser noch auf der Höhe der heutigen Vogelschutzinsel Trischen in die Elbe und floß mit ihr noch gut 200 km weiter nordwärts. Obwohl die Elbe selbst inzwischen ein ganzes Stück weiter südlich und damit unmittelbar vor Cuxhaven vorbei fließt, treffen sich Weser- und Elbwasser schon lange nicht mehr. Schuld daran ist der Große Knechtsand mit den Inseln Neuwerk und Scharhörn, der dafür sorgt, daß das Weserwasser weit im Westen in die Nordsee mündet.

Wer allerdings von Hamburg aus dem linken Elbufer entlang durch das Alte Land, das Land Kehdingen und das Land Hadeln nach Cuxhaven und an die Kugelbake fährt, wird schon rein gefühlsmäßig der Meinung sein, hier würden die Mündungstrichter von Elbe und Weser zusammentreffen. Erst der zweite Blick verrät dann, daß Schiffe eben nur im Norden fahren, im Westen dagegen – zumindest bei Ebbe – die Kutschen die Vorfahrt haben. Wer also auf den Punkt erpicht sein sollte, an dem die beiden Mündungstrichter tatsächlich zusammenstoßen, der muß schon bei Ebbe zum äußersten Zipfel der Sandplate vor der Insel Scharhörn wandern.

Wie die beiden Mündungstrichter tatsächlich aussehen, das könnte man am besten erleben, gäbe es einmal ein Niedrigwasser mit einem Pegelstand von etwa 3 m unter dem der normalen Ebbe. Vom Flugzeug aus würde man dann erkennen, wie weit hinaus Weser und Elbe ihre „normale" Strombreite noch beibehalten und welch riesige Sandflächen sich links und rechts davon ausbreiten. Nicht umsonst sind Großer Knechtsand und Großer Vogelsand bei den Kapitänen aus aller Welt als gefährliche Schiffsfriedhöfe bekannt und gefürchtet. Weil jedes Ding aber bekanntlich zwei Seiten hat, gibt es auch erklärte Freunde der Sände: die Seevögel und ihre Betreuer.

In ihrem Sinne ein glücklicher Zufall ist die Insel Scharhörn. Sie ist erst nach 1900 aufgewachsen und umfaßt auch heute erst wenige Quadratkilometer niedrige Dünen und Wattwiesen am Nordwestende einer riesigen Sandplate. Seit etwa 50 Jahren ist es mit Sandfangzäunen und Dünengräsern gelungen, den natürlichen Dünenwuchs zu beschleunigen, so daß die Gefahr für vollständiges „Land unter" stetig abnahm. Zahlreiche Vogelarten erkannten schnell die guten Brutmöglichkeiten. Fluß- und Küstenseeschwalben, Brandseeschwalben, Stockenten, Austernfischer, Regenpfeifer und Brandgänse machten sich breit und hatten auch überhaupt nichts dagegen, daß die Insel 1939 ganz unter Naturschutz gestellt wurde. Ein im wahrsten Sinne „umwerfendes" Erlebnis ist es, wenn im Spätsommer bis zu 100 000 Brandgänse auf den südlich von Scharhörn gelegenen Großen Knechtsand zur Mauser kommen und das Sandmeer zum Federmeer machen.

Auch Trischen, die zweite Vogelschutzinsel, begann erst vor gut 100 Jahren zu einer Düneninsel aufzuwachsen. Zusätzlich aber bildete sich hier auf der Leeseite eine große Marschfläche, so daß man eine Eindeichung versuchte und um 1925 sogar einen Bauernhof ansiedelte. Der aber mußte bereits 1942 wieder aufgegeben werden, da weder Dünen noch Deich hielten, was man erhofft hatte.

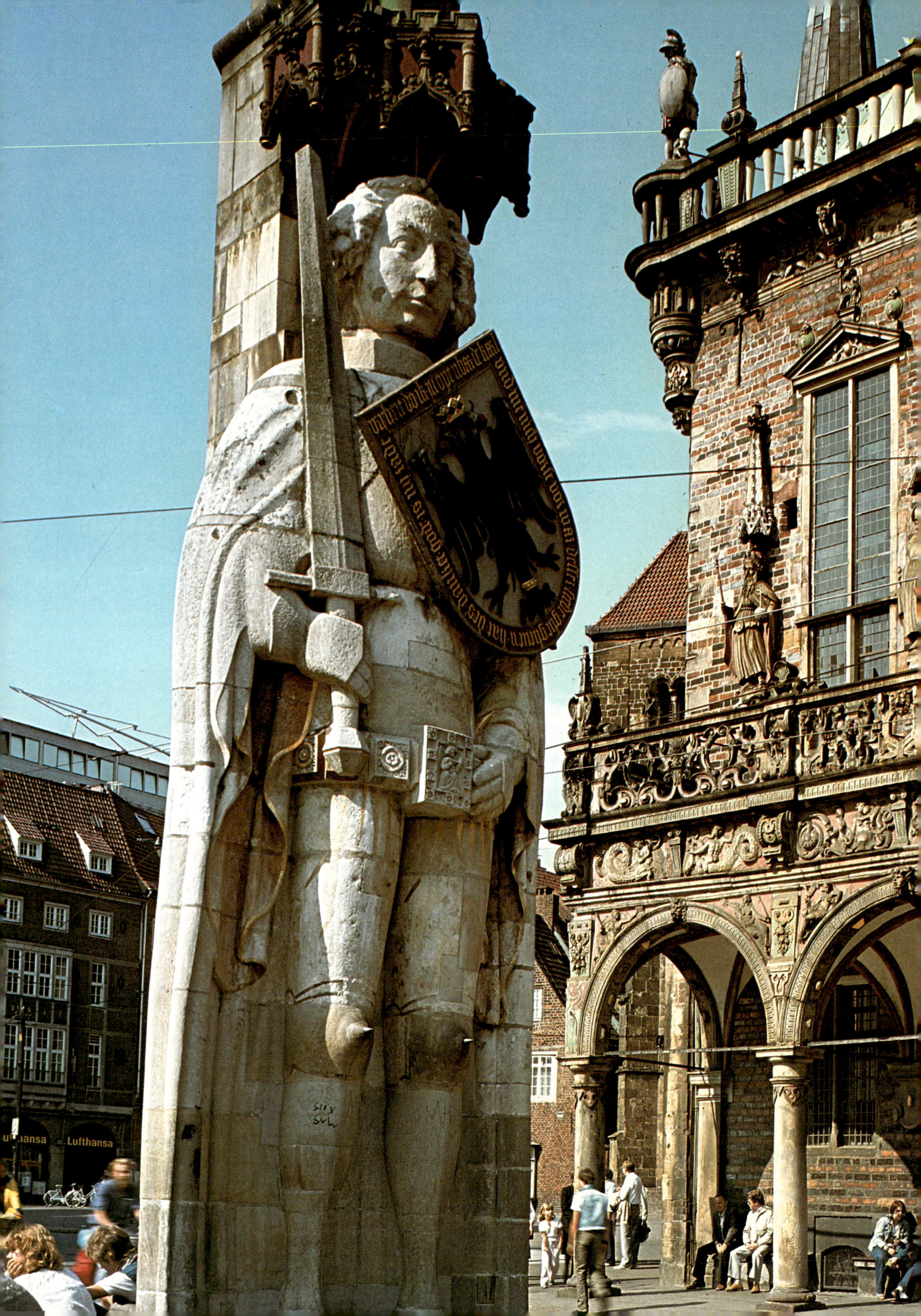
Lufthansa

„Roland der Ries' am Rathaus zu Bremen" ist ein echtes Symbol und ein altehrwürdiges obendrein. Ihn gab es schon als bemalte Holzfigur auf dem Bremer Marktplatz, bevor dorthin der erste Bischof kam. Das Symbol der Bürgerfreiheit entstand 1404 erstmals in Sandstein und trägt seit damals als Zeichen der Stadtfreiheit und Reichsunmittelbarkeit den Reichsadler im Schild. Bis heute sind deshalb die Bremer der festen Überzeugung, daß ihnen nichts passieren könne, daß Bremen eine Freie Stadt bleibe, solange nur der Roland vor dem Rathaus stehe.
(links)

Bremer Stadtmusikanten
Die Bremer Stadtmusikanten sind beinahe so bekannt wie der Bremer Roland. Sie gehören ebenso zum Marktplatz wie die prächtigen Fassaden der alten Bürgerhäuser (oben). Im ehemaligen Arme-Leute-Quartier Schnoor (unten) geht es dagegen eher idyllisch zu. Wo am Ende des Krieges nur Verfall angesagt schien, brachte die Nostalgie unverhoffte Rettung und den alten und verträumten Backstein- und Fachwerkhäuschen die notwendige Restaurierung.
(Folgende Doppelseite links)

Rathaus und Dom in Bremen
Die geschichtsträchtigsten Gebäude Bremens sind das Rathaus und der Dom. Das ursprünglich gotische Rathaus wurde 1410 fertiggestellt, seine heutige Renaissancefassade erhielt es ab 1608. Der Dom hat immerhin eine rund 1200jährige Geschichte aufzuweisen, sein endgültiges, frühgotisches Gepräge erhielt er im 13. Jahrhundert. Sein größtes Geheimnis ist nach wie vor der Bleikeller, in dem bis heute Leichen nicht verwesen, sondern nur zu Mumien trocknen.
(Folgende Doppelseite rechts)

Heute ist daraus ein gut 230 ha großes Naturschutzgebiet geworden, auf dem die Brandseeschwalbe mit bis zu 3000 Paaren ihren bedeutendsten Brutplatz an der deutschen Nordseeküste gefunden hat.

Erfolgreicher mit dem Eindeichen war man bei der zwischen Scharhörn und Cuxhaven gelegenen Insel Neuwerk. Das etwa 3 km² große Eiland gab es schon vor fast 700 Jahren, damals allerdings noch unbewohnt und als „Nige Oog" auf den Karten verzeichnet. Bereits um 1300 gab es an der Stelle des heutigen wuchtigen Leuchtturmes eine etwa 5 m hohe Wurt, auf der bis 1310 ein erster Turm als Seezeichen für die Schiffer errichtet wurde. Logischerweise hieß das Bauwerk „Nige Wark" (Neues Werk), ein Name, der der Insel bis heute geblieben ist.

Weil die Landmarke für die Schiffahrt so wichtig war, überstand der Turm alle Sturmfluten bzw. wurde stets wieder aufgebaut. Schon 1813 diente er als richtiger Leuchtturm, auf dem 21 Parabolspiegel das an sich trübe Licht einer Rübollampe so stark bündelten, daß der Strahl bei klarem Wetter sogar von Helgoland aus zu erkennen war. Davor, genau seit 1644, hatte es auf Neuwerk immerhin schon eine sogenannte „Blüse" gegeben, ein Leuchtfeuer, in einer eisernen Pfanne auf einem 23 m hohen Holzturm. Den alten Abrechnungen zufolge wurden für dieses Leuchtfeuer im Jahr knapp 500 Tonnen Brennstoff verbrannt. Heute ist der Leuchtturm auf 35 m Höhe angewachsen und bietet eine hervorragende Aussichtskanzel mit Sicht hinüber nach Scharhörn, zum Festland und natürlich über die Weite des Wattenmeeres. Wer gut zu Fuß ist, kann Neuwerk übrigens bei ablaufend Wasser von Sahlenburg oder Duhnen aus in etwa dreistündiger Wattwanderung erreichen. Alle anderen fahren mit den hochrädrigen Kutschwagen der Wattenpost.

Rund um den Roland

Was den Münchnern ihre Bavaria, das ist den Bremern ihr Roland – könnte man meinen und wäre damit auch bereits auf einem Holzweg, der hölzerner nicht sein könnte, es sei denn, man nimmt beide als angemessenen Ausdruck des jeweiligen Beziehungsgefüges. Dann allerdings kann man den Münchnern getrost ihre gerade erst vor gut 100 Jahren geschaffene, etwas „krachlederne Schönheit" gönnen. Mögen sie sich doch damit identifizieren wollen. Einen Roland jedenfalls kann sie ihnen nicht ersetzen.

„Roland der Ries' am Rathaus zu Bremen" nämlich ist ein echtes Symbol und ein altehrwürdiges obendrein. Ihn gab es schon als bemalte Holzfigur auf dem Bremer Marktplatz bevor dorthin der erste Bischof kam. Die Erinnerung an einen der zwölf Paladine Karls d. Gr. muß den Erzbischof Adalbert II. so geärgert haben, daß er im Mai 1366 seine Soldaten das Symbol der Bürgerfreiheit verbrennen ließ. Kaum jedoch hatten die Truppen des Bischofs die Stadtmauern verlassen, entstand der hölzerne Roland neu, um 38 Jahre später, im Jahre 1404 einem von Kopf bis Fuß genau 5,55 m hohen Roland aus Sandstein zu weichen. Seit damals trägt er als Zeichen der Stadtfreiheit und Reichsunmittelbarkeit den Reichsadler im Schild.

Bis heute sind die Bremer der festen Überzeugung, daß Bremen nichts passieren könne, daß Bremen eine freie Stadt bleibe, solange nur der Roland vor dem Rathaus stehe. Daß er zudem dem Dom die Stirn bietet, wird von niemandem als Zufall angesehen. Wahrscheinlich ist es denn auch, daß die Legende gar keine ist, die da behauptet, daß die Stadtwerke für den Fall der Fälle einen Ersatz-Roland bereithalten ...

Kaum weniger Ausdruck des Freiheitswillens der Bremer ist ihr Juwel im Schmuckkästchen Marktplatz: das Rathaus. Die Pläne dazu entstanden zur gleichen Zeit als der erste steinerne Roland aufgestellt wurde, fertiggestellt wurde das gotische Haus und sein berühmter Ratskeller 1410. Bereits damals kam die „steinerne Prominenz", der Kaiser und seine sieben Kurfürsten an die

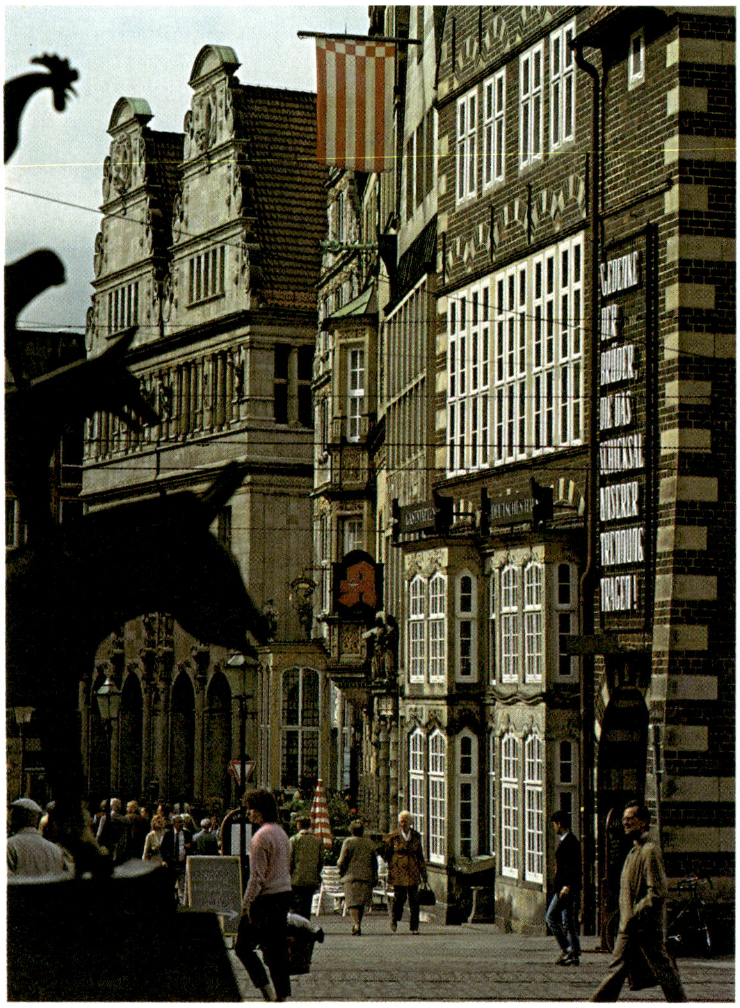

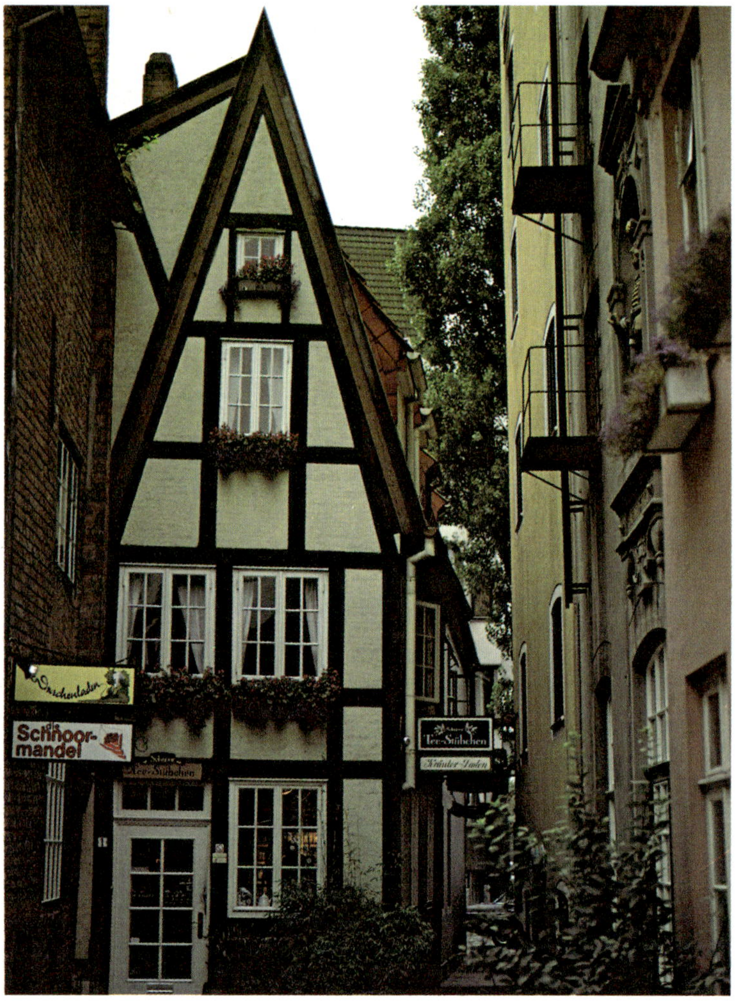
Schnoor-
mandel

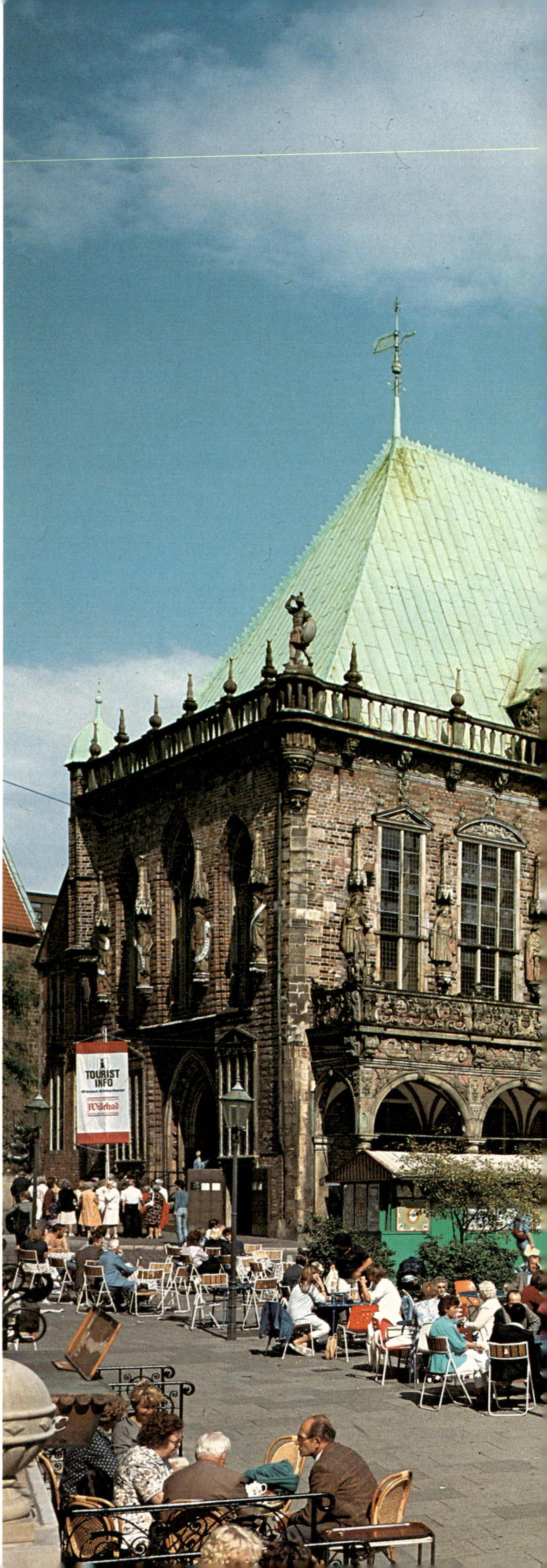
TOURIST
INFO

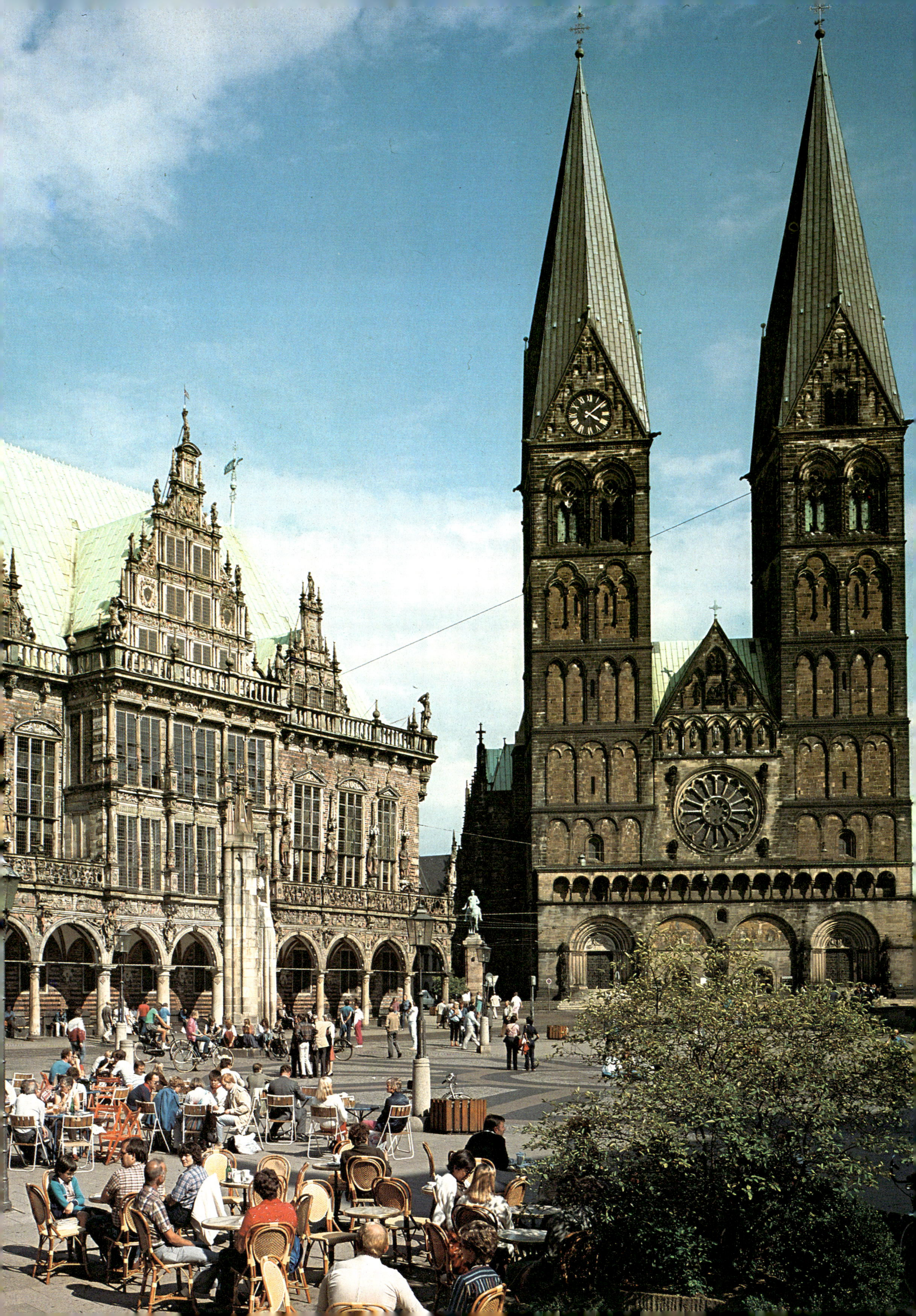

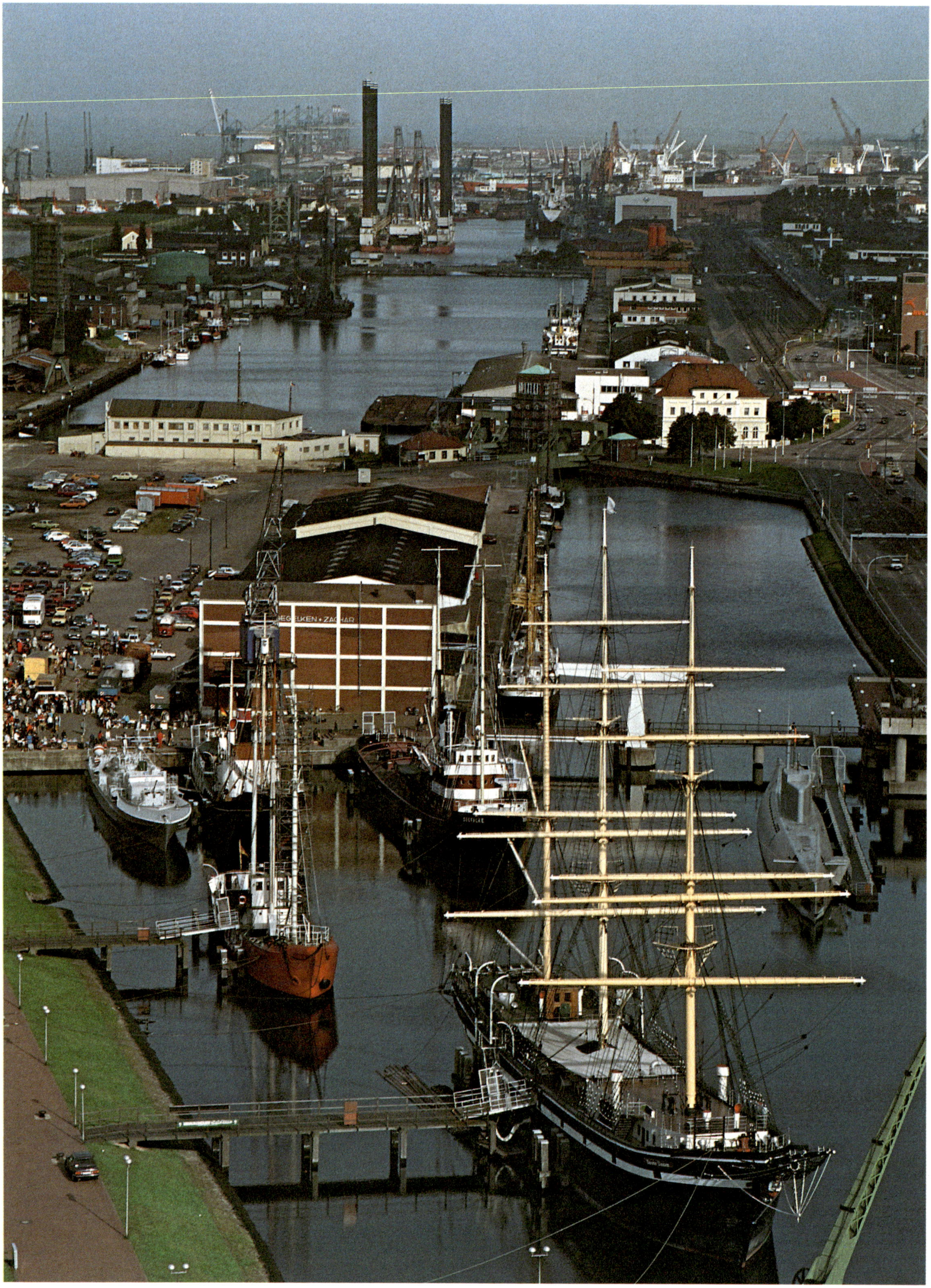

Kohl und Pinkel

"Eine besonders in unseren Gegenden zahlreich gebaute Gattung braunen Winterkohls, der bei sorgfältiger Kultur eine Höhe von sechs bis sieben Fuß erreicht und völlig gefroren für die schmackhafteste Zubereitung am geeignetsten ist, pflegt mit geräucherten Fleischspeisen aller Art bei ländlichen Winterparthien das Hauptgericht zu bilden." Der Hinweis von Adam Storck aus dem Jahre 1822 ist einer der wenigen frühen Berichte über das beliebteste Wintervergnügen der Bremer. Dabei ist Kohl und Pinkel einer der kulinarischen Höhepunkte der Schaffermahlzeit – und das seit dem Jahre 1545.

Für die heutigen Bremer beginnt die Kohl und Pinkel-Saison am Buß- und Bettag, wenn der Kohl den ersten Frost ab hat und richtiges Schmuddelwetter nach körperlicher und moralischer Aufrüstung verlangt. Dann ziehen Familien mit Kind und Kegel, Stammtischbrüder, Vereine und ganze Firmenbelegschaften hinaus aufs Land, machen ohne Wetterrücksicht eine Wanderung und kehren schließlich zur deftigen Mahlzeit in die Kohl-Kneipe ein. Dort muß, wer der Gelegenheit gerecht werden möchte, möglichst viel und möglichst lange essen. Schließlich wird am Ende nur der Gefräßigste Kohlkönig. Dies gilt als hohe Ehre und wird mit einem Orden ausgezeichnet – einer der wenigen Orden, die ein echter Bremer überhaupt annehmen darf.

Alter Hafen in Bremerhaven

Wo heute im Freibecken des Bremerhavener Schiffahrtsmuseums die „Seute Deern", ein altes Bugsierschiff, ein U-Boot und verschiedene andere Schiffe liegen, war bis 1830 der erste Hafen in Bremerhaven entstanden. Über der alten Schleuse zur Weser steht heute der Radarturm, von dem die Aufnahme in Richtung der Bremerhavener Überseekaie gemacht wurde.

Schauseite. Die Figuren sind keinesfalls nur als „Verzierung" zu sehen. Sie sollten vielmehr Bremens Streben nach Unabhängigkeit vom erzbischöflichen Landesherrn und nach Reichsunmittelbarkeit demonstrieren. Gegen alle Widerstände des Bischofs wurden denn auch Bremer Vertreter zu den Reichstagen eingeladen, und das lange bevor der Kaiser 1646 Bremens Reichsunmittelbarkeit endgültig anerkannte.

Seine heutige Renaissance-Fassade erhielt das Rathaus ab 1608, als der aus Westfalen zugewanderte Lüder von Bentheim, „eines ehrbaren Rates Stenhower", den Auftrag erhielt, das Haus zu erneuern. Heraus kam dabei eine der schönsten Renaissancefassaden Europas, in der aus gutem Grund die alten gotischen Figuren neu integriert wurden. Neben dem Kaiser mit seinen Fürsten an der Schauseite sind es an der Ostseite Petrus, der „Doktor", Moses und Salomon, an der Westseite Plato, Aristotoles, Demosthenes und Cicero.

Um das Schönste am Bremer Rathaus zu sehen, muß man allerdings hineingehen, denn erst in der oberen Halle präsentiert es seine ganze historische Schönheit und künstlerische Harmonie. Hier – unter den Modellen jener Vredeschiffe, mit deren Hilfe sich die Hanseaten im Mittelalter vor Seeräubern wie Klaus Störtebeker schützten – haben Generationen gewirkt, gewägt, gewagt und gewonnen. Hier sind Entscheidungen über Krieg und Frieden gefallen. Und hier – umrahmt von wundervollen Steinmetz- und Schnitzarbeiten – wird jedes Jahr am zweiten Freitag im Februar die berühmte Schaffermahlzeit abgehalten, das älteste „Brudermahl" der Welt, mit Kapitänen und Reedern, Kaufleuten und prominenten Politikern.

Und noch einen Superlativ gibt es im Bremer Rathaus: seinen Keller. Seine Gewölbe sind genauso alt wie der steinerne Roland und kaum weniger berühmt. Den ersten einer unzähligen Reihe von Stammtischen hatten hier die Lohgerber, weil sie ihr Zunfthaus dem Rathausneubau hatten opfern müssen. Selbst Heinrich Heine beschrieb das Glück dessen, der „warm und ruhig sitzt im guten Ratskeller zu Bremen", und kein Geringerer als Kaiser Wilhelm II. hatte hier einen Stammplatz – kein Wunder, denkt man an die über 600 Sorten deutscher Weine, die hier erhältlich sind, gar nicht zu reden von der Schatzkammer, wo sogar noch Weine aus dem 17. Jahrhundert zu finden sind. Wer möchte da nicht Empfänger eines Bremer Ordens sein? Die nämlich werden in Bremen nicht aus Emaille und Blech gefertigt, sondern als trinkbare Gabe aus der Schatzkammer des Ratskellers verliehen.

Dem Rathaus genau gegenüber – und das keineswegs zufällig – steht der Schütting, das alte Gildehaus der Bremer Kaufmannschaft. 1425 hatte sie das Grundstück erworben, um auch schon äußerlich zu dokumentieren, daß sie sich als die zweite politische Kraft neben dem Rat der Stadt verstand. Das heutige Haus entstand ab 1537 als Werk eines Antwerpener Baumeisters, der das Haus in den Formen flandrischer Renaissance gestaltete. Die von Lüder von Bentheim stark geprägte Fassade wurde allerdings erst Ende des 16. Jahrhunderts fertiggestellt. Im Haus der Elterleute der Kaufleute residiert heute die Handelskammer immer noch getreu dem Wahlspruch der Bremer Kaufleute: „Buten un Binnen – Wagen un Winnen".

Der geschichtsträchtigste Platz Bremens, gelegen an der höchsten Stelle der Düne, an der sich einst die ersten Bremer ansiedelten, ist zweifellos der Domplatz. Hier gibt es eine rund 1200jährige Geschichte, angefangen vom ersten Kirchenbau aus Holz, errichtet vom ersten, von Karl d. Gr. nach Bremen geschickten Missionar Willehad. Im 9. und 10. Jahrhundert wurde der erste richtige Dom errichtet, der allerdings 1041 durch einen Brand zerstört wurde. Der Neubau erfolgte bereits nahezu in den heutigen Dimensionen. In der ersten Hälfte des 13. Jahrhunderts erhielt der Dom sein endgültiges, frühgotisches Gepräge, vor allem durch den Bau der beiden grazilen Westtürme.

Das in den ersten Jahrhunderten seines Bestehens so gute Verhältnis der

109

Bremer Bürger zu ihrem Dom war allerdings nicht von Dauer. Zweimal, von 1532–47 und von 1561–1638, ließ der Rat der Stadt den Dom schließen und das Bauwerk verfallen. Danach und bis 1803 gehörte der Dom dem Herzogtum Bremen und war damit wie dieses von 1648–1715 schwedisch und danach hannoveranisch. Erst vor kanpp hundert Jahren begannen die Bremer ihr ältestes Bauwerk zu renovieren.

Gefunden und geklärt werden konnte dabei vieles, das Geheimnis des Bleikellers jedoch blieb bis heute ungelöst. In dem Gewölbe, in dem ursprünglich die Bleiplatten für das Dach des Domes aufbewahrt waren, verwesen bis heute Leichen nicht, sondern trocknen nur zu Mumien. Schon im 15. Jahrhundert hatte man diese Erscheinung bemerkt, als ein 1440 zu Tode gestürzter Dachdecker im Bleikeller vergessen worden war und Jahre später hervorragend erhalten wieder entdeckt wurde. Im 17. und 18. Jahrhundert erhielt der Dachdecker Gesellschaft, so daß heute eine ganze Mumienversammlung bewundert werden kann.

Die direkte Verbindung vom Marktplatz zur Weser war ursprünglich eine Handwerkergasse. Sie mauserte sich in unserem Jahrhundert zur berühmten Böttcherstraße, einer vielleicht einmaligen Mischung aus musealen Sammlungen, Ausstellungsräumen, kunsthandwerklichen Werkstätten, Läden, Restaurants, einem Theater und sogar einem Spielkasino. Initiator des Ganzen war der Kaffeekaufmann Ludwig Roselius, der 1902 das 1588 erbaute, heutige Roseliushaus kaufte, es erneuern und darin ein kulturgeschichtliches Museum einrichten ließ. Als er die übrigen baufälligen Häuser der Böttcherstraße hinzukaufen konnte, ließ er sie abreißen und in zeitgemäßem aber historisch einfühlsamem Stil von damals avantgardistischen Baumeistern, darunter Bernhard Hoetger bis 1931 wieder aufbauen. In wohl einmaliger Form gelang es dabei, vorgegebene Stilmittel der Renaissance mit modernen, expressionistischen Formen in Einklang zu bringen. Ebenfalls von Bernhard Hoetger stammen übrigens die Bildtafeln, auf denen die Geschichte der Ozeanüberquerungen erzählt wird, und die zu sehen sind, wenn das Spiel der Porzellanglocken in der Böttcherstraße erklingt.

Idyllisch schließlich geht es im ehemaligen Arme Leute Quartier Schnoor, am Rande der Bremer Innenstadt zu. Wo am Ende des Krieges nur Verfall angesagt schien, brachte die Nostalgie unverhoffte Rettung. Liebevoll wurden die alten verträumten Backstein- und Fachwerkhäuschen restauriert, Kunsthandwerker und Gastwirte zogen ein – das Leben kehrte zurück. Egal ob einer selbstgedrehte Zigarren, ein Buddelschiff, holländische Kacheln oder Silberschmuck sucht, im Schnoor wird er das Passende finden. Sogar eine Drehorgel läßt sich auftreiben, allerdings nur zum Leihen.

Was aber wäre Bremen ohne seine Häfen? Seit der Verleihung des Großen Marktrechtes im Jahre 965 durch Kaiser Otto I. waren Handel, Schiffahrt und Häfen die treibenden Wurzeln für Bremens Geltung in der Welt. Noch heute erinnert die Balgebrückstraße an den mittelalterlichen Umschlagplatz an der Balge, einem kleinen Seitenarm der Weser. Wo heute die Boote für die Hafenrundfahrt ablegen, legten vor 400 Jahren die Handelsschiffe aus aller Welt an. Zunehmende Versandung der Weser zwang allerdings bereits zu Beginn des 17. Jahrhunderts in Vegesack zum Bau des ersten künstlichen Hafens in Deutschland. Zu Beginn des 19. Jahrhunderts schließlich zwang der zunehmende Tiefgang der Schiffe zur Gründung eines völlig neuen Hafens.

Im Sommer 1826 gelang es dem Bremer Bürgermeister Johann Smidt von Hannover ein 89 ha großes Stück Außendeichland an der Weser zu erwerben. Nur 4 Jahre später lief im dort neu gebauten Hafen der amerikanische Segler „Draper" als erstes Schiff ein, wo heute im Freibecken des Bremerhavener Schiffahrtsmuseums die „Seute Deern" liegt. Fährt man von diesem Museumshafen in den heutigen Fischereihafen oder zu den Überseehäfen, an die Columbuskaje

Der Bremer Spuckstein

Die Bremerin Gesche Margarete Gottfried, geb. Timm, lebte in behaglichen Verhältnissen in der Pelzerstraße. Mit 21 Jahren hatte sie 1806 ihren Nachbarn Miltenberg geheiratet. Der war allerdings ein Grobian und Säufer, weshalb sich die junge Frau in den Weinhändler Gottfried verliebte. Weil Miltenberg den beiden Verliebten nicht aus dem Weg ging, mußte nachgeholfen werden. Gesche tat dies mit „Mäusebutter", wie damals das Arsen hieß.
Der leichte Erfolg scheint ihr zu Kopf gestiegen zu sein, denn zwischen 1813 und 1828 vergiftete sie einen Großteil ihrer Verwandten, darunter auch ihren Vater, ihren Zwillingsbruder und ihre eigenen drei Kinder. Auch ihrem Liebhaber blieb dies Geschick nicht erspart, weil er sich weigerte, sie zu heiraten. Dies tat er erst auf dem Totenbett.
Am 6.3.1828 wurde die Giftmischerin nach einem mißlungenen Mordversuch verhaftet. Im Prozeß konnten ihr 15 Morde nachgewiesen werden. Dafür wurde sie am 17.9.1830 zum Tod durchs Schwert verurteilt. Die Hinrichtung fand am 21.4.1831 auf dem Domshof vor

35000 Zuschauern statt. Ihr Kopf wurde in Spiritus eingelegt und „zum Vorteil der Taubstummenanstalt" ausgestellt.
Die Hinrichtung Gesche Gottfrieds war die letzte öffentliche Exekution in Bremen. Wo dafür das Schafott gestanden hatte, erinnert ein großer, mit einem Kreuz gezierter Pflasterstein an das Ereignis. Ganze Generationen empörter Bremer brachten ihre Abscheu über das „Scheusal in Menschengestalt" dadurch zum Ausdruck, daß sie im Vorübergehen auf den Stein spuckten.
Eine lebensgefährliche Dimension erhielt der Spuckstein in der Nacht zum 22.4.1931, als der Sattler Johann Wiele auf Anregung des Bürgerschaftsabgeordneten Alfred Faust aus dem Kreuz ein Hakenkreuz machte, um „Marktfrauen und Lyzeumsschülerinnen" die Möglichkeit zu geben, ein „frisches Hakenkreuz zu bespeien". Wiele und Faust kamen dafür später ins Konzentrationslager. Beide überlebten, Faust wurde nach dem Krieg vom legendären Bürgermeister Kaisen zum Pressesprecher des Senats gemacht. Der Spuckstein selbst aber hat seinen Platz wie eh und je 18 m vom Brauttor des Domes entfernt am Domshof.

Moorhaus in Worpswede
Küstenregion heißt nicht nur Sand, Geest und Marsch, mindestens gleichberechtigt gehört das Moor dazu. Das wohl bekannteste ist das Teufelsmoor nördlich von Bremen. Bevor die romantischen Maler dorthin kamen, forderte das Moor von seinen Bauern den ganzen Einsatz, getreu dem Motto: „Das Moor ist den ersten sien Dod, den tweeten sien Not und den dritten sien Brot." Daß dies Brot so schlecht nicht gewesen sein muß, beweist das „Moorhaus" in Worpswede.
(Folgende Doppelseite)

oder zum Containerterminal, mag man einfach nicht glauben, daß hier nur gut 150 Jahre Entwicklung dazwischen liegen. An der Stelle der alten Schleuse zum ersten Hafen in Bremerhaven steht heute der große Radarturm, der von seiner Aussichtskanzel aus den besten Überblick über die weitläufigen Hafenanlagen bietet. Spätestens von dort oben sieht jeder, daß an einem Besuch des Deutschen Schiffahrtsmuseums, diesem „Ankerplatz der Sehnsüchte", einfach kein Weg vorbeiführt.

So seltsam es klingt, aber seine Entstehung verdankt das Museum einem Sturm im Jahre 1380. Damals riß sich eine fast fertige Kogge vom Helgen einer Bremer Werft los, trieb ein Stück weserabwärts und versank im Gebiet des heutigen Neustädter Hafens. Dort wurde der Segler 1962 bei Baggerarbeiten gefunden. 10 Jahre später, am 1. November 1972, konnte die Kogge im eigens dafür errichteten Koggehaus des Deutschen Schiffahrtsmuseums neuerlich auf Kiel gelegt werden. Bis 1979 dauerte es dann, bis der Fund aus über 2000 Bruchstücken neu zusammengesetzt war. Heute ruht die Kostbarkeit in einem mit Konservierungsflüssigkeit gefüllten Stahltank. Erst um das Jahr 2000 wird es soweit sein, daß die Kogge wieder frei besichtigt werden kann.

Das Haus um die Kogge herum entwarf kein Geringerer als Hans Scharoun, dem es gelang, den idealen Standort an der Wesermündung und zwischen dem pulsenden Leben der Fischerei- und Handelshäfen so zu gestalten, daß sich der Besucher auf den verschiedenen Plattformen wie auf einem gestaffelten Deck eines großen Passagierdampfers fühlen kann.

Das Spektrum der Exponate reicht heute von den Einbäumen vorgeschichtlicher Zeit bis zu den Abteilungen „Wassersport", „Schiffahrtswege" oder „Geschichte der Deutschen Marine", von den Torfkähnen aus dem Teufelsmoor bis zur Entwicklung der Hochseefischerei, vom Schiffsbau in vorindustrieller Zeit bis zur zeitgenössischen Sektionsbauweise der hochspezialisierten deutschen Werftindustrie.

Wursten, Hadeln und Kehdingen

Der Name des Landes Wursten, der etwa 30 km lange und dabei nur knapp 8 km breite Marschstreifen zwischen Bremerhaven und Cuxhaven, hat trotz seiner fetten Weiden absolut nichts mit schmackhaften Erzeugnissen der Metzgergilde zu tun. Er ist vielmehr von den Wurten abgeleitet, den heute noch sichtbaren, von den Bauern aufgeworfenen Bodenerhebungen, auf denen die Vorväter ihre Höfe errichteten, als es noch keine Deiche als Schutz gegen den „Blanken Hans" gab.

Die Gegend war im Mittelalter ähnlich wie in Dithmarschen, drüben auf der anderen Seite der Elbe, freies Bauernland, zog aber dank des Wohlstandes seiner Herren früh die Begehrlichkeit der Bremer Bischöfe auf sich. Sie versuchten in regelmäßigen Abständen unter dem Vorwand, den „Heiden" den rechten Glauben bringen zu müssen, das ertragreiche Land in ihren Besitz zu bringen. Noch 1517 trug Tjede Pekes aus Padingbüttel, eine Art ostfriesische Jeanne d'Arc, dem Wurster Bauernheer die Fahne voran, als es darum ging, den Bischof am Erobern zu hindern. Daß ein Landsknecht sie mit einem mächtigen Hieb seines Schwertes buchstäblich in zwei Teile geschlagen haben soll, habe sogar noch Kaiser Maximilian bedauert. Die vom Bischof nach seinem Sieg bei Weddewarden errichtete Zwingburg zerstörten die Bauern 1518 schon wieder.

Der größte Reichtum des Landes Wursten sind die Krabben, die man hier Granat nennt. Bei Flut fahren von Wremen, vom Dorumer-Tief und von Spieka-Neufeld die Kutter hinaus, bei Flut kommen sie zurück, meist voll beladen mit der Köstlichkeit aus dem Wattenmeer. Wer am Genuß teilhaben will, kann den Granat vom Kutter weg literweise zum Selberpulen kaufen. Gekocht nämlich sind die kleinen Krebschen schon auf dem Kutter, aus ihrem Panzer muß sie der

111

37

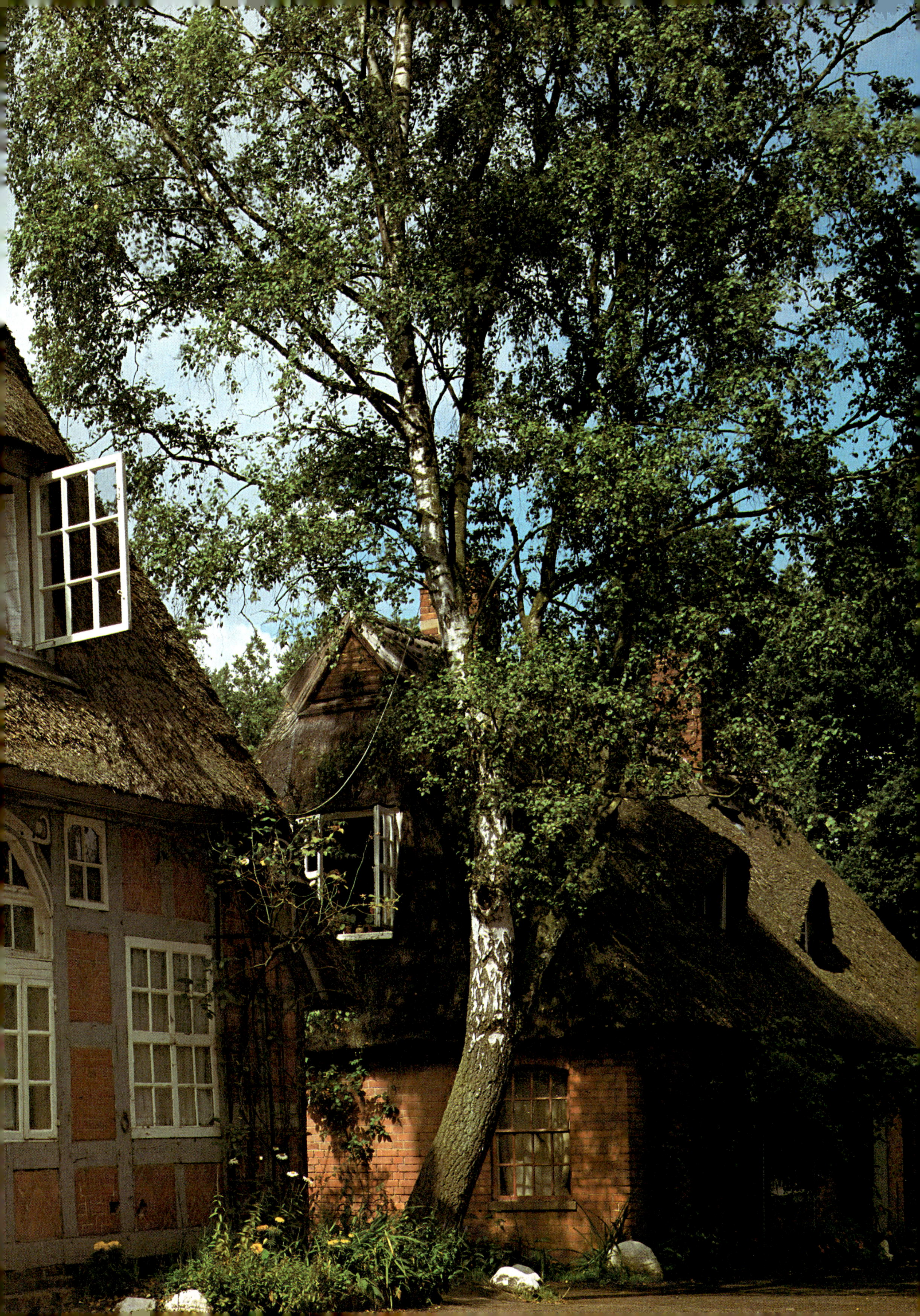

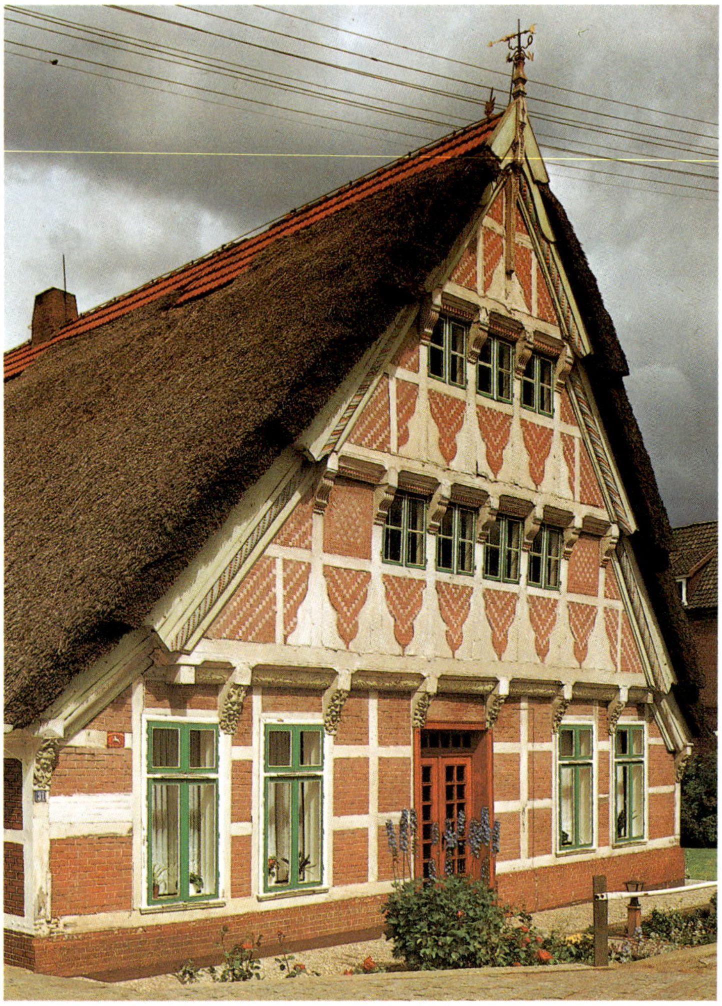

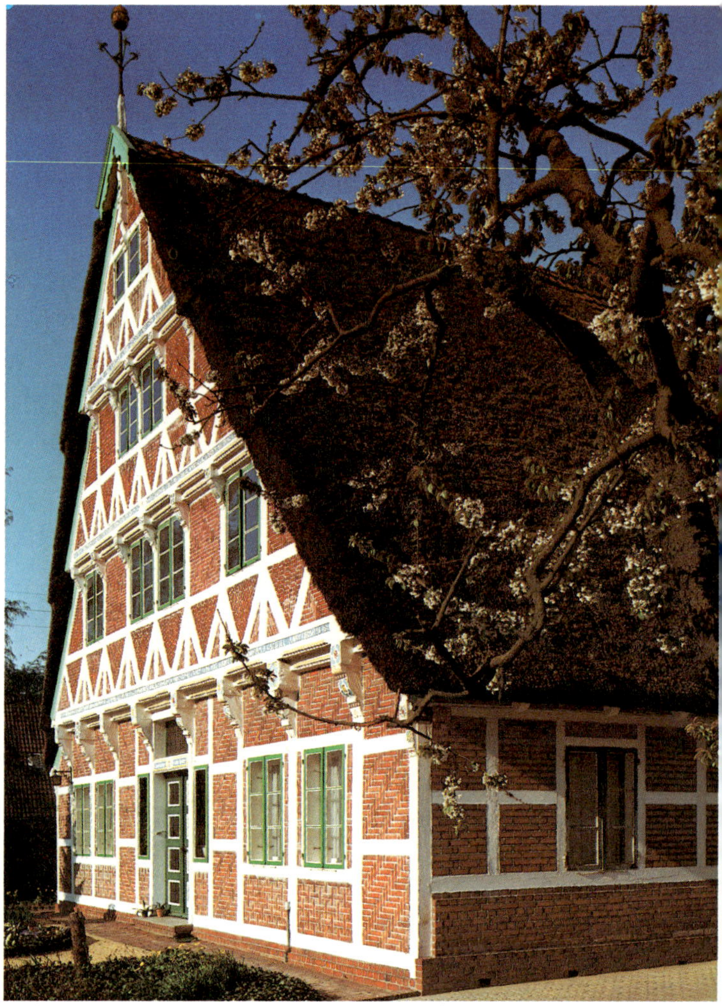

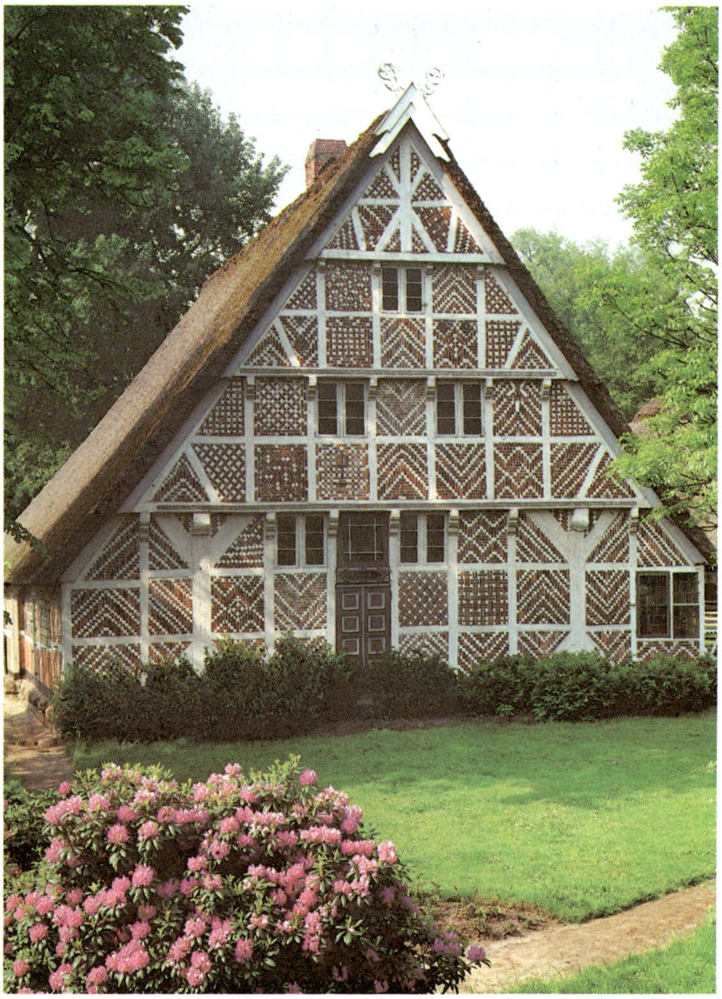

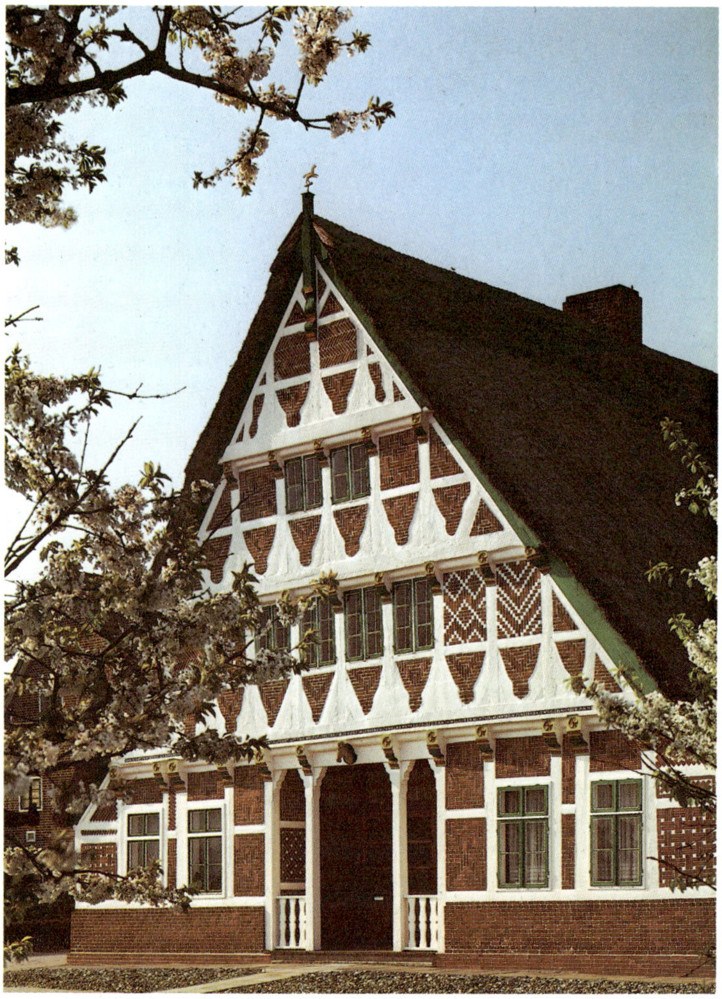

Krabbenbrot mit Rührei

*Benötigt wird für eine Person:
125 ausgepulte Krabben (Granat),
1 große Scheibe dunkles Brot,
50 g Butter, 2 Eier, etwas Milch,
Salz, Pfeffer, Zitrone, Petersilie*

Auf die reichlich mit Butter bestrichene Brotscheibe werden die Krabben gehäuft. Die restliche Butter in einer Pfanne zerlassen und die mit einem Schuß Milch verquirlten Eier unter Rühren stokken lassen. Mit Salz und Peffer würzen. Das fertige Rührei neben dem Krabbenbrot anrichten und mit Zitronenscheiben und Petersilie garnieren. Zum Essen träufelt man noch etwas Zitronensaft über die Krabben und mahlt etwas groben Pfeffer aus der Mühle über das Ganze.

Fachwerkhäuser im Alten Land
In Kehdingen und im Alten Land stehen die mit Abstand schönsten Fachwerkhäuser der deutschen Nordseeküste. Trotz der Nähe der See brachte jedoch nicht sie den Reichtum für den Bau dieser Häuser, sondern die Apfelzucht. In teilweise waldähnlichen Plantagen stehen hier weit über 3 Millionen Obstbäume in Deutschlands größtem, geschlossenem Obstanbaugebiet. Die Paradehäuser stehen in Steinkirchen (links oben), in Kolster (rechts oben), in Stade (links unten) und mitten im Alten Land (rechts unten).

Gourmet schon selber holen: mit einem gekonnten Knack und einem gezielten Dreh teilt sich der Panzer in zwei Hälften und läßt sich nach beiden Seiten abziehen. Die zartrosa Würmer auf ein Butterbrot gehäuft – was kann da noch besser schmecken?

Am äußersten Nordzipfel des Landes Wursten liegt das alte „Koogshaven", das heutige Cuxhaven mit seinem in aller Welt bekannten Hafenbollwerk „Alte Liebe". Von ihm sang schon Heinrich Heine: Am Werfte zu Cuxhaven da ist ein schöner Ort, er heißt die Alte Liebe, die meinige ließ ich dort ... Gebaut wurde der alte Anleger 1733 vom Hafenmeister Kapitän Spanninger, der drei ausgediente Schiffe – das vorderste hieß „Die Liebe" – vor Cuxhaven versenkte, mit Holzpfählen umgab und die Zwischenräume mit Steinen füllte. Als Schiffsanleger hat die „Alte Liebe" zwar längst ausgedient, als Aussichtsplattform ist sie jedoch nach wie vor beliebt.

Schon mitten im Land Hadeln liegt Otterndorf, das „Rothenburg des Nordens". In das idyllische Städtchen hatte 1778–82 Johann Heinrich Voß als Lehrer an der Lateinschule den Geist Homers geholt, als er dort in den langen Winterabenden die Odyssee übersetzte. Die 1614 erbaute alte Lateinschule ist heute ebenso eine Sehenswürdigkeit wie das 1696 errichtete Kranichhaus oder die auf das 13. Jahrhundert zurückgehende St. Severi-Kirche, der bedeutendste „Bauerndom" des Landes.

Geographischer Höhepunkt von Hadeln ist der 74 m hohe Silberberg in der etwa 20 km² großen Geestinsel Wingst. Ihre Nordostecke ist der 61 m hohe „Deutsche Olymp", sein Aussichtsturm schenkt dem Besucher noch einmal zusätzliche 25 m, so daß die Aussicht über weite Teile des Niederelbegebietes reicht.

Jenseits der Oste beginnt das Land Kehdingen und damit die niederelbische Apfelzucht. Nicht umsonst heißt dort die elbnahe Hauptstraße „Obstmarschenweg", und unter Wanderern gilt das gesamte Knie südlich der Elbe als Geheimtip für Einsamkeit und Ungestörtheit. Auf dem Krautsand südlich von Wischhafen stehen die Bauernhöfe noch heute auf Wurten, weil es noch keinen ausreichenden Deichschutz gibt.

Am Südrand von Kehdingen liegt die alte Hansestadt und Schwedenfestung Stade. Ihr gesamter heutiger Altstadtkern war samt Wall und Graben bereits um 1200 fertiggestellt. 1209 erhielt der Markt das Stadtrecht, wenig später die Stadt das Münz- und Stapelrecht. Mit den „Stader Statuten" gab man sich 1279 eine eigene Verfassung und betrieb den Welthandel mindestens so intensiv wie die Hamburger. 1645 kamen die Schweden und bauten das Städtchen zur Festung und zur Hauptstadt der damals schwedischen Herzogtümer Bremen und Verden aus.

Weil ein Stadtbrand 1659 die Stadt weitgehend einäscherte, ist der Altstadtkern heute gleichermaßen geprägt von der noch mittelalterlichen engen Straßenführung und von bürgerlichen Fachwerkhäusern des 17. und 18. Jahrhunderts. Lediglich die gotische St. Wilhadi-Kirche mit ihrer Bielfeldt-Orgel von 1735 und die St. Cosmae-Kirche, mit ihrem barocken Turmhelm Wahrzeichen der Stadt, gehen auf das 13. Jahrhundert zurück.

Vom alten, 1279 fertiggestellten, gotischen Rathaus blieb immerhin der Keller erhalten, das heutige Rathaus entstand 1667 im flämischen Stil. Der einzige voll erhaltene Repräsentativbau aus der schwedischen Großmachtzeit ist der 1705 fertiggestellte Proviantspeicher der schwedischen Truppen, den die Stader heute zum Regionalmuseum ausgebaut haben. Das mit Abstand Reizvollste in Stade aber sind die zahlreichen, mit unendlicher Liebe zum Detail gestalteten und so reich verzierten Bürgerhäuser in den verträumten Winkeln um den alten Hafen.

Südlich von Stade bis hinunter zur alten Süderelbe vor Finkenwerder zieht sich das „Alte Land", das größte, geschlossene Obstanbaugebiet Deutschlands. Rund 3 Millionen Obstbäume stehen hier in teilweise waldähnlichen Plantagen und verwandeln Ende Mai/Anfang Juni zur Zeit der Obstblüte die Landschaft in ein einziges Blütenmeer. Seinen Namen erhielt der Marschstreifen übrigens von den Humanisten. Sie nannten das erste, der Tide abgerungene Gebiet zwischen Schwinge und Lühe „terra antiqua", ein Name, der dem Marschgebiet bis hinauf nach Hamburg auch blieb, als man in Deutschland wieder Deutsch schrieb.

Tor zu Welt und Welthandel

„Die Stadt Hamburg ist eine gute Stadt; lauter solide Häuser. Hier herrscht nicht der schändliche Macbeth, sondern hier herrscht Banko. Der Geist Bankos herrscht überall in diesem kleinen Freistaate, dessen sichtbares Oberhaupt ein hoch und wohlweiser Senat ist. In der Tat, es ist ein Freistaat, und hier findet man die größte politische Freiheit. Jeder ist hier freier Herr seiner Handlungen, Hamburg ist die beste Republik. Seine Sitten sind englisch und sein Essen ist himmlisch. Mögen die christlichen Theologen dort noch so sehr streiten über die Bedeutung des Abendmahls: über die Bedeutung des Mittagsmahls sind sie ganz einig."

Ob die Beobachtungen Heinrich Heines (aus den Memoiren des Herrn von Schnabelewopski) im bezug auf das gute Hamburger Essen heute noch stimmen, mag jeder Besucher für sich entscheiden. Seine Beobachtungen zur Freiheit jedenfalls haben bis heute ihre Berechtigung noch nicht ganz verloren – selbst wenn es auch damit langsam aber sicher bergab geht. Dabei verdankt gerade der Freiheit Hamburg seine Bedeutung über viele Jahrhunderte hinweg.

Den Anfang hatte zwar schon Karl d.Gr. gesetzt, als er um 810 an der Mündung der Alster in die damals noch Albis genannte Elbe die Hammaburg als Bollwerk gegen die Wikinger errichten ließ und einen Bischof zur Missionierung des Umlandes hineinsetzte. Zwar hielt das die Wikinger nicht vom weiteren Erobern ab, doch konnte selbst das auf Dauer das Wachstum der Siedlung um die Hammaburg nicht hindern.

Die Freiheit als entscheidende Hilfe kam am 7. Mai 1189 in Form eines kaiserlichen Freibriefes. Ihn hatte der damalige Landesherr Adolf III., Graf von Schauenburg, von Kaiser Friedrich Barbarossa erwirkt und damit erreicht, daß „die Bürger in Hamburg mit ihren Schiffen, Waren und Bemannung von der See bis an die Stadt frei sein sollen von allem Zoll, Ungeld und sonstigen Anforderungen". Weil damit der immerhin knapp 100 km von der Küste landeinwärts gelegene Hafen zumindest zollrechtlich einem richtigen Seehafen gleichgestellt wurde, gilt das Datum des Freibriefes bis heute als Geburtstag des Hamburger Hafens, der Jahr für Jahr auch gebührend gefeiert wird.

„Hansestadt" als zweites Attribut neben dem „Frei" kam erst 132 Jahre später in den offiziellen Namen des Handelshafens. Wie sich bald herausstellen sollte, versprachen sich die Hamburger durch den Beitritt zur Hanse handfeste wirtschaftliche Vorteile, ein Glaube, der sich sehr schnell als Irrtum erweisen sollte. Die Hanse nämlich lag damals in Dauerfehde mit Dänemark, ein Techtelmechtel, das den Hamburgern zu teuer schien. Erst als es der Hanse 1370 gelang, Waldemar IV. von Dänemark zu besiegen und Hamburg daraufhin mit Ausschluß bedrohte, bequemten sich die Hanseaten, dem Ausschluß durch nachträgliches Zahlen der anteiligen Kriegskosten zuvorzukommen. Daß dieser Handel im nachhinein doch noch von Vorteil für die Hamburger war, zeigte sich in den folgenden 150 Jahren, als die Hanse die uneingeschränkte wirtschaftliche Vorherrschaft in Nordeuropa ausübte und Hamburg sich zum wichtigsten und bedeutendsten Warenumschlagsplatz Deutschlands entwickeln konnte.

Daß man „frei" auch noch in anderer Richtung verstehen kann, bewiesen die Hamburger im 16. Jahrhundert. Als 1575 die Hanse ihre Vorrechte in England nicht mehr aufrechterhalten konnte, reagierten die Hanseaten unkonventionell:

Snack

Ein Fischerehepaar sitzt an einem Sonntagabend vor seiner Kate und genießt den Sonnenuntergang am ruhigen Meer. Endlich sagt die Frau: „Wie scheun is dat hüt." Nach mindestens einer Stunde antwortet der Fischer: „Dat markt man ock, ohne to snacken."

Altar in Rodenkirchen

Eines der Meisterstücke Ludwig Münstermanns steht in der Rodenkirchener St. Matthäuskirche und ist der 1630 fertiggestellte Altar mit seinem außergewöhnlich umfangreichen, figürlichen Programm in der Anordnung einer Guckkastenbühne. Im Zentrum ist das Abendmahl vollplastisch wie in einer Puppenstube dargestellt.

Hamburger Hafen

Hamburg wäre zweifellos nicht Hamburg ohne seinen Hafen. Sein Geburtstag ist der 7. Mai 1189, als in einem kaiserlichen Freibrief festgelegt wurde, daß „die Bürger in Hamburg mit ihren Schiffen, Waren und Bemannung von der See bis an die Stadt frei sein sollen von allem Zoll, Ungeld und sonstigen Anforderungen". Dank dieser Freiheit entwickelte sich Hamburgs Hafen zu Deutschlands größtem Warenumschlagsplatz.
(Folgende Doppelseite)

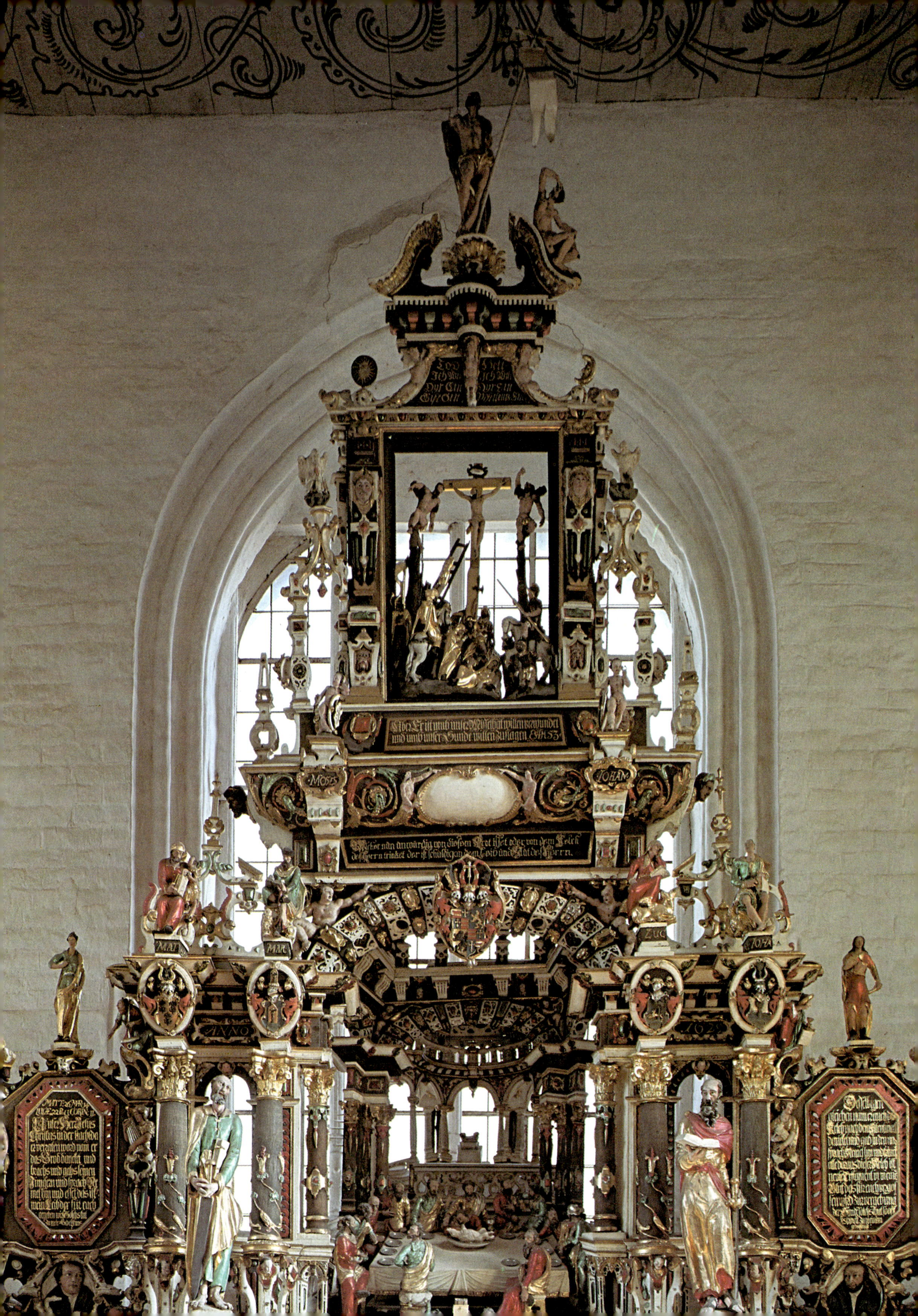
MOSES
IOHAN

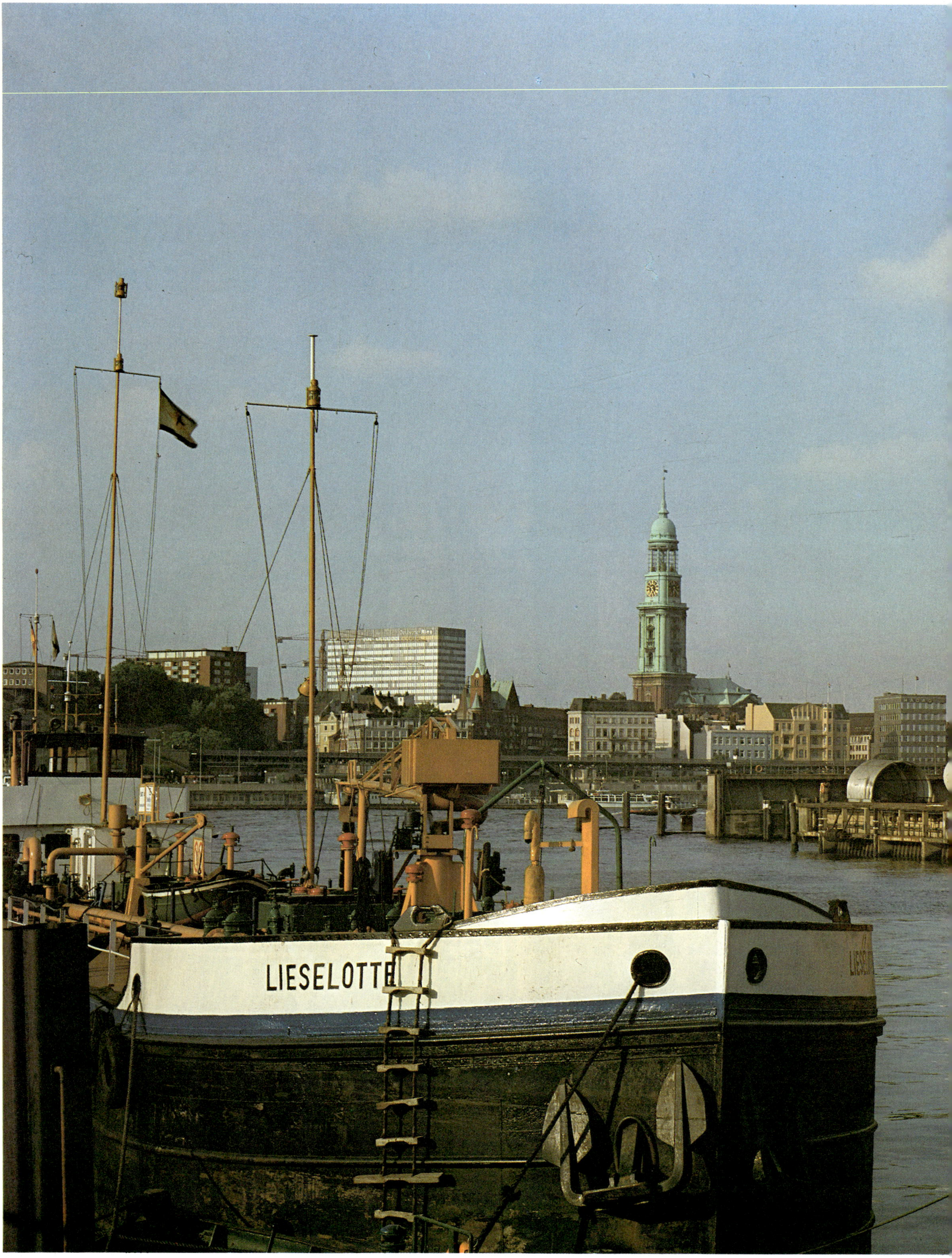
LIESELOTTE

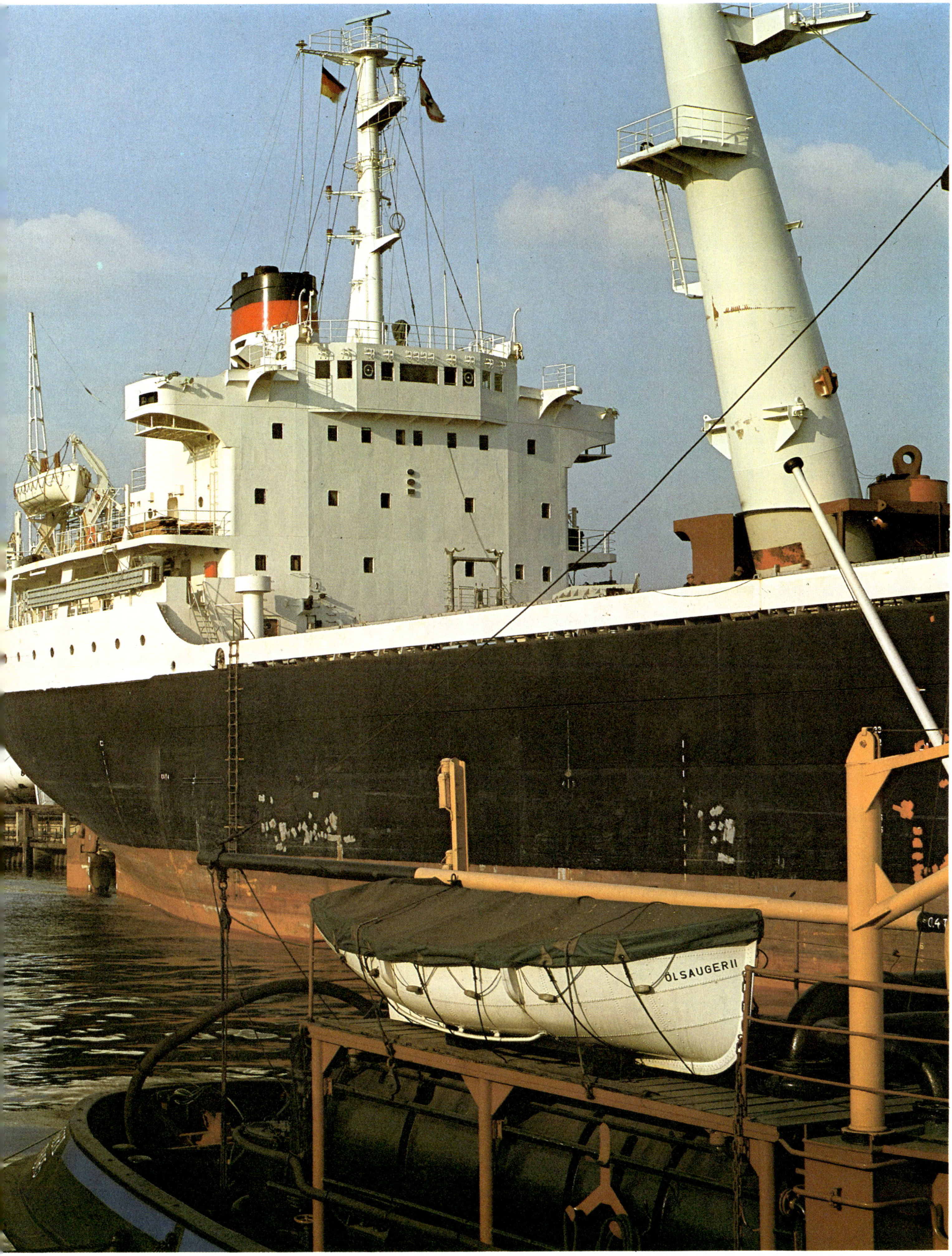
ÖLSAUGER II

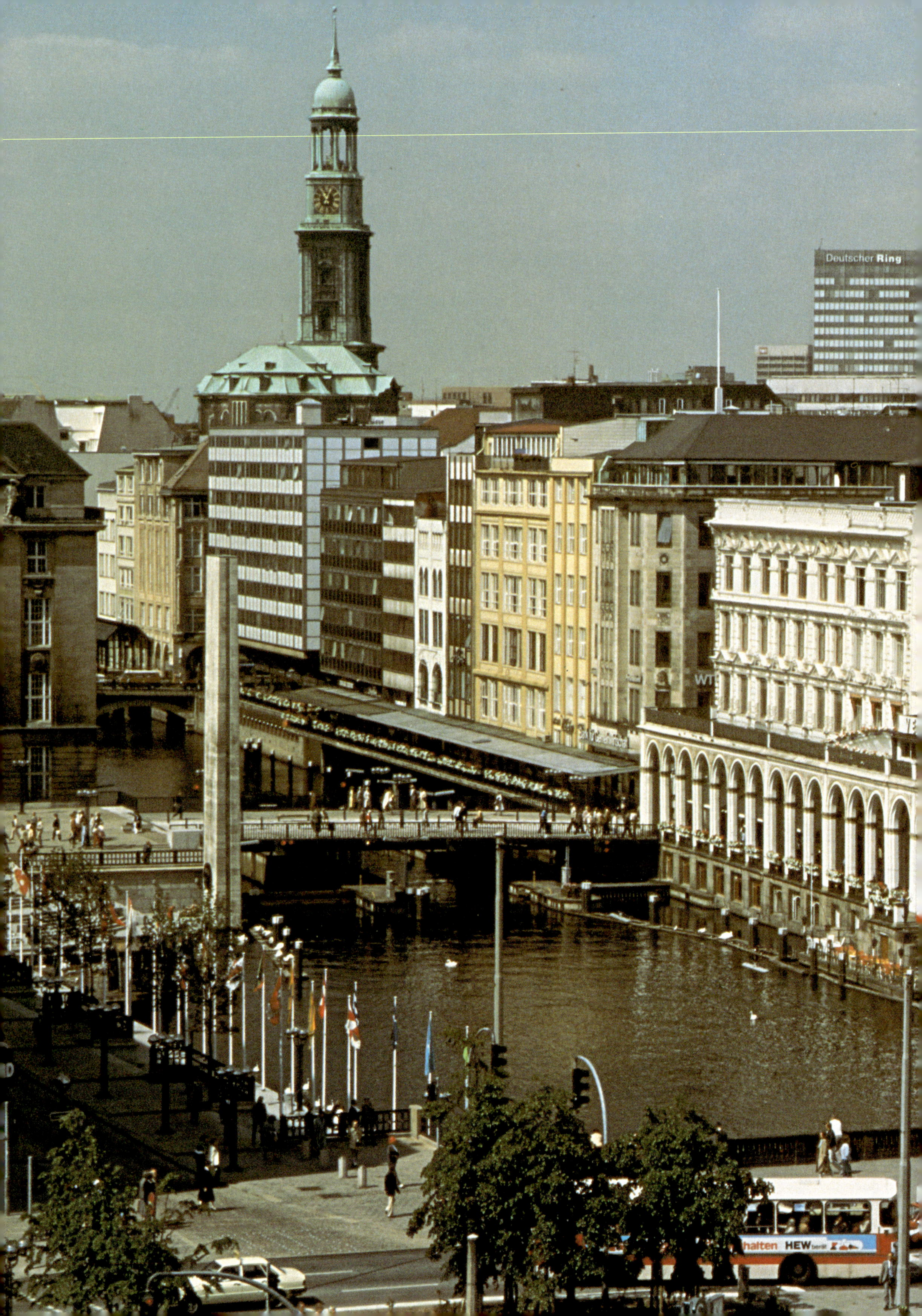
Deutscher Ring

Hummel

Johann Wilhelm Bentz war bis 1848, als er wegen des neuen Wasserwerkes in Rothenburgsort arbeitslos wurde, Wasserträger in der Hamburger Neustadt. Der dürre, etwas griesgrämige aber volkstümliche Wasserträger wurde von der Straßenjugend „Griephummer" genannt, weil er sie zu „griepen" (greifen) versuchte.
Griephummer oder Hummer war gleichzeitig aber auch der Spottname für den beim Volk verhaßten Gerichtsdiener und allgemein für einen griesgrämigen, berechnenden und kleinkarierten Menschen. So richtig personifiziert aber wurde der „Hummer" erst mit dem Wasserträger Bentz. Mit der Zeit schließlich wurde aus dem Endungs-r von Hummer, wie häufig in Hamburg, ein l und fertig war das Synonym für den Hamburger.

Hamburger City
„Für Leser, denen die Stadt Hamburg nicht bekannt ist – und es gibt deren vielleicht in China und Oberbayern –, muß ich bemerken, daß der schönste Spaziergang (in Hamburg) den rechtmäßigen Namen Jungfernstieg führt."
Folgt der Besucher dem Ratschlag Heinrich Heines, landet er zumindest mitten in der Hauptschlagader der Einkaufsbummler und bekommmt den Ausgangspunkt für Alster-, Fleet- und Kanalrundfahrten als Dreingabe. Den Michel, die Alsterarkaden und die Kleine Alster wird er dann ganz von selbst entdecken.

1567 erlaubten sie englischen Tuchhändlern den Betrieb eines eigenen Lagerhauses. Damit verstießen sie zwar gegen alle Statuten der Hanse, retteten aber ihre Handelsbeziehungen zu England. Gut 10 Jahre dauerte anschließend das Gerangel um die Sonderbeziehungen. Danach mußten zwar die Briten ihre Niederlassung für kurze Zeit noch einmal schließen, 1611 jedoch setzte sich diese Handelsform trotz des anhaltenden Widerstandes der allerdings langsam schwächer werdenden Hanse endgültig durch.

Wer heute von St. Pauli über die Wallstraßen den großen Bogen über die Lombardsbrücke hinüber zum Deichtorplatz fährt, der folgt genau der Wall- und Grabenanlage, die im 17. Jahrhundert die Stadt landeinwärts schützte. Der damalige Aufschwung zog Zuwanderer bis aus Holland und Frankreich an, und selbst gravierende Rückschläge wie Napoleons Kontinentalsperre, die Besetzung durch die Franzosen oder der große Stadtbrand von 1842 konnten den Aufstieg des Hafens zum „Tor zur Welt" nicht bremsen.

Wesentlich gefährlicher war da schon das Jahr 1888 mit dem Zollanschluß Hamburgs an das Deutsche Reich. Mit einem Schlag reduzierte sich das Zollauslandsgebiet, das vorher die gesamte Stadt umfaßt hatte, auf das etwa 16 km² große Gebiet des heutigen Zollfreihafens. Um dem Hafen dennoch sein wichtigstes Stimulans zu erhalten, griffen die Hamburger zur Radikalkur. Knapp 25 000 Bürger mußten von der Brookinsel und einer neu zu errichtenden Speicherstadt aus Backstein weichen. Was heute mit den grünen Kupferhauben und verspielten Ziergiebeln so romantisch wirkt, entstand vor knapp 100 Jahren als planmäßige Gründung auf Eichenpfählen. Die Fleete dazwischen waren allesamt befahrbar. Wer die Speicherstadt heute zu Fuß besucht, sollte am Brooktor nicht am Bronzedenkmal Klaus Störtebekers vorbeigehen. Dort nämlich ist der berühmteste Seeräuber aller Zeiten 1402 geköpft worden.

Weil in Hamburg stets der Hafen die Bedürfnisse der Stadt regierte und kein Hafen ohne entsprechende Anbindung an die Verkehrswege landeinwärts funktionieren kann, wurde schon 1911 der erste Tunnel bei den St. Pauli-Landungsbrücken eröffnet. Der alte Elbtunnel war damals mit seinen beiden knapp 450 m langen Tunnelröhren und den Aufzügen am Ende eine absolute technische Sensation. Daß er noch heute funktioniert, spricht wohl am besten für die Qualität der damaligen Ingenieursarbeit, auch wenn heute seine Kapazität vorn und hinten nicht mehr reichen würde. Dafür, daß der Verkehr dennoch ungestört über die Elbe rollen kann, sorgen heute der großzügig angelegte neue Elbtunnel und das neue Wahrzeichen Hamburgs: die an zwei gewaltigen, 130 m hohen Pylonen aufgehängte, 53 m hohe Köhlbrandbrücke über die Süderelbe.

Wer sich heute daran macht, Hamburg für sich zu erobern, kann sich zunächst noch einmal an Heinrich Heine halten. Er empfahl: „Für Leser, denen die Stadt Hamburg nicht bekannt ist – und es gibt deren vielleicht in China und Oberbayern –, für diese muß ich bemerken, daß der schönste Spaziergang der Söhne und Töchter Hammonias den rechtmäßigen Namen Jungfernstieg führt; daß er aus einer Lindenallee besteht, die auf der einen Seite von einer Reihe Häuser, auf der anderen Seite von dem großen Alsterbassin begrenzt wird".

Folgt der Besucher dem Ratschlag, landet er zumindest mitten in der Hauptschlagader der Einkaufsbummler und bekommt den Ausgangspunkt für Alster-, Fleet- und Kanalrundfahrten als Dreingabe. Auch der Endpunkt zum Ausruhen ist mit dem berühmten Alsterpavillon bereits vorgegeben. Dazwischen aber ist ein ausgedehnter Bummel durch die zahlreichen Einkaufspassagen und vor allem durch die teilweise durchaus passabel angelegten Galerien unumgänglich. Sie sind eine echte Spezialität der Hamburger. Zwischen Gänse- und Rathausmarkt gibt es inzwischen gleich acht solcher zum Flanieren unter Glas einladenden Passagen mit über 300 Geschäften, Restaurants und Cafés.

So reizvoll Weltstadtflair und Kaufverlockungen auch sind, über Jahrhunderte gewachsene Stadtkultur vermögen sie nicht zu ersetzen. Wer dennoch danach sucht, wird vielleicht mit einem Zitat Alfred Lichtwarks Bekanntschaft machen. Der ehemalige Direktor der Hamburger Kunsthalle sprach nicht umsonst schon Anfang unseres Jahrhunderts voll Zorn von der „freien und Abrißstadt Hamburg". Wo die Hamburger selbst gerne die Zerstörungen durch den Stadtbrand 1842 zur Entschuldigung herholen, legte er früh den Finger auf die eigentliche Wunde.

Seit eh und je nämlich war es in Hamburg üblich, großzügig zu planen und Altes eher dem Neuen zu opfern, als auch nur den Versuch des Erhaltens zu machen. Bestes (oder auch unrühmlichstes) Beispiel von der aus der allzu engen Verbindung von Politik und Kommerz sich ergebenden Hauruckmethode ist der heutige Rathauskomplex. An seiner Stelle standen bis zur Mitte des vorigen Jahrhunderts die Gebäude zweier Klöster. Weil ihr Platz für Börse und Rathaus günstig schien, mußten sie weichen, damit zunächst das neue Börsengebäude errichtet werden konnte.

Nahezu 50 Jahre sollte es dann dauern, bis sich die Hamburger darüber einigen konnten, wie das an die Börse angebaute Rathaus aussehen sollte. Schneller einig war man sich bei der Gestaltung des alten Rathausmarktes. Ihn legte Alexis de Chateauneuf unter Einbeziehung der Kleinen Alster und mit Seitenblicken auf den Markusplatz in Venedig an. Geblieben sind davon heute die Alsterarkaden. Der Platz selbst wurde 1977 völlig neu angelegt – ob zu seinem Vorteil, darüber streiten die Hamburger bis heute.

Weil der Kommerz in Hamburg schon immer vor der Kunst rangierte, dauerte es auch ziemlich lange, bis man sich auf Altes, auf seine Erhaltung und Erforschung besann. Was von den Anfängen Hamburgs übrig geblieben ist, ist denn auch eher dem Zufall als systematischer Arbeit zu verdanken. So kann man heute im Keller des Gemeindehauses der Petrikirche die Fundamente der bischöflichen Burg aus dem 11. Jahrhundert besichtigen. Auf der gegenüberliegenden Seite der Straße konnten die Reste der Hammaburg nachgewiesen werden.

Die älteste Kirche der Stadt ist die im 11. Jahrhundert belegte St. Petrikirche. Von ihrem mittelalterlichen Bau ist einzig der heute am Westportal angebrachte, bronzene Türklopfer von 1342 erhalten. Die Kirche selbst wurde 1849 nach der Zerstörung durch den Stadtbrand neugotisch wieder aufgebaut. Auch die Hauptkirche St. Jakobi, 1255 belegt und im 14. und 15. Jahrhundert ausgebaut, wurde erst 1963 wieder hergestellt. Immerhin gibt es in ihr noch drei gotische Schnitzaltäre und vor allem eine Arp-Schnitger-Orgel zu bewundern. Auch die St. Michaeliskirche hat eine ähnliche Vergangenheit. Der 1751–86 entstandene Bau war die größte Barockkirche Norddeutschlands, ihr 132 m hoher Turm, der berühmte Michel, war und ist das Wahrzeichen Hamburgs. Die barocke Schönheit brannte gleich zweimal ab, der heutige Bau wurde 1912 fertiggestellt.

Wer heute Hamburg meint, meint auch seine besonderen Freiheiten. Reeperbahn und Große Freiheit sind weltbekannt, auch wenn die dort heute geltende Freiheit einst nur den hier ansässigen Handwerkern galt, die ihrem Gewerbe ohne Zunftzwang nachgehen durften. Wer den Genuß der Glitzerwelt aus Straß und Rotlicht in einer Nacht von Samstag auf Sonntag lange genug ausdehnt, kann von der Großen Freiheit gleich in eine kleine, dafür aber nahrhaftere weiterbummeln: zum Hamburger Fischmarkt.

Zu einer Zeit, wo sonst nirgendwo in Deutschland auch nur der kleinste Kiosk geöffnet hat, beginnt sonntagmorgens um 6 Uhr am Fischmarkt das große Treiben. Von Aal dis Zauberzeug wird mit lauter Stimme alles angepriesen, was auf diesem Wege verkäuflich erscheint. Seit 1703 gibt es diesen Markt, als eine Magistratsverordnung den Fischern die Freiheit gab, ihre leicht verderbliche Ware auch sonntags vor dem Kirchgang zu verkaufen „bis die Glocke halbe Neun" schlägt. Heute dauert die Attraktion bis um 10 Uhr vormittags. Erst danach kehrt in Hamburg tatsächlich die Sonntagsruhe ein.

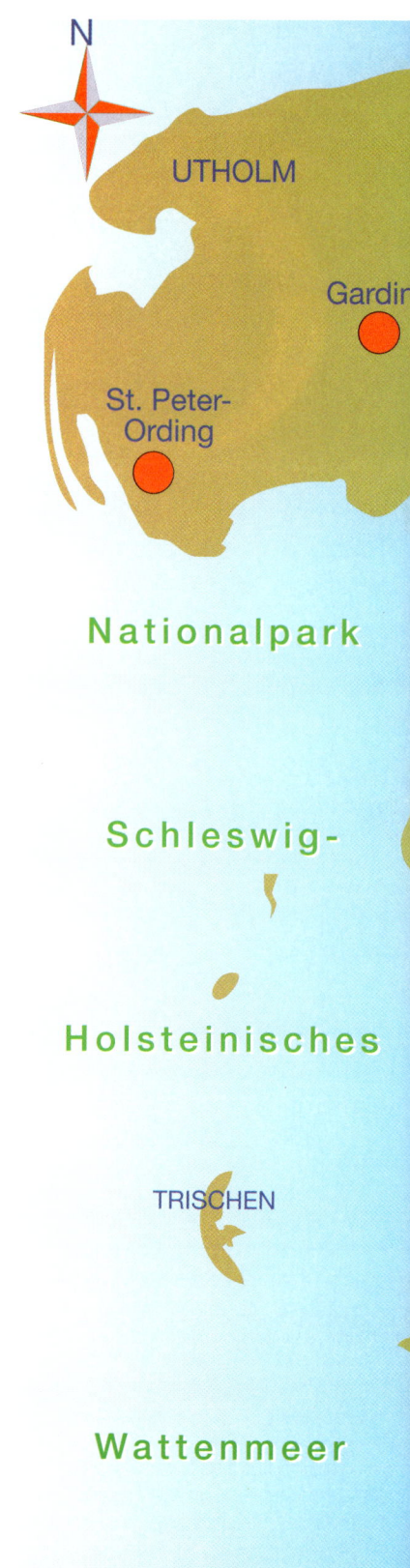

An Schleswig-Holsteins grüner Küstenstraße

„Küstenstraße" scheint ein klarer, unverwechselbarer Begriff zu sein, gerade recht also für eine einprägsame Werbeaussage. So oder ähnlich mögen die Tourismusmanager gedacht haben, als sie der Strecke von Glückstadt nach Niebüll und Westerland das Prädikat „Grüne Küstenstraße" anhängten. Wer als Binnenländer nun aber glaubt, er könne hier unmittelbar an der Küstenlinie entlangfahren, wird sich arg getäuscht sehen. Lediglich das Attribut „grün" wird er mit endlosen Weide- und Wiesenflächen bestätigt finden, die eigentliche Küste und erst recht das Meer wird er jedoch zumindest bis hinauf nach Husum vergeblich erwarten.

Abhilfe schafft da nicht einmal ein genauerer Blick auf die Karte. Dabei nämlich zeigt sich nur, daß es wohl hie und da die Möglichkeit gibt, an die eigentliche Küstenlinie vorzudringen. Genauso wird aber auch deutlich, daß es dazwischen große Bereiche mit einzelnen Höfen hinter langen Deichen gibt. Wer dort bis ans Meer kommen möchte, muß entweder lange Umwege fahren oder zu Fuß auf den Deich gehen. Herrscht dann gerade noch Ebbe, ist es noch einmal nichts mit der Sicht auf das Meer.

Wer schließlich der Sache ganz auf den Grund geht, wird schnell feststellen, daß es an der schleswig-holsteinischen Westküste „die Nordseeküste" überhaupt nicht gibt. Statt dessen präsentiert sich das, was der Binnenländer sich gerne als „einfachen" Übergang zwischen Land und Wasser vorstellen würde, in gleich drei verschiedenen Formen: als Innenküste (die eigentliche Festlandsküste), als Außenküste (die exponierte Seite der vorgelagerten Inseln und Sandbänke) und schließlich als die dem Wattenmeer zugewandte Innenküste der Inseln und Halligen.

Während die Form der Außenküste praktisch ausschließlich das Ergebnis des Zusammenspiels von Wind und Wellen ist, verdankt die Innenküste ihre Gestaltung weitgehend der formenden Hand des Menschen. Dank der Schutzfunktion der vorgelagerten Inseln und des Watts ist sie nämlich eine „ruhige" Küste, an der das Meer in der Regel mehr anlandet als wegreißt. Seit jeher wurde diese Erscheinung von den Menschen an der Küste zur Landgewinnung und zur Verkürzung der Küstenlinie benutzt. Die über Jahrhunderte hinweg nach und nach eingedeichten Flächen, die Köge, spiegeln noch heute mit ihren vielen Zwischendeichen dieses ewige Ringen wider.

Unterbrochen wird die „ruhige" Linie der Innenküste nur an den Flußmündungen. Hier sorgen die Gezeiten für die Ausbildung tiefer Trichtermündungen ohne Verlandungserscheinungen. Weil das zum Meer drängende Süßwasser nur bei Ebbe abfließen kann, sorgt die damit verbundene hohe Strömungsgeschwindigkeit dafür, daß die für die jeweilige Mündung notwendige Tiefe ganz von selbst erhalten bleibt. Weil jede Beeinträchtigung des natürlichen „Spüleffektes" gravierende Auswirkungen auf das Binnenland hätte, blieb lange nichts anderes übrig, als die Trichter entsprechend weit landeinwärts ebenfalls einzudeichen. Erst mit dem Bau der Eidersperre gelang es, eine größere Trichtermündung vor den Auswirkungen möglicher Sturmfluten zu schützen, ohne den Spüleffekt des bei Ebbe abfließenden Süßwassers zu beeinträchtigen.

„Grüne Küste" heißt also im Westen von Schleswig-Holstein: Land hinterm Deich, dem Meer abgerungenes Land, das häufig unter NN liegt und Siedlungen, die im Laufe der Zeit aufgrund der Eindeichungen von Neuland immer weiter landeinwärts „gerutscht" sind. Daß all dies dennoch im weitesten Sinne zum Küstenbereich gehört, wird jeder sehr schnell merken, der sich auf der grünen Küstenstraße auf den Weg macht.

Marschen nördlich der Elbe

„Ein Herr ut Glückstadt, ein Börger ut Itzehoe, ein Mann ut Kremp, ein Kerl ut Wilster". Treffender läßt sich wohl kaum ausdrücken, was Herren, Bürger und Bauern in der guten alten Zeit voneinander hielten. Demnach waren in Glückstadt schon immer die Herren mit ihren herrschaftlichen Häusern, in Itzehoe die Bürger und in Krempe und Wilster dagegen die eher handfesten Arbeiter zu Hause. Und weil sich an der See Bewährtes nicht so schnell verändert, ist von der ursprünglichen „Verteilung" auch heute noch etwas zu spüren.

Das vom Dänenkönig Christian IV. 1617 gegründete Festungs- und Regierungsstädtchen Glückstadt wurde vom Barockdichter Johann Rist nicht umsonst als „der Städte Meisterstück" gepriesen. Dem Dänenkönig fehlte damals für seine Großmachtpolitik im Süden seines schleswig-holsteinischen Territoriums nicht nur ein Hafen, sondern vor allem auch eine feste militärische Operationsbasis, hauptsächlich gegen die Hamburger, die sich für dänischen Geschmack auf der Unterelbe bereits viel zu breit gemacht hatten.

Die Reißbrettgründung von Königs Gnaden entstand ganz nach den Idealvorstellungen der Festungsbauer der Renaissance als fächerförmiges Sechseck. Von seinem zentralen Marktplatz aus wurden radial Straßen zu den Eckbastionen angelegt. Rückgrat des Kanalsystems wurde nach niederländischem Vorbild ein die Stadtmitte querendes „Fleth".

Bereits 1644 war Glückstadt dank der toleranten Aufnahme niederländischer Glaubensflüchtlinge (Mennoniten, Reformierte und Juden) die drittgrößte dänische Stadt und nicht ganz zu Unrecht konnte der König hoffen: „Geht es glücklich so fort, so wird Glückstadt eine Stadt und Hamburg ein Dorf." Doch selbst das Wappen mit der Fortuna auf goldener Kugel nützte dem Städtchen wenig, als der König im Krieg mit Schweden seine Finanzkraft verlor und sein Nachfolger 1648 ganz andere Sorgen hatte, als sich um die absolutistische Neugründung zu kümmern.

Bis heute noch ganz erhalten ist der einmalige Stadtgrundriß mit seinen zwölf Radialstraßen. Vor allem an der Hafenstraße sind noch aufwendige barocke und klassizistische Fassaden und nicht zuletzt ein massiver barocker Speicherbau zu entdecken. Den stimmungsvollen Marktplatz beherrscht wie eh und je das 1872 nach den alten Plänen neu errichtete Backsteinrathaus. Um ihm den nötigen Respekt zu verschaffen, wurde es auf Anweisung des Königs gleich über zwei Straßen gebaut.

Die Kirche in der östlichen Ecke des Marktplatzes wurde 1623 fertiggestellt, mußte jedoch nur 27 Jahre später bereits völlig erneuert werden, da der Turm eingestürzt war. Heute ist gerade er mit seinem originellen, grazil aufgesetzten Haubenhelm das Wahrzeichen der Stadt. Im Inneren der Stadtkirche beeindrucken das durchlaufende Holztonnengewölbe, der zweiteilige Altaraufbau und die raumprägenden Holzemporen mit Darstellungen der Heilsgeschichte.

Gleichermaßen bürgerlicher und geschichtsträchtiger geht es dagegen störaufwärts in Itzehoe zu. Schon in der Vorzeit gab es am Rande der festen Geest eine Siedlung, 810 gilt als das offizielle Stadtgründungsdatum. Die Karolinger brauchten die Siedlung als Brückenkopf gegen die Dänen und Slawen. Im 11. Jahrhundert errichteten die Sachsen einen Ringwall, im 13. Jahrhundert entstand das erste Zisterzienserinnenkloster. Die schleswig-holsteinischen Ritter

Segelschiffe

Sie haben das mächtige Meer unterm Bauch
Und über sich Wolken und Sterne.
Sie lassen sich fahren vom himmlischen Hauch
Mit Herrenblick in die Ferne.

Sie schaukeln kokett in des Schicksals Hand
Wie trunkene Schmetterlinge.
Aber sie tragen von Land zu Land
Fürsorglich wertvolle Dinge.

Wie das im Winde liegt und sich wiegt
Tauwebüberspannt durch die Wogen,
Da ist eine Kunst, die friedlich siegt,
Und ihr Fleiß ist nicht verlogen.

Es rauscht wie Freiheit. Es riecht wie Welt. –
Naturgewordene Planken
Sind Segelschiffe. – Ihr Anblick erhellt
Und weitet unsere Gedanken.

Joachim Ringelnatz

Nord-Ostsee-Kanal

An der großen Schleuse bei Brunsbüttel mündet der Nord-Ostsee-Kanal, die kürzeste Verbindung zwischen Nord- und Ostsee und gleichzeitig die meistbefahrene künstliche Schiffahrtsstraße der Welt. Der 1895 fertiggestellte und knapp 100 km lange Kanal ersetzt den 1777 erbauten ersten Kanal an der Eider und erspart den Kapitänen den gefährlichen Weg um das Skagerrak.

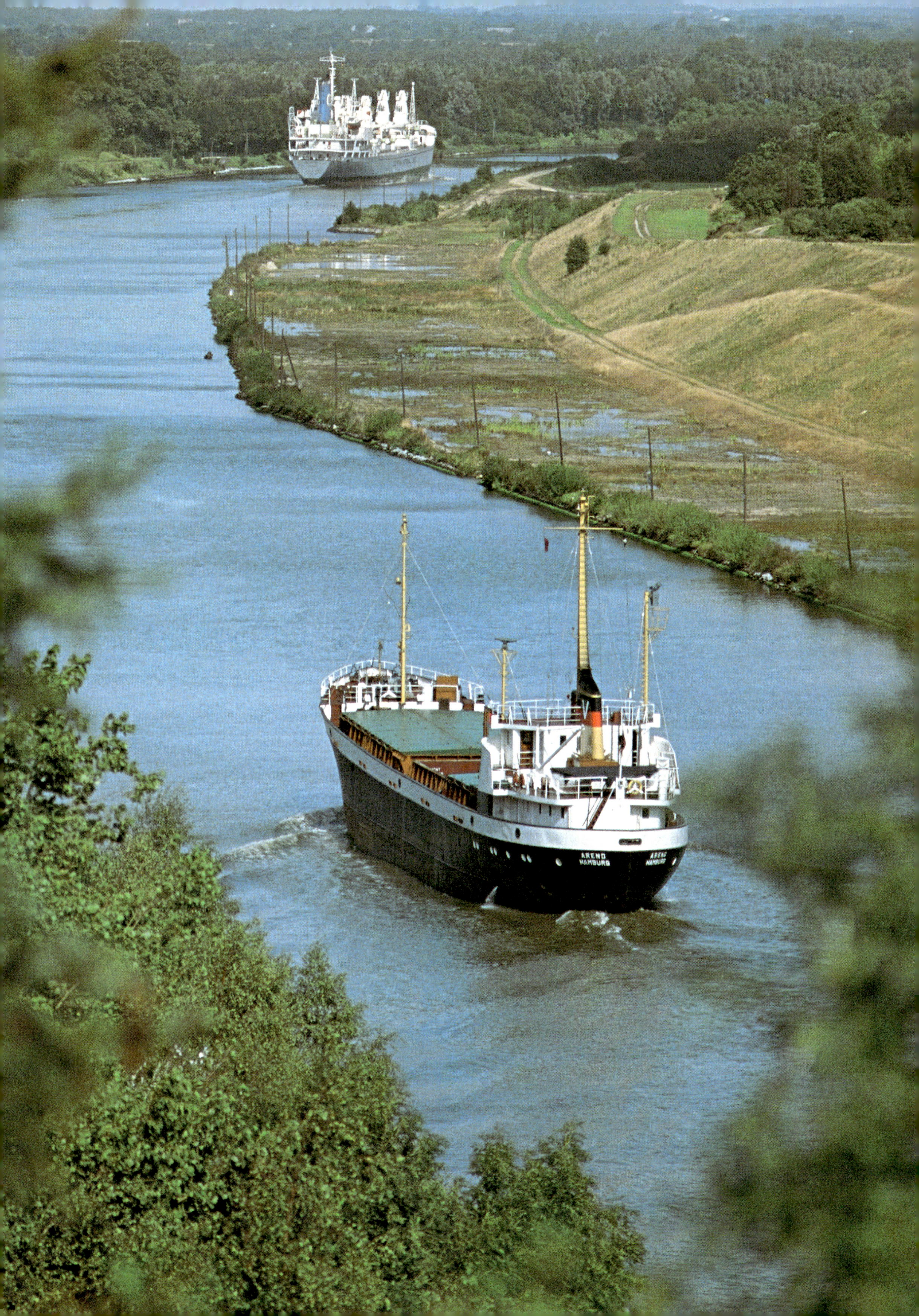
AREND
HAMBURG

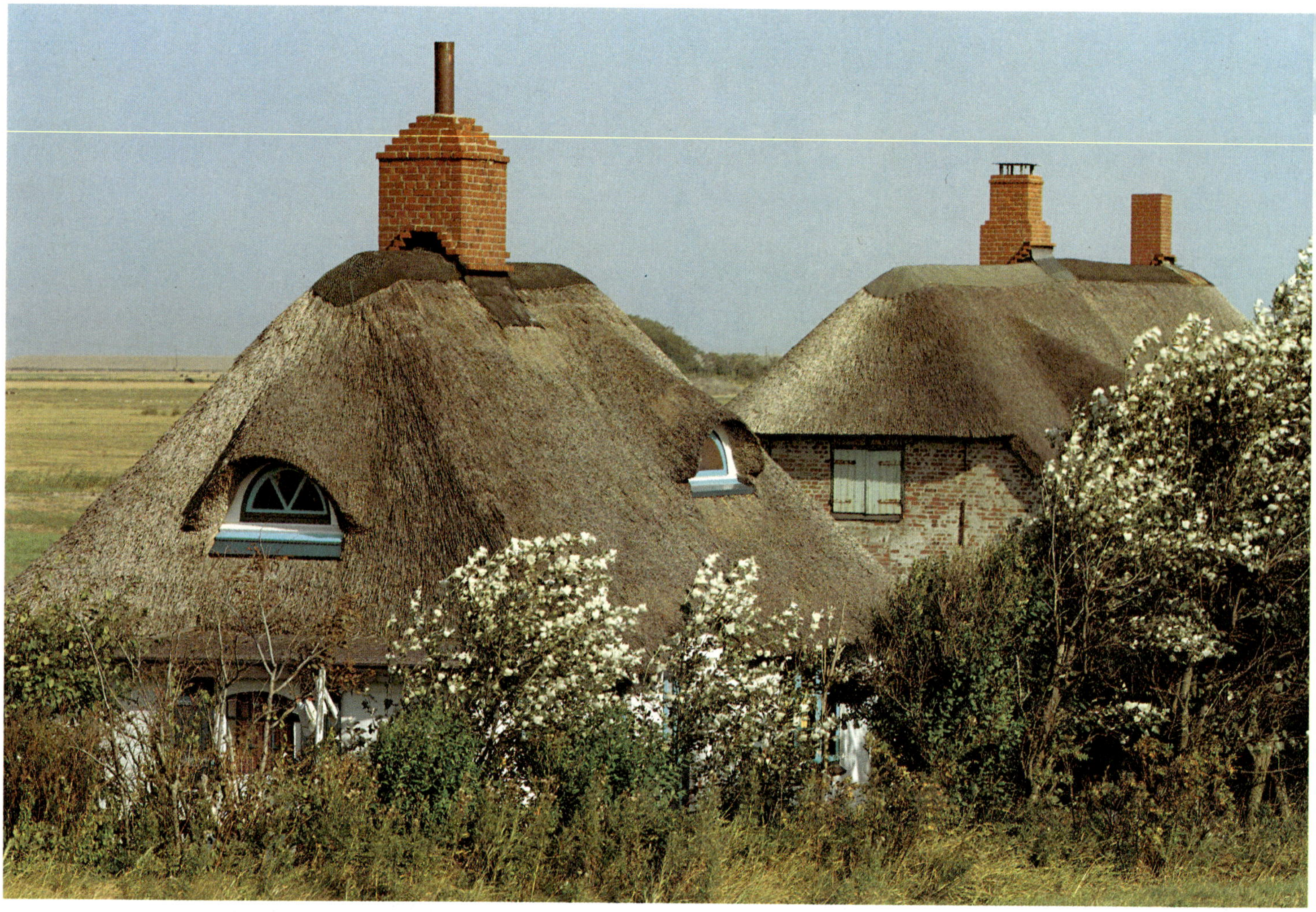

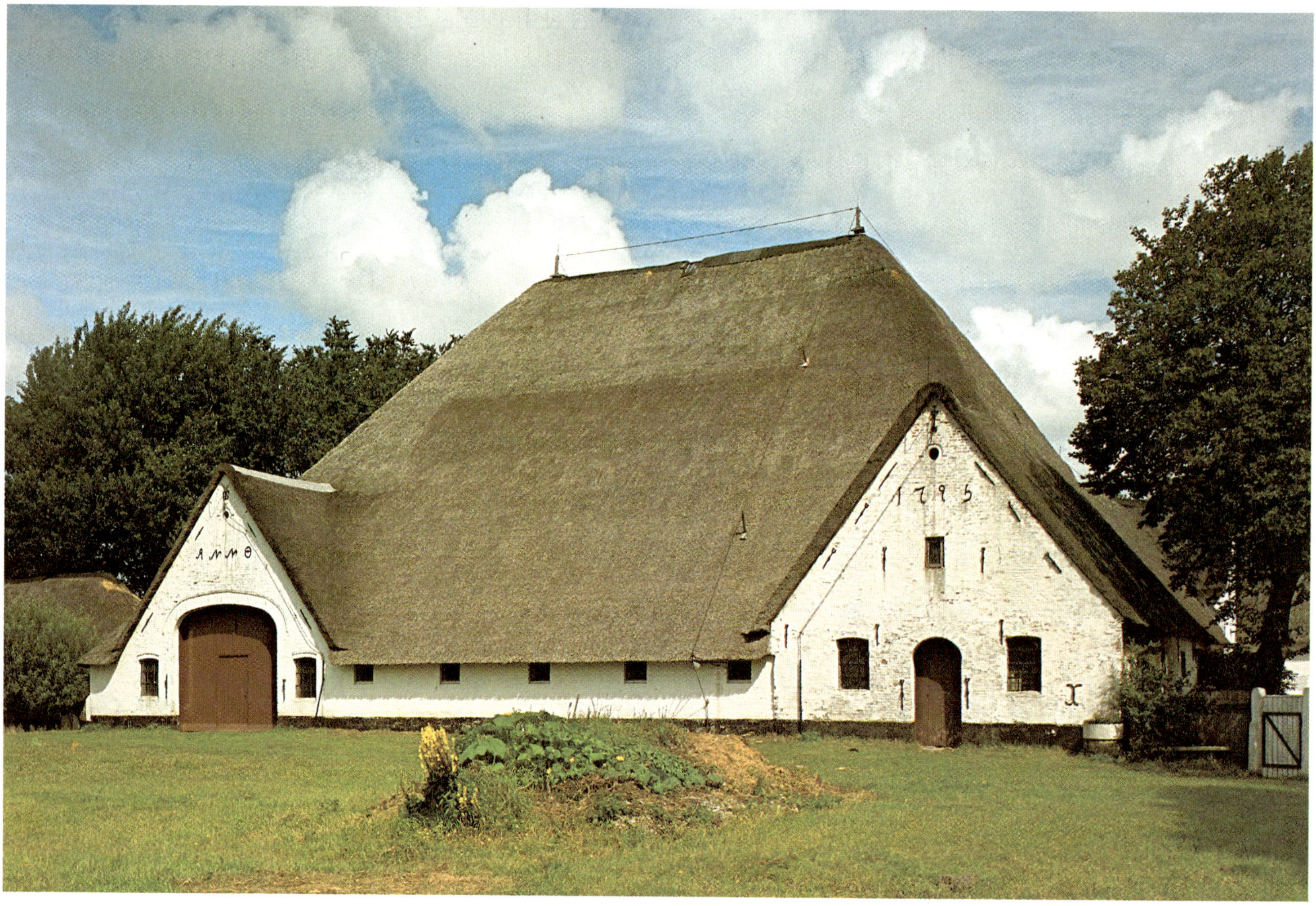
1795

Labskaus

Das wahre Geheimnis von Labskaus beherrschte einst nur der Smutje, wenn er nach langer Fahrt die letzten Reste seiner Vorräte zusammenkratzen mußte und seiner Mannschaft dennoch etwas Eßbares hervorzaubern sollte. Für den Uneingeweihten erinnert Labskaus denn auch sehr an vorgekauten Matsch. Daß der hervorragend schmecken kann, mag das Rezept verraten.

Benötigt werden:
Je 250 g Pöckelfleisch von Rind und Schwein, 2 Zwiebeln, viel Suppengrün, Pfeffer- und Senfkörner, 1 kg Kartoffeln, 250 g rote Bete, 2 Salzgurken, 2 Matjesfilets, Schweineschmalz und 2 weitere Zwiebeln. Zum Garnieren Rollmöpse und Spiegeleier.

Das Fleisch, die Gewürze und das Gemüse mit wenig Wasser 90 Minuten köcheln. Daneben die Kartoffeln kochen. Danach alles inklusive Matjes durch den Fleischwolf drehen. Die 2 letzten Zwiebeln kleinhacken, im Schmalz goldgelb braten und beimengen. Zum Servieren wird das Ganze mit Rollmöpsen und Spiegeleiern garniert.

Reetdächer auf Eiderstedt
Neben zahlreichen alten Kirchen finden sich auf der Halbinsel Eiderstedt auch wunderschöne Reetdächer. Die zwei kleinen Häuser (oben) stehen bei St. Peter-Ording unmittelbar am Deich, der mächtige Hauberg von 1795 (unten) ist in Tating zu finden.

residierten hier ebenso wie einflußreiche Fernkaufleute, beide Seiten betrieben zusammen den planmäßigen Ausbau der Stadt. Für das Ende der Herrlichkeit sorgten im Dreißigjährigen Krieg die Schweden, die kaum einen Stein auf dem anderen ließen.

Eines der ganz wenigen Überbleibsel aus der Zeit vor dem Dreißigjährigen Krieg ist der Westturm der einst zweischiffigen Laurentiuskirche. Sie war im 15. Jahrhundert aus Backsteinen errichtet und bis 1718 unter Verwendung des alten Turmrestes erneuert worden. Seine niederländisch barocke Haube erhielt der Turm 1896. Als malerisches Ensemble spiegeln sich heute Kirchdach, Turm und anschließendes Äbtissinnenhaus von 1696 im romantisch verzauberten Klosterteich. Im Inneren der Kirche beeindruckt vor allem der aus der Mitte des 17. Jahrhunderts stammende Schnitzaltar mit seiner erzählfreudigen Bilderwand. Auf 24 von Freifigürchen gefüllten Raumbühnen ist das Leben Christi bis zur Himmelfahrt Mariens dargestellt.

Ein Juwel für sich ist die kleine St. Jürgenskapelle, die ursprünglich zum 1230 gegründeten Aussätzigenhospital gehörte. Das heutige Kirchlein entstand 1670 als barocker Fachwerkbau mit einer hölzernen Tonnenwölbung. Ihre Bohlen sind mit schwungvollen Deckenbildern bemalt. Dargestellt sind Szenen sowohl aus dem Alten wie aus dem Neuen Testament.

Wer heute nach Wilster kommt, kann sich kaum vorstellen, daß es hier einmal eine wichtige Wasserstraße und einen bedeutenden Handelshafen gab. Im 16. und 17. Jahrhundert dominierten die Kornhändler, gab es gleich drei Marktplätze und Schiffahrtslinien bis hinauf nach Schottland und hinunter nach Südspanien. Kurz vor dem Dreißigjährigen Krieg hatten knapp 30 Handelsschiffe hier ihren Heimathafen. 1585 entstand denn auch in vollem Renaissanceglanz das heutige Prunkstück von Wilster, das Alte Rathaus. Der bis 1919 wiederhergestellte Fachwerkbau ruht auf einem massiven Backsteingrundgeschoß und markiert mit seiner Lage die ehemals Neue Seite des Alten Hafens. Das wohl schönste Bürgerhaus von Wilster liegt gleich um die Ecke. Das Hudemannsche Haus entstand 1596 und gilt mit seinem vorkragenden Backsteinziergiebel als typisches Marsch-Bürgerhaus.

Zwar sehr viel jünger aber kaum weniger bedeutsam ist die 1780 neu errichtete Bartholomäuskirche. Der achteckige Backsteinbau steht ganz in der Nachfolge der großen spätbarocken, protestantischen Predigtkirchen. Das Werk des Architekten Ernst Georg Sonnin ist ganz auf Lichtfülle und Raumausnutzung ausgerichtet, entsprechend nüchtern ist die spätbarocke Ausstattung mit Kanzelaltaraufbau und Logenemporenfront im Chor.

Bäuerlicher Wohlstand in Dithmarschen

Die Küstenlandschaft zwischen Elbe, Eider und Nord-Ostsee-Kanal war stets von Bauern, nie von Fürsten geprägt. Wem die Eindeichung und Kultivierung des fruchtbaren Marschlandes gelang, wurde und blieb sein Herr – lange Jahrhunderte sogar gegen alle Übergriffsversuche der Fürsten. Aus Siedlungs- und Rechtsschutzverbänden hatten die alten Bauerngeschlechter ihre eigene Bauernrepublik gegründet, 1477 wurde der Rat der „48 Geschlechter" gebildet mit der Aufgabe, ein eigenes Landesrecht zu verabschieden und eine eigenständige Regierung zu bilden.

Parallel zur Kultivierung der Marsch erfolgte die Christianisierung. Noch unter Karl d. Gr. wurde die Kirche in Meldorf als Zentrum der Mission begründet und eine kleine Feldsteinkirche errichtet – damals übrigens noch unmittelbar am Rand der Nordsee. Das Kirchlein diente zugleich als Mutter- und Taufkirche für alle anderen in Dithmarschen gebauten Kirchen und wurde darüber hinaus auch als eine Art „Rathaus" der Bauern verwendet. Hier wurden die wichtigsten Urkunden verwahrt und hier gab es zweimal im Jahr unter freiem

Himmel eine Zusammenkunft der Bauern zwischen Eider und Elbe, bei denen Streitigkeiten geschlichtet und Verträge ausgehandelt wurden. 1127 schließlich erhielten die Dithmarscher von Erzbischof Adalbert von Bremen den slawischen Mönch Vizelin als ersten eigenen Priester.

Bis 1559 sollte es dauern, bis es König Friedrich zusammen mit den Herzögen Adolf und Johann Rantzau gelang, die Dithmarscher Bauern zu besiegen, die Bauernrepublik aufzulösen und die Herrschaft unter sich aufzuteilen. Wie wenig das die Bauern selbst jedoch beeinflussen konnte, kann man noch heute erleben, wenn man mit einem von ihnen in dessen Pesel sitzt und sich von seinem Selbstbewußtsein beeindrucken läßt.

Südlichstes Dorf in Dithmarschen ist das alte Brunsbüttel, das vordergründig inzwischen allerdings ganz im Schatten des neuen Brunsbüttel steht. Dort nämlich mündet an der großen Schleuse der Nord-Ostsee-Kanal, die kürzeste Verbindung zwischen Nord- und Ostsee und gleichzeitig die meistbefahrene künstliche Schiffahrtsstraße der Welt. Der 1895 fertiggestellte und knapp 100 km lange Kanal ersetzt den 1777 erbauten ersten Kanal an der Eider und erspart den Kapitänen den gefährlichen Weg um das Skagerrak.

Wer sich am Schleusenbetrieb mit den großen Pötten sattgesehen hat, wird von dem heute abseits gelegenen Idyll des Marktplatzes vom alten Brunsbüttel überrascht sein. Hier stehen noch zwei alte Fachwerkhäuser aus dem ausgehenden 18. Jahrhundert und vor allem die kleine, 1678 fertiggestellte Saalkirche aus Backstein. Ihr bedeutendstes Ausstattungsstück ist der aus dem 17. Jahrhundert stammende Altaraufsatz, der ursprünglich in der Glückstädter Schloßkirche stand. Er ist ganz im ornamentalen Knorpelbarock gestaltet, ohne jedoch architektonisch gegliedert zu sein. Insgesamt elf quer- und hochgestellte Ovalfelder sind vielmehr in Monstranzform um ein größeres Zentralbild angeordnet. Die figurenreich angelegten Szenen zeigen Stationen aus dem Leben Christi.

Fährt man von Brunsbüttel aus weiter auf der B 5 in Richtung Marne, bewegt man sich auf der ältesten, geschlossenen Deichlinie, der Trennungslinie zwischen der „jungen Marsch mit Anwuchs" und der „alten Marsch". Alles was westlich dieser Linie liegt, wurde erst in den vergangenen drei Jahrhunderten eingedeicht, der Dieksander Koog sogar erst 1936. Marne selbst heißt deshalb nicht umsonst auch die Stadt der Marschen und Köge. 1281 ist hier immerhin eine erste Kirche belegt, aus der der um 1300 entstandene gotische Taufstein stammt. Er ist ebenso in der 1906 im neuromanischen Stil wiedererrichteten Kirche zu finden wie die Spätrenaissancekanzel von 1603, auf der die wichtigsten Szenen aus dem Leben Christi dargestellt sind.

Wozu die Dithmarscher Bauern in gemeinsamer Arbeit fähig waren, das ist noch heute in Meldorf zu sehen. Wo um 800 die älteste Taufkirche Nordelbiens entstanden war, hatte sich bis 1265 das alte Melindorp zum Zentrum der „Terrae Universitatis Dithmarsiae" gemausert. Als Ausdruck des neugewachsenen Selbstbewußtseins wurde der Bau einer neuen großen Backsteinkirche, eben der heutige Meldorfer Dom, beschlossen.

Bereits knapp vor 1300 war die dreischiffige, frühgotische Gewöbebasilika mit ihrem zweijochigen Langhaus fertiggestellt. Noch aus dieser Zeit stammen die Freskenreste in den Gewölben des Querschiffes. Im nördlichen Gewölbe war die christliche Heilsgeschichte, in der Vierung die Christophoruslegende und im südlichen Gewölbe die Katharinenlegende dargestellt. Ebenfalls noch aus der Zeit um 1300 stammt das Bronzetaufbecken mit seinen drei Tragfiguren.

Noch kurz bevor die Reformation in Meldorf Fuß fassen konnte (ab 1532 war der katholische Gottesdienst verboten), kam der spätgotische Schnitzaltar in den Dom. Er bestand zunächst nur aus dem Mittelfeld mit der Kreuzigung und den vier Passionsszenen auf den heute festgestellten Flügeln. Die zwei bemalten Außenflügel mit je acht Szenen aus der Leidensgeschichte kamen erst Ende des 16. Jahrhunderts dazu.

Auf dem Meere

Meer, du heißt das ungetreue,
Nun, so stürme, stürme laut,
Zeige, daß der Himmelsbläue
Deiner Flut ein Tor vertraut.

Seit die Sprache ihres blauen
Schönen Auges mich belog,
Treue heuchelnd, um Vertrauen
Und um Liebe mich betrog,

Muß ja deine Himmelsbläue
Nichts als trügerischer Schein,
Wie ihr Auge voller Treue
Nichts als eine Lüge sein.

Theodor Fontane

<u>Dom in Meldorf</u>
Der bedeutendste mittelalterliche Bau im Westen Schleswig-Holsteins steht in Meldorf. Die um 1300 fertiggestellte dreischiffige, frühgotische Gewölbebasilika birgt einen spätgotischen Schnitzaltar, der noch in den Dom kam, kurz bevor die Reformation hier Fuß fassen konnte. Um das Mittelfeld mit der Kreuzigung (links oben) sind vier Passionsszenen (zwei davon unten links und rechts) angeordnet.

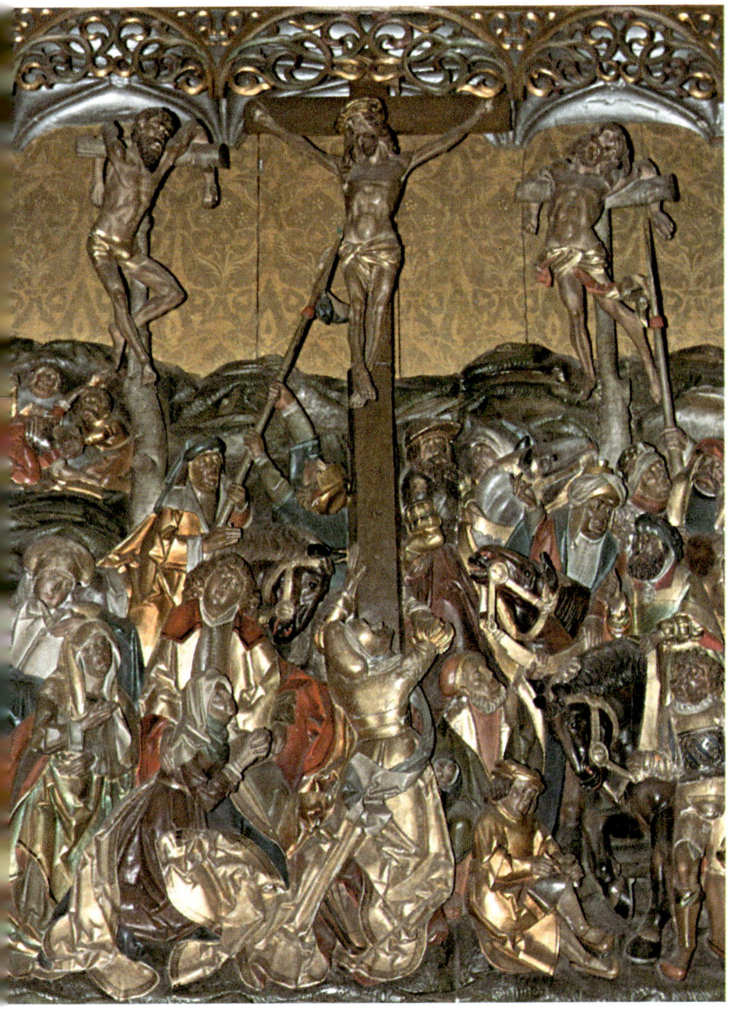

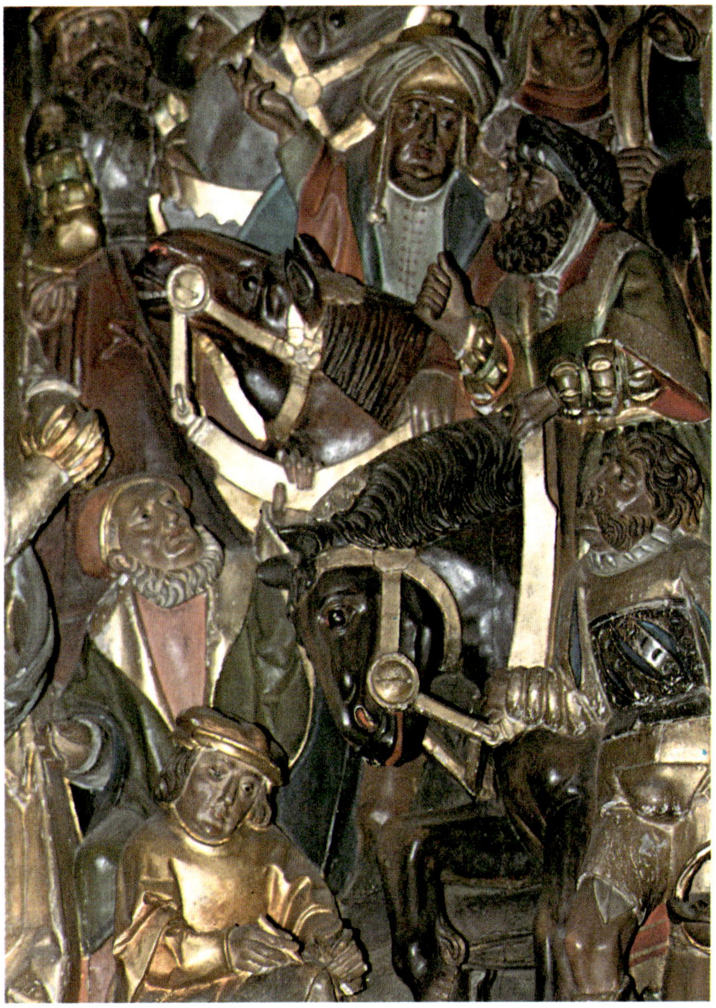

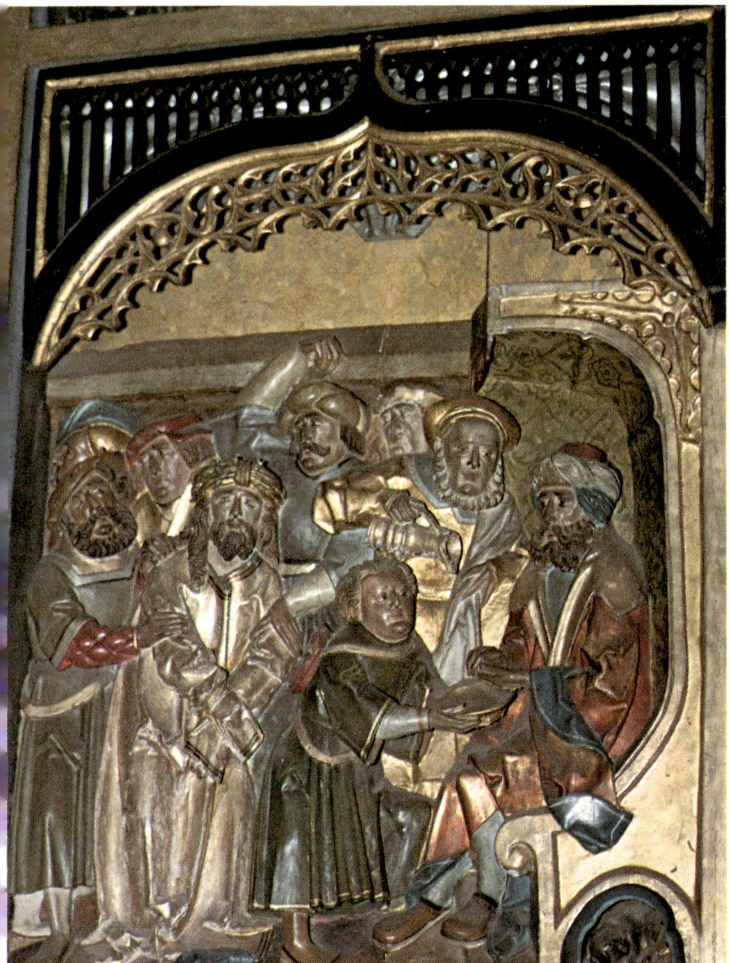

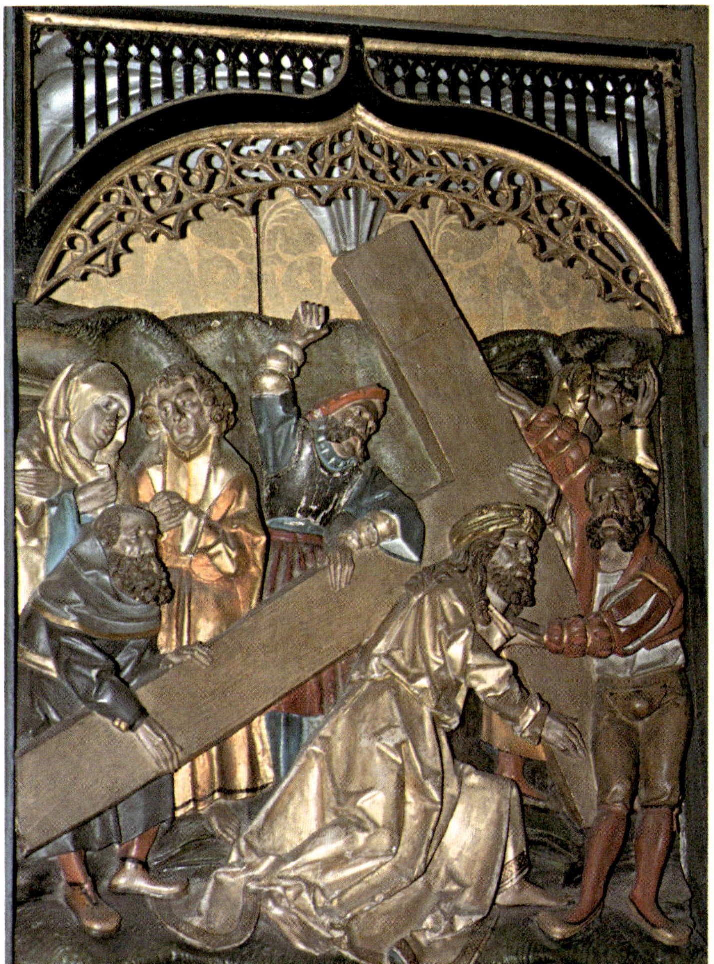

Bereits ganz Ausdruck nachreformatorischer Weltsicht ist das 1603 fertiggestellte, im Stil der Renaissance aus Eiche geschnitzte Chorgitter von Johann Peper und Thies Wille aus Rendsburg. Das Gitter ist eine Stiftung des Landvogtes Michael Boje, dem Vertreter des seit 1559 in Dithmarschen herrschenden dänischen Königs. Das „Gott und der königlichen Majestät zu Ehren sowie der Kirche zum Schmuck" gestiftete Gitter enthält in seiner oberen Reihe in durchbrochenen Rundbögen zwar einige Apostel als Verkünder des Glaubens. Vor ihnen jedoch stehen vier antike, allegorische Tugendfiguren (Glaube, Klugheit, Liebe und Gerechtigkeit), die nach der Reformation die Stelle von Heiligen eingenommen hatten. Das darüber angebrachte Wappen des Königs von Dänemark weist darauf hin, daß der Landesherr auch oberster Kirchenherr und damit Hüter des Lebenswandels seiner Untertanen war. Auf gleicher Rangstufe stehen neben dem König Adam und Eva, darüber gibt es nur noch den gekreuzigten Christus, dem auch der König verantwortlich war.

Die reichste kulturgeschichtliche Sammlung an der gesamten Westküste Schleswig-Holsteins ist schließlich im Dithmarscher Landesmuseum in Meldorf zu besichtigen. Es entstand als ältestes Museumsgebäude Schleswig-Holsteins 1872 nach den Plänen des Kieler Architekten Wilhelm Voigt. Wohl schönstes Stück des Museums ist der „Swinsche Pesel", die gute Stube eines Dithmarscher Bauernhauses. Der Prunkraum mit seinen reich geschnitzten Einrichtungsgegenständen entstand 1568 im Auftrag des Markus Swin und zeigt ganz den behäbigen Lebensstil eines in der Marsch zu Wohlstand gekommenen Großbauern, der auf seinem Hof durchaus wie ein kleiner Fürst lebte. Vor allem der große Schrank mit „Schenkschiewe" (Ausschenkplatte) dokumentiert mit seiner überreichen Schnitzverzierung das durch nichts in Frage gestellte Selbstbewußtsein seines Besitzers.

Wem es mehr um praktisch verwertbare Schönheit geht, der darf keinesfalls einen Besuch in der historischen Handweberei der Dithmarscher Museumswerkstätten in Meldorf versäumen. In dieser einzigen Handweberei des Landes werden noch auf soliden alten Holzwebstühlen echte „Beiderwandwebereien" gefertigt. Die bereits im 17. Jahrhundert im Westen Schleswig-Holsteins geübte Technik bewirkt ein auf Vorder- und Rückseite des Werkstückes gleichermaßen sauberes Musterbild.

Erst im Laufe des 15. Jahrhunderts war es Heide aufgrund seiner verkehrsgünstigeren Lage gelungen, dem bisherigen Zentrum Meldorf den Rang abzulaufen. Am Kreuzungspunkt zweier wichtiger Überlandstraßen hatten schon seit jeher die großen Viehmärkte stattgefunden. Ihr Überbleibsel ist bis heute der mit 4,6 ha größte Marktplatz der Bundesrepublik. An seiner Südseite steht die dem hl. Georg geweihte St. Jürgenkirche aus dem 15. Jahrhundert. In ihrem Inneren birgt sie gleich zwei Beispiele für das Renommierbedürfnis der neuen Dithmarscher Hauptstadt.

Am augenfälligsten wird es sichtbar an der barocken Fülle des Altaraufsatzes von 1699. Sie läßt so gar nichts mehr spüren vom reformatorischen Ansatz, daß Glaube und Gebet wichtiger seien als überladener Schmuck der Kirche. Hier konnten offensichtlich der Altar nicht formenreich, die Schnitzereien nicht schwungvoll genug sein. Üppigstes und auch ganz vergoldetes Akanthusschnitzwerk umwuchert die vielen Schnitzfiguren. Verspielte Putten sind ebenso wie ausgewachsene Engel und Evangelisten zur Verehrung des auferstehenden Christus angetreten. Daß der buchstäblich in die Kassettendecke hinein entschwebt, scheint niemanden gestört zu haben.

Sehr viel echter, wenn auch ebenfalls wohl aus Repräsentationsbedürfnis entstanden, wirkt der heute an der südlichen Langhauswand aufgestellte, spätgotische Flügelschrein von 1520. Sein Mittelfeld zeigt in vielfiguriger Darstellung die Beweinung, die Flügel sind mit Szenen aus Heiligenlegenden, darunter auch St. Georg mit dem Drachen, gefüllt.

Friesische Teestunde

Zwar haben die Friesen das Teetrinken nicht erfunden, wohl aber haben sie es in besonderer Weise kultiviert. Das Entscheidende dabei ist weniger die Teesorte (sie gibt es als „Friesentee"), sondern die Zubereitung und die Trinkzeremonie. Dafür werden die Teeblätter – pro Tasse ein Teelöffel Tee und einen für die Kanne – in einer dünnwandigen Porzellankanne mit kochendem Wasser überbrüht. Drei Minuten muß der Tee ziehn, dann kommt die Kanne auf ein Stövchen zum Warmhalten. Vor dem Eingießen kommen zwei nicht zu kleine Stückchen Kandiszucker – sie heißen Kluntjes – in die Tasse. Wird der heiße Tee darüber gegossen, knistern sie geheimnisvoll. Nur Banausen gießen nun Sahne dazu. Der Kenner hebt sie mit dem Löffel vorsichtig in den Tee – umrühren wäre eine Todsünde. Nur wenn die Sahne wie eine Wolke im Tee aufsteigt, hat man es richtig gemacht. Und übrigens: der höfliche Gast trinkt mindestens drei Tassen, bevor er wieder aufsteht...

Grünstrand in Büsum

Das betriebsame Büsum lockt mit seinem grünen Strand all die Urlauber, denen es nicht so auf den Sand zwischen den Zehen und Zähnen ankommt. Weil man auf der grünen Deichwiese aber keine Burgen bauen kann und immer mehr Urlauber doch den Sand vermissen, gibt es inzwischen auch einen aufgespülten Sandstrand.

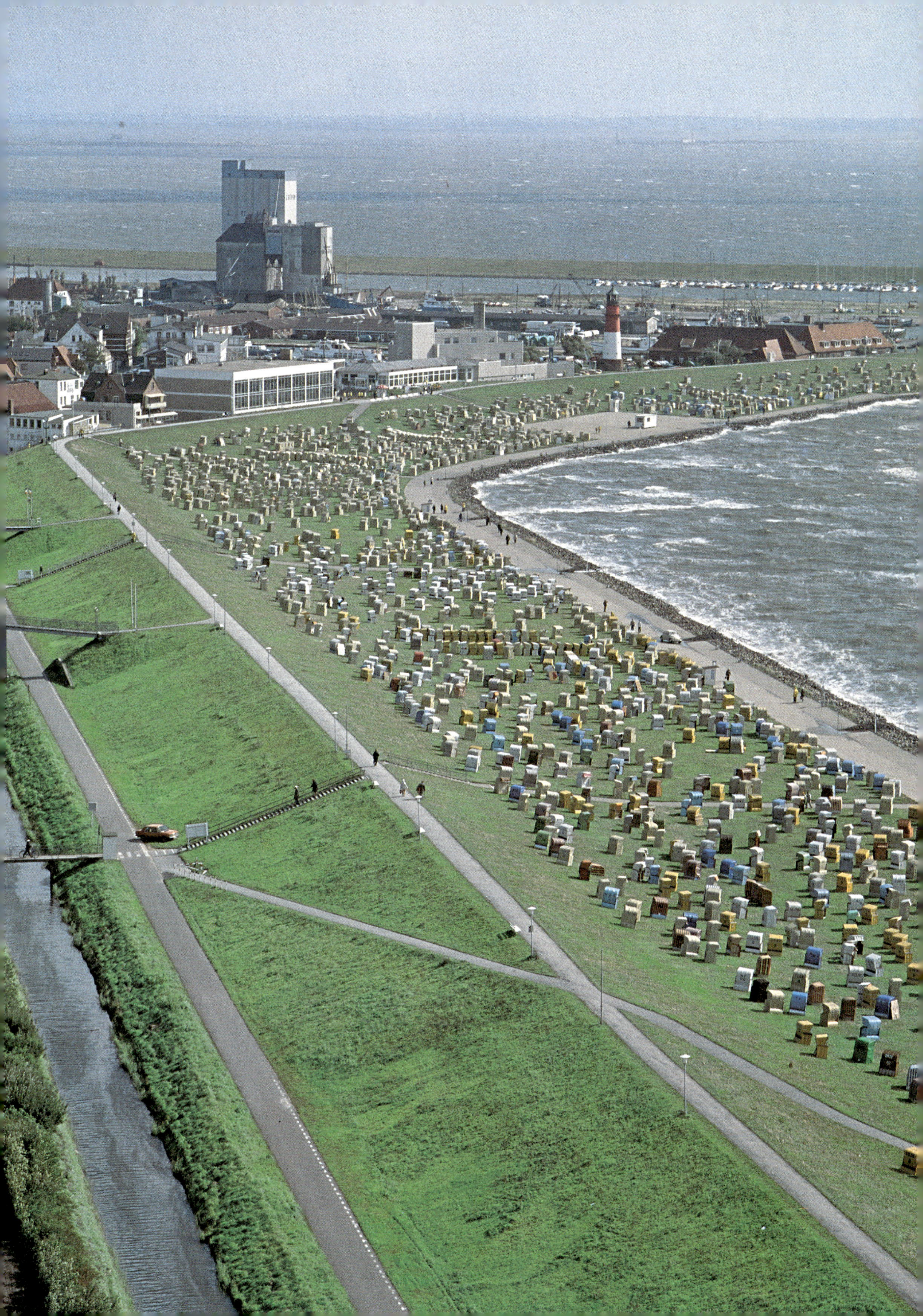

Bücher
Zeitschriften
Kruse
Bürobedarf
Zeichenartikel
LOTTO
TOTO
Andenken
ANTIK

Snack
Du kannst Gott
aal'ns anvertroon,
sä de Buur,
bloß keen dröget Hau.

Während die Meer- und Wasserfreunde kaum den Abstecher nach Büsum zum größten Fischereihafen an der schleswig-holsteinischen Westküste versäumen werden, dürfte es die Literaturfreunde eher in das nahegelegene Wesselburen und damit in die Heimat von Christian Friedrich Hebbel ziehen. In der im ursprünglichen Zustand belassenen Schreibstube des jungen Amtsschreibers ist noch das von ihm geführte „Vorforderungsprotokoll" zu sehen.

Eine Sache für sich ist die Bartholomäuskirche in Wesselburen. Der gotische Vorgängerbau war 1736 durch Brand weitgehend zerstört worden, dennoch gelang es dem Architekten Johann Georg Schott sowohl die erhöhte Halbrundapsis des alten Chores als auch den romanischen Stumpf des westlichen Rundturmes in den Neubau zu integrieren. Im Inneren beeindruckt die von fast lebensgroßen Figuren des in der Wüste predigenden Johannes und des Gesetzesverkünders Moses getragene Kanzel. Der romanische Taufstein ist kaum weniger schön als die beiden Eichenschnitzfiguren einer Maria und eines Johannes, Reste einer spätgotischen Kreuzigungsgruppe.

Bereits ganz an der Grenze der ehemaligen Dithmarscher Bauernrepublik gilt es noch Lunden mit seinem Geschlechterfriedhof zu entdecken. Auf zahlreichen Grabdenkmälern aus dem 16. und 17. Jahrhundert sind die wichtigsten Familien des Landes und ihre interessantesten Lebensepisoden vertreten. Auch Peter Swin ist hier begraben. Er hatte als Mitglied des 48er-Rates versucht, ein Verbot der Blutrache und eine Besserstellung der auf den Höfen beschäftigten Knechte und Mägde zu erreichen. Weil das den Bauernfürsten kaum schmecken konnte, wurde er 1537 auch prompt ermordet – Grund genug, diese Tat als Relief auf seinem Grabstein zu verewigen.

Von Friedrichstadt auf die Halbinsel Eiderstedt

Stadtplatz in Friedrichstadt
Wo die Treene in die Eider mündet, liegt Schleswig-Holsteins schönstes Städtchen. Was die Angehörigen von zeitweilig bis zu sieben unterschiedlichen Konfessionen im 17. Jahrhundert in Friedrichstadt aufbauten, könnte noch heute mitten in Holland stehen. Zentrum ist nach wie vor der Stadtplatz mit seinem malerischen, überdachten Marktbrunnen und der steinernen Bogenbrücke, von der aus sich die geschlossene Front der Westseite mit ihren so typisch niederländischen Stufengiebeln am besten präsentiert.
(links)

Eidersperrwerk
Die Eider zwischen Dithmarschen und Nordfriesland war bis vor nicht gar zu langer Zeit bis hinauf nach Rendsburg, also gut 100 km flußaufwärts, tidenabhängig. Trotz langer Deiche war dadurch das Hinterland für Jahrhunderte äußerst sturmflutgefährdet und auf künstliche Entwässerung angewiesen. Endgültig Abhilfe wurde hier erst mit dem 1972 fertiggestellten Eidersperrwerk, dem größten deutschen Küstenschutzbauwerk überhaupt, geschaffen. Mit dem gut 300 m langen eigentlichen Sperrwerk gelang es, die schleswig-holsteinische Deichlinie um gut 60 km zu verkürzen und gleichzeitig das gesamte Umland des Eidertrichters vor Überflutung zu sichern.
(Folgende Doppelseite)

Wo die Treene in die Eider mündet, liegt Schleswig-Holsteins schönstes Städtchen. Wie Glückstadt geht auch Friedrichstadt auf eine planmäßige Gründung in der Barockzeit zurück. Herzog Friedrich III. von Schleswig-Holstein-Gottorf lockte mit dem Privileg der freien Religionsausübung ab 1621 zunächst die in den Niederlanden verfolgten Remonstranten, später auch Angehörige anderer Konfessionen an und ließ sie nach festem Plan die neue Stadt aufbauen. Nach holländischem Vorbild erhielt die Siedlung nicht nur durch die Haustypen und die Anlage von Grachten ganz niederländischen Charakter. Auch politisch folgte man dem niederländischen Vorbild und schuf eine republikanische Verfassung, die zwei vom Herzog nahezu unabhängige Bürgermeister vorsah.

Was die Angehörigen von zeitweilig bis zu sieben unterschiedlichen Konfessionen im 17. Jahrhundert aufbauten, könnte noch heute mitten in Holland stehen, auch wenn die eine oder andere Gracht wie etwa das heutige „Stadtfeld" inzwischen zugeschüttet wurde. Zentrum ist nach wie vor der Stadtplatz mit seinem malerischen, überdachten Marktbrunnen und der steinernen Bogenbrücke von 1773. Von ihr aus präsentiert sich die geschlossene Front der Westseite mit ihren so typisch niederländischen Stufengiebeln am besten.

Das wohl schönste Haus aus der Gründerzeit ist das Paludanushaus in der Prinzenstraße 28. Gebaut wurde es 1637 mit einer breiten, fünfachsigen Treppengiebelfront, auf der sich nicht weniger als 18 Fenster verschiedener Größe verteilt auf fünf Geschosse hervorragend nebeneinander vertragen. Ganz nach Amsterdamer Vorbild ist auch der oberste Abschluß des Giebels mit einem das Ganze krönenden Obelisk ausgebildet. Die spätbarocke Haustür hat vor allem im Oberlichtbereich prunkvolle Schnitzereien.

Die älteste Kirche von Friedrichstadt ist die der Lutheraner. Jakob van der Meulen erbaute sie bis 1649, der Westturm mit seiner fein geschwungenen Haube und der zierlichen Laterne kam 1762 dazu. Die Saalkirche mit polygonalem Chor birgt einen der Höhepunkte der barocken Malerei in Schleswig-

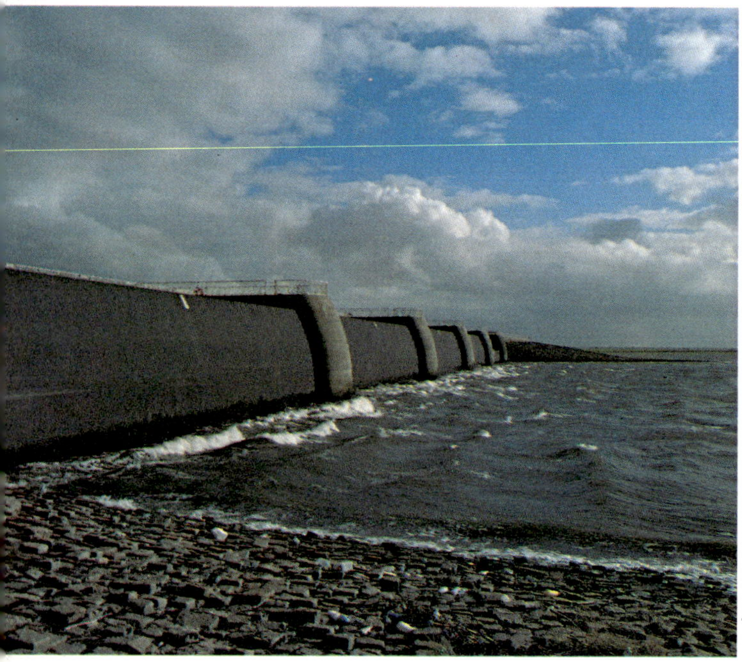
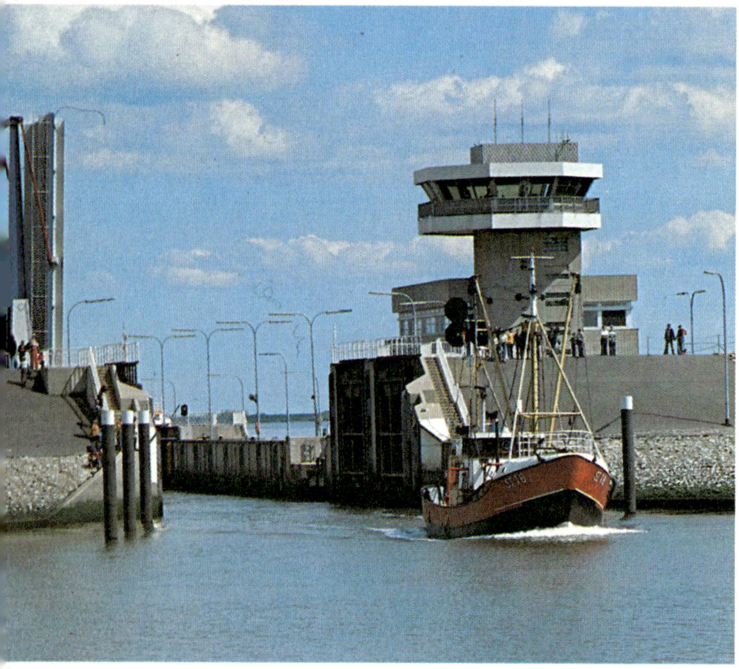
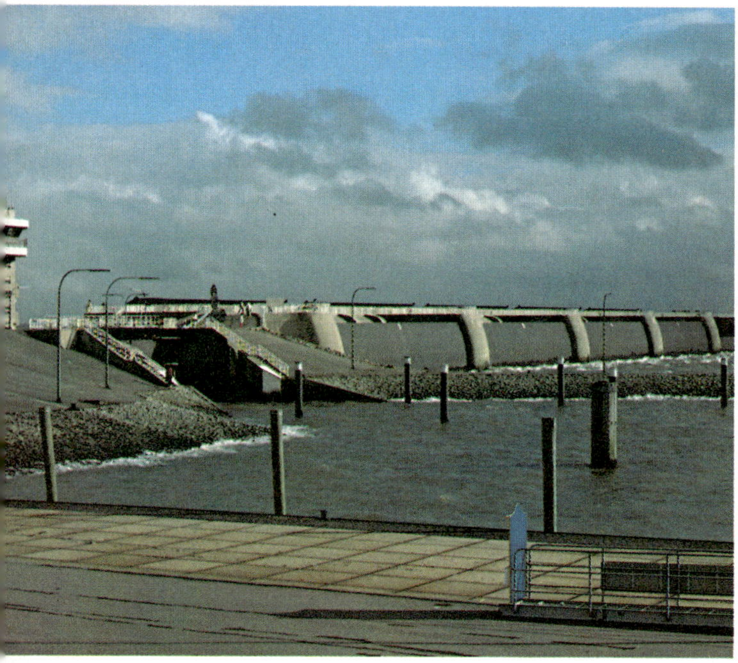
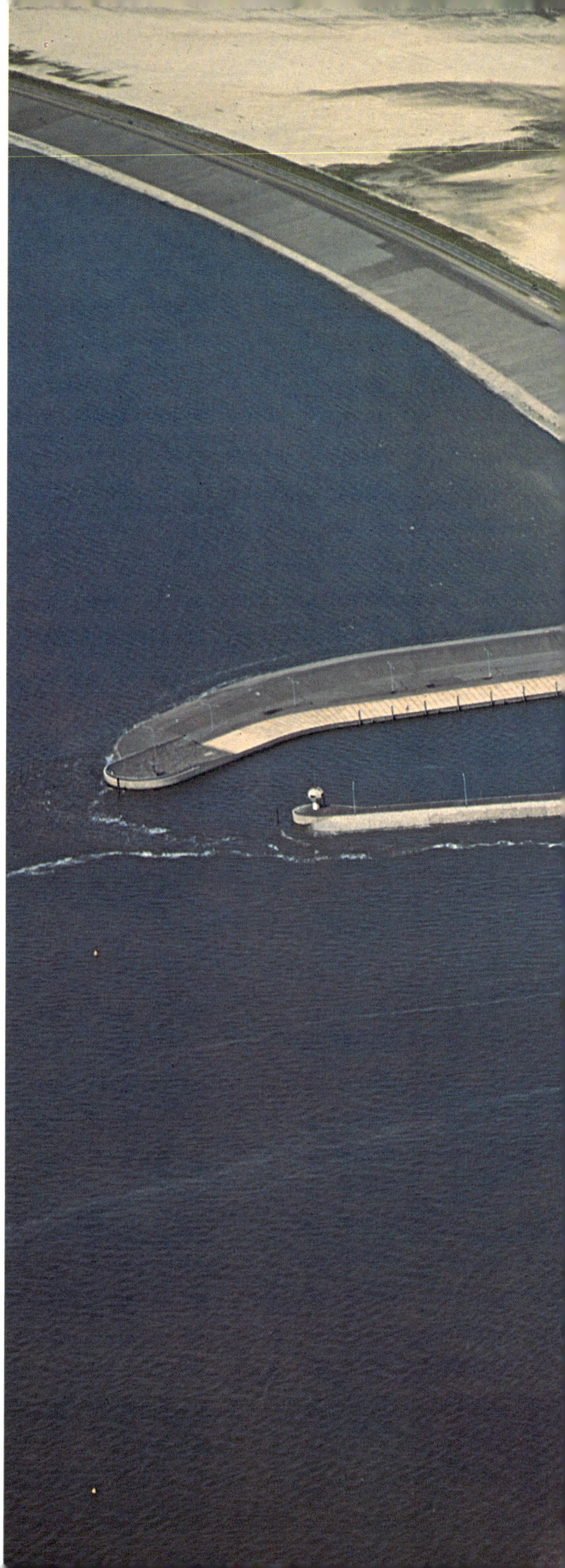

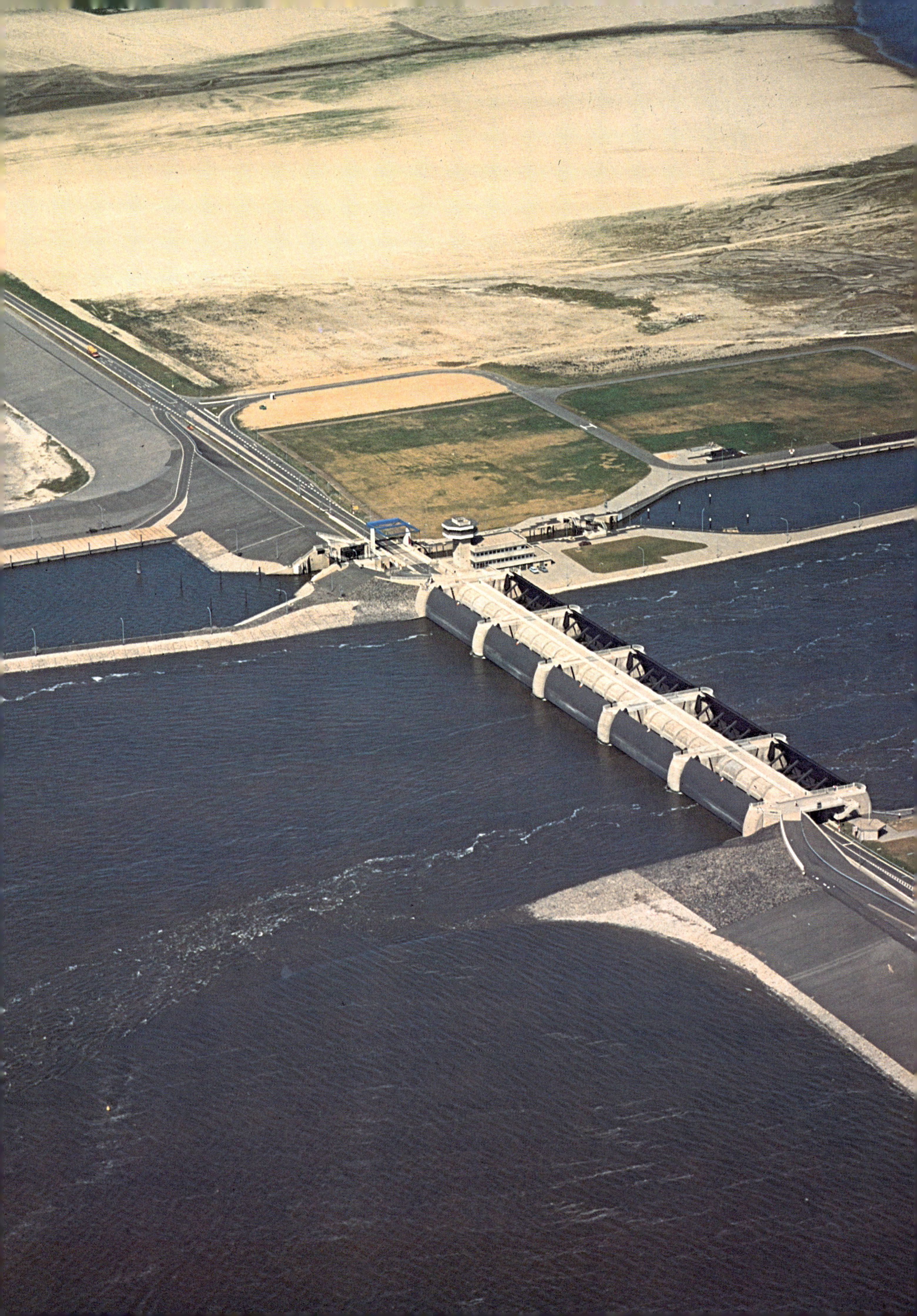

Holstein. Stifter und Schöpfer des Altars war der in Friedrichstadt ansässige Hofmaler Jürgen Ovens, der das großformatige Ölgemälde mit der Beweinung Christi 1675 fertigstellte. Mindestens ebenso wertvoll ist die hervorragend gearbeitete Schnitzkanzel aus dem ersten Viertel des 17. Jahrhunderts. In ihren Feldern sind unter Muschelbögen Szenen aus der Leidensgeschichte dargestellt.

Die heutige Friedrichstädter Idylle läßt nur allzu leicht vergessen, daß die Eider ursprünglich fast bis hinauf nach Rendsburg, also gut 100 km flußaufwärts tidenabhängig war. So war es schon früh notwendig, die Treene gegen die offene Eider abzudämmen, dennoch war das gesamte Hinterland für Jahrhunderte äußerst sturmflutgefährdet und auf künstliche Entwässerung angewiesen. Endgültig Abhilfe wurde hier erst mit dem 1972 fertiggestellten Eider-Sperrwerk, dem größten deutschen Küstenschutzbauwerk überhaupt, geschaffen. Mit einem 4,8 km langen und 8,5 m hohen Damm gelang es, die schleswig-holsteinische Deichlinie um gut 60 km zu verkürzen und gleichzeitig das gesamte Umland des Eidertrichters vor Überflutung zu sichern. Für den Abfluß der Eider sorgt ein eigenes, gut 300 m langes Sperrwerk, durch das heute die kürzeste Zufahrtsstraße zur Halbinsel Eiderstedt im Tunnel führt. Fünf je 40 m breite Sieltore können je nach Tidenstand geschlossen oder geöffnet werden, um abwechselnd das Eindringen von Seewasser zu verhindern oder das Abfließen des Süßwassers zu ermöglichen.

Schon bald nach der Fertigstellung des Eider-Sperrwerkes konnte auch daran gegangen werden, den Mündungstrichter selbst zu verkleinern. So wurde bereits 1973 das Katinger Watt im Nordosten des Eiderdammes eingedeicht und damit eine Vogelfreistätte ganz eigener Art geschaffen. Ganz selbstverständlich nahmen Säbelschnäbler, Kiebitze, Regenpfeifer, Austernfischer, Rotschenkel, Seeschwalben und sogar die inzwischen selten gewordenen Lachseeschwalben von der neuen Brutmöglichkeit Besitz. Bleibt nur zu hoffen, daß ihr Dasein von Dauer sein kann.

Die Halbinsel Eiderstedt selbst ragt seit der großen Sturmflut von 1362 noch rund 30 km und damit nur noch halb so weit in die Nordsee hinein wie davor. Auch ließ die große Flut drei Einzelinseln zurück: Utholm, Everschop und Eiderstedt. Noch im Mittelalter allerdings wurden sie durch Dämme miteinander verbunden. Die Abdämmung eines ins nordfriesische Wattenmeer mündenden Nebenarmes der Eider gelang schließlich 1489.

Nicht umsonst wird Eiderstedt die „Insel der historischen Kirchen" genannt. Wer sich von Kirchturm zu Kirchturm leiten läßt, wird kein einziges Mal enttäuscht werden. In jedem der teils sehr alten Bauwerke lassen sich immer wieder neue Schätze entdecken. So gibt es nicht weniger als elf, jeweils wunderschön geschnitzte Kanzeln, alle aus dem 16. Jahrhundert und alle nach dem „Eiderstedter Typ" gefertigt. Hervorragend geschnitzte Abendmahlsbänke sind ebenso zu finden wie reich verzierte Chorgestühle oder prächtig gearbeitete Schnitzaltäre. So findet sich etwa in Tetenbüll ein spätgotischer Schnitzaltar von 1523, der aus der Husumer Werkstatt von Hans Brüggemann stammt, jenem Künstler, der den berühmten Bordesholmer Altar im Dom zu Schleswig geschaffen hat.

Hauptort von Eiderstedt ist Tönning, die einstige Nebenresidenz der Gottorfer Herzöge. Hier mündete der 1784 eröffnete Schleswig-Holstein-Kanal in die Nordsee. Durch ihn und vor allem durch die Kontinentalsperre Napoleons gab es hier zwischen 1803 und 1806 einen Seehandel, der den Hamburgs weit übertraf. Heute allerdings ist all dies nur noch Vergangenheit, gewichen der Idylle alter Bürgerhäuser mit holländischem Anklang und der auf die Spätromanik zurückgehende Laurentiuskirche. In ihr ist vor allem das große, barocke Deckengemälde von Barthold Conrath beachtenswert. Das 1704 fertiggestellte Werk ist direkt auf die Deckenbretter gemalt.

Daß Eiderstedt Festland und Insel zugleich ist, wird spätestens beim Besuch von St. Peter-Ording an der Westküste der Halbinsel deutlich. Hier nämlich gibt

Die Stadt

*Am grauen Strand, am grauen Meer
und seitab liegt die Stadt;
der Nebel drückt die Dächer schwer,
und durch die Stille braust das Meer
eintönig um die Stadt.*

*Es rauscht kein Wald, es schlägt im Mai
kein Vogel ohn' Unterlaß;
die Wandergans mit hartem Schrei
nur fliegt in Herbstesnacht vorbei,
am Strande weht das Gras.*

*Doch hängt mein ganzes Herz an dir,
du graue Stadt am Meer;
der Jugend Zauber für und für
ruht lächelnd doch auf dir, auf dir,
du graue Stadt am Meer.*

Theodor Storm

es plötzlich all den Sand, der auch die Westküsten von Amrum und Sylt kennzeichnet. Gut 11 km lang sind die weiten, breiten Strände, die teilweise sogar mit dem Auto befahren werden können. Vor allem die Strandsegler haben mit ihren schnellen Flitzern hier ihr weitläufiges Paradies gefunden.

Nordfriesische Innenküste

Nordseekrabben und Theodor Storm, das sind zwar sicher sehr ungleiche Begriffe, in Husum jedoch passen sie hervorragend zusammen. Hafenduft und Fischerflotte sind hier nicht getrennt von der Altstadt mit ihren engen Straßen und Gassen und mit ihren alten, hohen Giebelhäusern. Daß der Dichter seine Heimat die „graue Stadt am Meer" nannte, stimmt zumindest nicht, wenn die Sonne scheint. Dann nämlich entwickeln Hafen und Marktplatz einen Reiz, dem sogar überzeugte Bayern erliegen sollen.

Die erste Erwähnung Husums stammt aus dem Jahre 1252, als der dänische König Abel auf „Husumbro" erschlagen wurde. Damals allerdings hatte das Dorf noch nicht einmal eine eigene Kirche, geschweige denn einen Hafen. Den eröffnete erst die große Sturmflut von 1362, die dem Heverstrom zwischen Eiderstedt und Nordstrand die Bahn freimachte. Danach allerdings ging es stürmisch aufwärts.

Bereits an der Wende vom 15. zum 16. Jahrhundert gab es eine blühende Stadt, 1516 wurde hier die herzogliche Münze eingerichtet und der berühmte Schnitzer Hans Brüggemann hatte hier seine Werkstatt. Daß man alles andere als „rückständig" war, beweist nichts besser als die Tatsache, daß man bereits 1527 als erste Stadt in Schleswig-Holstein protestantisch wurde. Endgültig berühmt wurde man schließlich durch die Werke Theodor Storms (1817–88).

Mittelpunkt der Stadt ist heute der Marktplatz mit dem Asmussen-Woldsen-Brunnen. Ihn schuf Adolf Brütt 1902 und krönte ihn mit der Holzpantinen tragenden „Tine". Beherrschend auf der Nordseite des Platzes sind das Herrenhaus mit seinen in Stein gehauenen Köpfen am Stufengiebel. Sie erinnern an jene Husumer Bürger, die wegen einer Rebellion gegen den dänischen König Christian I. 1472 hingerichtet wurden. Das zweigeschossige, rote Haus mit dem Walmdach ist Storms Geburtshaus, und das Rathaus neben dem Herrenhaus entstand 1601 mit einem zur Straße hin offenen Erdgeschoß, in dem das Gericht „öffentlich" tagte.

Die Marienkirche auf der Ostseite des Marktplatzes wurde 1431 begonnen und muß mit ihrem 22 m hoch aufragenden Chor und der reichen Ausstattung durch Hans Brüggemann ein ausgesprochenes Juwel gewesen sein. Warum die Husumer sie 1807 abgerissen haben, wissen sie inzwischen selbst nicht mehr, dafür müssen sie sich bis heute mit der 1832 fertiggestellten, klassizistischen Kirche von Christian Frederik Hansen begnügen. Ihren Innenraum bestimmen mächtige dorische Säulen, die den Blick ganz gezielt auf den Kanzelaltar lenken.

Im 16. Jahrhundert entstand weiter im Norden das Schloß der Gottorfer Herzöge. Es ist heute weitgehend restauriert, doch gibt nur das original erhaltene Torhaus von 1612 einen Eindruck ursprünglicher Schönheit. Das Sandsteinportal mit Rundbogendurchfahrt sowie die geschweiften Mittel- und Seitengiebel weisen es als gutes Beispiel der Spätrenaissance aus. Mit Abstand am schönsten ist die Schloßanlage, wenn im Frühjahr Millionen wilder, violetter Krokusse den Schloßpark in ein Blütenmeer verwandeln.

Die schönste Zeile alter Kaufmannshäuser aus dem 18. Jahrhundert findet sich in der Wasserreihe. Im Haus Nummer 31 wohnte und arbeitete von 1866–80 Theodor Storm – für die Husumer Grund genug, das Haus als Storm-Museum einzurichten. Lebendig werden so gleichermaßen die Umwelt des Dichters und die Wohnkultur des späten Biedermeiers.

Alter Hafen in Husum
Hafenduft und Fischerflotte sind in Husum nicht getrennt von der Altstadt mit ihren engen Straßen und Gassen. Nur ein paar Schritte sind es vom Alten Hafen (hier bei Ebbe) hinüber zum Marktplatz mit seinen alten, hohen Giebelhäusern aus dem 15. Jahrhundert. Dort steht auch das Geburtshaus des Dichters Theodor Storm.
(Folgende Doppelseite)

HOTEL
RESTAURANT
Diebels Alt
Seier Gaststätte
HOLSTEN
ORDERTOR
HUSUM

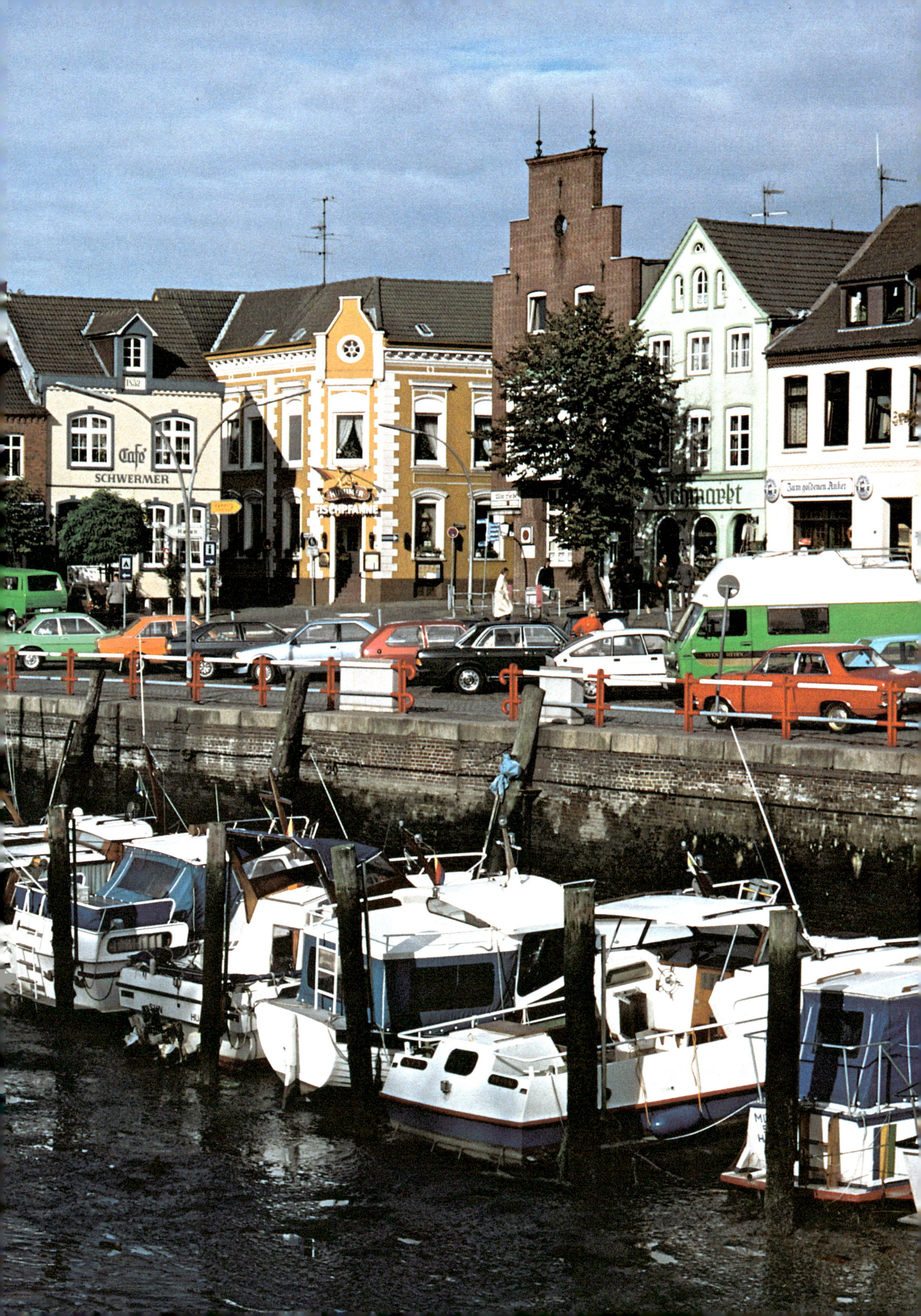
Café
SCHWERMER
FISCHPFANNE
Zum goldenen Anker

Natürlich liegt von Husum aus ein Abstecher auf die Halbinsel Nordstrand und zur Heimat des „Pharisäers" nahe. Das „Nationalgetränk" der Schleswig-Holsteiner soll anläßlich einer Kindstaufe beim Bauern Peter Georg Johannsen im Elisabeth-Sophien-Koog erfunden worden sein. Der damalige Pastor Gustav Bleyer, ein erklärter Alkoholgegner, war für den Gastgeber der Anlaß, den Rum für seine Gäste im Kaffee und unter Sahne zu verstecken. Als der Pastor das Spiel entdeckte, soll er die Festgesellschaft „Pharisäer" genannt haben – womit die gute Erfindung sogleich auch noch ihren eingängigen Namen hatte.

Auf der Weiterfahrt nach Norden darf der Abstecher nach Drelsdorf keineswegs fehlen. Dort nämlich gibt es noch eine romanische Feldsteinkirche aus der Zeit um 1200, die mit einer überwältigenden Ausstattungsfülle beeindruckt. Eine reiche Ausmalung der Wände wetteifert mit ornamentalen Bauernschnitzereien an den Gestühlswangen, die Spätrenaissance-Kanzel ergänzt aufs vorteilhafteste den Renaissance-Altar, und eine Reihe geschnitzter Apostel aus dem 15. Jahrhundert überwacht von der Chorwand das Geschehen in der Kirche. Auf dem Epitaph Bonnix von 1657 findet sich die Inschrift „aquis incuria servi submersus" (durch Nachlässigkeit des Knechtes in den Wassern untergegangen). Sie regte 1876 Theodor Storm zu seiner Novelle „Aquis submersus" an, deren Handlung weitgehend in Hattstedt angesiedelt ist.

Folgt man der B 5 weiter nach Norden, darf ein Abstecher in das kleine Enge am Fuße der Rantzau-Höhe nicht fehlen. Die kleine Dorfkirche nämlich hat eine ungewöhnlich originelle Deckenmalerei. Auf dem 1779 geschaffenen Bild ist das Dorf und die gesamte Dorfgemeinschaft dargestellt. Im Vordergrund sieht man pflügende Bauern, dazwischen vergnügt sich ein Unkraut säender Teufel.

In Niebüll schließlich steigt in den Zug, wer Sylt erobern möchte. Wer dagegen expressionistische Malerei erleben und sich umfassend über Emil Nolde informieren möchte, der darf die Fahrt über die winkligen Landstraßen nach Seebüll, knapp vor der dänischen Grenze nicht scheuen. Das von Emil Nolde (1867–1956) selbst entworfene Haus ist heute Museum mit Wechselausstellungen aus dem Werk des Künstlers und Wallfahrtsort für alle Nolde-Freunde.

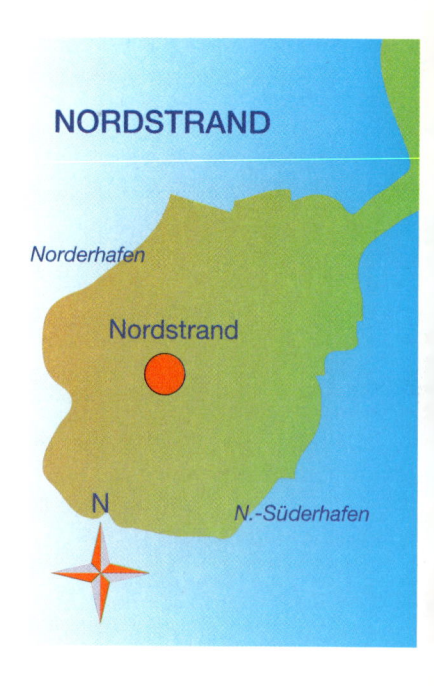

Leuchtturm von Westerhever
Der malerische Leuchtturm von Westerhever sichert die Nordwestspitze der Halbinsel Eiderstedt. Vorgelagert ist das Vogelschutzgebiet Westereversand. Das geistige Gegenstück zur technischen Landmarke steht in Osterhever auf einer hohen Warft und entstand als romanische Kirche im ausgehenden 12. Jahrhundert.

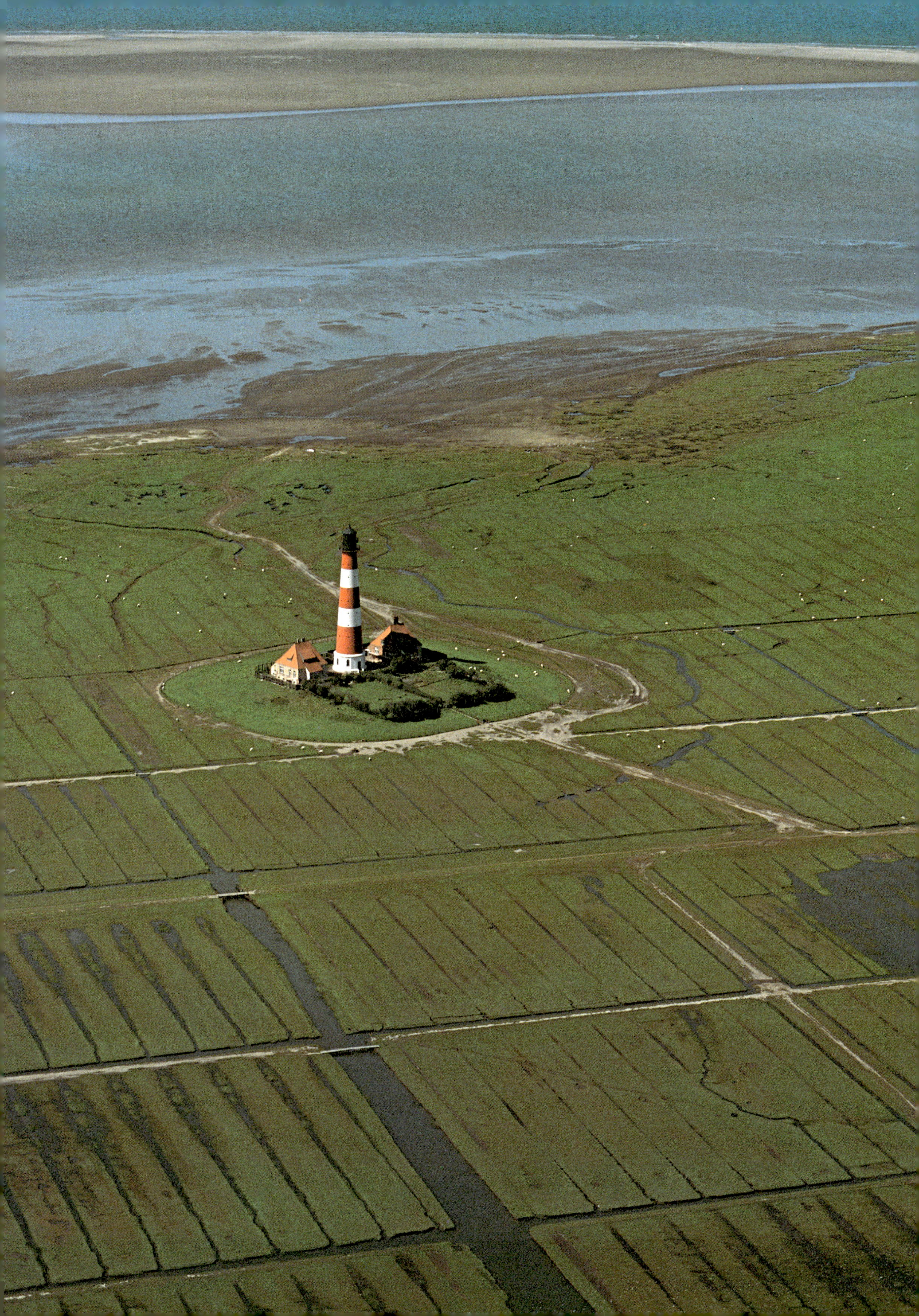

In Deutschland ganz oben

„Ein großartiges Meer, ein Strand, meilenweit ausgebreitet wie der köstlichste Sandteppich, die phantastische Dünenwelt, endlich die Tugenden solcher Bewohner, das ist eine seltene Vereinigung von Vorzügen. Tausende werden Eure gastliche Insel besuchen und mit neuer Kraft, freudigen Mutes und Dank erfüllten Herzens wieder von dannen ziehen". Die beinahe prophetischen Worte des Altonaer Arztes Dr. Gustav Roß, gesprochen im Rahmen einer Festrede am 29. 9. 1857 zur Grundsteinlegung der Dünenhalle in Westerland, haben sich längst ebenso bewahrheitet wie der noch sehr viel pragmatischere Spruch von Theodor Mügge. Er schrieb bereits 1851 in seinem Roman „Der Vogt von Sylt": „Legt Seebäder an, und Eure Möwen und Seeschwalben werden goldene Flügel bekommen."

Weil Arzt und Romancier nur zu recht hatten, assoziiert heute jeder ganz automatisch mit „Nordfriesische Inseln" nur noch Sylt. Daß es daneben noch vier weitere „große" Inseln gibt, ist bereits sehr viel weniger bekannt, von den zahllosen kleinen Inseln bis zu den kleinsten Halligen wissen nur noch die wenigsten. „Nordfriesische Inseln" aber umfaßt die ganze Spannweite vom Sylter Jet-Set-Trubel bis hin zur Halligbeschaulichkeit.

Im Vergleich zu den Ostfriesischen Inseln fällt sofort auf, daß sich die Nordfriesischen in kein Schema fassen lassen wollen. Statt der Reihung wie auf der Perlenkette präsentieren sie sich als willkürliches Durcheinander in einem riesigen Übergangsbereich zwischen festem Land und offener See. Form und Größe der Inseln scheinen Produkte des Zufalls zu sein, die Hintergründe ihres Entstehens sind zumindest auf den ersten Blick wenig durchsichtig.

Das allerdings ändert sich schlagartig, blickt man auf eine Seekarte mit farbig angelegten Tiefenangaben. Sie zeigen mit wenigen Ausnahmen einen Flachwassergürtel, der im Westen von Esbjerg in Dänemark entlang der Westufer der Inseln Fanø, Rømø, Sylt und Amrum über den Japsand, den Norderoogsand und den Süderoogsand bis hinunter zur Spitze der Halbinsel Eiderstedt reicht. Bis in die Mitte des 14. Jahrhunderts hinein war dieser heutige Flachwasserbereich Teil des nordfriesischen Festlandes.

Erst 1362 gelang es einer riesigen Sturmflut, tiefe Breschen in das Marsch- und Geestland zu reißen und dem Land einen bis zu 30 km breiten Streifen zu nehmen. Damals ging auch das sagenumwobene, von Detlev von Liliencron besungene Rungholt unter, von dem der dichtende Inselvogt von Pellworm sang:

„Heut bin ich über Rungholt gefahren,
die Stadt ging unter vor sechshundert Jahren.
Noch schlagen die Wellen da wild und empört,
wie damals, als sie die Marschen zerstört.
Die Maschine des Dampfers schütterte, stöhnte,
aus dem Wasser rief es unheimlich und höhnte:
Trutz, blanke Hans."

Nicht verschlungen wurden lediglich die heutigen Nordfriesischen Inseln, die damit nichts anderes als mehr oder weniger große Reste des vor 600 Jahren untergegangenen Festlandes, keineswegs aber wie in Ostfriesland aus dem Meer „gewachsene" Sanddünen sind.

Sylt aus der Vogelschau
Sylt, die größte der Nordfriesischen Inseln und die Königin der Nordsee, aus der Vogelperspektive gesehen von Süd nach Nord. Im Vordergrund liegt Hörnum mit seinem kleinen Hafen, nördlich des Wolkenschattens ist Rantum zu erkennen. Bei der kleinen niedrigen Wolke versteckt sich Westerland, der nach Osten weisende breite Dreieckzipfel mündet am rechten Bildrand in den Hindenburgdamm. Knapp unterhalb der Basislinie der Bewölkung leuchten die Dünen von List, unmittelbar am Wolkenrand verschwimmt der Lister Ellenbogen im Dunst. Ganz deutlich zu erkennen sind die beiden „Temperamente" der Insel: auf der Westseite die Brandungslinie der Nordsee, auf der Ostseite die ruhigen Wattflächen.

Gesichter von Sylt
Keine andere Nordseeinsel hat so unterschiedliche Gesichter wie Sylt. Von der Wanderdüne bei List (oben), über Heidemoore zwischen Kampen und List (Mitte), reicht die Spannweite bis zu steinzeitlichen Grabkammern bei Kampen (unten).
(Folgende Doppelseite links)

Rotes Kliff auf Sylt
Den Beweis, daß Sylt ursprünglich Teil des Festlandes war, liefert das „Rote Kliff" zwischen Wenningstedt und Kampen. Hier sind auf mehreren Kilometer Länge und bis zu 30 m Höhe die Bruchkanten der Geestschichten von der See freigelegt. Ein nur relativ schmaler Sandstreifen schützt diese Geestkante, so daß sich die See Jahr für Jahr eine rund 1 m dicke Scheibe von ihr abschneiden kann.
(Folgende Doppelseite rechts)

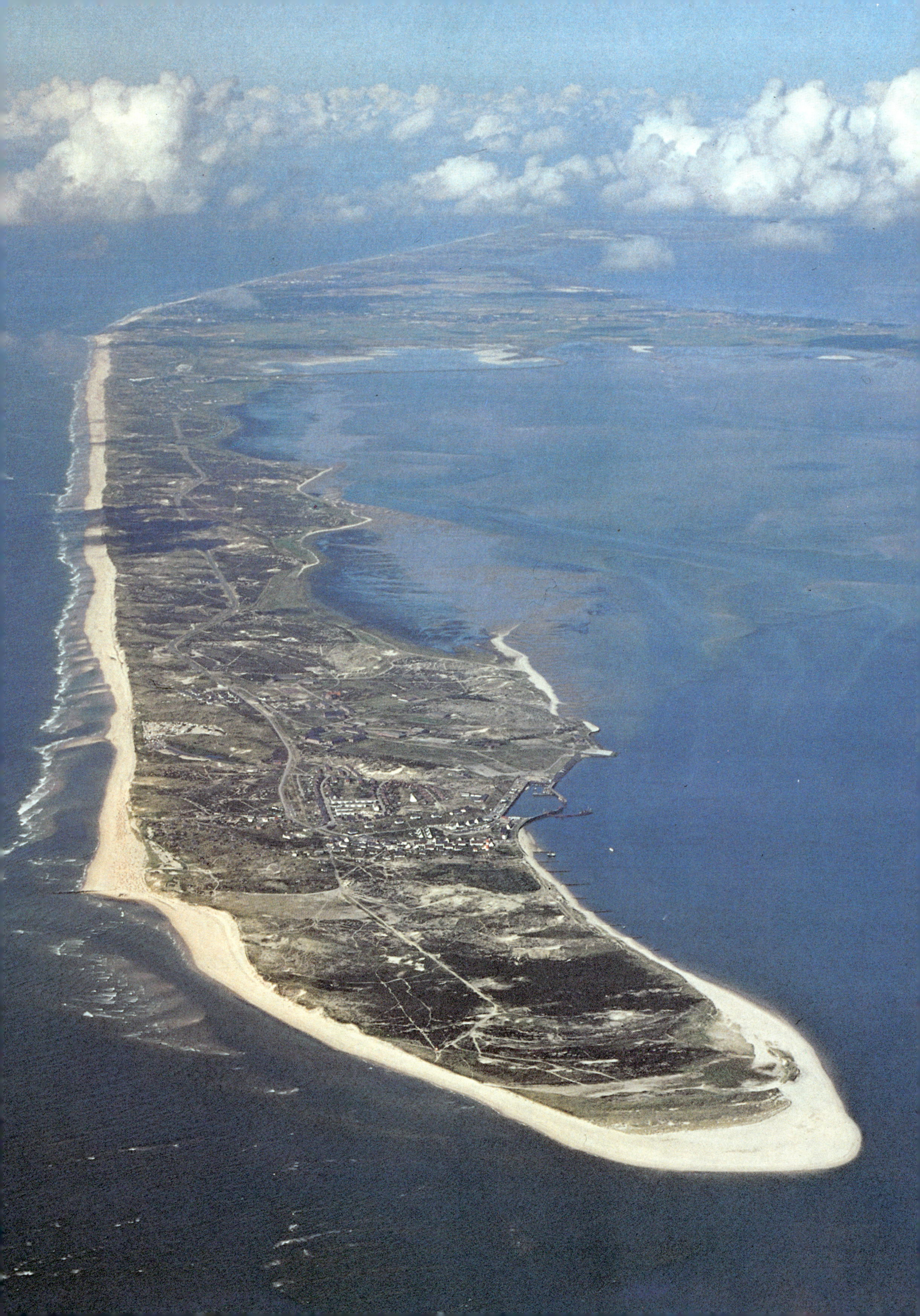

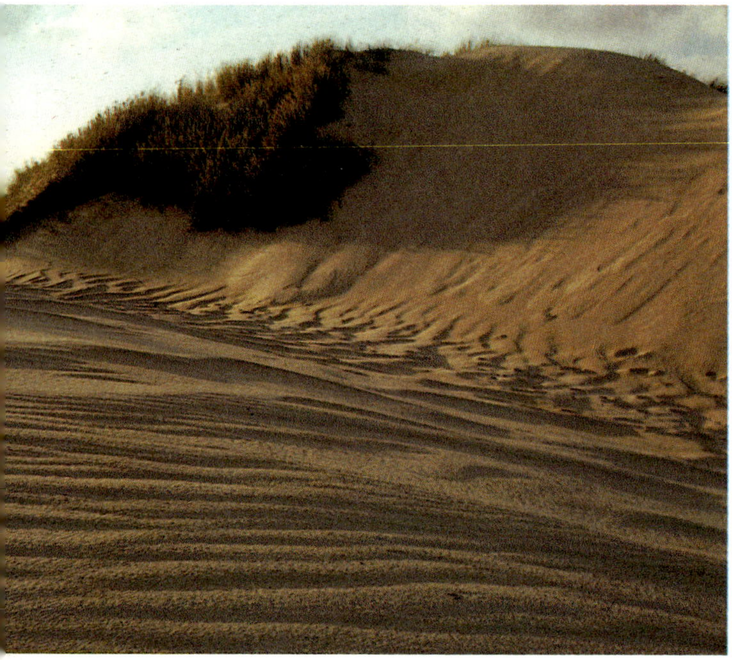

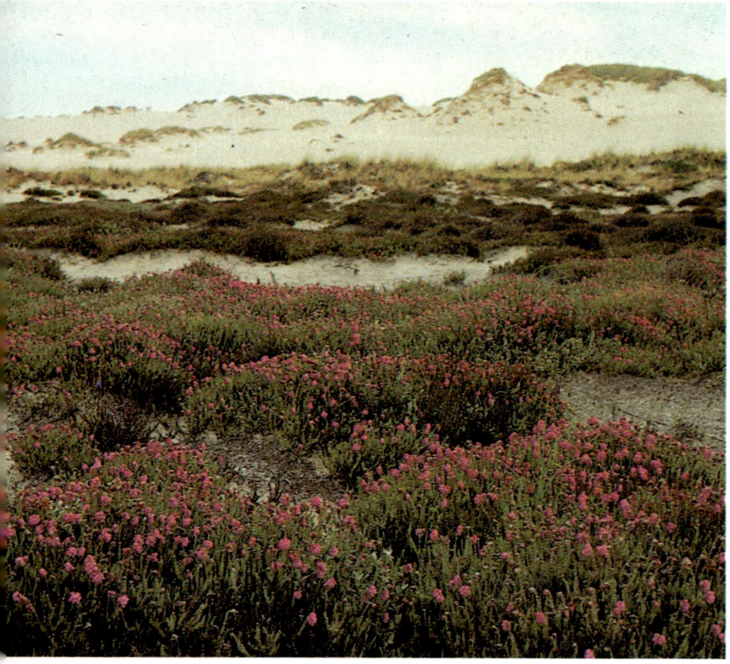

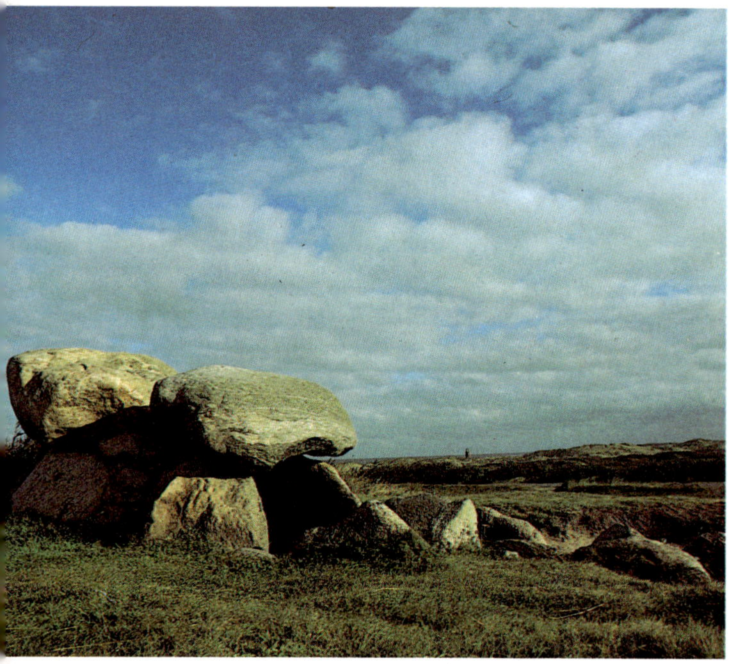

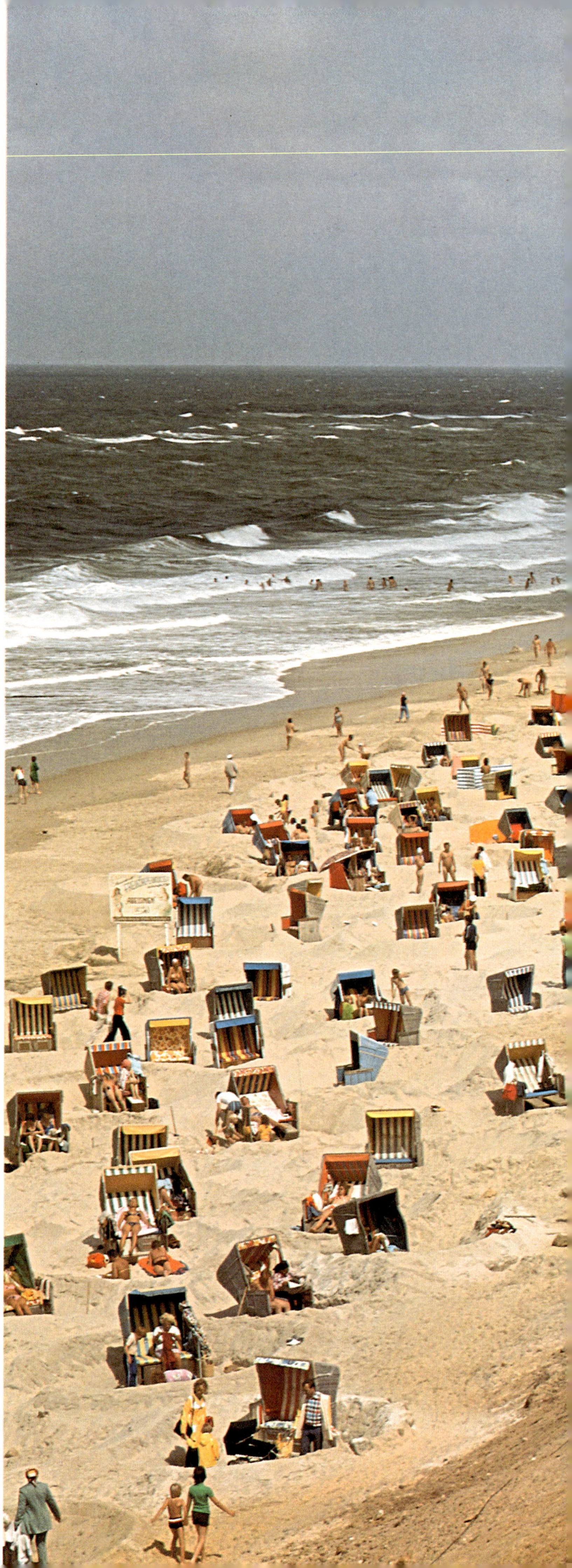

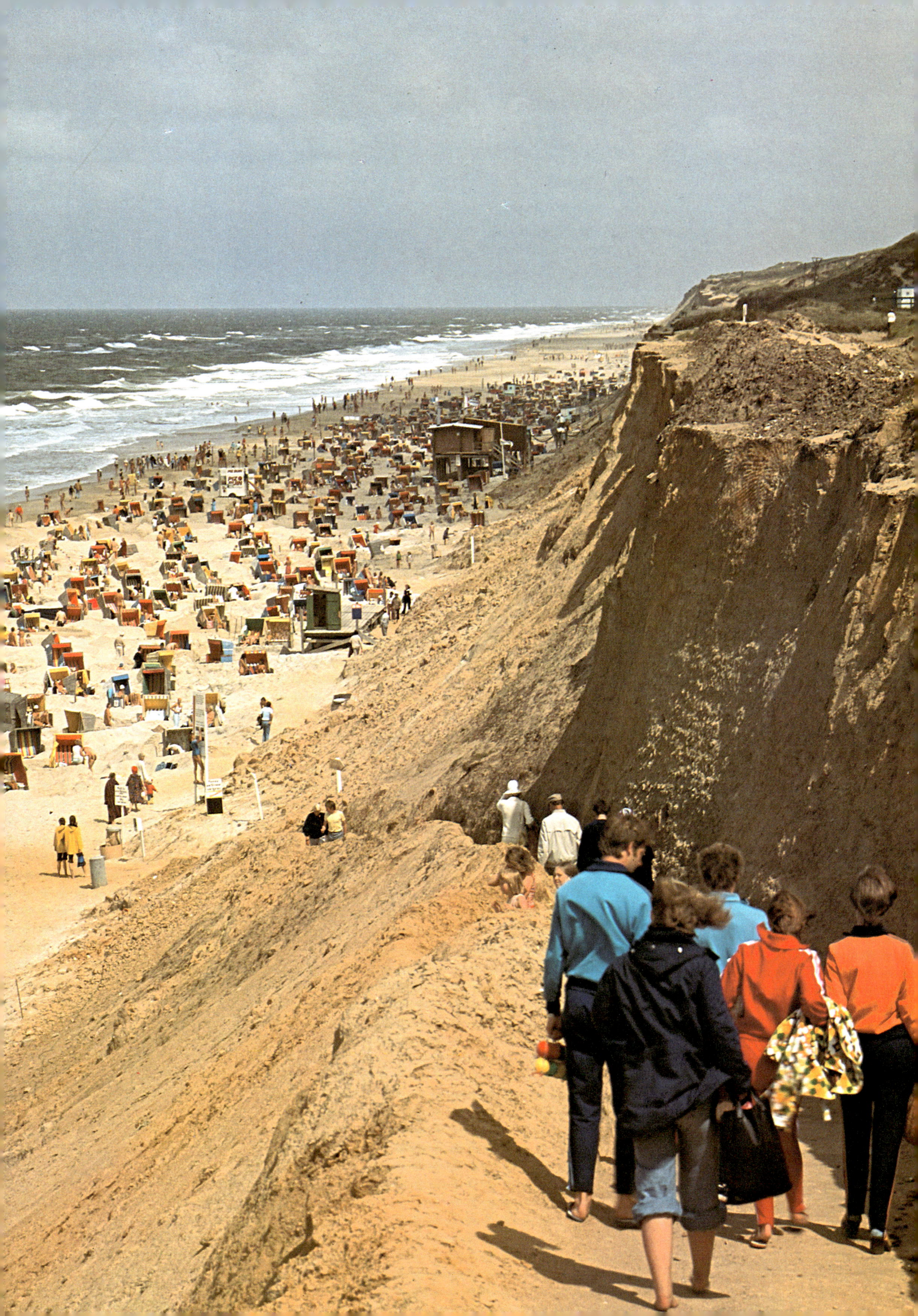

146

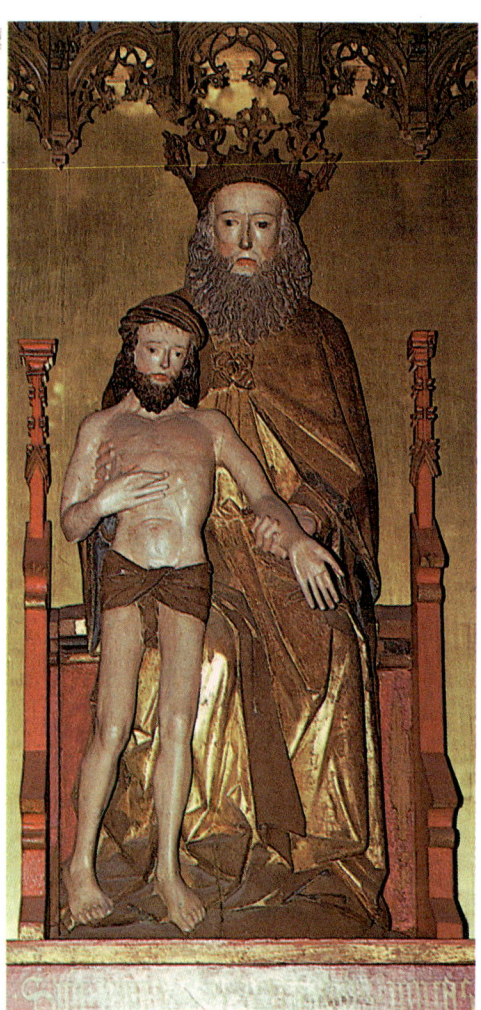

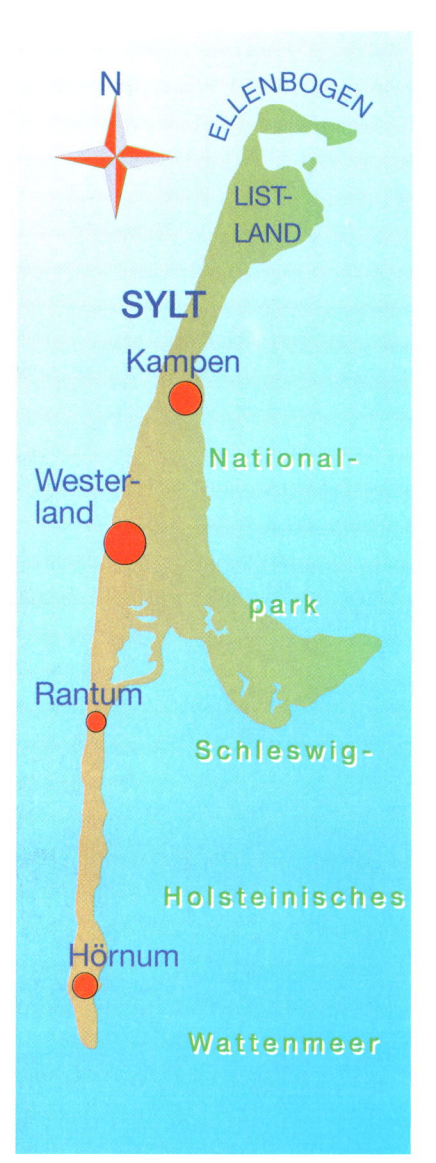

Amrum, Föhr und Sylt erhielten ihre heutige Form bereits weitgehend während dieser Jahrtausendflut. Das heutige Pellworm, Nordstrand und Nordstrandischmoor blieben dagegen zunächst noch als eine große Insel erhalten. Auch Langeness hatte noch keineswegs die heutige Kleinheit. Erst 1634 suchte eine neue Sturmflut die Inselwelt zwischen Föhr und der Halbinsel Eiderstedt heim und verschlang noch einmal wesentliche Landteile. Von der alten großen Insel Nordstrand blieben nur der heutige Rest, Pellworm und das heutige Nordstrandischmoor. Von Langeness blieb nur der heutige kleine Rest.

Noch heute lassen sich die einzelnen Nordfriesischen Inseln ganz genau aufteilen in solche mit Geestkernen und solche mit reinem Marschland. Unter Geest sind dabei die eiszeitlichen Aufschüttungen verstanden, aus denen der ganze Mittelteil von Schleswig-Holstein besteht. Das Marschland dagegen verdankt sein Bestehen ausschließlich Meeresablagerungen, wobei nicht unterschieden wird, ob sie von selbst oder durch menschliches Nachhelfen entstanden sind.

Natürlich sind die Geestkerne der einzelnen Inseln sehr unterschiedlich groß. So hat etwa Sylt im Mittelteil gleich mehrere von Marschland umgebene Kerne. Amrum dagegen besitzt an seiner Westseite einen langgestreckten Geestrücken, der auf der Seeseite von Dünen, auf der Wattseite von Marschstreifen flankiert ist. Föhr wiederum hat seinen Geestkern im Süden, das Marschland schließt sich im Norden an. Die gesamte Inselwelt zwischen Föhr und der Halbinsel Eiderstedt besteht schließlich nur aus Marschland.

Königin der Inseln

Für viele ist Sylt nach wie vor die Königin der Inseln. Wer als Kenner gelten will, nennt sie nicht beim Namen sondern spricht nur bedeutungsvoll von „der Insel". Daß von den meisten zudem Westerland als Synonym für Sylt verstanden wird, unterstreicht wohl die Bedeutung des Hauptortes auf Deutschlands größter Nordseeinsel, wirft aber auch ein bezeichnendes Licht auf ihre Besucher. Die meisten von ihnen zieht es eben in den Trubel von Westerland und in das ewige Spiel von Sehen und Gesehenwerden.

Wer dagegen nicht den kürzesten Weg vom Inselbahnhof zum Meer sucht, der kann sich auf 38 km Länge sein ganz spezielles Strandplätzchen suchen und irgendwo auf der 93 km²-Fläche sein Standquartier aufschlagen. Wer das offene Meer und die Brandung liebt, ein Freund von meterhohen Wellen und stäubender Gischt ist, wird sich dabei nach Westen orientieren, wer dagegen die Beschaulichkeit vorzieht und ruhiges Badewasser liebt, wird sich an die Ostseite halten. Keiner aber wird bei näherem Hinsehen darum herumkommen, sich für eine der drei Halbinseln entscheiden zu müssen, aus denen Sylt eigentlich besteht.

Wer vom Festland über den 1927 fertiggestellten Hindenburgdamm mit dem Zug anreist, kommt zunächst nach Morsum und damit auf den Ostzipfel der Insel. Hier zeigt ein Spaziergang an das nördliche Ufer ganz schnell, daß Sylt tatsächlich aus Geestkernen besteht. Das Morsumer Kliff nämlich ist nichts anderes als eine von den Gletschern der Eiszeit bearbeitete „obere Tertiärformation". Die geschichteten Ablagerungen des Kliffs sind immerhin rund 20 Millionen Jahre alt und bestehen (von unten nach oben) aus schwarzgrauem, fossilienreichem Glimmerton, rostbraunem Limonitsandstein und weißem Kaolinsand.

Schräg aufgerichtet, zerfurcht und gehobelt wurde das Kliff von den Gletschern der Eiszeit. Weil das Kliff an der ruhigen Wattseite liegt, hat es sich in der Vergangenheit kaum verändert und beeindruckt nach wie vor als selten schöne, unmittelbar aus dem Watt aufragende Geestkante. Inseleinwärts schließt sich von der Oberkante des Kliffs die Morsumer Heide an, deren Pflanzendecke ähnlich atlantisch geprägt ist wie die an ebenso ausgesetzten Stellen in der Bretagne. Weiter nach Süden wird die Heide zunehmend moorig und von Erika be-

Altarschreine auf Sylt
So manche kunsthistorische Kostbarkeit versteckt sich ebenfalls auf Sylt. In Keitum ist es der Altarschrein in der alten Seefahrerkirche St. Severin (oben), in Morsum ist es der Altarschrein in St. Martin (unten).

herrscht. Dazwischen finden sich Raritäten wie etwa der Lungenenzian oder die Ährenlilie. Daß in Morsum zudem auch noch die älteste, im 13. Jahrhundert entstandene Kirche der Insel steht, rundet das Bild vom oft im wahrsten Sinne des Wortes „überfahrenen" Ostzipfel von Sylt.

Nur wenige Kilometer westlich des Morsumer Kliffs schließt sich das wohl schönste Dorf von Sylt an. Keitum hat mit seinen eingeschossigen friesischen Langhäusern aus weißverfugten Backsteinen und reetgedeckten Dächern seinen historischen Charakter noch nahezu unversehrt erhalten. Heimatmuseum und „altfriesisches Haus" fügen sich hier ebenso selbstverständlich ein wie die zahlreichen kleinen Kunsthandwerkerbetriebe. Goldschmiede, Töpfer, Weber und Maler schauen sich hier buchstäblich gegenseitig auf die Finger.

Wo die schönsten Häuser stehen, darf auch die schönste Kirche nicht fehlen. Sylts Kleinod, die St. Severinskirche liegt am Westrand von Keitum auf einer Anhöhe und entstand im frühen 13. Jahrhundert als einschiffiger Bau mit eingezogenem Chor. Das stimmungsvolle Innere, das schon so manche Prominentenhochzeit anlockte, enthält einen von vier Löwenfiguren getragenen, romanischen Taufstein und einen gotischen Schnitzaltar. Er entstand im ausgehenden 15. Jahrhundert und zeigt in der Mitte eine Darstellung des Gnadenstuhles. Die drei Messingleuchter kamen Ende des 17. Jahrhunderts aus den Niederlanden.

Kurz vor der Einfahrt in den Sylter Hauptbahnhof Westerland fährt der Zug an der dritten alten Inselkirche vorbei. Sie ist heute fast ganz unter alten Bäumen versteckt, wurde von 1635 bis 1637 unter Verwendung von sehr viel älteren Granitquadern neu errichtet und dem hl. Niels geweiht. Prunkstück des eher schlichten Innenraumes ist ein spätgotischer Schnitzaltar aus dem ausgehenden 15. Jahrhundert. In seinem Mittelschrein ist die Marienkrönung mit großen, sehr ernst blickenden Figuren dargestellt. Zwei gleich große Bischöfe fungieren als Zeugen des Geschehens. Die beiden Seitenflügel enthalten in horizontaler Unterteilung die Zwölf Apostel. Die wohl älteste auf Sylt erhaltene, mittelalterliche Plastik ist das kleine Triumphkreuz über dem Chorbogen. Es stammt aus hochgotischer Zeit und wurde ebenso wie der Altar aus der Vorgängerkirche übernommen.

Der nächste Beweis, daß Sylt ursprünglich Teil des Festlandes war, liefert das „Rote Kliff" an der Westseite der nördlichen Halbinsel. Zwischen Wenningstedt und Kampen sind auf mehreren Kilometern Länge und mit bis zu 30 m Höhe die Bruchkanten der Geestschichten von der See freigelegt. Im Gegensatz zum Morsumer Kliff sind hier die Kanten jedoch nur durch einen relativ schmalen Sandstreifen geschützt, der zudem selbst mehr und mehr von der See angenagt wird. Umfangreiche Sandaufspülungen wurden bereits versucht – wieweit sie Strand und Kliff vor dem weiteren gefräßigen Nagen der See schützen können, muß sich erst noch zeigen.

Natürlich heißt Kampen auch Prominenz, doch hat sie sich hier wenigstens keine Denkmäler aus Beton errichtet. Schon seit 1913 gibt es ein Gemeindestatut, das Häuser über 8 m Höhe verbietet, einen großzügigen Mindestabstand der Häuser untereinander vorschreibt und reetgedeckte Dächer verlangt. Zwischen Dorf und Meer sorgt ein 10 ha großes, streng geschütztes Heidegebiet für natürliche Grenzen möglicher Bauwut. Nördlich und südlich der Heide sorgt eine abwechslungsreiche Dünenlandschaft ganz von selbst für naturbelassene Zustände.

Höhepunkt der Dünenwelt ist die 52 m hohe Uwe-Düne. Getauft wurde sie nach Uwe Jens Dornsen, der als geborener Sylter seiner Heimat als Landvogt in dänischen Diensten gerecht zu werden versuchte. Weil er von der dänischen Krone eine größere Unabhängigkeit gefordert hatte, war er in Kopenhagen in Ungnade gefallen – Grund genug für die Sylter, ihn bis heute als ihren Freiheitshelden zu verehren.

Nördlich von Kampen wird die Insel schmal, der Geestkern liegt hier schon

Sylter Vogelkojen
Auf Sylt gab es drei Plätze, auf denen durchziehende Enten bevorzugt rasteten. Diese Entenplätze waren für die Tiere das, was für den Seemann die Koje ist: Schlafstelle und Schutzraum zugleich. Genau das aber nutzten die Sylter gründlich aus. Nach holländischem Vorbild bauten sie über den Vogelkojen mit Netzen Fanganlagen, die wie Fischreusen funktionierten. Millionen gutgläubiger Wildenten wurden so gefangen und einem unrühmlichen Ende im Kochtopf zugeführt. Allein in der Kampener Vogelkoje, die im Privatbesitz von acht Familien war, wurden bis zum Ende des Entenfangs im Jahre 1921 nicht weniger als 686 169 Enten gefangen.
Heute nisten in der Kampener Vogelkoje über 40 verschiedene Brutvogelarten und auch die Wildenten stehen unter Naturschutz. Die Eidumer Vogelkoje wurde Bestandteil des Naturschutzgebietes Rantumer Becken. Die Westerländer Vogelkoje schließlich wurde Opfer des Straßenlärms.

Nordfriesische Inselschätze
Natürlich bestehen die Nordfriesischen Inseln nicht nur aus Sylt. Daneben gibt es noch vier weitere „große" Inseln, von den zahllosen Inseln bis zu den kleinsten Halligen ganz zu schweigen. Gerade auf den „kleinen" Inseln ist so manches Juwel zu entdecken. Auf Föhr etwa ist es der Friesendom St. Johannes, dessen kreuzförmiger Backsteinbau im 13. Jahrhundert entstanden ist (unten). In ihm steht auch der romanische Taufstein, der bereits um 1200 aus dem Granit geschlagen wurde (rechts oben). Der prächtige Seefahrergrabstein steht bei der St. Clemenskirche in Nebel auf Amrum (links oben).

149

weit unter Meeresniveau und Wellen, Sand und Wind können ihr uraltes Spiel wieder uneingeschränkt treiben. Bis zum nördlichsten Zipfel von Sylt, dem Ellenbogen, reicht denn auch das größte Vogelschutzreservat Sylts. Wo vor 200 Jahren die Vogelkoje zum Entenfang errichtet worden war, sind heute rund 20 km² Dünenlandschaft als „Vogelfreistätte" ausgewiesen. Nirgendwo sonst an der gesamten Nordseeküste gibt es zudem noch so riesige und gleichzeitig so schöne Wanderdünen. Jahr um Jahr ziehen sie etwa 6 m nach Osten.

Südlich von Westerland verengt sich die Insel noch schneller als im Norden. Der schmale Dünengürtel gleicht schon eher einer Nehrung als einer Halbinsel, ein Eindruck, den auch gleich zu Beginn der Verengung das Rantum-Becken nicht zerstören kann. Das etwa 560 ha große Becken wurde 1936 eingedeicht, um der Insel eine „Runway" für Wasserflugzeuge zu geben. Seit Kriegsende hat in dem nun sich selbst überlassenen Wasserbecken die Verlandung stetig zugenommen, so daß es heute ein ideales Brutrevier für zahlreiche sonst äußerst gefährdete Seevögel ist. Ob Rohr- oder Wiesenweihen, ob Seeschwalben oder Säbelschnäbler, ob Seeregenpfeifer oder Kiebitze, alle sind sie hier zu finden und in Ruhe zu beobachten. Gute Beobachtungsstandorte dazu liefert der alte Deich, den man ganz umwandern kann. Wer es noch genauer wissen möchte, der kann sich einer Führung des Vogelwartes anschließen und dann in das Gebiet direkt hineinwandern.

An der beinahe schmalsten Stelle der südlichen Halbinsel liegt das kleine Rantum mit seiner reetgedeckten Inselkirche. Ihr war ebenso wenig Dauer beschieden wie dem ganzen Dorf. Im 15. Jahrhundert und gleich zweimal im 18. Jahrhundert mußte das Dorf bereits der See weichen und jeweils weiter östlich neu errichtet werden. Nur was der Wind hier nach Osten verfrachtet, kann an der Wattseite wieder anwachsen. Was dagegen die Wellen losreißen, wandert mit einer starken Südströmung direkt an die Südspitze von Sylt und trägt dort zur Verlängerung des ohnehin schon so langen Fingers bei.

Praktisch auf dem Fingernagel des nach Süden gereckten Sylter Zeigefingers liegt das alte Hörnum. Seine Männer waren einst berühmte Heringsfänger. 1607 allerdings blieben sie fast alle samt ihren Schiffen auf See, ein Schlag, der das Dorf fast zum Aussterben gebracht hätte. Hörnum ist aber auch die Heimat von Pidder Lüng, dem standhaften Sylter, dessen Rückgrat Detlev von Liliencron seine berühmte Ballade vom Amtmann von Tondern gewidmet hat. Der kam samt seinen Kriegsknechten, um auf Sylt fällige Steuern einzutreiben. In Hörnum landete er und geriet an Pidder Lüng. Sein standhafter Spruch: „Lewwer duad üs Slaav" (Lieber tot als Sklave) ließ den Herrn Amtmann vor Wut so überkochen, daß er dem Widerspenstigen in den Grünkohl spuckte. Mangels anderer Möglichkeiten blieb da dem guten Pidder Lüng nur das Naheliegendste: den hohen Herrn mit der Nase voraus in den Kohl zu tauchen und ihn dort zu ersticken. Natürlich kam die Obrigkeit am Ende zu ihrem „Recht", der arme Pidder Lüng aber auch zu seinem letzten Wort: „Lewwer duad üs Slaav!"

Zum Schluß ein Wort zum Wetter auf Sylt, denn nicht umsonst ist hier von „reizendem Wetter" die Rede. Das vieldeutige Adjektiv hat in diesem Fall sogar tatsächlich einen vielschichtigen Hintergrund. Oder hätten Sie gewußt, daß auf Sylt eigentlich Eskimos leben müßten? Immerhin liegt die Insel am 55. Breitengrad, einer Breite, auf der in Sibirien Nowosibirsk, in Amerika Alaska und Labrador liegen. In Sibirien liegt auf dieser Breite an mehr als 200 Tagen eine geschlossene Schneedecke und der Boden bleibt das ganze Jahr über gefroren.

Daß dies auf Sylt etwas anders ist, dankt die Insel ihrer Warmwasserheizung, dem Golfstrom. Daß der ja auch das Festland heize, dieser Einwand gilt nur begrenzt. Immerhin ist die Jahresdurchschnittstemperatur auf Sylt um beinahe 3° höher als auf dem benachbarten Festland – Folge des unmittelbarer heizenden Golfstromes. Mit zum guten Ergebnis trägt auch bei, daß es auf Sylt im Jahr exakt 212 Sonnenstunden mehr gibt als auf dem Festland. Ursache dafür ist der

Die weiße Wolke

Kleine weiße Wolke am Himmel –
was will sie doch?
Da steht sie im Blauen
gar köstlich zu schauen.
Und da wird mir zu Sinn,
als ob ich selber der Himmel bin
und die kleine weiße Wolke
zöge durch mich hin.

Da steht sie im Blauen
noch immer zu schauen.
Kleine weiße Wolke am Himmel –
was will sie doch?

Hermann Claudius

Hamburger Hallig
Halligbeschaulichkeit und Halligeinsamkeit muß man erlebt haben, um den Reiz dieser Winzlingseilande auch nur in Ansätzen nachempfinden zu können. Die Hamburger Hallig, über die hier die hohen Wolken treiben, ist immerhin noch über einen, mit Platten belegten und bei Ebbe befahrbaren „Weg" mit dem Festland verbunden; zu allen anderen kommt man nur mit dem Schiff.

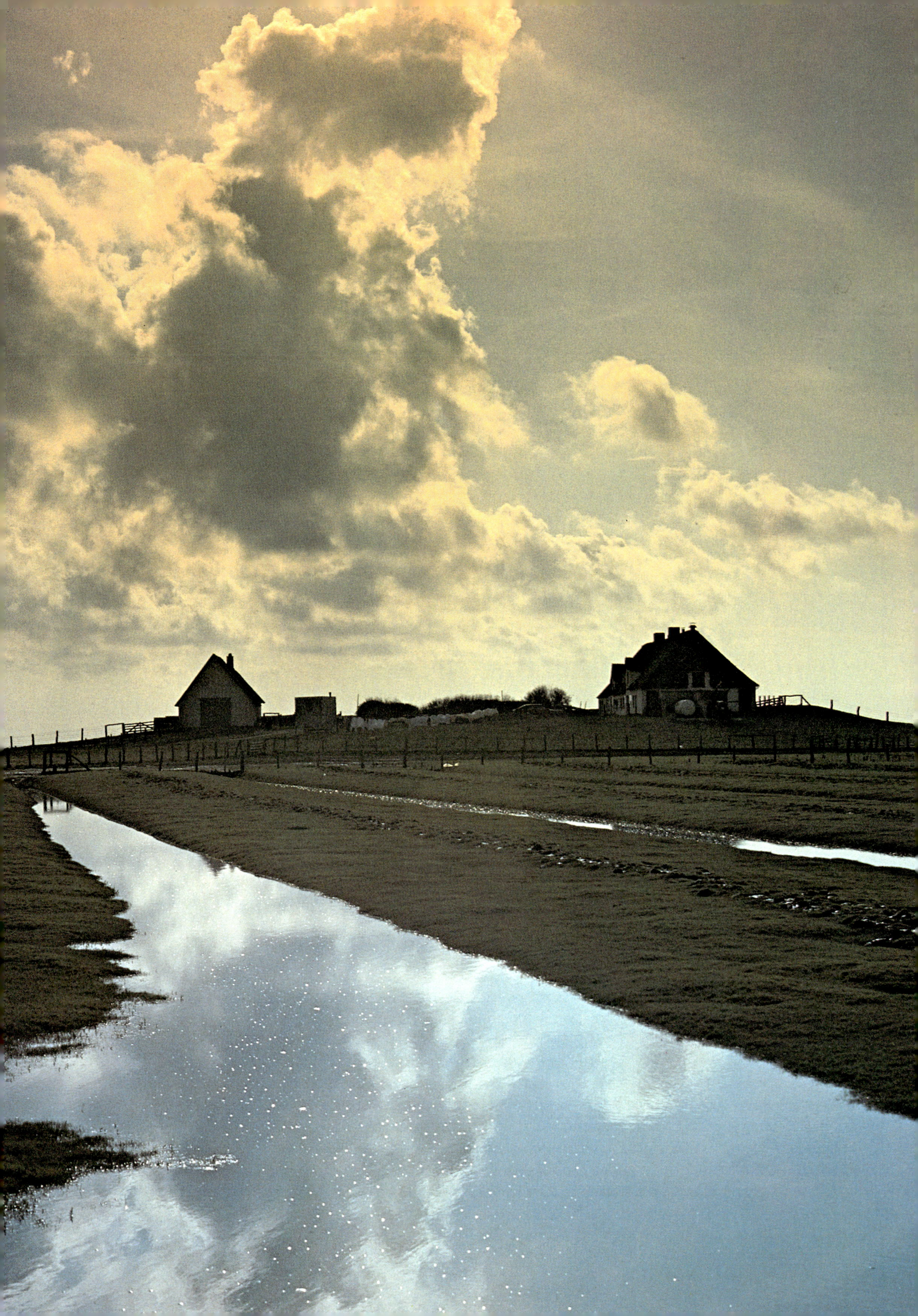

Wind, der schattenbringende Thermikwolken erst gar nicht entstehen läßt oder zumindest schnell wieder vertreibt. Ihr Sonnenplus holt sich die Insel hauptsächlich zwischen 12 und 13 Uhr, wenn in der Umgebung dicke Wolken die Sonne einzuhüllen beginnen. Wer sich an seine verregneten Ferien erinnern muß, wird es nicht glauben wollen, daß es im Sommer auf Sylt im langjährigen Mittel pro Monat nur zwischen 2,3 und 3,2 ganz sonnenscheinlose Tage gibt ...

Insel am „Sandigen Rand"

Warum Amrum seinen Namen ausgerechnet dem Sand verdankt (Am Rem = sandiger Rand) ist zumindest vordergründig alles andere als einsichtig. Schließlich gibt es keine einzige Nordseeinsel ohne Sand und dennoch spielte er sonst nirgends bei der Namensgebung eine Rolle. Warum das auf Amrum anders war, beginnt man zu ahnen, wenn man auf den bis zu 1,5 km breiten Kniepsand kommt. Nirgendwo sonst in Europa gibt es vor einer Insel einen solchen Sand – einen Sand zudem, der zumindest ursprünglich mit der Insel selbst direkt gar nichts zu tun hatte.

Noch keine 400 Jahre nämlich ist es her, da lag der Kniepsand noch nicht als breiter Streifen vor dem Geestkern der Insel, sondern ragte als „Amrumer Barriere" weit nach Westen ins Meer hinaus. Lediglich an der Südspitze der Insel gab es eine Verbindung zwischen Sand und Geest. Nach und nach sorgten dann Wellen, Wind und Meeresströmungen dafür, daß der Sand um beinahe 90° schwenkte und erst vor den natürlich gewachsenen Inseldünen weitgehend zur Ruhe kam.

Da das normale Hochwasser inzwischen etwa 1 m unter der Sandoberfläche liegt, bleibt der Kniepsand meist den ganzen Sommer über trocken. Lediglich die Winterstürme und die damit verbundenen höheren Wasserstände sorgen dafür, daß sommerliche Windverfrachtungen und Ansätze zu kleiner Dünenbildung im Winter wieder ausgeglichen werden. In der Jahresbilanz wandert der Kniepsand jedoch auch heute noch Jahr für Jahr um 50 m nach Norden und verändert dabei natürlich auch stetig seine Form.

Während es beim Kniepsand wohl nie gelingen wird, ihm mit technischen Mitteln seinen Wandertrieb abzugewöhnen, ist dies bei den Dünen auf dem „Festland" von Amrum schon recht gut gelungen. Allerdings bemüht man sich darum auch schon seit 1696 und das auch nur mit wechselhaftem Erfolg. Immerhin ist es bis heute gelungen, die gesamte so faszinierende Amrumer Dünenlandschaft bis auf drei Wanderdünen zu zähmen. Sie sind dafür jeweils rund 300 m lang und fast ebenso breit. Den besten Ausblick auf Amrums Dünenwelt gibt es übrigens vom 42 m hohen Leuchtturm bei Wittdün.

Bis in unsere Zeit war Amrum geprägt von riesigen Heideflächen, die sich der Dünenostseite entlang praktisch über die gesamte Länge der Insel erstreckten. Bäume waren auf der Insel unbekannt, und noch im vorigen Jahrhundert stellte ein Inselpastor fest: „Alles was höher ist als der Wall (der Schutz etwa um einen Garten) verdorrt wegen der salzigen Nordwinde". 1866 gepflanzte Birken und Erlen bestätigten dies ebenso wie spätere Versuchspflanzungen in den Dünen. Erst als man es mit Ulmen und Pappeln, Kiefern und Fichten versuchte, gab es bessere Ergebnisse. Inzwischen hat eine seit 1959 betriebene systematische Aufforstung dafür gesorgt, daß es heute auf Amrum gut 200 ha Wald gibt.

Wer bei soviel Sand und Heidelandschaft Zweifel bekommen sollte, ob Amrum tatsächlich eine Geestinsel ist, der sollte die Wattseite zwischen Nebel und Steenodde besuchen. Hier ragt die Geestkante noch einen guten Meter über den Flutstand hinaus. Bei Flut nagen die Wellen unaufhörlich am Geestfuß und sorgen so für eine „Minikliffbildung". Dramatisch ist das zwar alles nicht, wohl aber der Beweis dafür, daß auch Amrum Teil des alten nordfriesischen Festlandes ist.

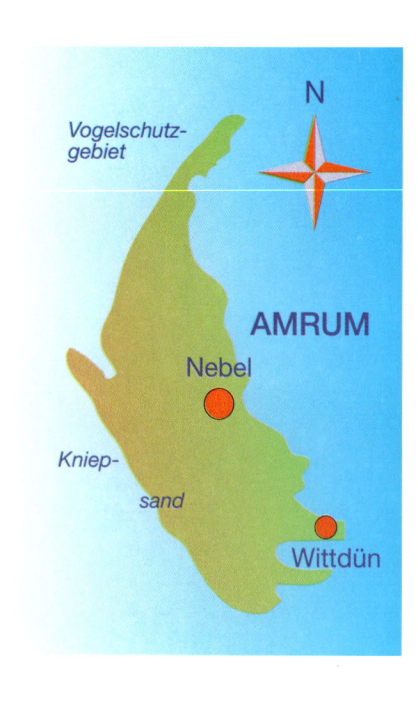

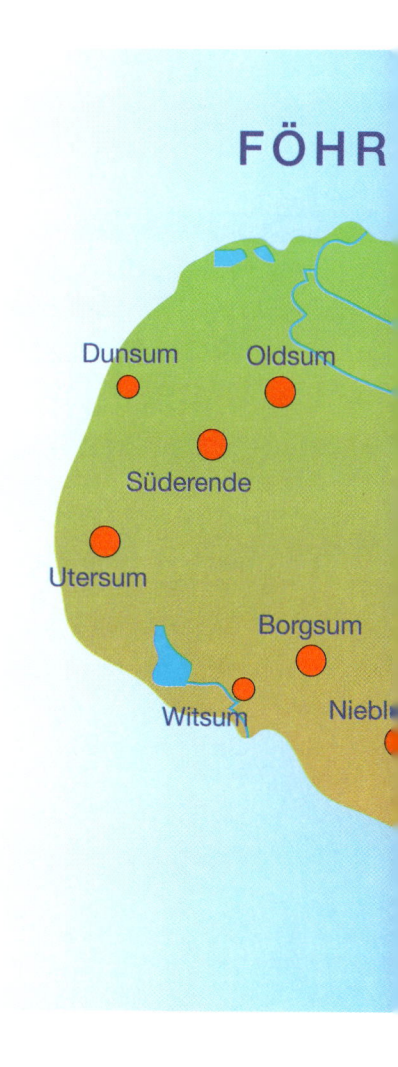

Kniepsand auf Amrum

Der Amrumer Kniepsand ist eine Welt für sich. Nirgendwo sonst in Europa gibt es vor einer Insel einen solchen Sand, der hier immerhin bis zu 1,5 km

Erinnerung auf dem Kniepsand

*Der Kleine Prinz durchquerte die Wüste und begegnete nur einer Blume mit drei Blütenblättern, einer ganz armseligen Blume...
„Guten Tag", sagte der Kleine Prinz. „Guten Tag", sagte die Blume.
„Wo sind die Menschen?" fragte höflich der Kleine Prinz.
Die Blume hatte eines Tages eine Karawane vorüberziehen sehen. „Die Menschen? Es gibt, glaube ich, sechs oder sieben. Ich habe sie vor Jahren gesehen. Aber man weiß nie, wo sie zu finden sind. Der Wind verweht sie. Es fehlen ihnen die Wurzeln, das ist sehr übel für sie."
„Adieu", sagte der Kleine Prinz.
„Adieu", sagte die Blume...*

Saint-Exupéry: Der Kleine Prinz.

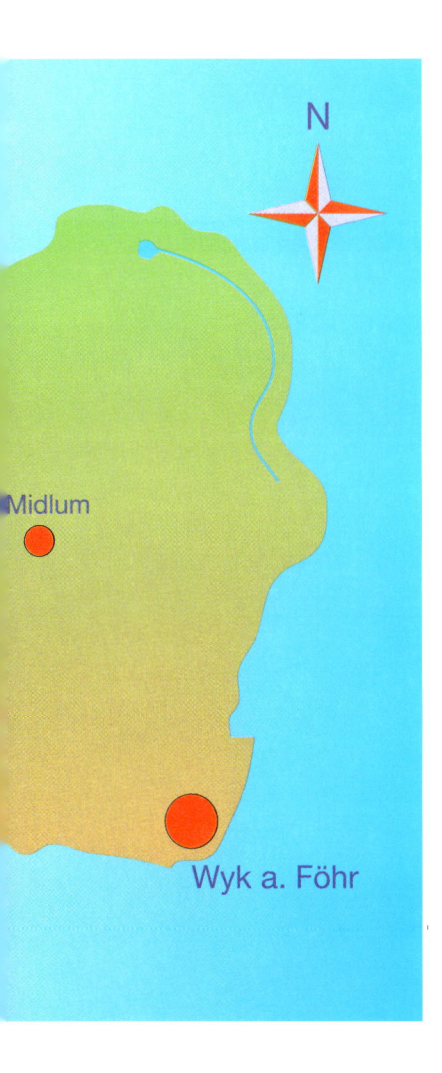

breit ist. In der Jahresbilanz wandert der Kniepsand noch heute Jahr für Jahr um rund 50 m nach Norden und verändert dabei auch stetig seine Form. *(Folgende Doppelseite)*

Wenn es bei der Kurverwaltung heißt „auf Amrum braucht man keinen Smoking", heißt das zum einen sicher, daß man hier eben keine Schickeria erwarten kann (oder fürchten muß). Zum anderen erinnert der Spruch aber auch daran, wie zögerlich und skeptisch die Amrumer dem auch ihre Insel nicht verschonenden Badebetrieb zumindest anfangs gegenüberstanden. Noch 1885 hatte der Gemeinderat festgestellt, es sei „der Verderb der guten hiesigen Sitten durch die Badeleute zu befürchten", wenn sich die Einwohner „den neuen Moden anpassen und in Luxus leben würden". Ein ganzes Jahr brauchte der königliche Landvogt, um den Gemeinderat seinen ablehnenden Beschluß revidieren zu lassen. Erst 1890 wurde Amrum dann endgültig Seebad.

Schönstes Dorf auf Amrum ist heute das malerische Nebel, auch wenn sein Name nur ganz prosaisch von „Neues Bohl" (= neue Ansiedlung) kommt. Interessant ist die alte St. Clemenskirche. Sie hat einen Kastenchor aus Feldsteinen, ein Schiff aus Backstein und einen gedrungenen Westturm. Chor und Schiff stammen noch aus dem frühen 13. Jahrhundert, der neuromanische Turm kam 1908 dazu. Im Inneren sind ein dreiflügliger Altar mit Malereien von 1634, ein Kruzifix aus dem 15. Jahrhundert und die Figuren des thronenden Christus mit den Aposteln zu bewundern. Sie stammen aus einem bereits im frühen 14. Jahrhundert entstandenen Altarschrein. Besonders interessant ist ein Sakramentsschrank aus dem frühen 15. Jahrhundert. Auf der Innenseite seiner oberen Tür findet sich als ausgezeichnete Arbeit ein gemalter, blutüberströmter Schmerzensmann.

Ein Kapitel für sich sind die zahlreichen alten Grabsteine auf dem Kirchhof von Nebel. Sie sind mit kunstvollen Reliefs verziert, meist mit Schiffsdarstellungen in ornamentenreichen Rahmungen. Die ausführlichen Inschriften unterhalb des Schmuckmotivs erzählen teilweise ganze Geschichten von den hier Begrabenen. Daß es den „Hans im Glück" zu allen Zeiten gab, beweist etwa der Grabstein von Hark Olufs, den türkische Seeräuber als 14jährigen verschleppten und auf dem Sklavenmarkt verkauften, und der dann dennoch 26jährig als reicher Mann den Weg zurück nach Amrum fand.

Bäuerliche Märcheninsel

„Rund und lecker wie ein richtiger Pfannkuchen" liege Föhr im Wattenmeer – so jedenfalls behauptet es ein Bewunderer der zweitgrößten Nordfriesischen Insel. Wie der Pfannkuchen schmecken könnte, davon bekommt der Besucher einen ersten Eindruck, wenn er die Haeberlinstraße in Wyk entdeckt. „Wie aus dem Märchen" ist die häufigste erste Reaktion und beinahe stimmt sie sogar. Nicht umsonst nämlich verbrachte Hans Christian Andersen hier seine Ferien, schrieb an seinen Märchen und skizzierte seinen Roman „Die zwei Baronessen". Der Wiener Walzerkönig Johann Strauss ließ sich zu seinen „Nordseebildern" inspirieren, und der Dänenkönig Christian VIII. war im Sommer Dauergast. Damals allerdings war Föhr noch dänisch. 1864 wurde man zwar preußisch und die Dänenkönige fuhren auf andere Inseln, dafür kam dann das preußische Kronprinzenpaar.

Ihren verträumten Charme verdankt die Insel zum einen ihrer geschützten Lage hinter den „Vorposten" Sylt und Amrum, zum anderen ihrem großen Marschanteil mit fetten Weiden und fruchtbarem Ackerboden. Nur auf knapp einem Drittel der Inselfläche kommt der Geestrücken hervor, eine weite Dünenlandschaft sucht man vergebens. Statt dessen ist das fette Marschland mit bis zu 8 m hohen Deichen geschützt und damit dem Meer wohl endgültig abgerungen. Die Dörfer liegen fast alle im Süden auf dem Geestrücken, der im Südosten, im Dreieck zwischen Wyk, Midlum und Nieblum mit 13 m über NN seine größte Höhe erreicht.

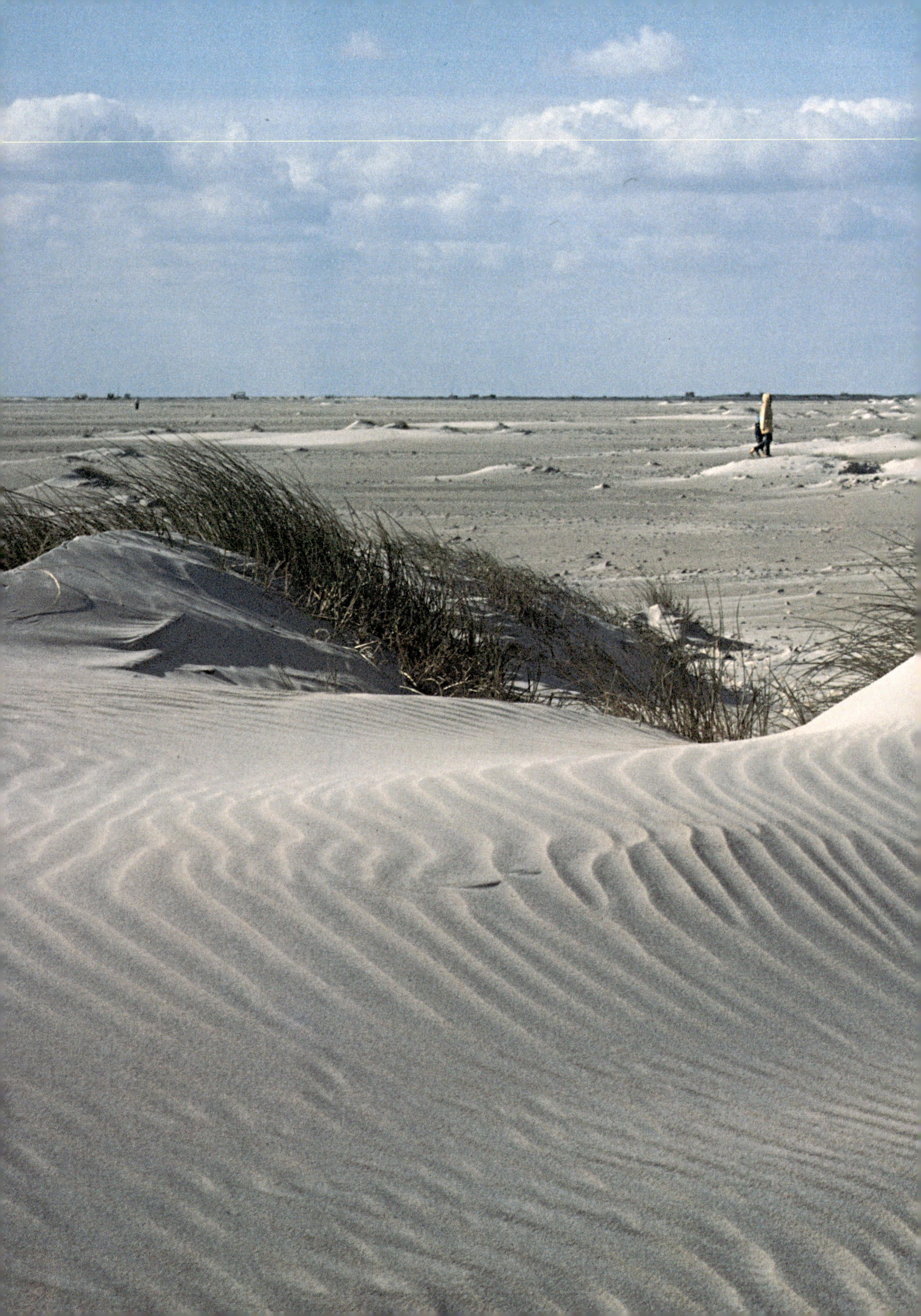

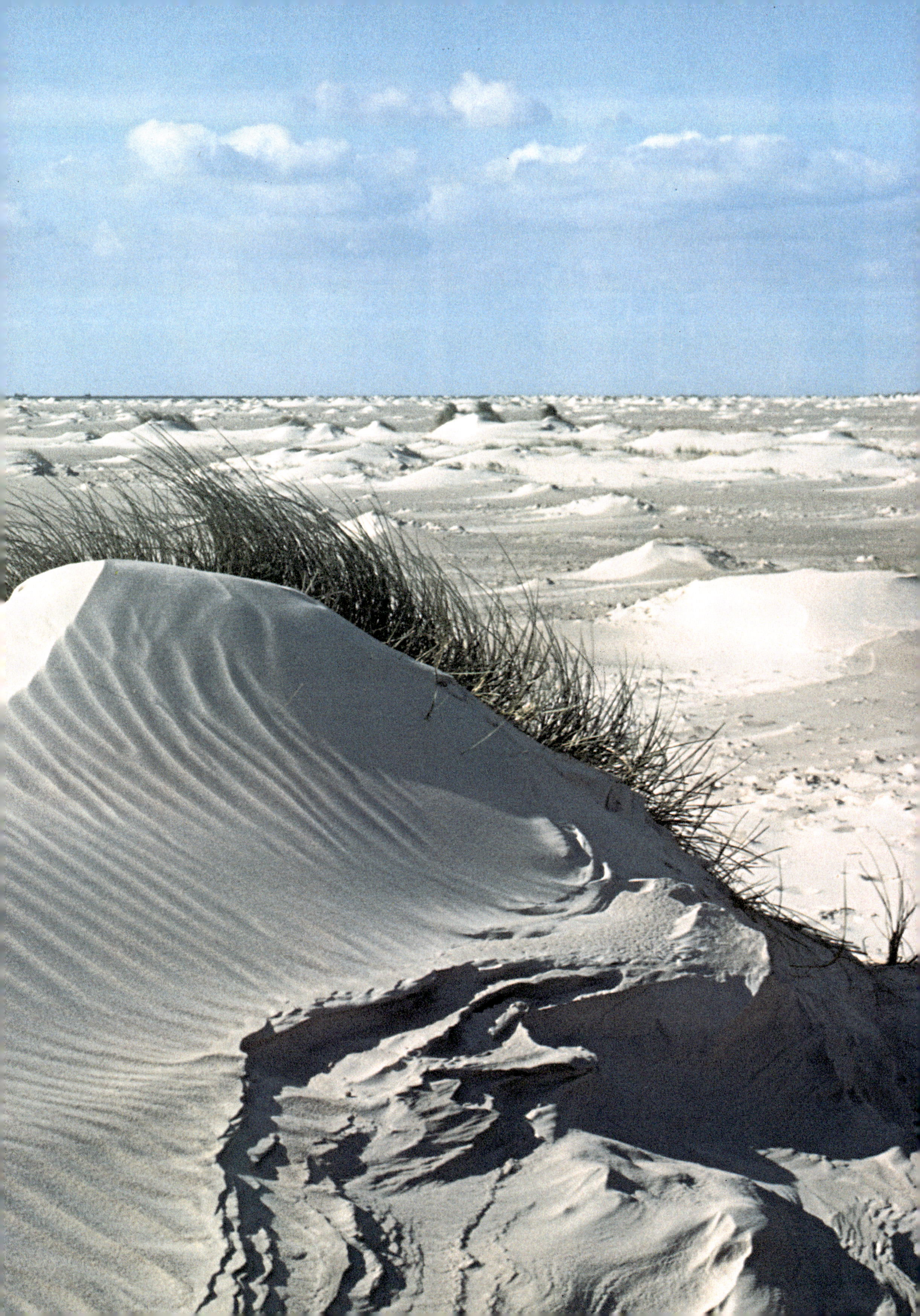

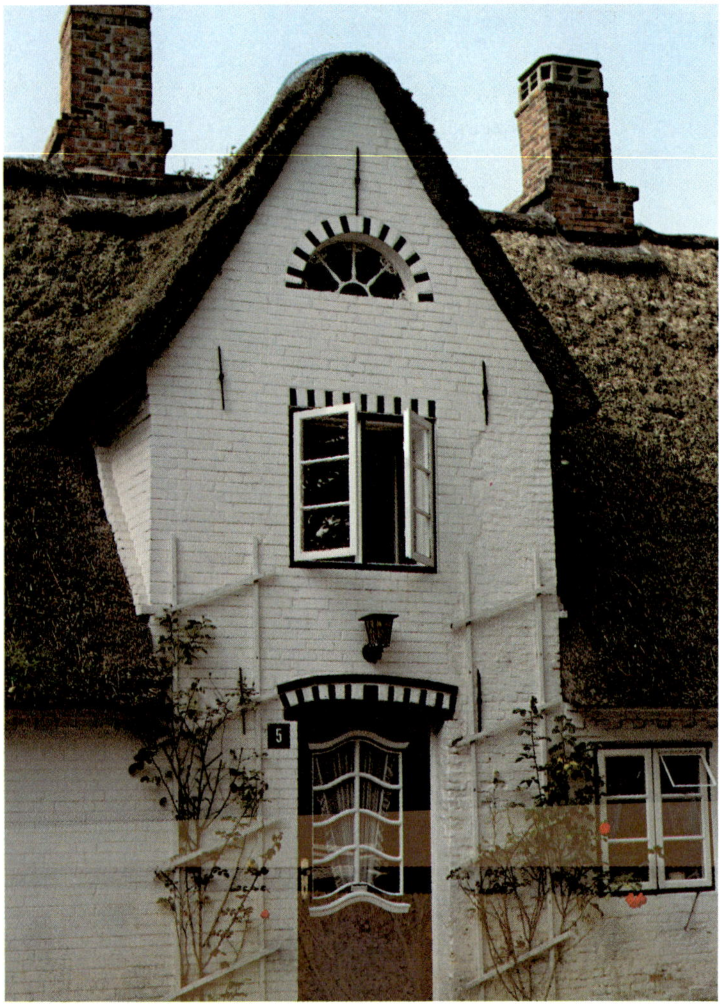
5
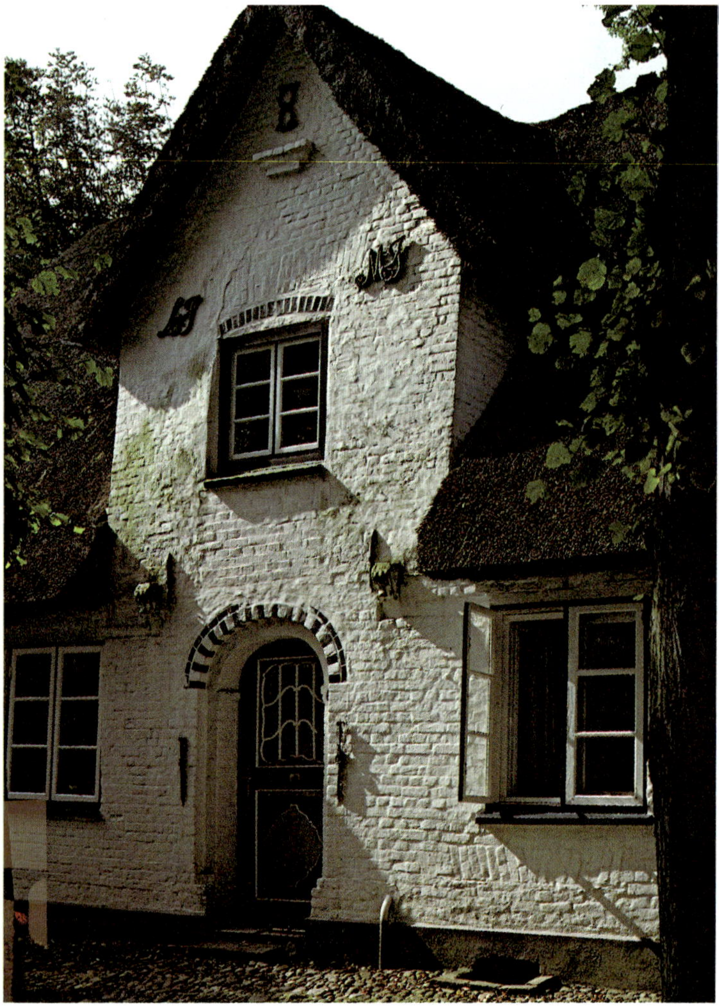
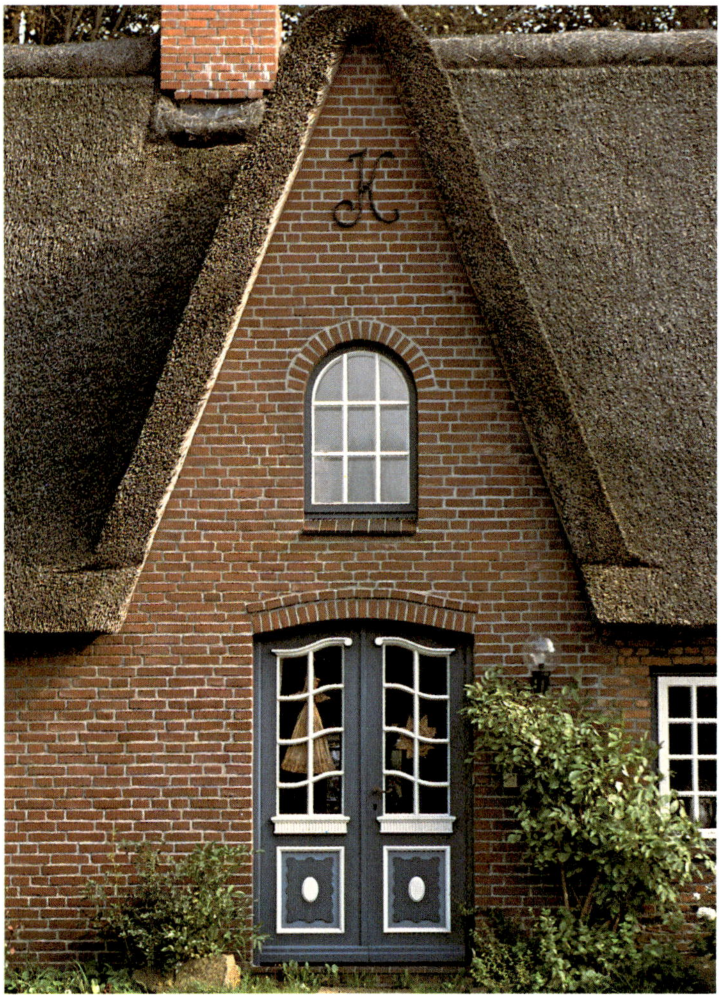
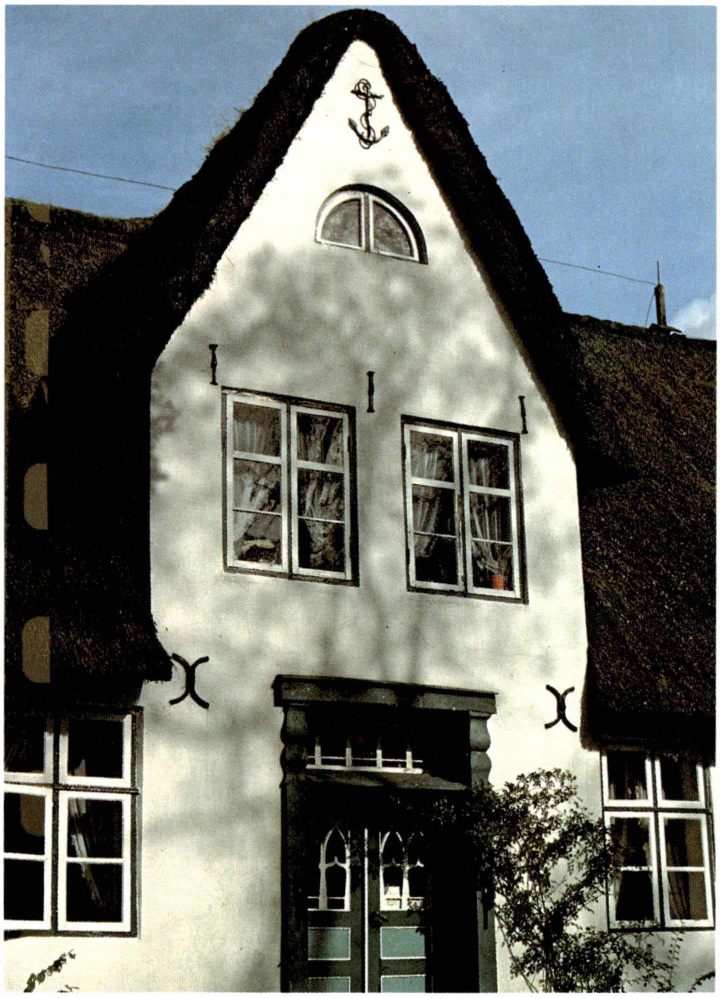

Snack

He is soo giezig,
sä de Knecht,
he lickt de Fleeg noch af,
de in'ne Melk full'n is.

Nordfriesische Reetdächer
Wenn spöttische Zungen behaupten, auf Sylt hätten sogar die Hundehütten ein Reetdach, heißt das noch lange nicht, daß es sie deshalb auf den anderen Inseln nicht gäbe. Die beiden oberen und das linke untere Prachtstück stehen in Nieblum auf Föhr, das rechte untere in Keitum auf Sylt.
(links)

Hallig Hooge
Unbestrittene „Königin" der Halligen ist die Hallig Hooge. Trotz eines Sommerdeiches heißt es hier mindestens fünfmal im Jahr „Land unter". Nur die Warften ragen dann noch aus dem Wasser, als wären sie kleine, schwimmende Inselchen.
(Folgende Doppelseite links)

Nordfriesische Wohnkultur
Friesische Wohnkultur ist nirgendwo so schön zu entdecken wie in Nordfriesland. Das Fliesentableau mit der Walfangsszene (oben) findet sich in Nebel auf Amrum, die Blaue Stube steht im Waldhusenhof auf Pellworm (Mitte) und der Königspesel, mit seinen gefliesten Wänden, ist die gute Stube auf der Hanswarft (unten).
(Folgende Doppelseite rechts)

Der landschaftlich schönste Punkt der ganzen Insel liegt vor Goting, westlich von Nieblum. Immerhin 9 m hoch ist hier das Kliff, die Abbruchkante der Föhrer Geest. Die großen Granitbrocken, die an seinem Fuße liegen, wurden von den Gletschern der Eiszeit aus Nordskandinavien hierher transportiert.

Nur wenig weiter nördlich vom Goting Kliff lockt eine weitere Rarität auf einem als weithin sichtbare Landmarke in die Marsch hineinragenden Geestsporn. Auf ihm stand einst die Lembecksburg, eine Ringwallanlage mit immerhin knapp 100 m Durchmesser und einer Wallhöhe von 11 m über NN. Ihr innerer Boden war aufgeschüttet, um das von den Wällen in die Mitte in eine Zisterne fließende Regenwasser auch vor Sturmflut zu schützen. Ursprünglich gab es einen doppelten Häuserring im Wallinneren, das Tor öffnete sich nach Süden.

Glaubt man der Sage, trotzte hier Ritter Lembeck der Belagerung durch den dänischen König und foppte ihn damit, daß er der letzten Kuh jeden Tag ein anderes Fell überhängen und sie damit auf den Wall führen ließ. Ob sich die Dänen dadurch tatsächlich täuschen ließen, verschweigt die Sage leider. Um so verläßlicher sind die Forschungsergebnisse der Wissenschaftler. Sie haben bewiesen, daß die Burg der Inselbevölkerung bei Überfällen der räuberischen Wikinger als Fluchtburg diente – und das immerhin schon im 8. Jahrhundert.

Streift man heute durch die behäbigen Dörfer auf Föhr, vergißt man nur allzu leicht, daß die fetten Jahre noch nicht allzu alt sind. Noch Mitte des vorigen Jahrhunderts herrschte die Heide (und die Armut) vor. Jedes mögliche Zubrot war wichtig und wirtschaftlich entsprechend bedeutend waren deshalb die Vogelkojen. In ihren künstlich angelegten, rechteckigen Teichen wurden Enten durch zahme Hausenten angelockt und mit Futter in seitlich abgehende, schmale Gräben mit Netzreusen gelockt. Bis zu 10 000 Enten sollen pro Jahr in einer einzigen Vogelkoje gefangen worden sein. Noch heute sind einige zu Schutz- und Hegezwecken in Betrieb.

Daß Föhr zu allen Zeiten auf sich hielt, beweisen seine drei Kirchen in Boldixum (heute mit Wyk verschmolzen), Nieblum und Süderende. Die jüngste, die Nikolaikirche in Boldixum wurde immerhin auch schon im zweiten Drittel des 13. Jahrhunderts als Backsteinbau errichtet und erhielt in allen drei Jochen eine ausgemalte Wölbung. Den heutigen Schnitzaltar schuf Johann Schnitker 1643 mit einer Darstellung des Abendmahls und Szenen aus der Leidensgeschichte Christi. Der frühgotische Taufstein aus der Mitte des 13. Jahrhunderts stammt von der Insel Gotland, der um 1300 geschnitzte hl. Nikolaus ist der größte Schatz der Kirche.

Die größte und bedeutendste Kirche der Insel steht in Nieblum und ist dem hl. Johannes geweiht. Der „Friesendom" mit Platz für über tausend Gläubige hat einen spätromanischen Chor mit eingezogener Apsis, ein gewölbtes, frühgotisches Querschiff und ein mit einer Holzbalkendecke geschlossenes Schiff. Ältestes Stück der Ausstattung ist ein Taufstein aus Granit, gearbeitet um 1200 und verziert mit hervorragend gestalteten kämpfenden Löwen. Der spätgotische Flügelaltar, mit einer Marienkrönung im Mittelrelief, einer Kreuzigungsgruppe darüber und Heiligen und Aposteln an den Seiten stammt von 1480. Die bemalten, äußeren Flügel sind gute Beispiele der spätmittelalterlichen Tafelmalerei. Besonders interessant ist die überlebensgroße Holzfigur des Kirchenpatrons. Der 1487 geschnitzte Johannes steht auf dem fein gearbeiteten, kauernden Herodes und tritt ihn so buchstäblich mit Füßen.

Die älteste, aber auch bescheidenste Inselkirche steht bei Süderende und ist dem hl. Laurentius geweiht. Ihr Langhaus wurde noch im 12. Jahrhundert fertiggestellt. Die barocke Ausmalung an den Schiffsgewölben wurde um 1670 fertiggestellt und beeindruckt durch ihre zwar etwas derbe, aber sehr ausdrucksvolle Darstellung. Der Figurenaltar des Kirchleins dürfte um 1440 entstanden sein.

Kulturgeschichtlich ganz besonders interessant sind wieder die Grabsteine auf

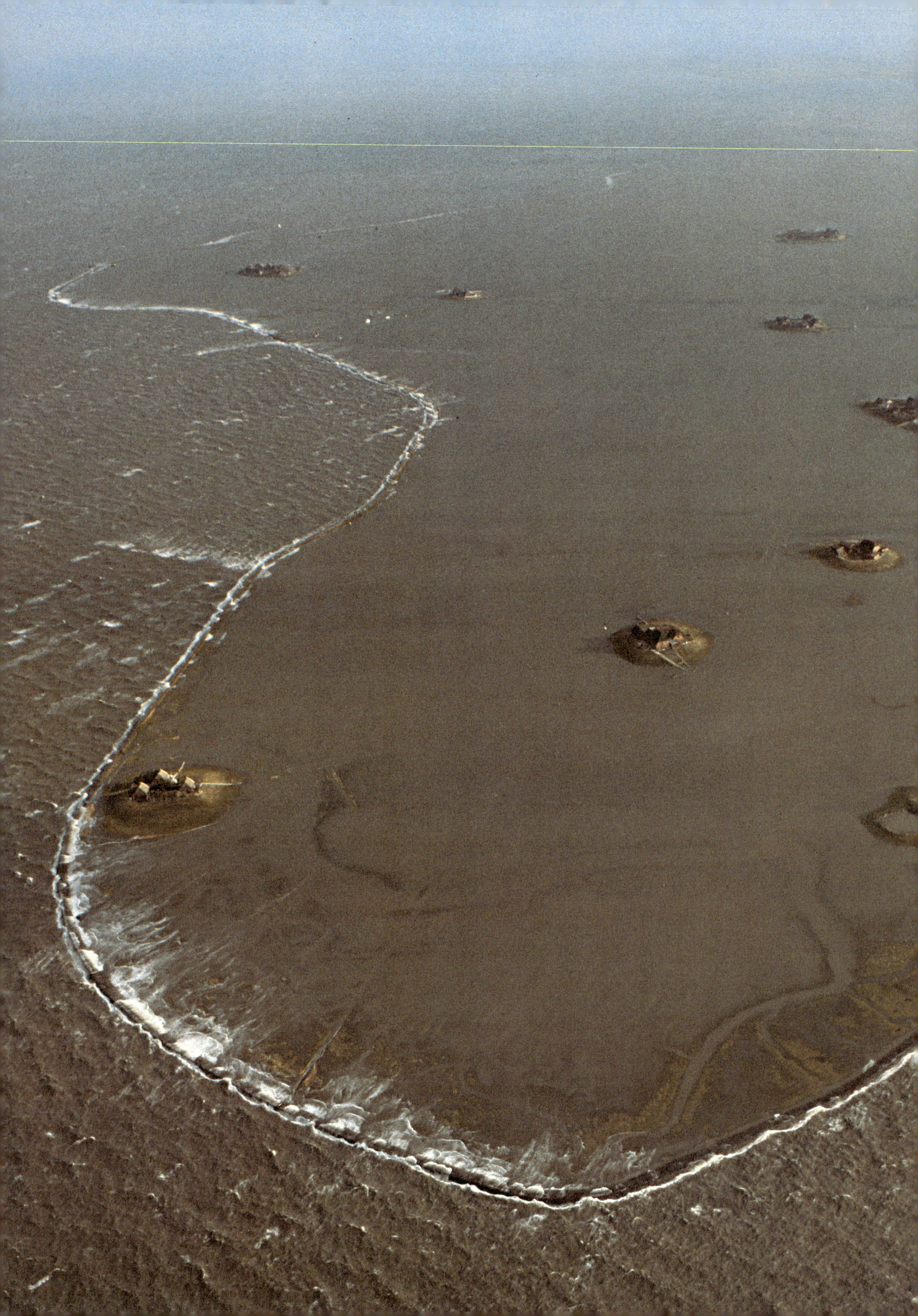

159

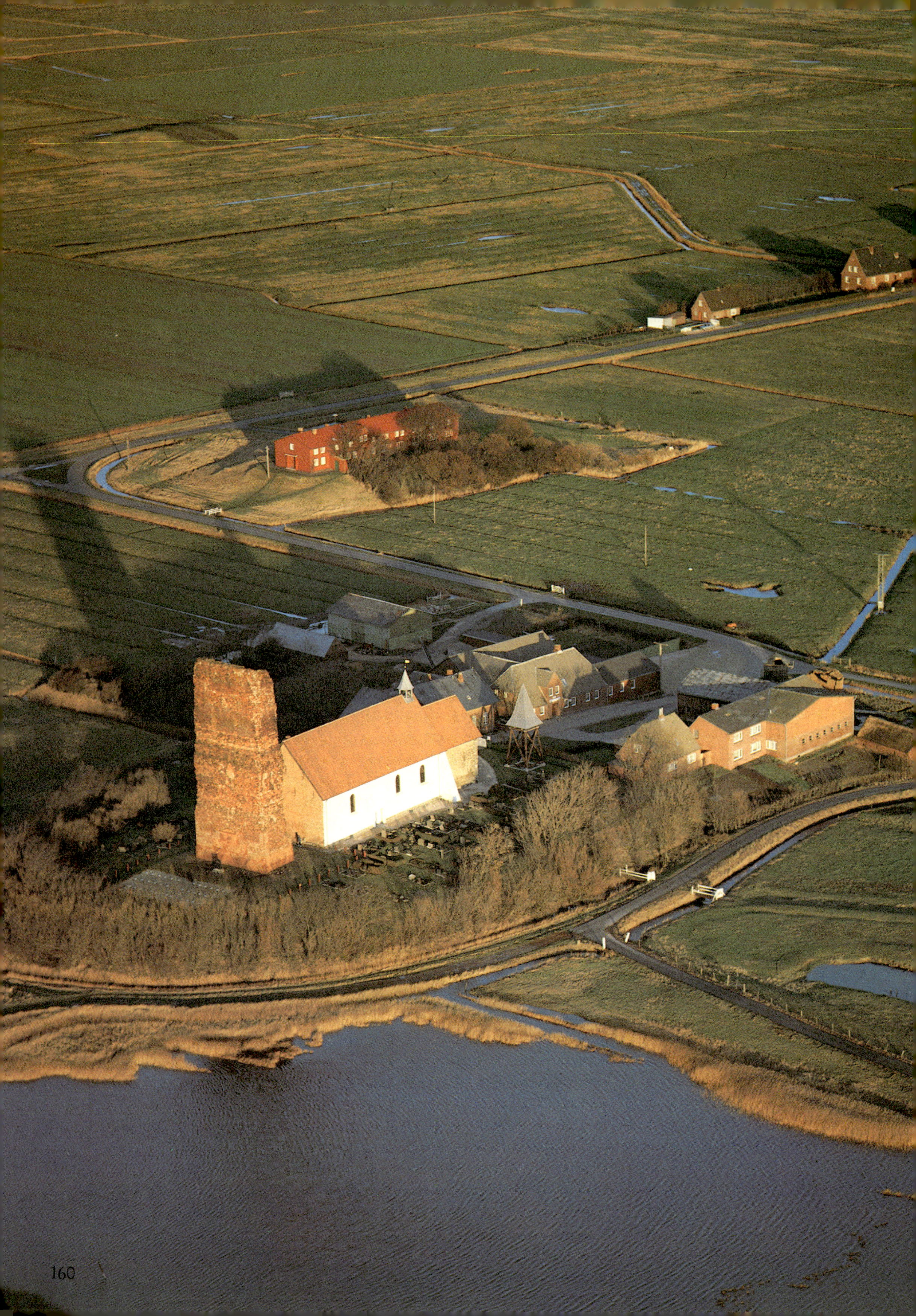

den Friedhöfen bei den drei Kirchen. Ähnlich wie auf dem Friedhof in Nebel auf Amrum sind auch sie häufig meisterhafte Zeugnisse heimischer Volkskunst und erzählen nicht selten halbe Romane von den hier Begrabenen.

Marsch unter Meeresspiegel

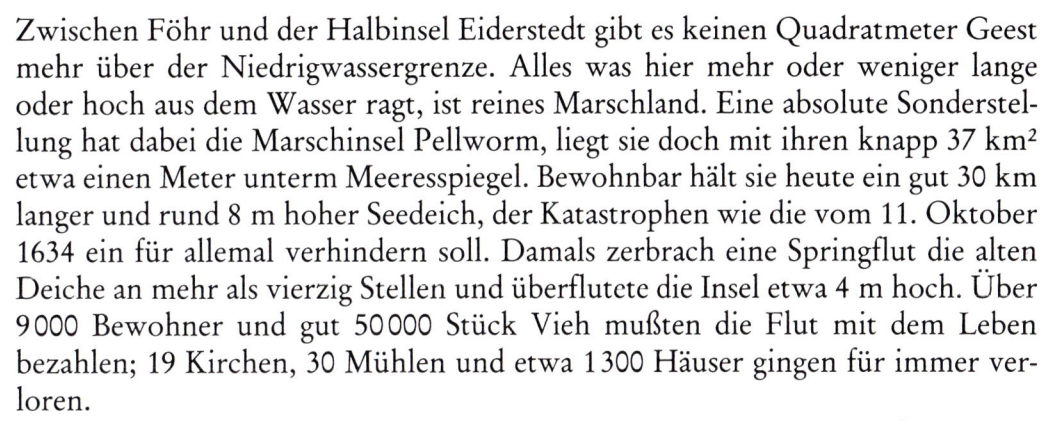

Zwischen Föhr und der Halbinsel Eiderstedt gibt es keinen Quadratmeter Geest mehr über der Niedrigwassergrenze. Alles was hier mehr oder weniger lange oder hoch aus dem Wasser ragt, ist reines Marschland. Eine absolute Sonderstellung hat dabei die Marschinsel Pellworm, liegt sie doch mit ihren knapp 37 km² etwa einen Meter unterm Meeresspiegel. Bewohnbar hält sie heute ein gut 30 km langer und rund 8 m hoher Seedeich, der Katastrophen wie die vom 11. Oktober 1634 ein für allemal verhindern soll. Damals zerbrach eine Springflut die alten Deiche an mehr als vierzig Stellen und überflutete die Insel etwa 4 m hoch. Über 9 000 Bewohner und gut 50 000 Stück Vieh mußten die Flut mit dem Leben bezahlen; 19 Kirchen, 30 Mühlen und etwa 1 300 Häuser gingen für immer verloren.

Statt zu weichen, deichten die Pellwormer neu, ohne zu ahnen, daß es ein arg langer Kampf werden sollte. Allein im 18. Jahrhundert wurde Pellworm neunmal überflutet, im Februar 1825 stieg die Flut gar 1 m über die Deichkronen. Daß die königlich-dänische Obrigkeit damals nahe daran war, die Insel aufzugeben, dürfte unter solchen Umständen nicht allzusehr verwundern. Keineswegs ans Aufgeben dachten jedoch die Pellwormer und deichten bis 1846 eben wieder neu, diesmal mit einer soliden Steindecke.

Schon fast an ein Wunder grenzt es, daß sowohl die alte wie die neue Pellwormer Kirche die „Grote Mandränke" von 1634 überstanden. Immerhin stammt die alte Kirche aus dem ausgehenden 12. Jahrhundert, ihr mächtiger, einst 56 m hoher Westturm ist gerade ein Jahrhundert jünger. Zwar stürzte seine östliche Hälfte 1611 ein, die westliche jedoch steht bis heute als höchst eindrucksvolle, immerhin noch 25 m hohe Landmarke und wichtiges Seezeichen für kleine und große Kapitäne, als „Finger Gottes" für die Pellwormer.

Als herausragende Ausstattungsstücke kann man heute einen prächtigen Flügelaltar von 1460 bewundern, in ihm ist in figurenreichen Szenen die Passion und die Kreuzigung Christi dargestellt. Die Flügelrückseiten und die Außenflügel wurden von einem spätgotischen Meister bemalt und sind seltene Beispiele dieser Kunst.

Dem Altar gegenüber steht das zweite kostbare Werk: die 1711 fertiggestellte Orgel des berühmten norddeutschen Orgelbauers Arp Schnitger. Die von Organisten aus aller Welt gerne gespielte Orgel zeichnet sich durch einen neunteiligen, mit Akanthus einfühlsam verzierten Prospekt aus.

Die „neue" Kirche von Pellworm entstand 1528 als einfache Saalkirche mit polygonalem Ostabschluß. Von ihrem goldenen Altarblatt behaupten viele, es sei das schönste in ganz Norddeutschland. Nicht übersehen werden sollte auch ein 1624 gearbeiteter Schrank mit reicher Spätrenaissance-Schnitzerei.

Grüne Tupfer im Watt

„Wie Träume liegen die Inseln im Nebel auf dem Meer" sagte der Dichter des „Schimmelreiters", Theodor Storm und meinte damit die grünen Eilande im Wattenmeer, die offiziell Halligen heißen. Ihre Marschen sind nicht durch Deiche geschützt, mehrmals im Jahr heißt es deshalb „Land unter". Lediglich für die Häuser gibt es Warften aus künstlich „aufgeworfenen" Hügeln. Allein auf der Nordmarsch Langeness gibt es 19 solcher Warften, die bei guter Sicht und entsprechender Beleuchtung vom Schiff aus eine stimmungsvolle „Hallig-Sky-

Alte Kirche auf Pellworm

Es grenzt schon fast an ein Wunder, daß sowohl die alte wie die neue Pellwormer Kirche die „Grote Mandränke" von 1634 überstanden. Zwar stürzte die östliche Hälfte der alten Kirche Anfang des 17. Jahrhunderts ein, die westliche jedoch steht bis heute als höchst eindrucksvolle, immerhin noch 25 m hohe Landmarke und wichtiges Seezeichen für kleine und große Kapitäne.

line" bilden. Auch vom südlichen Strand von Wyk kann man die Kette erleben, auch wenn die flachen Landstriche dazwischen nicht zu sehen sind. Bei etwas diffusem Wetter könnte man die Halligen dann mit vor Anker liegenden Schiffen verwechseln.

Erreichbar sind die Halligen in der Regel nur mit dem Schiff. Lediglich Langeness, Oland und die Hamburger Hallig sind anders erreichbar. Langeness und das vorgelagerte Oland sind über einen insgesamt rund 9 km langen Schienendamm mit dem Festland verbunden. Auf ihm verkehrten einst Segelloren, heute besorgen kleine Dieselmotoren den Antrieb. Zur Hamburger Hallig gibt es seit 1859 einen „Damm", der allerdings kaum mehr ist als eine mit Platten belegte und bei jeder etwas höheren Flut überspülte Fahrspur. Immerhin kann man bei gutem Wetter mit dem Auto bis vor die Warft fahren.

Die heute vorhandenen zehn Halligen sind gerade ein Drittel des noch vor etwa 400 Jahren vorhandenen Bestandes. Jede neue Sturmflut nagte an den fragilen Gebilden und forderte von den Bewohnern stets neue Opfer. So überlebten allein 74 Halligbewohner die Februar-Flut von 1825 nicht, von 200 Häusern wurden 170 zerstört.

Inzwischen jedoch hat sich das Bild gewandelt. Längst schon kämpfen die Bewohner nicht mehr nur für sich ums eigene Überleben. Seit gut hundert Jahren sind die Halligen in den öffentlichen Küstenschutz einbezogen, wurden sie zu Wächtern im Watt. In unserer Zeit wurden sie Teil des 1 400 km² großen Naturschutzgebietes „Nordfriesisches Wattenmeer", das das gesamte Gebiet zwischen dem Sylter Hindenburgdamm und der Nordküste der Halbinsel Eiderstedt umfaßt. Nach den Erfahrungen der schweren Sturmflut von 1962 wurden in die Häuser massive Fluchträume unter dem Dach eingebaut. Sie haben als Fundament vier tief in den Boden gerammte Betonpfeiler, so daß die Bewohner selbst bei Einsturz des Hauses nicht gefährdet sind.

Unbestrittene „Königin" der Halligen ist die Hallig Hooge. Auf der insgesamt 5,5 km² großen Hallig gibt es neun Warften und seit 1914 sogar einen „Sommerdeich" gegen die niedrigeren Sturmfluten im Sommer. Das normale Hochwasser überragt er etwa 2 m und sorgt dadurch dafür, daß es auf Hooge nur noch etwa fünfmal im Jahresdurchschnitt „Land unter" gibt. Welche Warft auf Hooge die interessanteste ist, ist sicher eine Frage des jeweiligen Interesses. Imker etwa wallfahrten zur Ockenswarft, um ihren Bienen einen von fremden Störenfrieden unbeeinträchtigten Hochzeitsflug zu ermöglichen und so die Zucht rein zu halten.

Kunstfreunde werden dagegen eher zur Kirchenwarft wandern und die 1641 errichtete Kirche besuchen. Ihre asymmetrische Emporenkanzel schuf Anfang des 17. Jahrhunderts der Flensburger Meister Ringerinck. Die 1743 fertiggestellte Kanzeltür zeigt in ihrem oberen Abschluß einen weiblichen Wal mit seinem Jungen und erinnert damit an die Zeiten, als die Hoogener noch auf Walfang fuhren. An der Decke hängt als Votivschiff von 1825 die Fregatte „Friedrich VI." und erinnert an den Besuch des dänischen Königs, der seine Untertanen nach der schweren Sturmflut besucht hatte. An das gleiche Ereignis erinnert das „Königshaus" auf der Hanswarft. Der Pesel, die gute Stube des 1767 errichteten Hauses, heißt seither Königspesel. Er ist mit prächtigen, zu ganzen Bildern geordneten, holländischen Fliesen geschmückt und noch ganz so erhalten, wie ihn der Dänenkönig damals vorgefunden hatte.

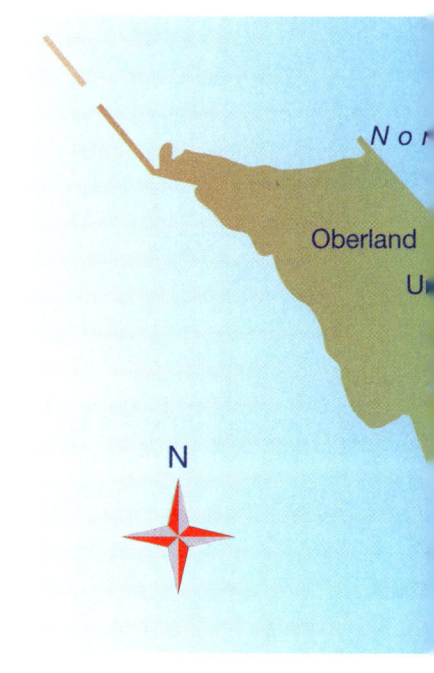

Helgoland – Felsbastion in der Deutschen Bucht

Welche andere Insel hat rote Felsen, weißen Sand, grünes Land, eine „Lange Anna", eine eigene Badeinsel, einen Maulbeerbaum, Börteboote, Hummer, Lummenfelsen, Donnerkeile, Zollfreiheit, ein Unter- und ein Oberland mit einem Fahrstuhl dazwischen, keine Autos und sogar eine eigene Sprache? Das einst „heilige" Land der Friesen ist zwar „nur" eine knapp 1 km² große Buntsandsteininsel, doch welchen unendlichen Reichtum, welche Schönheiten bietet das vordergründig so karge Mini-Eiland, welche Kontraste herrschen zwischen der Felsenburg und den sanften Sandkonturen der im Osten vorgelagerten Düne!

Nicht von ungefähr also kommt der Spruch „Grön is dat Land, rot is de Kant, witt is de Sand", der die Wappenfarben Grün-Rot-Weiß von Helgoland erklärt. Sie sind das wohl beständigste Element in der wechselvollen Geschichte der heute so friedlich anmutenden Insel. Welcher Tourist denkt beim Spaziergang über den grandiosen Klippenrandweg schon daran, daß hier bereits in der Bronzezeit Menschen lebten, daß bei den Fischern Schmuggler und Seeräuber sicher nicht seltener Unterschlupf fanden als Missionare oder Schiffbrüchige? Wer erinnert sich noch daran, daß nach dreihundertjähriger Herrschaft der Herzöge von Schleswig die Insel 1714 an Dänemark fiel, das sie 1814 an England abtreten mußte? Sehr zum Ärger späterer englischer Regierungen erhandelte sich das Deutsche Reich im Helgoland-Sansibar-Vertrag vom 1. 7. 1890 die Insel schließlich von den Briten im Austausch gegen Sansibar und sicherte sich damit eine exzellente Marine-Station.

Was von beiden Seiten zunächst als gutes Geschäft betrachtet worden war, erwies sich spätestens 55 Jahre später für die Briten als zu harte Nuß, die richtig zu knacken, ihnen trotz heftigster Bemühungen nicht gelang. Die Deutschen nämlich hatten die strategische Bedeutung des Felsens inzwischen gut genutzt und die Insel zum wohlbefestigten U-Bootstützpunkt ausgebaut. Die kleine Düne war gleichzeitig auf das Achtfache ihrer ursprünglichen Größe aufgespült und ein Militärflugplatz angelegt worden. Dieses Ärgernis vor der eigenen Haustür wollten die Briten mit einem konzentrierten Bombenangriff mit über tausend Flugzeugen am 18. April 1945 völlig „wegbomben" und damit den aus ihrer Sicht schlechten Handel vom vorigen Jahrhundert endgültig korrigieren. Daß weder dieser noch ein zweiter Versuch zwei Jahre später mit immerhin über 6700 t Sprengstoff mißlang und Helgoland keineswegs wie beabsichtigt in den Fluten versank, nehmen die Helgoländer bis heute sicher nicht ganz zu Unrecht als besonderes Zeichen ihrer Daseinsberechtigung. Und die Zeit sollte ihnen recht geben. Nur wenige Jahre mußten sie warten, bis die Briten ihren Bombenübungsplatz zurückgaben, und 1952 mit dem Wiederaufbau begonnen werden konnte.

Wie entstand die „Lange Anna"?

Wenn heute an schönen Sommertagen die weißen Seebäderschiffe an der Kimme auftauchen, schließlich auf der Reede vor der Insel vor Anker gehen und die

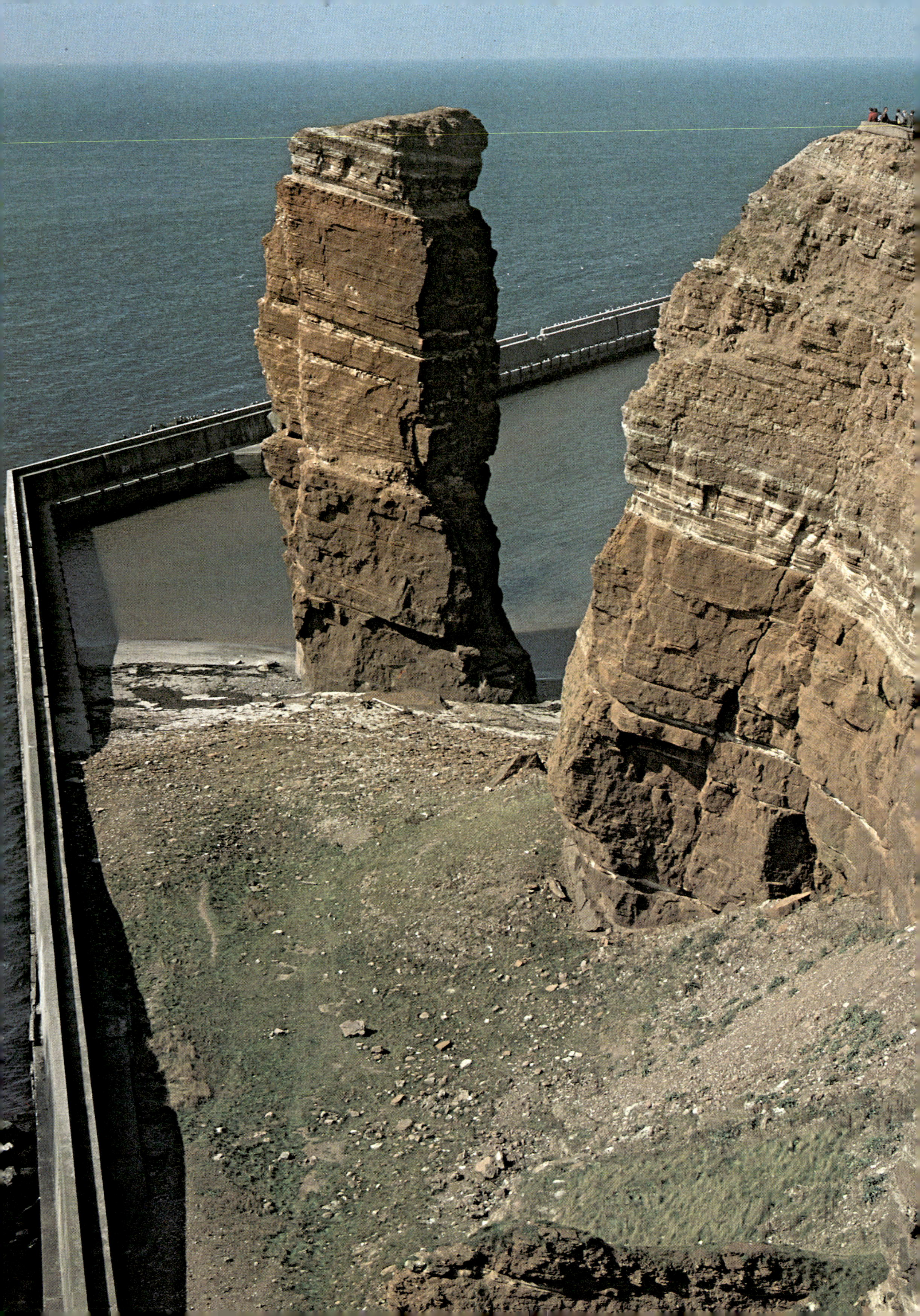

Die Insel

*Die nächste Flut verwischt den Weg
    im Watt,
und alles wird auf allen Seiten gleich;
die kleine Insel draußen aber hat
    die Augen zu; verwirrend kreist der
    Deich
um ihre Wohner, die in einen Schlaf
geboren werden, drin sie viele Welten
verwechseln, schweigend; denn sie
    reden selten,
und jeder Satz ist wie ein Epitaph
für etwas Angeschwemmtes,
    Unbekanntes,
das unerklärt zu ihnen kommt und
    bleibt.
Und so ist alles, was ihr Blick
    beschreibt,
von Kindheit an: nicht auf sie
    Angewandtes,
zu Großes, Rücksichtsloses,
    Hergesandtes,
das ihre Einsamkeit noch übertreibt.*

Rainer Maria Rilke

Lange Anna auf Helgoland

Helgolands Wahrzeichen, die „Lange Anna", ist ein gut 50 m hoher Felspfeiler an der Nordwestecke der Insel. Er ist der letzte Rest eines ehemaligen Felsentores, das auf vier Säulen stand und das die Helgoländer „Hengst" nannten. Bis 1856 hatten Wind und Wellen den Hengst so angenagt, daß das Verbindungsstück zum Inselsockel zusammenbrach und nur die Lange Anna übrig blieb. Inzwischen sorgt eine moderne Ufersicherung dafür, daß auch bei Sturmflut die Wellen nicht mehr direkt an der Langen Anna nagen können.

Besucher mit den robusten, weißen Bötebooten der Fischer ausgebootet werden, „stürmen" die Tagesbesucher fast ausnahmslos den Weg über die roten Klippen, um das Farbenspiel zwischen dem Blau des Meeres, dem Weiß der Wellen und dem Rot der Felsen zu genießen. Spätestens dann taucht die obligatorische Frage auf, wie die Felsen ausgerechnet hierher kamen und wie sie zu dem wurden, was sie heute sind. Abenteuerliche Theorien selbsternannter „Sachverständiger" kursieren dann mehr oder weniger autoritär vertreten und mehr oder weniger gutmütig geglaubt. Dabei haben die Geologen längst den lückenlosen Nachweis für das Entstehen der roten Bastion im blauen Meer geliefert.

Die eigentliche Ursache ist gut 220 Millionen Jahre alt, war ein sehr salziges Binnenmeer und bedeckte damals das gesamte heutige Norddeutschland. Bei der Verdunstung dieses „Zechstein-Meeres" entstand nach und nach ein bis zu 500 m dickes Salzlager. Erst viel später, im sogenannten Erdmittelalter, bildeten sich über der Salzschicht die Ablagerungen der Trias-, Jura- und Kreidezeit, eine am Ende rund 700 m dicke Schicht mit einem immensen Gewicht. Ihm war das verhältnismäßig weiche Salz nicht gewachsen. An den Stellen, wo die Deckschicht am schwersten war, gab das Salz nach und ließ die Deckschicht einbrechen. An den aufsteigenden Seiten der kippenden Deckschichtplatten drängte das Salz dafür bis nach oben nach.

Für Helgoland begann dieser Hebevorgang vor etwa 65 Millionen Jahren und endete vor rund 2 Millionen Jahren. Etwa 30 km² soll das Bergmassiv groß gewesen sein, das in schräger Schichtung den gesamten Aufbau der Gesteinsdecke über dem Salz vom Buntsandstein über den Muschelkalk bis zur Kreide zeigte. Noch heute ist an dem Helgoländer Buntsandstein die schräge Schichtung an den unterschiedlich gefärbten und unterschiedlich harten Schichten gut erkennbar – „Salzstruktur" nennen das die Geologen.

Noch bis vor 250 Jahren gab es denn auf Helgoland neben dem roten auch noch einen weißen Felsen, die heute rund 1500 m breite Seerinne zwischen der Insel und der Düne fehlte noch ganz. Wie die Insel im Jahre 1590 aussah, beschrieb der Statthalter der dänischen Krone, Heinrich Rantzau in der sachlichen Sprache des Beamten: „Die ganze Insel besteht aus zwei getrennt liegenden Felsen, einem roten und einem weißen. Der rote kann nur auf einem Zugang bestiegen werden. Gleich einer Mauer erhebt er sich aus dem Meere und ist überall mit fettem und fruchtbarem Boden bedeckt. Der weiße Fels dagegen ist sandig und enthält Kalk, der losgebrochen und verkauft wird. An verschiedenen Stellen sprudelt das angenehmste Quellwasser hervor. Kaninchen haben dort ihre Schlupfwinkel. Zum Weideplatz aber, wie der rote Fels, ist er nicht geeignet." Belegt ist auch, daß roter und weißer Fels etwa gleich hoch waren und die „Witteklyppe" hauptsächlich den Hamburgern als Steinbruch für die Gewinnung von Kalk und Gips diente. Erst 1711 ging der letzte Rest des weißen Felsens in der stürmischen See unter, neun Jahre später zerriß eine Sturmflut die Verbindung zwischen rotem und weißem Fels. Auf den Resten des weißen Felsens bildete sich schließlich nach und nach die heutige Düne.

Noch zu klären ist, woher der rote Felsen sein Rot und seine praktisch ebene Oberfläche hat. Am einfachsten ist die rostrote Färbung zu erklären. Sie beruht auf Verunreinigungen durch Eisenoxyd im Sandstein. Ganz grob könnte man sagen, der Stein ist mit Rost vermengt.

Auch die ebene Abplattung des Felsmassivs dort, wo eigentlich eine schiefe, um 18° von West nach Ost fallende Ebene sein müßte, erklärt sich leicht, denkt man daran, daß bis vor gut 100 000 Jahren die Deutsche Bucht den Vorstößen des skandinavischen Inlandeises ausgesetzt war. Diesen Gletschereisströmen stand Helgoland wie ein Brückenpfeiler im Weg, den die Eismassen an den Seiten und besonders natürlich an der Oberfläche abhobelten. Wie alle Gletscher brachten auch die skandinavischen ein reichhaltiges Geschiebe aus Urgesteinen

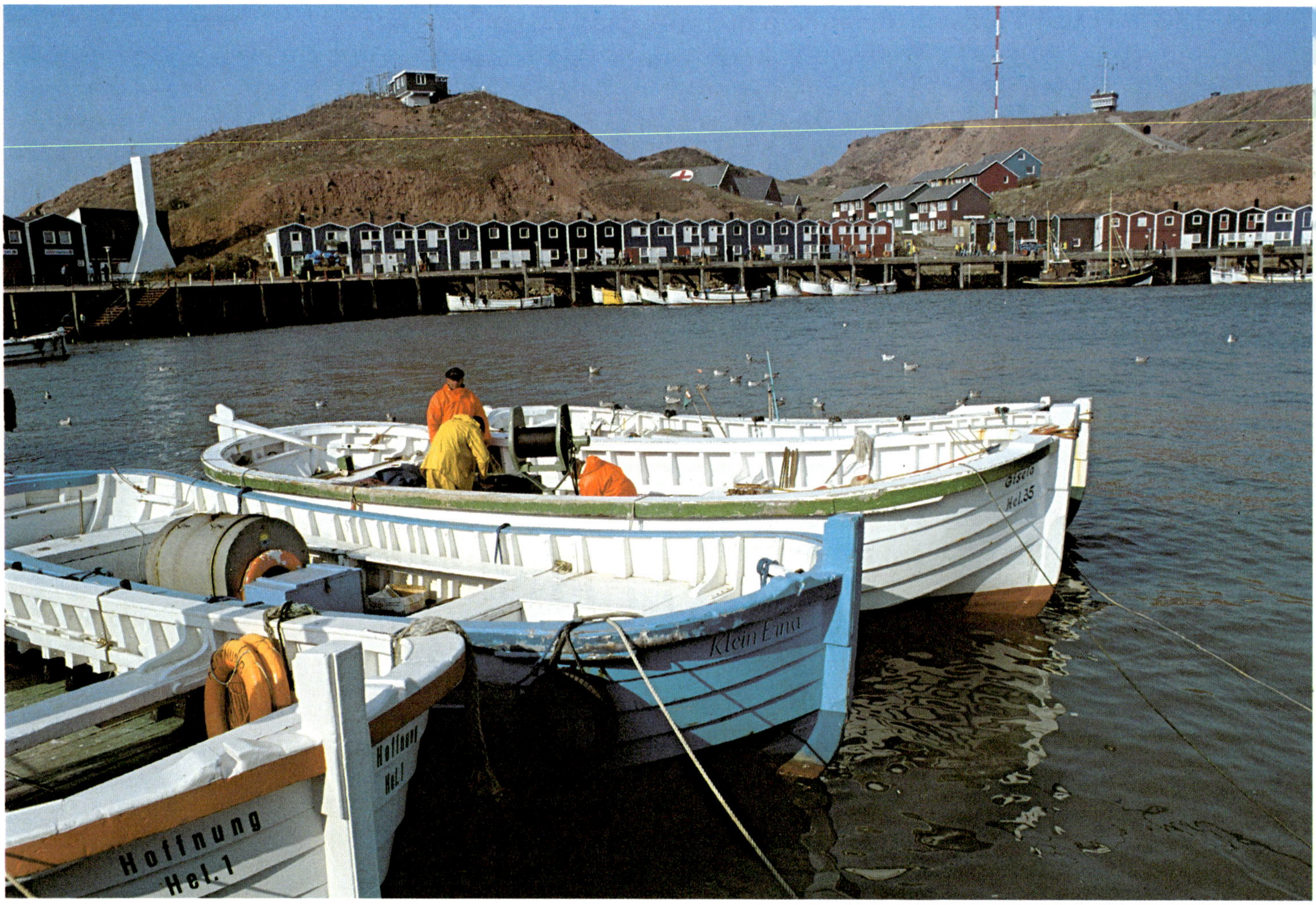
Gisela
Hel.35
Klein Erna
Hoffnung
Hel.1

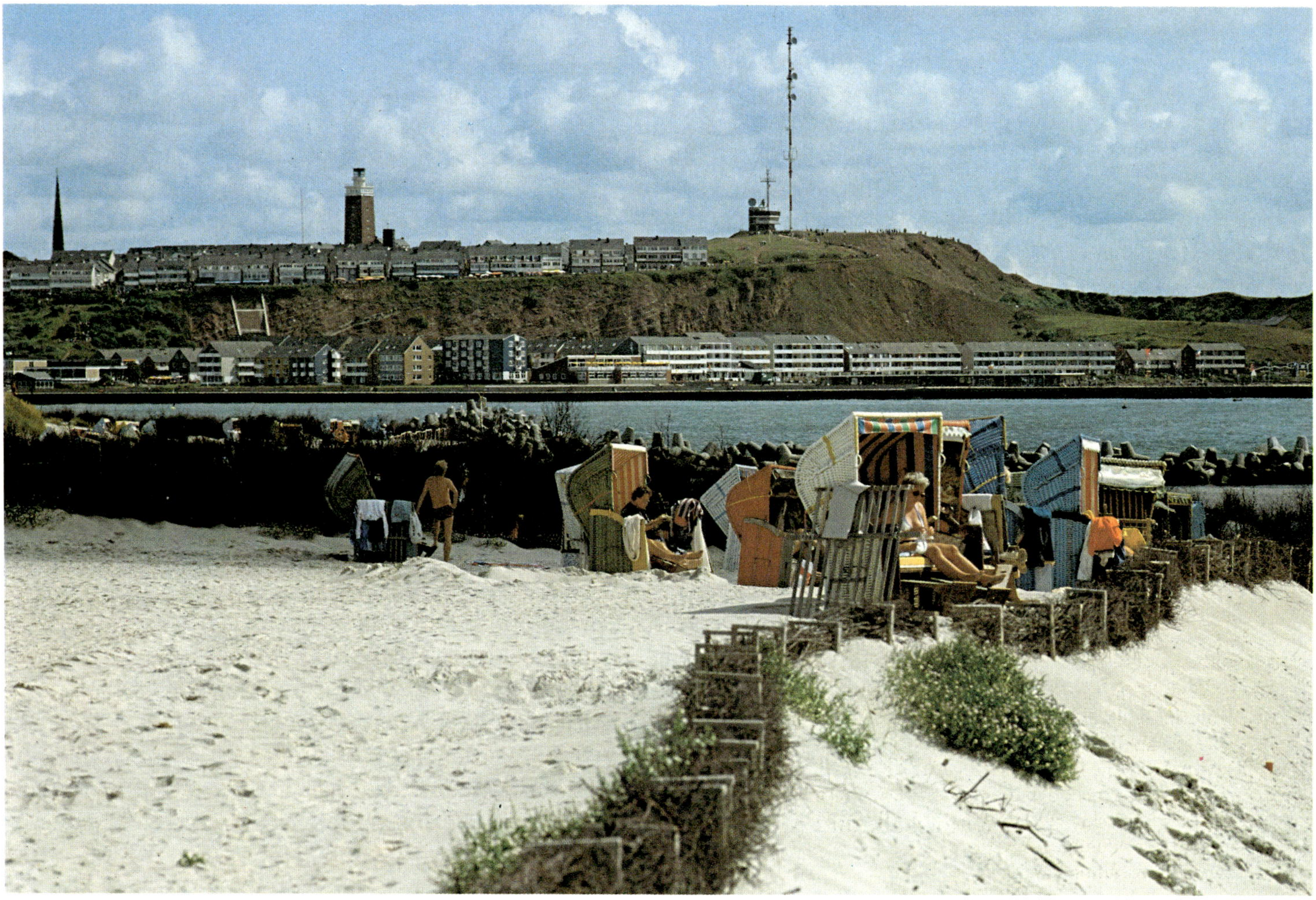

Buttermilchsuppe mit Rauchwurst
Eintopfartige Suppen waren entlang der gesamten Nordseeküste stets sehr beliebt. Die Buttermilchsuppe ist vor allem eine Spezialität der Inseln, brauchte man dazu doch keinerlei frische Zutaten.

Benötigt werden:
1,5 l Buttermilch, 4 Eigelb, 500 g Trockenobst, Zucker, etwas Stärke, geräucherte Kochwürste, Mehlklößchen.

Während die Buttermilch zum Kochen kommt, wird das gezuckerte Eigelb geschlagen. Dazu kommt zum Schluß die Stärke. Die heiße Milch vom Herd nehmen und die geschlagenen Eier unter ständigem Rühren vorsichtig einlaufen lassen. Danach unter kräftigem Schlagen dicklich kochen lassen. Das über Nacht eingeweichte Backobst gar kochen und mit den Räucherwürsten in die Suppe geben. Schließlich das Ganze noch 15 Minuten ziehen lassen. Serviert wird die Suppe mit kleinen Mehlklößchen, die Würste kommen auf einen extra Teller.

Fischerhafen auf Helgoland
In Helgolands Fischerhafen dürfen die weißen Bäderschiffe nicht einfahren, weil der Hafen als Nothafen freigehalten werden muß. Die Bäderschiffe können so auch nicht die malerischen Fischerhütten verdecken, die immer noch Hummerbuden heißen, obwohl die wehrhafte Köstlichkeit aus dem Meer vor Helgoland kaum noch gefangen werden kann.
(oben)

Helgoland von seiner Düne aus
Daß man zum Baden auf Helgoland eigens mit einem Börteboot zur Düne hinüberfahren muß, hat keineswegs nur Nachteile. Weil die meisten Tagesgäste auf der Hauptinsel bleiben, stören sie den Badebetrieb auf der Düne kaum. Der Blick von der Düne hinüber auf die Hauptinsel verrät auch, daß die Insel inzwischen wieder eine wichtige Relaisstation im weltweiten Netz ziviler und militärischer Kommunikation ist.
(unten)

mit, von dem nach Abschmelzen des Eises eine reiche Auswahl auf der Oberfläche der Insel zurückblieb. Noch heute kann man einzelne Beispiele trotz der Pflügearbeit der Bomben im Gras des knapp 60 m hohen Plateaus finden.

Die bisher letzte, in größerem Umfang „gestaltende" Maßnahme lieferten die Engländer 1947 mit der Sprengung der gesamten Südspitze. Dies wiederum ermöglichte jedoch erst die Bebauung in der heutigen Form.

Nicht unterschlagen sei schließlich aber auch die fortwährende Einwirkung der See und der Witterung. Weil der Sandstein alles andere als besonders hart ist, war er zu allen Zeiten den Angriffen des Windes, des Frostes und der nagenden Wellen unterlegen. Als die Wandfüße noch nicht durch die heutigen schweren Betonmauern gesichert waren, bildeten sich stets neue Nischen, Höhlen und Brandungstore, wurde der Fels unabläßlich unterspült bis wieder eine ganze Scheibe der Wand den Halt verlor und ins Meer stürzte – den nagenden Wellen die nächste Scheibe zur Zerstörung freigebend.

Das markanteste Beispiel dieses Zerstörungswerkes, das Wahrzeichen der Insel, ist die „Lange Anna", der gut 50 m hohe Felspfeiler an der Nordwestecke der Insel. Er ist der letzte Rest eines ehemaligen Felsentores, das auf vier Säulen stand, das die Helgoländer „Hengst" nannten und das 1856 bis auf die „Lange Anna" zusammenbrach. Erst die moderne Ufersicherung bot dem Zerstörungswerk der Wellen (zumindest bisher) Einhalt.

Gegen Wind und Frost dagegen ist selbst die moderne Technik bis heute machtlos. Weil der gesamte Fels keineswegs kompakt, sondern vielmehr von zahllosen Rissen, Klüften und Spalten durchzogen ist, geschieht es immer wieder, daß von oben her gelockerte Felsmassen von den Klippen abstürzen. Unterstützt wird die Arbeit des Regenwassers durch eine Eigenart im Aufbau des Sandsteinfelsens. Seine Schichten nämlich sind keineswegs gleich fest. Eher tonige, festere Schichten wechseln mit dickbandigen, sandigen und eher weichen Schichten, die der scharfe Wind nach und nach auszublasen vermag. Werden die so geblasenen Löcher zu groß, sorgt das Gewicht des darüber freihängenden Steins für den nächsten Abbruch.

Weil die Insel heute nur noch etwa ein Dreißigstel ihrer ursprünglichen Größe besitzt, ging auch unter, was lange als Legende galt. In alten Quellen nämlich war immer wieder die Rede von einem schwarzen Felsen auf Helgoland und von der Förderung und Verhüttung von Kupfererz. Seit auf dem Meeresboden im Süden der Insel Rohkupferkuchen, Schlacken und Ofenreste gefunden wurden, gilt es jedoch als erwiesen, daß noch vor etwa 800 Jahren auf Helgoland Kupfererz verhüttet wurde. Die Erze dafür stammten aus dem schwarzen Felsen vor der Westklippe, dessen kupfererzhaltigen Reste auf dem Meeresgrund ebenfalls nachgewiesen werden konnten. Genutzt hatten die Helgoländer ihr Kupfer immerhin schon in der Bronzezeit. Spuren davon fanden sich im ganzen nordeuropäischen Raum.

Außer den Kupferadern birgt der Helgoländer Buntsandstein wenig Wertvolles. Vor allem Fossilien sind absolute Raritäten. Wer sie finden möchte, muß die Düne aufsuchen. Ihr Sand ist ja nichts anderes als ein wandernder Hut auf den obersten Bruchflächen der „Witteklyppe". Wo immer sie und ihre etwa 5 m starke oberste Kreideschicht zutage tritt, finden sich in ihren Geröllen fossile Ammoniten, Belemniten, Brachiopoden und die verschiedensten Fische. Gar nicht so selten sind die von den Helgoländern „Glückssteine" genannten, versteinerten Seeigel zu finden, die mit ihren fünffachen Einschnürungen aussehen wie gemalt und nicht umsonst als Glücksbringer begehrt sind. An Tagen mit besonders niedrigem Wasserstand werden am Nordstrand der Düne zudem die obersten Schichtköpfe der oberen Kreideschicht frei. Ihre Geröllle aus Muschelkalk und Kreide sind dann für den Fossiliensammler ganz besonders ergiebig.

167

Das Felswatt – Heimat der Tange

Eine völlig andere, jedoch kaum weniger vielfältige Welt öffnet sich bei niedrigem Wasserstand auch an der Nordwestseite der Hauptinsel. Hier bilden die harten Buntsandsteinköpfe das einzige Felswatt des gesamten deutschen Nordseebereichs. Wo überall sonst Sand und Schlick den Übergangsbereich zwischen Ebbe und Flut ausfüllen, bildet der Helgoländer Buntsandstein mit seinem von der See modellierten Felssockel einen amphibischen Lebensbereich ohnegleichen.

Wie in jedem anderen Watt wechseln auch vor Helgoland Ebbe und Flut zweimal täglich, fallen die Felsflächen zweimal trocken und werden zweimal überflutet. Im Schnitt geschieht das mit einem Tiedenhub von 2,30 m – im Vergleich zum normalen Watt allerdings mit einem riesigen Unterschied: wer hier als Tier oder Pflanze überleben will, muß „Felsspezialist" sein, muß zweimal täglich Trockenheit ertragen oder sich in Restpfützen retten können.

Weil die Buntsandsteinschichten des Helgoländer Felswatts genauso mit 18° von West nach Ost geneigt sind, wie man es an der großen Felseninsel sieht, ergibt sich alles andere als eine ebene Fläche. Die von der See unterschiedlich abgenagten Schichtköpfe bilden vielmehr eine Holperlandschaft, in der jede Neigung vorkommt, nur nicht die Horizontale. Kleine Löcher wechseln mit breiten Rinnen, die parallel zu Verwerfungslinien oder entlang von weicheren und deshalb mehr ausgebrochenen Schichtköpfen verlaufen. Die tieferen von ihnen bleiben auch bei Ebbe wassergefüllt und bilden damit das Refugium für all die Lebewesen, die das Trockenfallen nicht vertragen würden, dank der Tümpel im Felswatt jedoch heimisch werden konnten.

Im Gegensatz zum „normalen" Watt, das für den oberflächlichen Betrachter ja häufig eher wie eine öde Schlickwüste aussieht, beeindruckt das Felswatt mit einem teils kräftigen Bewuchs, bei dem Grünalgenrasen und Tangbüschel in den verschiedensten Formen dominieren. Weil die Algen keine Wurzeln in ein Erdreich zu schlagen brauchen, sondern sich auf dem nackten Fels festhalten können und mit der Zeit eine geschlossene Decke bilden, vermag sie die normale Dünung nicht loszureißen. Das Festsaugen an glatten Flächen, das Füllen feinster Risse und Unebenheiten im Gestein reicht aus, daß selbst ein Orkan allenfalls zu üppig gewucherte Algen abreißt, das eigentliche Wurzelgeflecht jedoch erhalten bleibt.

Die gesamte Gezeitenzone des Felswatts ist von den unterschiedlichsten Algenarten keineswegs willkürlich besiedelt. Sie richten sich vielmehr nach der Überflutungsdauer und der Überflutungshöhe. Während die niederwüchsigen Grünalgen auf den nur kurze Zeit überspülten obersten Flutbereich begrenzt sind, ist der mittlere und untere Bereich von den Braunalgen und den verschiedenen Formen des Blasentangs beherrscht. Gegen die Niedrigwasserlinie hin herrscht der Sägetang vor, der nahezu doppelt so lang wächst wie seine Vettern und Basen mit den luftgefüllten Blasen.

Daß die zu ganzen Gebüschen hoch gewachsenen Braunalgen vor allem zwei Probleme bewältigen müssen, leuchtet sofort ein. Zum einen haben sie die mechanische Bedrohung durch den Seegang zu überstehen. Diese Herausforderung meistern sie souverän durch ihre grenzenlose Biegsamkeit, verbunden mit einer unerwartet großen Reißfestigkeit. Weil sie auf Rückgrat erst gar keinen Wert legen, vermögen sie sich der Strömung optimal anzupassen.

Etwas problematischer wird es zum anderen mit dem Trockenfallen bei Ebbe. Hier helfen sich Blasen- und Sägetang mit einer Absonderung eines stark quellenden Schleims, der Tapetenkleister nicht unähnlich ist und das Austrocknen verhindert. Andere Algen wie etwa der Hauttang versuchen erst gar nicht, ihre Flüssigkeit zu speichern, lassen sich trocknen und sehen dann schnittreifem Tabak nicht unähnlich. Kommt das Wasser zurück, quellen sie sofort wieder auf.

Muscheln mit Löchern
Ein beliebtes Spiel am Strand ist das Sammeln von Muschelschalen mit Löchern. Sie lassen sich gut zu lustigen Ketten für ganz junge Damen aufreihen. Wie aber kommen die Löcher in die Muschelschalen? Der einfachste Grund ist Reibung. In der Brandung werden die Schalen über dem härteren Untergrund hin und her gerieben. An Ausbeulungen der Schale entstehen dann unregelmäßige, ausgefranst wirkende Löcher.
Eine ganz andere Ursache haben dagegen kreisrunde Löcher mit glattem Rand. Sie sind die Folge eines glatten „Mordes", begangen von Nabelschnecken. Sie bohren mit ihrem Rüssel ein Loch durch die Schale, um die Muschel auszusaugen.
Haben die Muschelschalen dagegen eine Vielzahl von Löchern, waren sie vom Bohrschwamm befallen. Der lebte im Inneren der Schale in den Gängen zwischen den Löchern.

Helgoländer Börteboot
Seit die Helgoländer ihre Gäste nicht mehr zur Möwen- und Lummenjagd schippern dürfen, haben sie die Börteboote erfunden. Mit den gedrungenen weißen Booten holen sie ihre Gäste von den auf Reede liegenden Bäderschiffen morgens ans Land und bringen sie abends wieder zum Schiff zurück. Das Recht auf diesen Dienst haben sich die klugen Helgoländer vertraglich gesichert. Für sich selbst haben sie damit für eine stetige Einnahmequelle, für den Gast für ein Stückchen Seefahrtsromantik gesorgt. Wenn das nicht eine für beide Seiten gute Lösung ist...

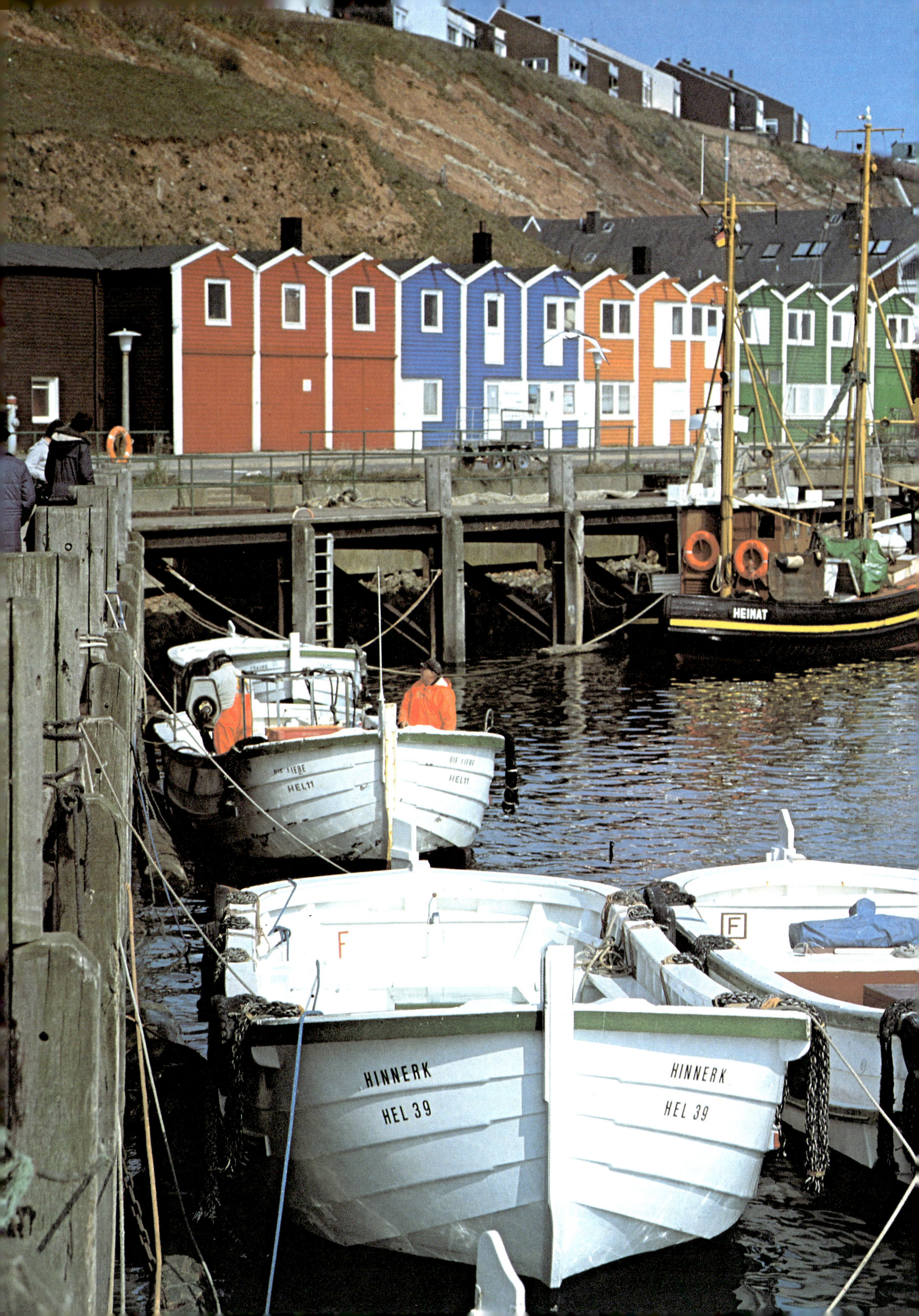
HEIMAT
HINNERK
HEL 39
HINNERK
HEL 39
F
F

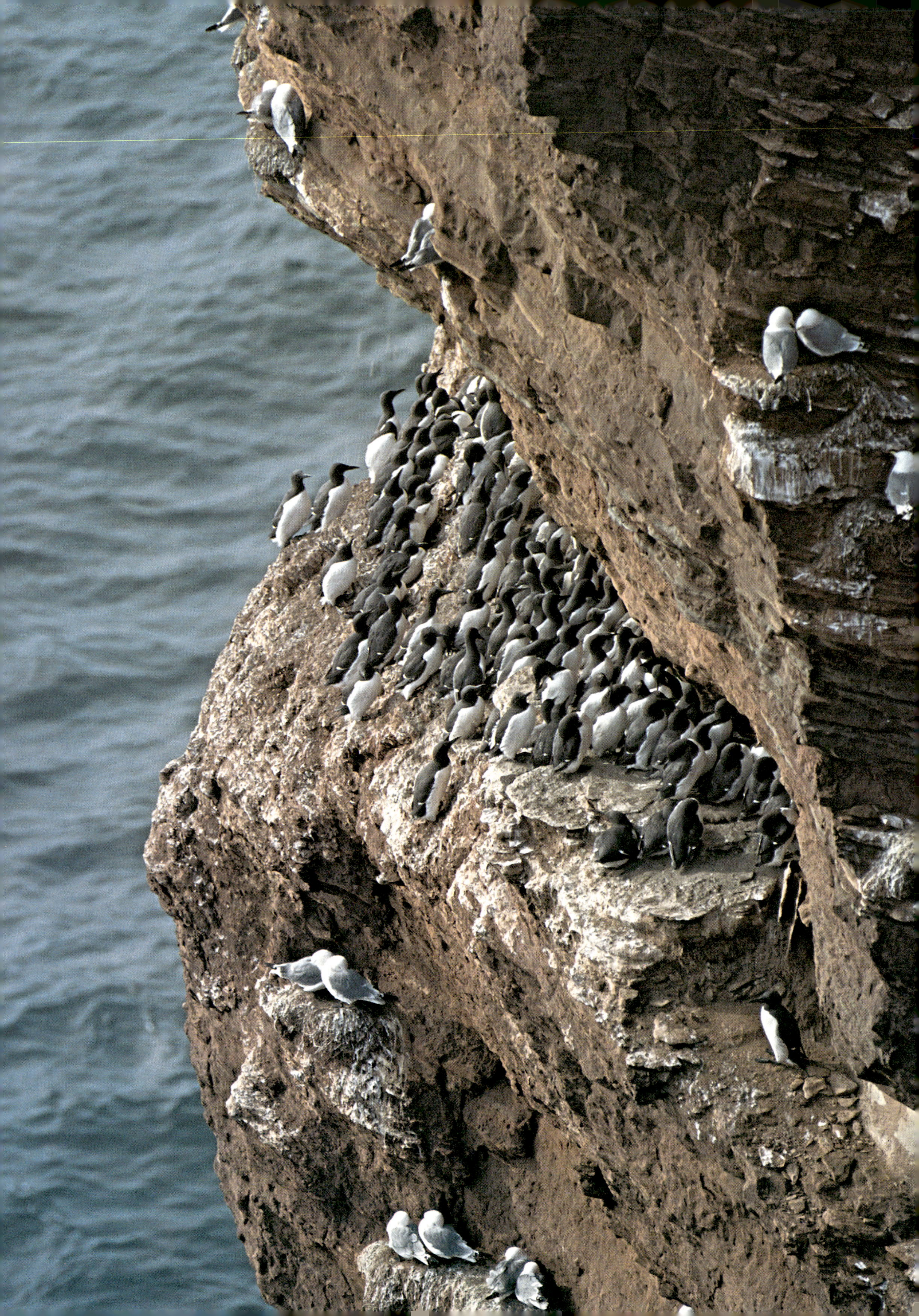

Die Möwe Jonathan

Nur ganz draußen, weit von Boot und Küste entfernt, zog die Möwe Jonathan ganz allein ihre Kreise. In dreißig Meter Höhe senkte sie die Läufe, hob den Schnabel und versuchte schwebend eine ganz enge Kurve zu beschreiben. Die Wendung verringerte die Fluggeschwindigkeit; Jonathan hielt so lange durch, bis das Sausen der Zugluft um seinen Kopf nur noch ein leises Flüstern war und der Ozean unter ihm stillzustehen schien. In äußerster Konzentration machte er die Augen schmal, hielt den Atem an, erzwang noch ein ... einziges ... kleines ... Stück ... dann sträubte sich das Gefieder, er sackte durch und kippte ab.

Richard Bach/Russell Munson

Das größte Problem der Algen im Felswatt kommt dagegen aus einer erst auf den zweiten Blick hin verständlichen Ecke. Eigentlich sollte man ja unterstellen, daß Wasser den Algen nie schaden könnte. Doch weit gefehlt: das größte Problem für die Algen ist ein Platzregen bei Ebbe. Er nämlich würde den Salzhaushalt und damit eine der wichtigsten Existenzgrundlagen der Algen durcheinanderbringen. Deshalb hat jede Art für sich äußerst sinnvolle Reaktionen entwickelt, damit Regen nicht mit kommender Flut verwechselt und die Aufnahme des gefährlichen Süßwassers verhindert wird.

Noch einmal eine Zone tiefer unterhalb der Ebbelinie bietet der Helgoländer Felssockel besonders großwüchsigen Tangen eine in deutschen Gewässern einmalige Heimat. Während der schlanke Fingertang und der etwas dickere Palmentang etwa 2 m Länge erreichen, wird der vor Helgoland glattblättrige Zuckertang mit seinen gelb bis schokoladenbraun gefärbten, bis zu 30 cm breiten Blättern über 4 m lang und repräsentiert damit die größte Algenart an der europäischen Atlantikküste. Während alle übrigen Tange jährlich kaum mehr als einige Zentimeter wachsen, bringt es der Helgoländer Zuckertang in einem einzigen Sommer zu einem Zuwachs von bis zu 1,50 m.

Nicht weniger sinnreich angepaßt an die besonderen Bedingungen des Felswatts ist die formenreiche Tierwelt. Hier entwickelt jede Art ihre ganz speziellen Überlebensstrategien, sei es, daß sie ortsfest an den Felsen angewachsen oder verklammert sind, sei es, daß sie sich in feuchten Ritzen verkriechen oder unter die Tange flüchten, sei es, daß sie in die verbleibenden Tümpel flüchten. Borstenwürmer und nicht wenige Muscheln bohren sich sogar in den Buntsandsteinfels ein.

Das schönste Beispiel dafür, wie das Felswatt sogar zur Kinderstube wird, liefert der Taschenkrebs. Seinen Namen hat der Krebs mit dem bis zu 30 cm breiten Rückenpanzer von seinem nach vorn unter das Bruststück geklappten, verkümmerten Hinterleib. Im Frühjahr beziehen die Taschenkrebse das Felswatt als Kinderstube. Die Weibchen legen jetzt die Eier ab, die sie bereits acht Monate mit sich herumgetragen haben. Die schlüpfenden Jungen treiben sich dann noch zwei Monate als Schwimmlarven herum, bis daraus das knapp 2 1/2 mm breite junge Taschenkrebslein wird.

Jagd- und Kochkunststücke

Auch wenn das Helgoländer Felswatt mit seinem Tangwuchs fast so produktiv ist wie ein gut gedüngter Acker – leben konnte davon die Helgoländer Bevölkerung zu keiner Zeit. Das war allerdings auch nicht nötig, denn schließlich gab es als Inselspezialität etwas sehr viel Leckeres. Zu allen Zeiten nämlich war Helgoland ein Paradies für See- und Zugvögel. Die Seevogelkolonien fanden auf den Klippen sichere Brutplätze bei stets reich gedecktem Tisch. Für die Zugvögel war und ist die Insel willkommener Rastplatz beim Zug von Nord nach Süd und umgekehrt.

Helgoländer Lummenfelsen
Ab Ende April ist Helgolands Hauptattraktion der Lummenfelsen, wenn Tausende schwarzweißer, stark an Pinguine erinnernde Trottellummen aus dem hohen Norden zum Brutgeschäft auf die Felsbänder der Helgoländer Klippen einfliegen. Bis Mitte Juli brüten sie hier dicht gedrängt und ziehen ihren Nachwuchs so weit auf, daß er den bis zu 40 m hohen Sprung hinunter in die See schafft. Einzige Konkurrenten um die luftigen Plätze im Fels sind einige Dreizehenmöwen, die von den Lummen aber nur an einigen Außenplätzchen geduldet werden.

Die ältesten Beweise dafür, daß die Seevögel den Speiseplan der Helgoländer erheblich bereicherten, sind über ein Jahrtausend alt. So fanden sich in den Abfallhaufen wendischer Siedlungen Knochen von Lummen, die nur auf Helgoland erbeutet worden sein konnten. Dabei ist es sicher kein Zufall, daß sich die Lummenknochen um ein vielfaches häufiger fanden als Knochen von Gänsen oder Enten. Die Vermutung liegt daher nahe, daß Helgoland schon damals ein beliebtes sommerliches Jagdrevier war.

Noch im 19. Jahrhundert, als Helgoland bereits den Anspruch auf den Titel „Seebad" erhob, war die Jagd auf die Lummen gleichermaßen sportliches Vergnügen und notwendige Bereicherung des Speisezettels. Wie der Begründer der wissenschaftlichen Ornithologie, Heinrich Gätke in seinem Buch „Die Vogelwarte Helgoland" berichtet, standen die Lummen damals bereits unter gesetzlichem Schutz. „Sie dürfen in keiner Weise vor dem 25. Juli, dem sogenannten Jacobitage, gestört werden. Bis zu dieser Zeit haben alle Jungen die Brutstätten verlassen, es verbleiben jedoch stets noch hunderte von Vögeln am Felsen, auf welche dann auch sofort eine eifrige Jagd eröffnet wird, die Strecke ist meistens aber nur geringe, denn die Lumme fliegt sehr schnell und verträgt einen tüchtigen Schuß."

Daß dieser Schuß keineswegs immer aus einem Gewehr kommen mußte, belegt ein anderes Zitat, in dem es heißt: „Von seiner frühesten Jugend an hat Claus Aeucken dem Vogelfange und der Jagd obgelegen. Bis zu dem Alter, welches ihm den Gebrauch von Pulver und Blei gestattete, bestand sein Jagdgeräth vorwiegend in einer Tasche voll runder Kieselsteine, die er mit wahrhaft erstaunlicher Meisterschaft zu verwenden wußte. Wenn bei sehr hefigem Westwinde die Lummen in reißender Schnelle am Rande der Klippe entlangflogen, habe ich ihn fünf bis sechs dieser Vögel todt werfen sehen, ohne einen Fehlwurf zu thun. Er hat es in ein paar Stunden oft bis auf zehn Stück gebracht."

Was im Sommer die Lummen, das waren im Winter die Dreizehenmöwen, die zu allen Zeiten Helgoland als beliebtes Winterquartier ansteuerten. Auch sie wurden im vorigen Jahrhundert noch eifrigst gejagt und bereicherten als „Leckerbissen" den Speisezettel, wie der folgende Bericht beweist: „Man bedient sich zur Jagd kleiner Ruderboote, besetzt mit zwei bis drei Mann, von denen jeder eine Doppelflinte führt. Diese können unter sehr günstigen Verhältnissen es im Laufe eines Vormittags bis auf 200 Stück bringen.

Möglich war das nur, weil die Möwen »sehr einfältig« sind, sie kommen meistens aus eigenem Antrieb ganz nah herangeflogen, wenn dies aber nicht geschieht, so lockt man sie sehr leicht dadurch heran, daß man die Bewegung der nach Nahrung niederfallenden Vögel nachahmt, indem man einen oder mehrere todte Vögel aufwirft, in Ermangelung solcher thun ein paar zusammengeknotete Flügel dieselben Dienste. Diese harmlosen Thiere scheuen nicht einmal vor dem Schuß, im Gegentheil, wenn ihrer zehn bis zwanzig das Boot umkreisen und man nur fortwährend welche herunterschießt, so kommen ihrer immer mehr herbei."

Ob man dagegen das folgende, zeitgenössische Rezept zur Zubereitung der Möwen Herrn Siebeck für seine Rezeptsammlung empfehlen sollte, bleibe dahingestellt. Für die Helgoländer jedenfalls galt im vorigen Jahrhundert folgendes: „Man schoß die Möwen hier nur des Fleisches und der Federn halber. Sie sind während des November und Dezember ganz außerordentlich fett und werden dann mehr oder weniger als Leckerbissen betrachtet, ein gewisser grönländischer Geschmack haftet ihnen zwar allerdings an.

Die Helgoländer Zubereitung besteht darin, daß man grobe Gerstengrütze über gelindem Feuer in etwas Wasser und Salz etwa halb gar werden läßt, den Boden eines steinernen oder Messinggefäßes damit bedeckt, darauf eine Schicht Möwen legt, diese mit Grütze eindeckt, wiederum eine Schicht Möwen und Grütze und so fort, bis das Quantum der Kopfzahl der Familie entspricht. Den Schluß bildet eine Lage Teig mit eingestreuten Rosinen. Die Pastete wird etwa drei Stunden in den Backofen gestellt und am Mittag serviert, indem man das Gefäß über eine Schüssel umkehrt, worauf der Inhalt schön braun gebacken und fettglänzend in mehr oder weniger vollkommener Form herausgleitet – dem äußeren Schein nach jedenfalls ein sehr verlockendes Gericht".

Ein entsprechendes Rezept für die Lummenzubereitung ist zwar nicht überliefert, wohl aber Berichte darüber, wie die Badegäste zur Lummenjagd animiert wurden. Die Helgoländer betrieben einen regelrechten Flintenverleih und fuhren die Gäste auch mit ihren Booten unter die Lummenfelsen. Die Boote selbst hatte man mit leeren Fässern ausstaffiert, damit die Schützen nicht so leicht umfallen oder gar aus dem Boot kippen konnten. Ob Lummen und Möwen die Jagd nur überstanden, weil sie damals noch nicht so gefährdet waren

Sommergäste auf Helgoland
Auf Helgoland hat es mit dem sommerlichen Brutgeschäft von Lummen und Dreizehenmöwen keineswegs sein Bewenden. Mindestens genauso bedeutsam ist die Funktion der Insel als Relaisstation beim Vogelzug im Frühjahr und im Herbst. Riesige Scharen vielfältigster Arten ziehen dann über die Insel, nutzen sie zur Rast und Erholung und fliegen von hier aus weiter in ihre Sommer- bzw. Winterquartiere. Weil nirgendwo in ganz Europa so viele und so unterschiedliche Vögel in so konzentrierter Form beobachtet werden können, zog es natürlich schon früh die Ornithologen auf die Insel, die hier seit etwa 1840 arbeiten.

Geflügelte Gäste von Helgoland
Aus den bisher gut 370 verschiedenen, auf Helgoland nachgewiesenen Vogelarten sind hier vier herausgegriffen. Links oben ist es der Eissturmvogel, rechts oben ein Kormoran, links unten eine Krähenscharbe und rechts unten schließlich ein Tordalk.

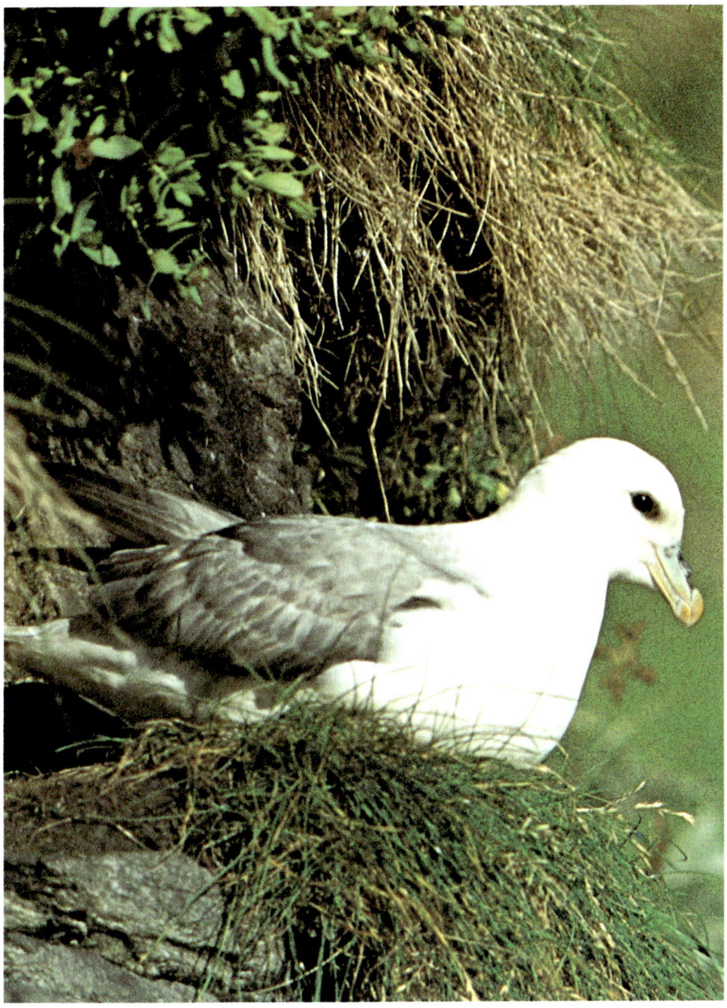
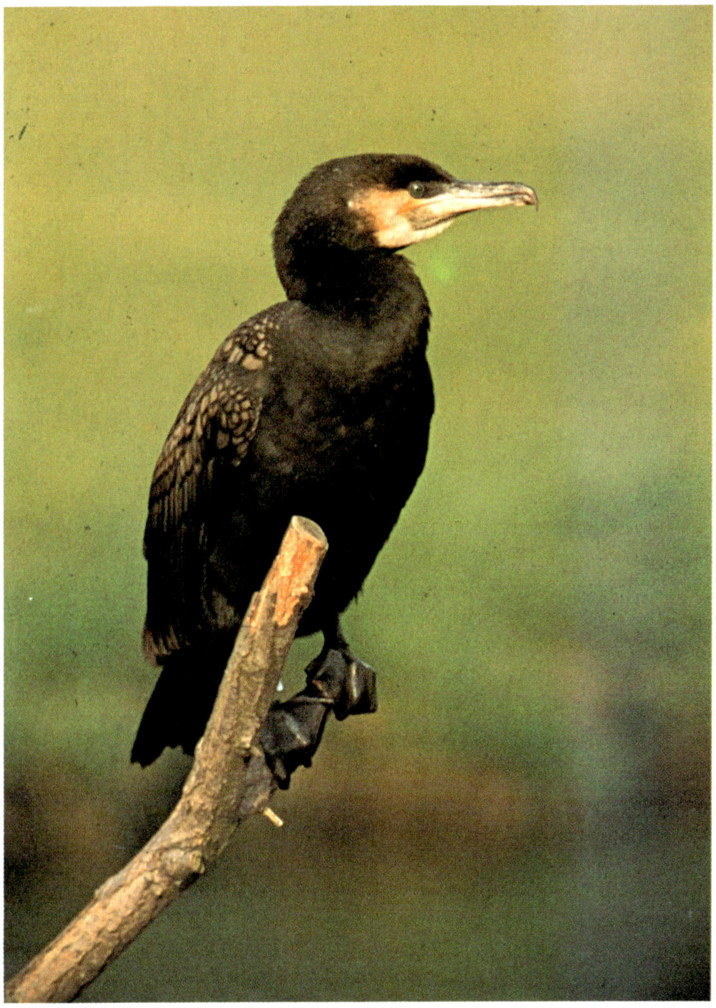
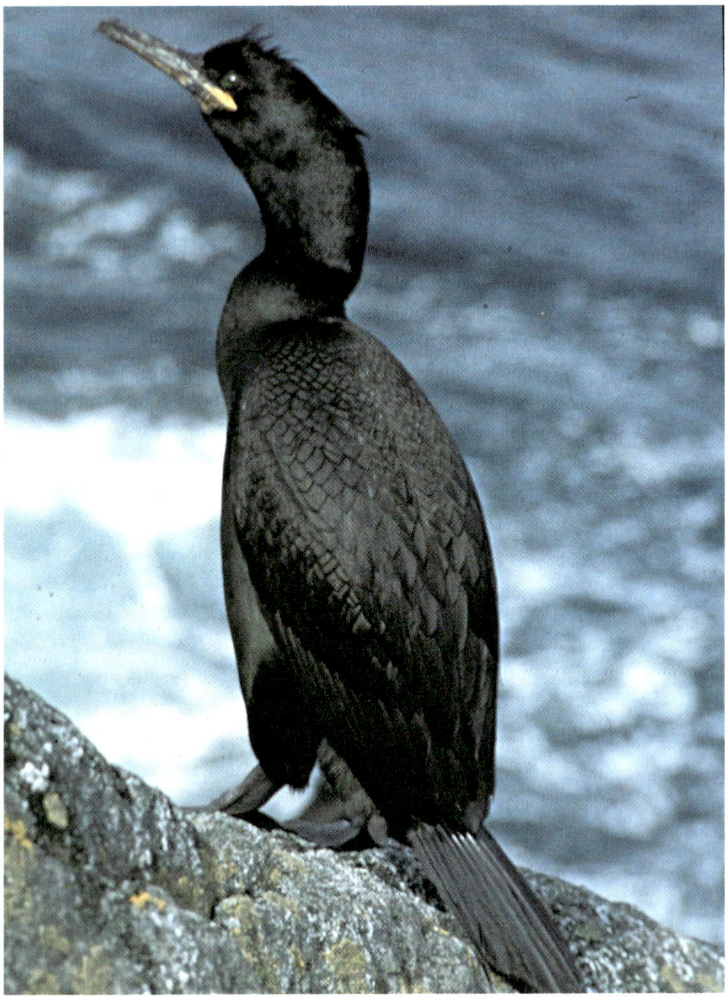
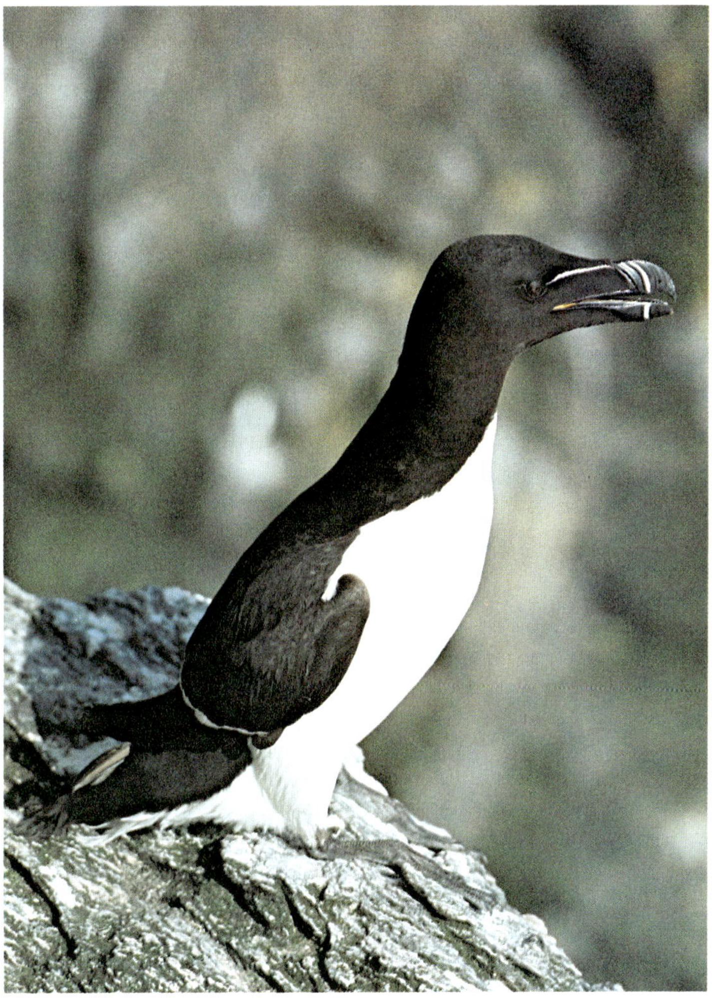

174

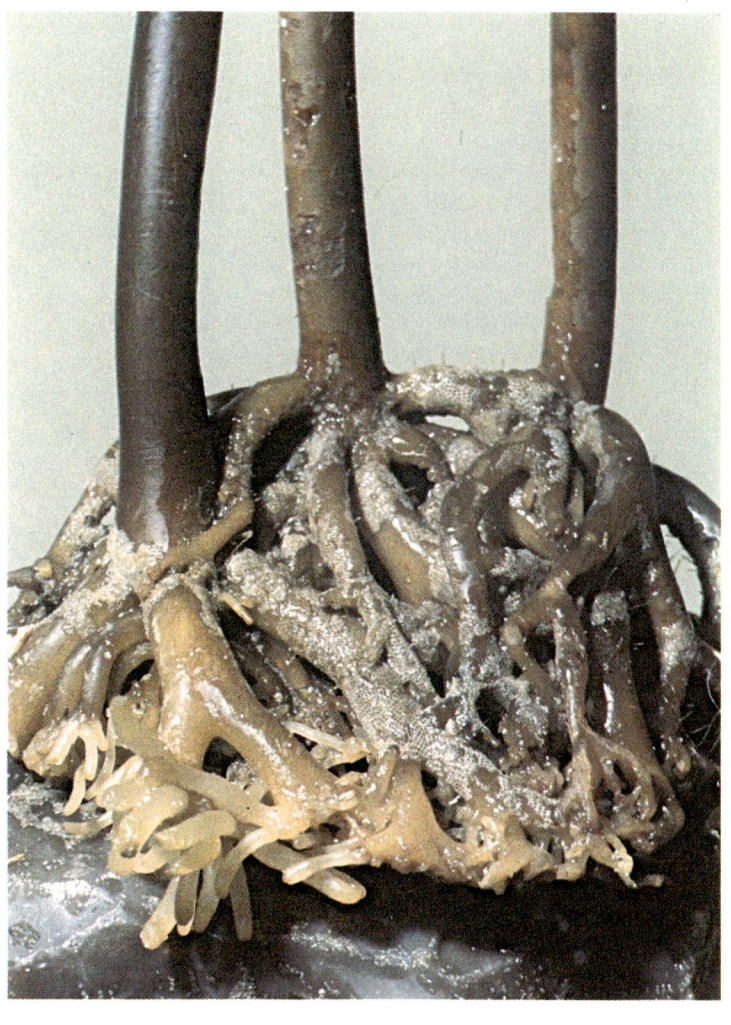

Snack
He is'n ganz'n Dickkopp,
wat he nich will,
dat will he'n ganzen Dag nich.

Im Helgoländer Felswatt
Um den wuchtigen Helgoländer Buntsandsteinfels herum gibt es etwas, das man an der gesamten übrigen deutschen Nordseeküste vergebens sucht: ein Felswatt. Wo überall sonst Sand und Schlick den Übergangsbereich zwischen Ebbe und Flut ausfüllen, bildet der Helgoländer Buntsandstein, mit seinem von der See modellierten Felssockel, einen amphibischen Lebensraum ohnegleichen. Dieses Felswatt weist einen teils kräftigen Bewuchs auf, bei dem Grünalgenrasen und Tangbüschel in den verschiedensten Formen dominieren. Die hier gezeigten Beispiele reichen vom Meersalat (links oben), über den Knotentang (rechts oben) und die Saugwurzeln des Zuckertangs (links unten), bis zum Blasentang (rechts unten).
(links)

Helgoland aus der Vogelschau
Aus der Vogelschau präsentiert sich Helgoland am schönsten. Deutlich ist die riesige Klippenwand, mit ihren tiefen Einschnitten und markanten Vorsprüngen, zu sehen. Dem eigentlichen Felsen nach Süden und Osten vorgelagert, breitet sich das Unterland mit dem Hafen aus. Auf der grünen Hochfläche des Oberlandes sind die Spuren der englischen Bombardements nicht zu übersehen, mit denen versucht wurde, die ganze Insel im Meer zu versenken. Im Osten schimmert weiß Helgolands Düne und Badeinsel, die „Witteklyppe". Sie benutzten die Hamburger einst als Steinbruch für die Gewinnung von Kalk und Gips, bis 1711 der letzte Rest des weißen Felsens von Helgoland in der stürmischen See unterging.
(Folgende Doppelseite)

oder nur, weil die Kunst der Schützen soviel zu wünschen übrig ließ, ist leider nicht überliefert.

Lummen- und Möwenkinderstube

Heute jedenfalls sind die Helgoländer Klippen *der* Vogelfelsen im südlichen Atlantik. Längst sind die Zeiten der Jagd vorbei, haben Hege und Pflege und wissenschaftliche Beobachtung die Lummenbetreuung übernommen. „Bestandslenkende" Eingriffe gibt es nur, wenn die Silbermöwen den Lummen ihren Platz allzu sehr streitig machen wollen. Während die Lummen nämlich ausnahmslos auf die schmalen Felsbänder in den Klippen angewiesen sind, können die Silbermöwen zum einen auch an vielen anderen Plätzen brüten, zum anderen verlangt ein einziges Silbermöwenpaar etwa soviel Brutplatz wie zwanzig Lummenpaare. Zum dritten gibt es für die Möwen kaum einen größeren Leckerbissen als Lummeneier und frisch geschlüpfte Lummen, die sie aufs Meer tragen, dort ertränken und dann genüßlich verspeisen. Würde man die Silbersegler allzusehr gewähren lassen, würden sie sehr schnell zu einer akuten Gefahr für die Lummen werden. Brüten dürfen daher nur wenige Möwenpaare in den Klippen.

Leben kommt an den Helgoländer Lummenfelsen in der zweiten Aprilhälfte, wenn plötzlich und praktisch gleichzeitig tausende von Lummen aus dem hohen Norden „ihren" Brutplatz ansteuern, die Felsbänder in den Buntsandsteinwänden besetzen und sich in aufgeregter Balz zu Paaren finden. Ob trotz oder wegen der drangvollen Enge – die Lummenpaare halten sich während des gesamten Brutgeschäftes und der anschließenden Aufzucht an die „eheliche Treue". Auch fühlen sie sich in engster Nachbarschaft zu ihren Artgenossen offensichtlich gerade wohl.

Jede Lummenmama legt nur ein einziges, grün-weißliches, schwarz gesprenkeltes Ei, das zudem eher an eine Birne als an ein Ei erinnert. Ihren tiefen Sinn bekommt diese seltsame Eiform, bedenkt man, daß die Lummen kein Nest bauen, sondern ihr Ei auf den blanken Fels legen. Wäre das Ei rund, würde es nur allzu schnell in den Abgrund rollen. Dank seiner Form aber rollt es nur im Kreis und stürzt nicht so leicht ab, wenn es bewegt wird. Und das ist trotz der ausgesetzten Lage immer wieder notwendig. Als Nestersatz nämlich benutzen die Lummen ihre Füße, rollen mit dem Schnabel das Ei darauf und decken es mit dem warmen Daunenkleid, ohne sich ganz richtig auf das Ei zu setzen. Allein schon deswegen erinnern brütende Lummen so stark an Pinguine. Da sich die Paare beim Brüten fleißig abwechseln, muß das Ei jedesmal vorsichtig von den Füßen der einen zu den Füßen der anderen Lumme gerollt werden. Nicht auszudenken, wäre das Ei rund ...

Die enge Partnerschaft des Lummenpärchens reicht nicht nur aus, daß jeder in dem dichten Gedränge jederzeit seinen Partner wiederfindet und stets ganz exakt am richtigen Punkt landet. Darüber hinaus kennt jedes Pärchen ganz genau sein Ei, die Partner erkennen sich gegenseitig an der Stimme. Das wird spätestens dann deutlich, wenn das Junge geschlüpft ist. Nun wechseln sich die Eltern ab. Ein Partner bleibt jeweils beim Jungen, der andere geht auf Nahrungssuche. Kommt eine Lumme erfolgreich von ihrer Unterwasserjagd zurück, lockt sie das Junge mit zarten Lauten unter den wärmenden Federn des Partners hervor und läßt sich den erbeuteten Fisch aus dem Schnabel schnappen. Daß keines der Nachbarkinder auf den Lockruf der ihm fremden Lumme reagiert, beweist, daß jede Familie ihr eigenes Verständigungssignal, ihren eigenen „Familienpfiff" hat.

Daß auch dieses Familiensignal seinen guten Grund hat, wird spätestens dann ganz verständlich, wenn die Jungen soweit ausgewachsen sind, daß es Zeit wird, daß sie sich ihre Nahrung selber suchen. Damit ist der einschneidendste Moment im Leben einer Lumme verbunden, denn nun muß sie vom schützenden Band im Buntsandstein hinunter in ihr eigentliches Element, das Meer. Wie aber

175

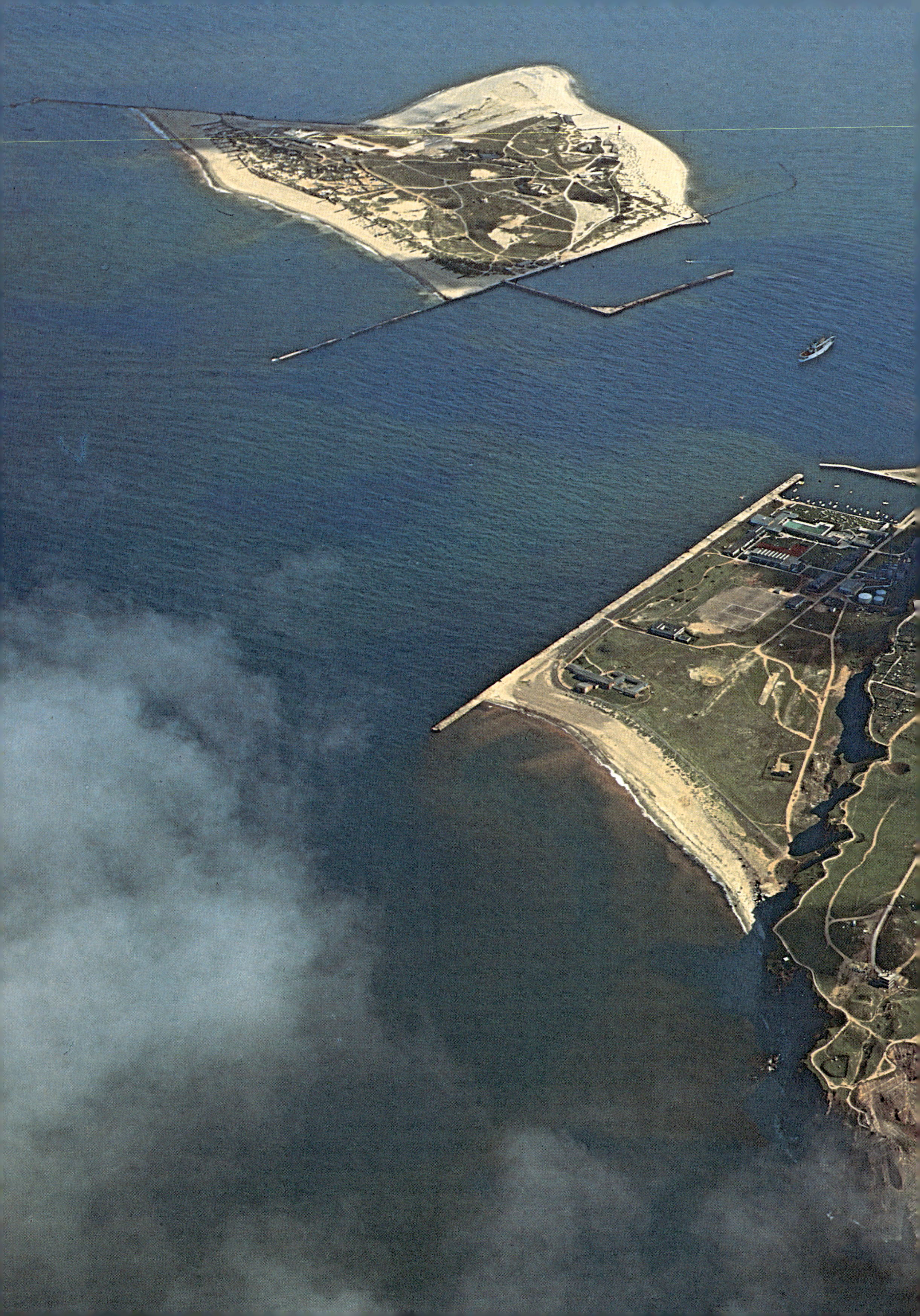

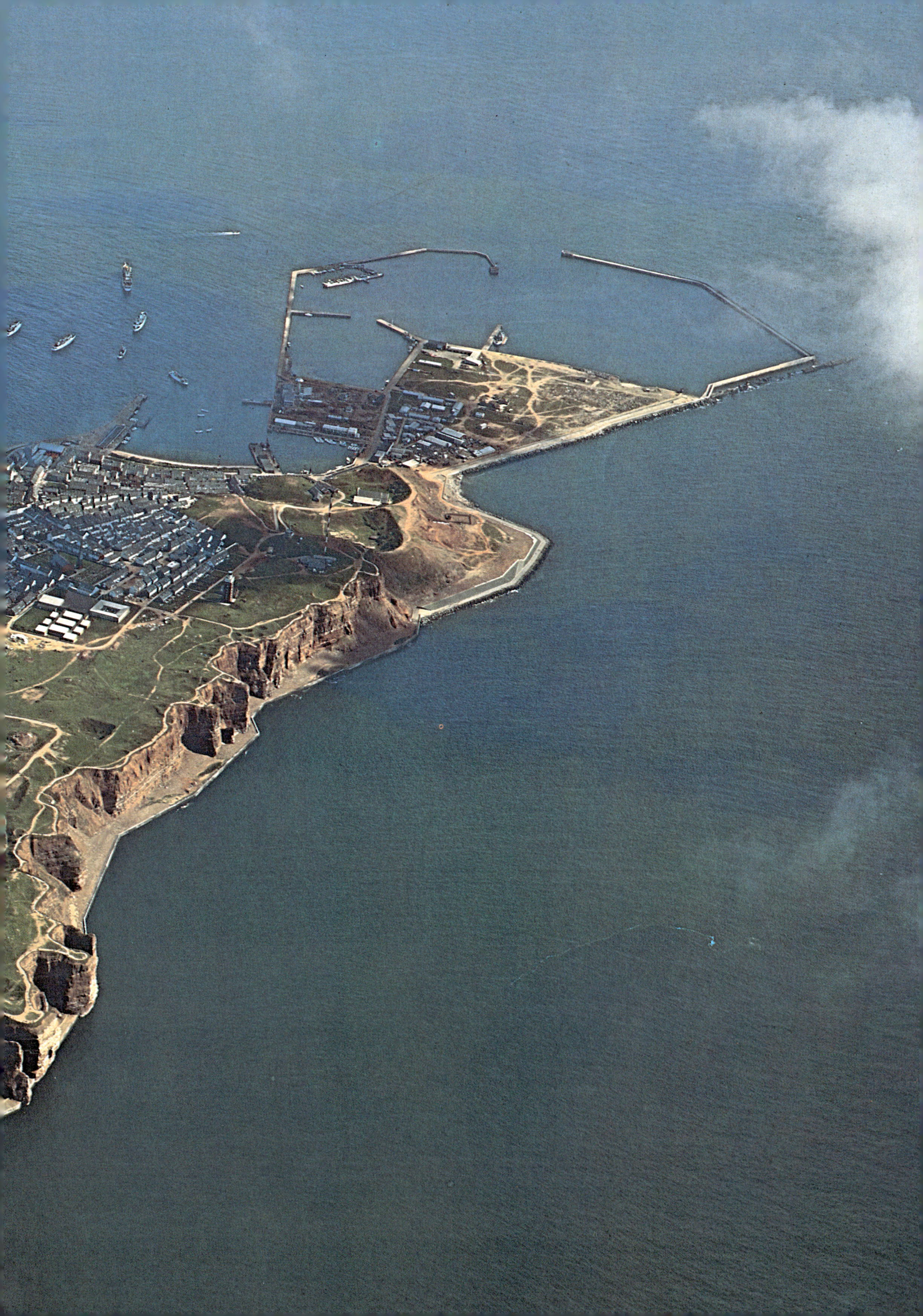

macht man das, wenn man noch unterentwickelte Flügel hat und das Fliegen sowieso noch nie probiert hat? Hilfe bringt in dieser knifflichen Situation das Familiensignal.

Nachdem es für den Nachwuchs fast einen ganzen Tag keinerlei Fütterung mehr gegeben hat, beginnt der eine Familienteil vom Wasser aus mit den zärtlichen Lockrufen, die bisher stets Futter verheißen haben. Der wachsende Hunger und das Vertrauen auf das Muttersignal bringt die junge Lumme schließlich so weit, daß sie die Ängste vor der Tiefe überwindet, sich vom Sandbalkon abrutschen läßt und mit wildem Schlagen der Flügelstummel den Sturz mildernd in ihrem eigentlichen Element landet. Als wäre nichts gewesen, kommt der zweite Elternteil nach, und die ganze Familie schwimmt unverzüglich hinaus ins Meer, zur Jagd, zum Leben.

Neben den Lummen – fast ausschließlich sind es Trottellummen, deren Name aber nicht von Langweiler, sondern von Troll kommt – finden sich heute auf den Helgoländer Klippen dank des strengen Schutzes sogar wieder Eissturmvögel (seit 1972) und Tordalke (seit 1975) zur regelmäßigen Brut ein. Doch darf das vordergründig so heile Bild nicht darüber hinwegtäuschen, daß die Vögel auf Helgoland nie gefährdeter waren als heute. Zwar geschieht ihnen auf der Insel selber kein Unheil mehr, desto gefährlicher ist für sie inzwischen das Meer in der Deutschen Bucht. Allein im Winter 1982/83 zählten die Wissenschaftler hier über 13 000 Seevögel, die an Umweltgiften und Verölung verendet waren. Da die gezählten verständlicherweise nur einen Bruchteil der tatsächlich eingegangenen Tiere ausmacht, ist das riesige Ausmaß der Bedrohung wohl von keinem mehr zu übersehen. Berücksichtigt man zudem noch, daß die Verölung nur Folge des „normalen" Schiffsverkehres von und nach Hamburg und Bremen ist, braucht die Fantasie nicht allzu groß zu sein, um eine Vorstellung davon zu bekommen, was bei einem größeren Tankerunfall geschehen würde.

Vogelherd und Vogelzug

Helgoland aber wäre nicht Helgoland, hätte es mit dem sommerlichen Brutgeschäft von Lummen und Dreizehenmöwen sein Bewenden. Mindestens genauso bedeutsam ist die Funktion der Insel als Relaisstation beim Vogelzug im Frühjahr und im Herbst. Riesige Scharen vielfältigster Arten ziehen dann über die Insel, nutzen sie zur Rast und Erholung und fliegen von hier aus weiter in ihre Sommer- bzw. Winterquartiere. Schon früh zog das natürlich die Ornithologen an, seit etwa 1840 arbeiten sie auf der Insel, seit dem 1. 4. 1910 besteht die Vogelwarte als Station wissenschaftlicher Arbeit. Bis um die letzte Jahrhundertwende dauerte es allerdings, bis die Wissenschaftler erkannten, daß erst der lebendige Vogel das wirklich ergiebige Forschungsobjekt ist (zuvor wurden nur tote Vögel untersucht).

Den entscheidenden Beitrag zu diesem Durchbruch lieferte 1899 Hans Christian Mortensen, ein dänischer Lehrer. Er war auf die Idee gekommen, Kennungen auf kleine Aluminiumstreifen zu stanzen und diese Streifen den Vögeln um ein Beinchen zu wickeln. Damit war schlagartig die Möglichkeit eröffnet, einzelne Vögel individuell zu kennzeichnen und sie – etwas Glück vorausgesetzt – in ihrem weiteren Verhalten verfolgen zu können. Was dem modernen Detektiv die Wanze am Auto des Verfolgten, wurde von da an dem Vogelforscher der Ring am Vogelbein.

Ungelöst aber blieb dabei zunächst das Problem, wie man die Vögel am besten fangen könnte. Das mittelalterliche Vorbild des Vogelherdes war unbrauchbar, denn schließlich sollte der Vogel ja nicht „geleimt" werden. Als glücklicher Zufall erwies es sich da, daß der erste hauptamtliche Vogelwart auf Helgoland eigentlich Meereszoologe und von daher mit dem Einsatz der Fischreuse ver-

Nordwestwind

Vom Meer er sich stemmt,
Wälzt und schmettert die Flut
Gegen Bollwerk und Deich.
Weiß er, was er tut,
Ein Niemand, uns gleich?

Was da saust und pfeift –
Wer hat ihm befohlen,
Aus dem Wolkenspalt
Mit jäher Gewalt
Über Wellen zu johlen?

Wind, der das Gras kämmt
Und das Wrack durchschüttelt,
Der auf Schaumkronen schweift
Und am Fenster rüttelt,
Wind von ferne, der nach uns greift.

      Richard Gerlach

Die filigranen Ausleger der Kräne am Überseepier in Bremerhaven können über mangelnde Arbeit nicht klagen. Schiffe aus allen Erdteilen legen hier an. (Folgende Seite)

traut war. Nach ihrem Vorbild baute er die Helgoländer Trichterreuse, die mit stetigen Verfeinerungen bis heute in Betrieb ist.

Ihr Grundprinzip besteht darin, daß den Vögeln auf zwar kleinem aber geschickt gestaltetem Raum möglichst echt und attraktiv wirkende Ruheräume angeboten werden. Ein kleiner Baumbestand, mehrere Heckenreihen und ein kleiner mit Wasserpflanzen eingefaßter Teich locken die von langem Flug über der See erschöpften Vögel in das ihnen auf der sonst kahlen Insel verlockend erscheinende Paradies. Dieses aber ist wie ein großer, gewundener Trichter gestaltet, von dem zunächst nur die Seiten mit feinen Netzen eingegrenzt sind.

Ab der Mitte etwa ist der Trichter dann auch nach oben mit Netzen geschlossen, so daß die eigentliche Aufgabe der Mitarbeiter der Vogelwarte nur darin besteht, die ruhenden Vögel ganz langsam gegen den Trichter zu treiben. Sind die Vögel erst einmal innerhalb des überdachten Trichterendes, ist es kein Problem mehr, sie langsam gegen die letzte Kammer zu treiben. Erleichtert wird das noch dadurch, daß der Endteil der Reuse schräg ansteigend gebaut ist und eine Glasscheibe am Ende den Vögeln eine Fluchtmöglichkeit vortäuscht. Sind die Vögel aber erst einmal dort angelangt, können sie mühelos durch eine Klappe mit der Hand entnommen werden.

Die eigentliche Arbeit des Ornithologen umfaßt nun die Bestimmung von Art, Alter, Geschlecht und Gewicht; eventuelle Merkwürdigkeiten sind festzuhalten und der Vogel muß beringt werden. Nach und nach konnten so auf Helgoland über 370 verschiedene Vogelarten nachgewiesen werden, womit auf Helgoland mit Abstand der Platz mit der größten Vogelvielfalt in ganz Deutschland ist. Wurden vor dem Zweiten Weltkrieg noch knapp 10 000 Vögel pro Jahr gefangen, untersucht und beringt, so sind es heute im Schnitt etwa 17 000 pro Jahr. Treffen besonders günstige Umstände zusammen, können an einem einzigen Tag schon einmal zwischen tausend und fünfzehnhundert Vögel registriert und beringt werden.

Die große Zahl der jährlichen Beringungen hat trotz der prozentual natürlich veschwindend geringen Anzahl von Rückmeldungen doch nach und nach dazu geführt, daß das Verhalten der einzelnen Arten durchsichtiger wurde, daß von manchen regelrechte Karten mit genauen Zuglinien erstellt werden konnten und man Erkenntnisse darüber fand, zu welchen Leistungen die Vögel fähig sind. So konnte bewiesen werden, daß eine Singdrossel in 24 Stunden über tausend Kilometer zurückzulegen vermag, daß ein Neuntöter innerhalb von 20 Stunden über 700 Kilometer schaffen kann oder den Weg bis nach Südafrika zu finden weiß.

Zum Schluß ein Tip: wer als Helgolandbesucher auf der Insel mehr erleben möchte als nur den obligaten Spaziergang über den Klippenrandweg und den gewiß günstigen Einkauf von Schnaps und Zigaretten, der vertraue sich zwei Fachführungen an. Die eine wird zweimal wöchentlich von der Vogelwarte durchgeführt und umfaßt den Vogelfanggarten und während der Brutzeit den Lummenfelsen. Zu beachten ist dabei, daß die Lummen nur von Ende April bis Ende Juni, die Dreizehenmöwen und die Eissturmvögel nur bis Ende August zu beobachten sind.

Die zweite Führung geht in das Helgoländer Felswatt mit seiner einzigartigen Algenflora. Weil vieles, was hier gefunden werden kann, an keiner anderen deutschen Küste vorhanden ist, bekommt man die notwendigen Erklärungen für das Fremde und Neue nur vom fachkundigen Führer. Er vermag zudem Zusammenhänge aufzuzeigen, die auch dem Nichtfachmann eine völlig neue Welt eröffnet, eine Welt, die einzigartig ist in der Deutschen Nordsee.

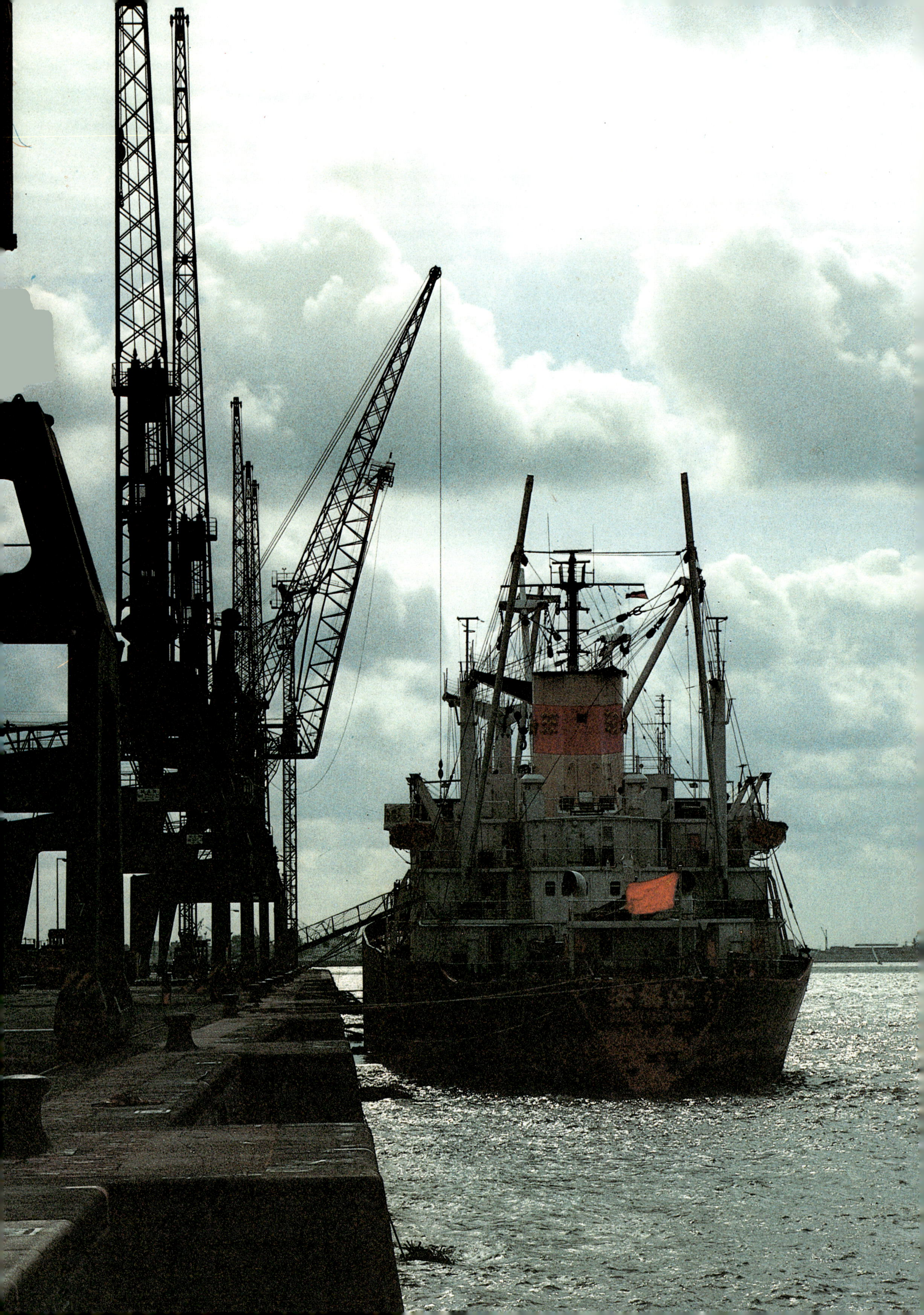

Ortsregister

Die **halbfetten** Zahlen
verweisen auf Abbildungen

Alte Land   115
Ammerland   96
Amrum   12, **13**, 152, **154**, **155**, 157
Arle   76
Aurich   87, **91**, 92

Bad Zwischenahn   92, **93**, **94**, 96
Bagband   90
Baltrum   **53**, 60
Berne   102
Borkum   50, **52**, 54, **55**, **56**, **57**, **59**
Bremen   **104**, 105, **106**, **107**
Bremerhaven   **5**, **108**, 109, **111**
Brockmerland   73
Brunsbüttel   **128**, 137
Bunde   73, **74**, **75**, 96
Büsum   **131**, 133

Campen   72
Cuxhaven   115

Dithmarschen   127
Dollart   67
Dornum   77
Dorumertief   111
Dötlingen   **101**
Drelsdorf   140

Eider-Sperrwerk   133, **134**, **135**, 136
Eiderstedt   136
Eilsum   73, **74**
Emden   68, 69, **70**, **71**
Enge   140

Föhr   **9**, 153
Friedrichstadt   **132**, 133
Funnix   77

Glückstadt   124
Goting   153
Greetsiel   **Vorsatz vorne, Frontispiz**, 73, 77, **78**, **79**

Groothusen   73
Grüne Küstenstraße   123

Hadeln   111
Halligen   17, **18**, **19**, 161
Hamburg   116, **118**, **119**, **120**

Hamburger Hallig   **151**, 162
Heide   130
Helgoland   163, **164**, **166**, **169**, 170, **173**, **174**, 176, **177**, **Vorsatz hinten, Schutzumschlag hinten**
Hohenkirchen   83
Hooge   157, **158**, **159**, 162
Hörnum   150
Hude   97, **98**, **99**
Husum   137, **138**, **139**
Hüven   85

Itzehoe   124

Jadebusen   68, 77
Jever   81
Juist   **49**, 51

Kampen   143, **144**, **145**, 148
Kehdingen   111
Keitum   **146**, 148, **156**
Knock   72
Kolster   114
Krummhörn   72

Langeness   162
Langeoog   51, **52**, **55**, 60
Leer   **86**, **88**, **89**, 92
Ley-Bucht   67
List   143, **144**
Lunden   133
Lütetsburg   76

Marienhafe   73, **74**
Marne   128
Meldorf   127, 128, **129**
Middels   92
Minsen   83
Morsum   **146**, 147

Nebel   **149**, 152, **159**
Neuharlingersiel   **66**, 77, **80**
Neuwerk   105
Nieblum   **149**, **156**, 157
Niebüll   140
Norden   73, **80**
Norderney   **52**, **53**, 54, **59**, **62**, 65
Norderoog   9, 10, 11
Nordfriesische Inseln   142

Nord-Ostsee-Kanal **125**
Nordstrand 137

Oland 162
Oldenburg 84, 100
Ostfriesische Inseln **52, 53**
Otterndorf 115

Padingbüttel 111
Pellworm 157, **159, 160**, 161
Pewsum 73
Pilsum 73

Rantum 150
Rastede 102
Rhaude 95
Rheiderland 95
Rodenkirchen 102, **117**
Rungholt 142
Rüstringen 81
Rysum 72
Scharhörn 103
Seebüll 140
Silberberg 115
Sillenstede 83
Spieka-Neufeld 111

Spiekeroog 51, **52, 53**, 63
Stade **114**, 115
Stapelmoor 95
Steenodde 152
Steinkirchen **114**

Störtebekerstraße 73
St. Peter-Ording **126**, 136
Süderende 157
Sylt **143**, 147

Tating **126**
Tetenbüll 136
Teufelsmoor 109
Tönning 136
Trischen 103

Victorbur 90

Wangerooge 48, 51, **53**, 64
Weddewarden 111
Weener 95
Wenningstedt **145**, 148
Wesselburen 133
Westerhever **Schutzumschlag vorne**, 141
Westerland 148
Westerstede **94**, 97
Wiefelstede **94**, 97
Wilhelmshaven 81, **82**
Wilster 127
Wingst 115
Worpswede 109, **112, 113**
Wremen 109, 111
Wursten 111
Wyk 153

Zwischenahner Meer 96

Bildnachweis

Deutsche Luftbild:	S. 10/11, S. 49, S. 52/53, S. 141, S. 135, S. 143, S. 158, S. 176/177 alle freigegeben vom Luftamt Hamburg
Diedrich:	S. 29 links oben, S. 170, S. 173
HH Info:	S. 120
Kiedrowski:	S. 55, S. 59 oben, S. 71 rechts unten
Kürtz:	S. 22, S. 125, S. 131, S. 160, S. 166, S. 169, SU-Rückseite
Löbl:	Vorsatz vorne, S. 9, S. 88/89, S. 104, S. 107, S. 112/113, S. 118/119, S. 126 oben
Quedens:	S. 13, S. 18/19, S. 25, S. 20/21, S. 34 links oben, Mitte, unten, S. 40/41, S. 144 links oben, Mitte, unten, S. 146 unten, S. 149 links oben, S. 154/155, S. 159 rechts oben, Mitte, unten, S. 174
Rohmeyer:	S. 62, S. 56/57, S. 65, S. 70, S. 85, S. 91, S. 93, S. 99, S. 114, S. 117, S. 126 unten, S. 145
Wernicke:	SU vorne, S. 14/15, S. 17, S. 29 rechts oben, S. 29 unten, S. 27, S. 35, S. 37

Alle übrigen Aufnahmen sind vom Autor

Alle Karten wurden vom Satzstudio Pfeifer, Gräfelfing, angefertigt.

Erweiterte und überarbeitete Neuauflage

© 1994 by F. A. Herbig Verlagsbuchhandlung GmbH,
München · Berlin
Alle Rechte vorbehalten
Umschlaggestaltung: Wolfgang Heinzel
Foto Umschlag-Vorderseite: Wernicke
Foto Umschlag-Rückseite: Kürtz
FotoSatz Pfeifer, Gräfelfing
Gesetzt aus: Garamond
Druck und Binden: Cronion S. A., Barcelona
Printed in Spain
ISBN 3-7766-1858-2